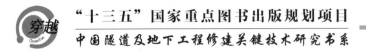

"十三五"国家重点图书出版规划项目

中国隧道及地下工程修建关键技术研究书系

FUZA HUANJING TIAOJIANXIA
DITIETUJIAN SHIGONG JISHU CHUANGXIN YU SHIJIAN
SHENZHEN DITIE 7HAOXIAN GONGCHENG JISHU YANJIU CHENGGUO ZONGJIE

复杂环境条件下地铁土建施工技术创新与实践

深圳地铁7号线工程技术研究成果总结

深圳市地铁集团有限公司
中电建南方建设投资有限公司 编

人民交通出版社股份有限公司
China Communications Press Co., Ltd.

内容提要

本书主要依托深圳地铁 7 号线重难点工程，开展了复杂环境条件下地铁修建关键技术重大专项课题研究，将研发的新技术在深圳地铁 7 号线工程中进行了实践，在车站结构、盾构法隧道和矿山法隧道施工中取得了多项创新技术。

本书分 4 篇共 25 章，分别介绍了深圳地铁 7 号线工程概况及项目主要特点与科技创新、车站施工技术创新、盾构法隧道施工技术创新、矿山法隧道施工技术创新等内容，涵盖：超级车站与繁华商圈立体化升级改造施工技术，超宽车站关键施工技术，遗留换乘节点地铁车站施工技术，邻近建筑物车站基坑开挖爆破技术，地铁车站盖挖逆作叠合墙施工技术，城市立交桥下地铁车站施工技术，老城区交通繁忙路段地铁车站施工技术，车站清水混凝土免装修施工技术，盾构法隧道下穿河湖、既有建（构）筑物、高速铁路、桥梁与截桩施工技术，盾构法隧道孤石地层探测及处理关键技术，叠线隧道盾构施工技术，盾构到达接收新技术，盾构机整体顶推快速过站施工技术，盾构分体始发及硬岩空推技术，地铁盾构施工远程智能化管控技术，上跨既有地铁大断面小间距矩形隧道顶管法施工技术，富水软弱地层矿山法隧道下穿陈旧建筑物沉降控制技术，超大断面隧道群矿山法施工技术，平顶直墙零距离下穿既有地铁车站矿山法施工技术，上软下硬地层矿山法隧道下穿高速公路施工技术，扩挖隧道冻结法加固技术。

本书可供城市轨道交通及相关行业的工程建设管理研究人员学习、参考，也可以作为高职院校相关专业师生的参考用书。

图书在版编目（CIP）数据

复杂环境条件下地铁土建施工技术创新与实践：深圳地铁 7 号线工程技术研究成果总结 / 深圳市地铁集团有限公司，中电建南方建设投资有限公司编．—北京：人民交通出版社股份有限公司，2018.2

ISBN 978-7-114-14356-4

Ⅰ.①复… Ⅱ.①深… ②中… Ⅲ.①地下铁道－铁路工程－工程施工－研究－深圳 Ⅳ.① U231

中国版本图书馆 CIP 数据核字（2017）第 287017 号

书　　名：	复杂环境条件下地铁土建施工技术创新与实践——深圳地铁7号线工程技术研究成果总结
著　作　者：	深圳市地铁集团有限公司　中电建南方建设投资有限公司
责任编辑：	刘彩云
出版发行：	人民交通出版社股份有限公司
地　　址：	(100011) 北京市朝阳区安定门外外馆斜街3号
网　　址：	http://www.ccpress.com.cn
销售电话：	(010) 59757973
总　经　销：	人民交通出版社股份有限公司发行部
经　　销：	各地新华书店
印　　刷：	北京盛通印刷股份有限公司
开　　本：	787×1092　1/16
印　　张：	20.25
字　　数：	491千
版　　次：	2018年2月　第1版
印　　次：	2018年2月　第1次印刷
书　　号：	ISBN 978-7-114-14356-4
定　　价：	108.00元

(有印刷、装订质量问题的图书由本公司负责调换)

本书编写委员会

主　　任：肖　民　　陈湘生　　范富国

副 主 任：李全清　　朱瑞喜　　王　成

委　　员：胡晖辉　　吴明辉　　张中安　　钱秀武　　苑立武　　龙宏德
　　　　　孙　波　　黎忠文　　胡　鹰　　彭　义　　娄永录　　王新线
　　　　　罗鸿彪　　丁　锐　　胡德华　　孙成山　　郭建光　　何　刚
　　　　　贺　锐　　周石喜　　王彦会　　宋超群　　黄和平

主　　编：黄力平　　雷江松　　王　成

副 主 编：宋天田　　周建伟　　李　围

编　　委：（按姓氏笔画排序）
　　　　　马庆辉　　方民强　　刘应军　　任彦顺　　冶云翔　　杜光明
　　　　　余先知　　李洪博　　陈天平　　杨伯超　　郑爱元　　罗　苗
　　　　　周红斌　　周祖军　　赵智强　　赵新杰　　柯昌喜　　胡志华
　　　　　胡卫国　　段景川　　郭高杰　　徐　飞　　高　能　　贾　磊
　　　　　黄和平　　黄　武　　黄　胜　　盛艳军　　靳方罗　　黎志勇
　　　　　黎　威

主　　审：朱瑞喜　　任立志

序
FOREWORD

　　截至 2017 年 12 月 31 日，国内共有 32 个城市拥有城市轨道交通运营线路，总计 159 条（段），总运营里程达 4750km。无论是体量还是速度都是世界之最。在如此快速发展的同时，也带来了一系列值得思考的课题。其中，如何使城市轨道交通可持续发展是最主要的课题之一，各地都在尝试解决。深圳在向各兄弟单位学习的基础上，探索走出了一条适合深圳本土特色的城市轨道交通可持续发展之路。即"建地铁就是建城市"，将城市轨道交通与城市空间结合，进行地铁域土地资源地下和地上一体化立体空间开发利用。为城市和城市轨道交通可持续发展奠定扎实的基础。

　　深圳市地铁集团有限公司不断探索城市轨道交通建设模式，采用设计施工总承包建设管理方式，将整条线工程建设一揽子进行公开招投标，使建设管理水平最高和综合科学技术实力最强的国家队具有竞争优势，并进一步提高这些国家队全产业链的优势，建造出精品工程。本书呈现给大家的由中国电建集团有限公司承建的深圳地铁 7 号线，就是上述两个方面尝试的典例。该工程项目获得中国施工企业管理协会"2016—2017 年度国家优质工程奖金质奖"。这是截至目前全国第二个获此殊荣的地铁项目。国家优质工程奖是工程建设质量方面的最高荣誉奖励，而国家优质工程奖金质奖则更代表了我国工程建设质量的最高水平。

　　深圳地铁 7 号线是深圳市城市轨道交通三期工程的重大项目之一。线路起于南山区丽水站，终于罗湖区太安站，是连接深圳特区南半环主要居住区与就业区的局域线，对完善深圳市轨道交通网络具有重要意义。7 号线工程具有极其复杂的工程地质和水文地质条件，又有深圳最繁华商业区和最复杂地下空间结构群等环境特点。这些条件对参建各方都是一个严峻的挑战。

　　（1）地质条件复杂。线路通过地方断层较多，断层带地质破碎，透水性强。部分地段基岩面起伏大、变化剧烈，区间隧道位于上软下硬地层中；部分地段位于砂层中。如何在不良地层中顺利掘进是本项目的技术难点。

　　（2）环境条件复杂。线路多处下穿楼房、河流、铁路、高速公路、地铁隧道等。7 号线穿越深圳主城区，特别是贯穿深圳最繁华的华强北商业区，连接既有地铁 1 号线、2 号线和 3 号线车站及整个华强北路。全线下穿既有建筑物 20 栋（仅为线路正下方穿越，不含近距离侧穿），建筑物基础形式多样，对沉降影响敏感；5 处下穿河流和湖泊（大沙河 2

次,福田河、布吉河、洪湖各1次);1处上跨高速铁路(广深高速铁路);2处下穿既有铁路(平南铁路、笋岗火车站站场);4处下穿已运营地铁(2次下穿1号线,1次下穿2号线及4号线);多处下穿(或侧穿)既有桥梁(南坪快速跨线桥、北环龙珠立交桥、车公庙立交桥、黄木岗立交桥、彩虹高架桥、广深高速公路高架桥)。沿线重大风险源多达35处。

为此,2013年依托7号线工程,中国电建集团有限公司专门实施了重大专项研究课题"复杂环境及地质条件下地铁修建关键技术研究",并和深圳地铁集团有限公司联合开展十多个科研项目的研究工作,涉及车站、盾构法隧道和矿山法隧道、繁华城区地下空间综合利用、车辆基地等七个方面。本书正是在该研究成果的基础上总结而成的。

全书着眼于复杂环境条件下地铁土建工程施工技术创新,主要从遗留换乘节点地铁车站、区间叠线隧道下穿高速铁路盾构掘进、超大断面隧道群、远程智能化管控、上跨既有地铁大断面小间距矩形隧道顶管等施工关键技术方面进行研究,解决了复杂环境条件下地铁车站和区间隧道施工技术问题。

本书以具体的工程实践为出发点,总结了许多创新工艺和技术,图文并茂、深入浅出、简繁得当,可作为城市轨道交通建设管理、监理、设计、施工、监测和咨询等各参建方技术与管理人员的参考用书,也可以作为高等院校土木工程和铁道工程等相关专业教师和学生的参考用书。

作为该项工程前半程的建设单位分管者和全部工程的见证者,非常感谢默默无闻辛勤努力工作的同行们对深圳市城市轨道交通快速发展所做的技术创新和无私奉献!

2018年1月7日写于深圳

前 言
PREFACE

　　随着城市现代化进程的加速，城市规模不断扩大，人口不断增多，对交通设施的需求也在不断增加。地铁作为解决城市交通问题、建设可持续发展城市的有效手段，其建设规模、速度均在国内处于一个高速发展的阶段。由于城市的特殊环境，地铁在建设过程中会遭遇老城区、商圈、既有交通设施、复杂地质条件等因素影响，这些因素的存在给工程的正常推进带来一定的困扰。本书结合深圳地铁7号线工程建设实际，针对地铁施工中遇到的一些常见问题、重难点问题总结出积极有效的应对措施，希望能给广大的读者和同行提供一些有益的参考。

　　本书依托中国电建集团有限公司承建的深圳地铁7号线工程，紧紧围绕复杂环境条件下地铁土建施工技术进行总结，深入进行了车站结构、盾构法隧道和矿山法隧道施工创新技术研究。全书分4篇共25章，主要对车站施工中的超级车站与繁华商圈立体化升级改造，超宽车站、遗留换乘节点地铁车站施工，邻近建筑物车站基坑开挖爆破，地铁车站盖挖逆作叠合墙施工，城市立交桥下地铁车站施工，老城区交通繁忙路段地铁车站施工，车站清水混凝土免装修施工等车站施工关键技术，以及盾构法隧道下穿河湖、既有建（构）筑物、高速铁路、桥梁与截桩施工，盾构法隧道孤石地层探测及处理，叠线隧道盾构施工，盾构到达接收新技术，盾构机整体顶推快速过站施工，盾构分体始发及硬岩空推，地铁盾构施工远程智能化管控，上跨既有地铁大断面小间距矩形隧道顶管法施工，富水软弱地层矿山法隧道下穿陈旧建筑物沉降控制，超大断面隧道群矿山法施工，平顶直墙零距离下穿既有地铁车站矿山法施工，上软下硬地层矿山法隧道下穿高速公路施工，扩挖隧道冻结法加固等隧道施工关键技术进行了介绍，从技术和管理两个方面对土建工程施工与管理进行了归纳和总结，力求通过全面、深入的分析研究、组织实施，实现对地铁工程土建施工技术的不断提升和完善。

　　本书由深圳市地铁集团有限公司肖民教授级高工、陈湘生院士，中国电建集团铁路建设有限公司范富国教授级高工担任编写委员会主任；深圳市地铁集团有限公司李全清教授级高工，中国电建集团铁路建设有限公司朱瑞喜高工、王成教授级高工担任编写委员会副主任。全书由深圳市地铁集团有限公司黄力平、雷江松和中国电建集团铁路建设有限公司王成担任主编。参与本书编写的人员还包括建设、施工单位的工程技术和管理人员，他们长期参与深圳地铁的建设，具有较高的理论水平和较丰富的实践经验。本书图片整理及编排工作由李围、周建伟、段景川、黄武完成。

  本书在编写过程中得到了深圳地铁7号线各参建方的大力支持,在此向他们致以深厚的谢意。

  由于编者水平和经验有限,不妥之处敬请读者批评指正。

编者

2017年10月20日

目 录
CONTENTS

第一篇 综 述

第一章 工程概况 002
 第一节 深圳地铁7号线工程简介 002
 第二节 工程地质、水文地质 004
第二章 项目主要特点与科技创新 005
 第一节 项目主要特点 005
 第二节 科技创新 007

第二篇 车站施工技术创新

第一章 超级车站与繁华商圈立体化升级改造施工技术 010
 第一节 工程概况 010
 第二节 技术创新与应用 011
 第三节 生态文明施工与商业氛围协调发展 020
 第四节 小结 025
第二章 超宽车站关键施工技术（西丽站） 026
第三章 遗留换乘节点地铁车站施工技术（石厦站） 032
 第一节 工程概况 032
 第二节 施工关键技术 033
 第三节 运营地铁车站变形监测技术 044
 第四节 小结 053
第四章 邻近建筑物车站基坑开挖爆破技术（西丽湖站） 054
 第一节 工程概况 054
 第二节 基坑硬岩开挖微差爆破技术 056
 第三节 小结 062

第五章　地铁车站盖挖逆作叠合墙施工技术（福民站）·····063
　　第一节　工程概况·····063
　　第二节　施工关键技术·····064
　　第三节　借鉴意义·····069

第六章　城市立交桥下地铁车站施工技术·····070
　　第一节　工程概况·····070
　　第二节　城市立交桥下地铁车站施工技术·····071
　　第三节　小结·····087

第七章　老城区交通繁忙路段地铁车站施工技术·····088
　　第一节　工程概况·····088
　　第二节　施工技术·····089
　　第三节　小结·····095

第八章　车站清水混凝土免装修施工技术（皇岗口岸站）·····096
　　第一节　工程概况·····096
　　第二节　施工技术·····096
　　第三节　总结及展望·····104

第三篇　盾构法隧道施工技术创新

第一章　盾构法隧道下穿河湖及既有建（构）筑物施工技术·····106
　　第一节　工程概况·····106
　　第二节　盾构法隧道下穿河湖施工关键技术·····106
　　第三节　盾构法隧道下穿建（构）筑物施工技术·····109
　　第四节　小结·····117

第二章　盾构法隧道下穿高速铁路施工技术·····118
　　第一节　工程概况·····118
　　第二节　施工技术·····118
　　第三节　小结·····129

第三章　盾构法隧道下穿桥梁与截桩技术·····130
　　第一节　工程概况·····130
　　第二节　盾构法隧道下穿平南铁路施工技术·····130
　　第三节　盾构直接削切大直径钢筋混凝土桩基施工技术·····134
　　第四节　小结·····140

第四章　盾构法隧道孤石地层探测与处理关键技术·····141
　　第一节　桃深区间孤石钻探结果分布·····141
　　第二节　盾构法隧道孤石微动探测技术·····142
　　第三节　盾构区间孤石地层盾构安全掘进技术·····148
　　第四节　小结·····152

第五章　叠线隧道盾构施工技术……153
第一节　工程概况……153
第二节　施工技术……154
第三节　小结……157

第六章　盾构到达接收新技术……158
第一节　综述……158
第二节　回填土接收盾构施工技术……158
第三节　盾构钢套筒接收施工技术……161
第四节　小结……166

第七章　盾构机整体顶推快速过站施工技术……167
第一节　工程概述……167
第二节　施工技术……167
第三节　小结……172

第八章　盾构分体始发及硬岩空推技术……173
第一节　工程概况……173
第二节　盾构分体始发技术……173
第三节　硬岩盾构空推技术……178
第四节　小结……183

第九章　地铁盾构施工远程智能化管控技术……185
第一节　管控系统构成……185
第二节　盾构机远程监控管控技术……186
第三节　小结……189

第十章　上跨既有地铁大断面小间距矩形隧道顶管法施工技术……191
第一节　工程概况……191
第二节　施工关键技术……191
第三节　小结……200

第四篇　矿山法隧道施工技术创新

第一章　富水软弱地层矿山法隧道下穿陈旧建筑物沉降控制技术……202
第一节　工程概况……202
第二节　富水砂层深孔注浆地层加固技术……203
第三节　建筑物基础袖阀管注浆加固技术……207
第四节　水平旋喷桩超前加固技术……209
第五节　建筑物沉降控制其他技术措施……213
第六节　小结……217

第二章　超大断面隧道群矿山法施工技术……218
第一节　工程概况……218

第二节　施工技术 218
　　第三节　小结 251
第三章　平顶直墙零距离下穿既有地铁车站矿山法施工技术 253
　　第一节　工程概况 253
　　第二节　施工技术 255
　　第三节　小结 276
第四章　上软下硬地层矿山法隧道下穿高速公路施工技术 277
　　第一节　工程概况 277
　　第二节　施工技术 278
　　第三节　小结 293
第五章　扩挖隧道冻结法加固技术 295
　　第一节　工程概况 295
　　第二节　加固技术 296
　　第三节　小结 302

参考文献 303
大事记 305
后记 309

第一篇

综　述

第一章 工程概况

第一节 深圳地铁 7 号线工程简介

深圳地铁 7 号线是深圳市轨道交通三期工程的重大项目之一,线路横跨南山、福田、罗湖三大中心区的主要居住区与就业区,对完善深圳市轨道交通网络结构具有重要意义。线路起于南山区西丽湖站,终于罗湖区太安站,采用地下敷设方式,全长 30.2km。共设车站 28 座,正线区间共有 27 个,设 7 号线与 2 号线、5 号线联络线各 1 条,新建车辆段及停车场各 1 处,全线设西丽、侨城东、体育北 3 座主变电所。2012 年 10 月 23 日正式开工,于 2016 年 10 月 28 日投入试运营。线路示意图见图 1-1-1。

图 1-1-1 深圳地铁 7 号线线路示意图

车站:自南山区西丽湖站,经西丽、安托山、上沙、华强北、笋岗、田贝等站终于罗湖区太安站,全线共设车站 28 座,BT 范围 24 座,各车站(土建)工程概况详见表 1-1-1。

7 号线车站(土建)工程概况 表 1-1-1

序号	车站	建筑面积(m²)	层数	主要施工方法	备注
1	西丽湖站	18805	两层	明挖顺作法	
2	西丽站	23567	两层	明挖顺作法	与 5 号线、15 号线换乘
3	茶光站	11980	两层	明挖顺作法	
4	珠光站	12230	两层	明挖顺作法	
5	龙井站	11082	两层	明挖顺作法	
6	桃源村站	11683	两层	明挖顺作法	
7	深云站	19156	两层	明挖顺作法	

续上表

序号	车站	建筑面积（m²）	层数	主要施工方法	备注
8	安托山站	10959	两层	明挖顺作法	与2号线换乘
9	上沙站	14888	两层	明挖顺作法	
10	沙尾站	11775	两层	明挖顺作法	
11	石厦站	11239	三层	明挖顺作法	与3号线换乘
12	皇岗村站	23989	三层	明挖顺作法	
13	福民站	16264	三层	盖挖逆作法	与4号线换乘
14	皇岗口岸站	16313	三层	明挖顺作法	同步代建皇岗口岸主变电站（地下二层）
15	福邻站	19962	三层	明挖顺作法	
16	赤尾站	14315	两层	明挖顺作法	
17	华强南站	9002	两层	明挖顺作法	局部盖挖
18	华强北站	26336	三层	盖挖逆作法	与2号线换乘，华强北地下商业区同步施工
19	华新站	23815	三层	明挖顺作法 盖挖逆作法	与3号线换乘，华强北地下商业区同步施工
20	黄木岗站	20667	三层	明挖顺作法	与14号线换乘，局部盖挖
21	八卦岭站	12630	两层	明挖顺作法	
22	笋岗站	14512	三层	明挖顺作法	局部盖挖
23	洪湖站	14696	三层	明挖顺作法	局部盖挖
24	田贝站	12818	三层	明挖顺作法	与3号线换乘，局部盖挖

区间：正线区间共有27个，BT范围25个，各区间工程概况详见表1-1-2。最小站间距为0.41km（石皇区间），最大站间距为2.034km（西西区间），平均站距1.086km，盾构法区间单线长33.820km、矿山法区间单线长12.943km及明挖法区间单线长2.242km。

7号线区间工程概况　　　　　表1-1-2

序号	区间	区间长度（m）	施工长度（m）		
			盾构法	矿山法	明挖法
1	西丽湖站—西丽站	1758	1645	113	
2	西丽站—茶光站	438		438	
3	茶光站—珠光站	896	896		
4	珠光站—龙井站	1306	1306		
5	龙井站—桃源村站	680		680	
6	桃源村站—深云站	1018	919	99	
7	深云站—安托山站	1627		1255	372
8	安托山站—农林站	1777	731	941	105
9	车公庙站—上沙站	1120	1120		
10	上沙站—沙尾站	546	546		
11	沙尾站—石厦站	1153	872	281	
12	石厦站—皇岗村站	410	410		
13	皇岗村站—福民站	396		396	
14	福民站—皇岗口岸站	672	672		
15	皇岗口岸站—福邻站	860	860		
16	福邻站—赤尾站	495	495		
17	赤尾站—华强南站	590	590		

续上表

序号	区　间	区间长度（m）	施工长度（m）		
			盾构法	矿山法	明挖法
18	华强南站—华强北站	246	246		
19	华强北站—华新站	394	128		266
20	华新站—黄木岗站	522	522		
21	黄木岗站—八卦岭站	907	907		
22	八卦岭站—红岭北站	807	807		
23	红岭北站—笋岗站	474	332	142	
24	笋岗站—洪湖站	1054	1054		
25	洪湖站—田贝站	553	553		

车辆段及停车场：7号线新建深云车辆段1处，安托山双层停车场1处。

主变电所：新建体育北主变电所，扩容5号线西丽主变电所，与9号线共用侨城东主变电所。

第二节　工程地质、水文地质

7号线工程从深圳西部的台地，经冲洪积平原、台地、丘陵和海积平原到东部的台地，地形变化大，总地势北高南低，主要地貌单元有海积平原、冲洪积平原、台地和丘陵。

深圳在大地构造上位于华南褶皱系（一级单元），粤北、粤东北—粤中拗陷（三级单元）的紫金—惠阳凹褶断束（四级单元）中，是在加里东褶皱基底的背景上发展起来的晚古生代凹陷，其后被中、新生代构造叠加、改造，形成以北东向断裂为主，北西及东西向断裂次之，加里东期混合花岗岩入侵及燕山期花岗岩大面积侵入的格局。由于受到多次断裂和岩浆作用的破坏，褶皱构造展布形式已难以确定，区域构造复杂。

深圳的气候属亚热带季风气候，热量丰富，日照时间长，雨量充沛。气候和降雨量随冬、夏季风的转换而变化。冬季无严寒，夏季湿热多雨，一年内有冷暖和干湿季之分。具有雨热同季、干凉同期的特点。但降水和气温的年季变化较大，灾害性天气也较多。

深圳为海湾水系，主要有大沙河、福田河、布吉河等，本项目在DK27+170～DK27+400处下穿洪湖。

根据《中国地震动参数区划图》（GB 18306—2015），本项目线路通过地区地震动峰值加速度为0.1g，地震基本烈度为7度。

第二章 项目主要特点与科技创新

第一节 项目主要特点

工程项目主要有以下特点：

1）工程建设规模大、专业多、系统性强，对管理要求高

线路全长约 30.2km。全线由 28 座车站（其中设 11 座换乘站）、1 处车辆段、1 处停车场组成，施工管理跨度大，施工工点多，工程规模大。施工内容涉及土建、装修、常规设备（包括环控与通风系统、低压动力照明及配电系统、给排水及消防系统）安装调试，其专业性、系统性强，技术难度大，接口管理和建设施工管理要求高。

2）结构形式复杂、工法种类多、技术难度大

7 号线车站采用的工法主要有明挖顺作法、盖挖（局部）顺作法、盖挖逆作法，区间采用的工法主要有明挖顺作法、盖挖逆作法、盾构法（含空推）、矿山法、冻结法等，尤其是矿山法区间包括全断面法、台阶法、CD 法、CRD 法、双侧壁导坑法等。黄木岗站及笋岗站—洪湖站区间的桩基托换工法、华强北片区顶管法等。7 号线采用的工法种类繁多（图 1-2-1），包含了全部地下工程施工工法，施工难度大。

a）冻结法

b）矩形顶管

c）桩基托换

d）矿山法

图 1-2-1 7 号线部分工法照片

3）沿线周边、地上地下环境复杂，场地布置困难

7号线沿线主要为深圳老城区及商业区，大部分地段道路狭窄，地下管线复杂，车站距周边建（构）筑物距离近。多数车站施工受交通疏解、管线迁改的影响大，施工场地布置困难，交通疏解、管线迁改制约主体工程开工，形成了工期风险。

4）交通疏解工作量大，分期次数多，车站倒边施工工序多

7号线主要穿越深圳繁华市区，线路站间距小，站点繁多，车站及部分竖井工点交通疏解工作量大（图1-2-2），围挡分期次数多，施工项目部需全力配合市政、交管部门及地铁公司，推进前期工程进度，确保主体工程施工。

图1-2-2 洪湖站交通疏解分十次进行

5）沿线房屋密集，多处下穿楼房、河流、铁路、高速公路、地铁隧道等

7号线穿越深圳主城区，全线下穿既有建筑物20栋（仅为线路正下方穿越，不含近距离侧穿），建筑物基础形式多样，对沉降影响敏感；5处下穿河流和湖泊（2处下穿大沙河，1处下穿福田河、布吉河、洪湖公园）；1处上跨高速铁路（广深港高速铁路）；2处下穿既有铁路（平南铁路、笋岗火车站站场）；4处下穿已运营地铁（2处下穿1号线，1处下穿2号线、7号线）；多次下穿（或侧穿）既有桥梁（南坪快速跨线桥、北环龙珠立交桥、车公庙立交桥、黄木岗立交桥、彩虹高架桥、广深高速公路高架桥）。沿线重大风险源多达35处，协调难度及工程风险都很大。

6）著名的IT商业区华强北片区外部控制因素多，施工要求高

地铁7号线华强北片区起止桩号DK22+141.378～DK23+035.587，共计894.19m，包含华强北站、华强北站—华新站区间、华新站南端，其中华强北片区商业开发共计855.8m（华强北片区商业开发起止桩号DK22+141.378～DK22+997.197）。华强北位于深圳市福田区商业中心华强北商圈的核心地段，在深南大道—红荔路之间，有"中国电子第一街"美誉。

该段与既有的1号线、2号线、3号线换乘。设计需结合华强北地下空间综合开发一并考虑，涉及规划、管线、交通等众多部门。文明施工要求为"AAA级安全文明标准化诚信工地"，施工要求高。图1-2-3为该片区施工鸟瞰图。

图 1-2-3　华强北片区施工鸟瞰图

第二节　科技创新

一、设计创新

实现"生态地铁、环保地铁、创新地铁"设计理念。采用合理工法及辅助措施、集约化车站设计，实现密集城区内"零"拆迁；利用废弃采石场建设深云车辆段和NOCC（网络运营控制中心），将原有裸露高边坡进行修整绿化，使整个车辆段和郊野公园成为和谐一体的生态景观。深云车辆段和NOCC建设前地貌与建成后实景如图1-2-4、图1-2-5所示。

图 1-2-4　深云车辆段和NOCC建设前地貌

图 1-2-5　深云车辆段和NOCC建成后实景

广泛采用 LED 照明灯具、智能照明控制、空调变频及智能控制、中水处理、空气净化处理等技术，高效节能、绿色环保。华强北站是国内首次采用盖挖逆作法全包防水设计的地铁站，该设计解决了工程常见的渗漏水问题。结合地铁建设开发了商业面积达 4.3 万 m² 华强路地下空间工程，构建了集轨道交通换乘、市政连接、商业等功能于一体的地下综合体，实现了带动城市整体更新升级和可持续发展的目标。

二、科技创新

根据 7 号线工程难点、重点，深圳市地铁集团有限公司（以下简称"地铁集团"）组织相关参建单位探索攻关，深入调查工程实际情况，了解各站点地质、水文、周边环境，针对性地提出设计、施工方案，并加强了地质的补勘、监控量测、试验，对重要施工工艺及参数进行分析和研究，及时指导现场生产，消除了安全风险，确保了工程按期、高效、安全、顺利的建成通车。

在地铁集团的带动下，7 号线工程先后研发与应用了 36 项"四新技术"，获得各类奖项 86 项（工程安全质量奖 53 项，优秀设计奖 6 项，科学技术奖 16 项，QC 成果奖 11 项），专利 44 项，工法 31 项。

7 号线工程于 2017 年 10 月获得"国家优质金奖"殊荣，这是国内行业内第二个获得该荣誉的地铁工程。

第二篇

车站施工技术创新

第一章
超级车站与繁华商圈立体化升级改造施工技术

第一节 工程概况

一、华强北

华强北作为深圳最繁华的商业街，以电子商业规模最大而闻名全国，有"中国电子第一街"的美誉。华强北日客流量达到 50 万人次，是国内电子产品流通的主要枢纽。华强北汇集了电子、电器、通信、钟表配套、服装、百货、金饰、银行证券、保险、房地产、酒楼宾馆等几十个行业，共计有 717 家商业经营单位，使华强北成为多业种、多业态、综合功能齐全的商业集合体。

二、华强北片区工程

华强北片区工程包括华强北站、华强北站—华新站区间、华新站，全长 894.19m，位于深圳市福田区深南大道与红荔路之间的华强北路路下。用地范围南起赛格广场，北至群星购物广场，地下空间与已建的 1 号线、2 号线华强北站及 3 号线华新站相连，华强北片区平面如图 2-1-1 所示。

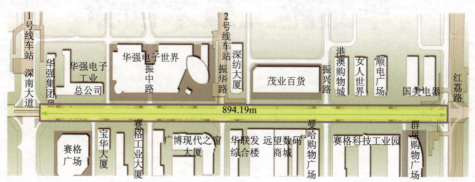

图 2-1-1 华强北片区平面示意图

华强北片区工程主要涵盖华强北站长距离基坑盖挖施工、华新站基坑爆破施工、与既有建（构）筑物的地下结构拆除施工等重难点问题。

三、施工难题

华强北片区工程位处繁华商业区地段，集长距离超大基坑的复杂盖挖、繁华商业街多管线影响、新旧地下空间合建等复杂危险性于一体，以往这类危险工程发生事故屡见

不鲜,而且本工程还处于一个社会影响敏感区、经济敏感区,使得问题更加突出,具体分析如下:

(1)华强北站周边建筑物密集,管线错综复杂,控制建筑物沉降以及排除管线对施工的影响是施工中的难题。

华强北站处于商业繁华的闹市区,由于周边建筑物多修建于20世纪80年代且多为筏形基础,稳定性差,对水位变化反应灵敏,导致车站开挖过程中不能大面积进行降水作业,造成土方含水量较大,力学性质较差,极易造成基坑的侧向变形和周边建筑物的不均匀沉降。所处地区管线纵横交错,复杂的地下管线对施工围护结构也造成很大影响。

(2)新旧地下空间合建原有结构拆除难题。

为解决华强北车站与3号线车站方便换乘以及新旧地下空间合建的问题,需要将其地下原有结构拆除以达到互联互通的目的。其间,主体及附属结构施工对周边地层产生反复扰动,受力和变形规律极为复杂,十字交叉节点结构复杂,地下结构拆除极有可能对既有建(构)筑物造成二次变形影响,危及其正常使用甚至可能造成垮塌事故。同时,新旧结构规模大,结构施工分块多,防水接缝长,若采用传统的防水施工工艺,车站整体防水效果难以保证。

(3)繁华商业区地铁建设生态文明施工难题和维持商业正常运营的社会难题。

对于华强北——中国电子第一街,在地铁建设周期内,商户经营诉求、交通客流疏导要求与施工场地占用、扬尘、噪声等文明施工紧密相关,如何最大限度地弱化施工氛围、强化商业氛围,既是技术问题又是社会问题。

为此,华强北站片区在设计上做了大胆的构想,在施工技术上进行了创新与应用:一是施工过程中通过技术创新克服各种施工难题;二是车站与商圈原有地下空间互联互通形成规模庞大的地下空间综合体;三是地面景观改造同步实施,商圈整体更新升级。

第二节 技术创新与应用

一、车站主体结构全外包防水施工关键技术

1. 防水体系设计

地下结构防水应遵循"以防为主、刚柔结合、多道防线、因地制宜、综合治理"的原则。地铁结构的防水措施应根据场地的水文地质情况、地形条件、施工方法、结构形式、防水标准、使用要求和经济指标综合考虑确定。华强北站长期处于水位以下,车站施工经综合结构安全性和耐久性、城市环保水保、地铁运营成本和运营安全等全面考虑后,确定采用盖挖逆作法施工,其防水形式采用全外包防水。

2. 防水施工关键技术

车站外包防水体系:主体结构外采用柔性全包防水卷材防水,不得采用涂料防水;柔性防水层的抗地下水实际水头能力应大于0.6MPa。其主要防水部位包括顶板、底板、侧墙、顶板纵向施工缝、纵向水平施工缝(底板上第一道)、纵向水平施工缝(顶板下第一道)、纵向水平施工缝(中间部分)及变形缝。

为保证防水的施工质量,尤其需要对结构特殊部位进行相应防水处理,具体措施如下:

1)结构阴阳角等部位防水处理

结构阴阳角等部位属防水薄弱点,需要进行附加防水层处理,如卷材铺贴时处理不好,必将影响防水质量。华强北站采用盖挖逆作法施工,一般盖挖逆作防水卷材在顶板边缘临土面位置是断开的。因此,如何确保顶板两侧的迎水面防水卷材不间断的连续铺设,是确保全外包防水技术的关键,设计也充分考虑了这一点(图2-1-2)。

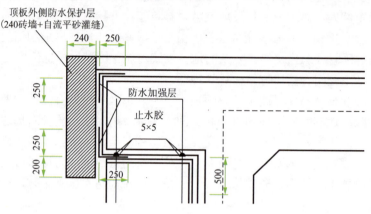

图 2-1-2 顶板边部防水铺设示意图(尺寸单位:mm)

实际施工中,在施工顶板前首先把地下连续墙破除到顶板底面标高,并预留地下连续墙主筋,在地下连续墙顶部外侧采用砖砌墙保护,砖墙内表面用砂浆抹面平整,铺设防水卷材时首先铺设角部防水加强层(图2-1-3),再整体铺设防水卷材,在地下连续墙主筋周边采用止水胶进行封堵。

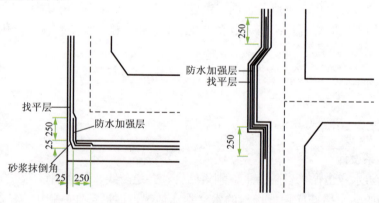

图 2-1-3 底板与中板角部防水铺设示意图(尺寸单位:mm)

2)降水井穿底板防水处理

在浇灌底板混凝土前,于降水井处预埋一根直径600mm的钢管(钢管的埋设可参照穿墙管),安放高度为垫层底至底板顶面100mm;浇捣底板混凝土时,在抽水井上覆盖加纱布的钢筋网,防止杂物落入井内;在底板混凝土中部设置钢板裙止水带(环),再涂缓膨胀型止水胶;待底板混凝土浇捣完毕、主体结构闭合后,用微膨胀混凝土封闭降水井,并在降水井口满焊钢盖板进行密封;用微膨胀混凝土封闭降水井口上部与底板混凝土之间直径100 mm的孔洞,顶部20cm采用聚合物砂浆和单组分聚氨酯密封胶封堵。

3)抗拔桩穿底板防水处理

(1)抗拔桩与底板相交处采用高渗透改性环氧防水涂料密封,渗入到混凝土内不小于 3mm。

（2）必须保证高渗透改性环氧防水涂料（0.60kg/m²）的用量。

（3）抗拔桩的主筋深入到主体结构底板内，在相交处采用胶枪挤出，涂不小于 50mm×50mm 的缓膨胀止水胶，保证涂料位置钢筋与底板面干净。

4）埋设件与结构连接部位防水处理

（1）埋设件端部或预留孔（槽）底部的混凝土厚度不得小于 250mm；当厚度小于 250mm 时，必须局部加厚。

（2）预留孔（槽）内的防水层，应与孔（槽）外的结构防水层保持连续。

5）预留通道接头处理

（1）预留通道接缝的最大沉降差值不得大于 10mm。

（2）预留通道接头应根据工程的埋设深度选用以下的措施：

①预留通道先施工部位的混凝土、中埋式止水带、与防水相关的预埋件等应做好保护，确保端部表面的混凝土和中埋式止水带清洁，埋件不锈蚀。

②在接头混凝土施工前应将已浇混凝土端部表面凿毛，漏出钢筋或预埋的钢筋接驳器，并将待浇混凝土部件的钢筋与先浇混凝土部件的钢筋焊接或连接好后再浇筑。

③中埋式止水带、遇水膨胀型和缓膨型止水胶、止水条、嵌缝材料等应符合规定。

④在施作遇水膨胀型聚氨酯止水胶前，应先将混凝土表面的浮渣清理干净并清除积水，在施作下一段混凝土前，施作好水膨胀型聚氨酯密封胶和注浆管后，再涂刷混凝土界面处理剂。

⑤遇水膨胀型聚氨酯止水胶应连续均匀设置，不得有间断点。

⑥ PVC 注浆管可用管子夹固定，其末端应带有保护套，并露出混凝土的内边缘 3~5cm，注浆管间距 5m。

⑦在混凝土结构基本稳定且发现有渗漏水时应进行注浆止水，浆液宜选用超细水泥浆或其他化学浆液，并按常规注浆堵漏施工工艺进行注浆堵漏。

二、连续墙厚入岩施工关键技术

1. 技术特点

华新站北端明挖段地下连续墙墙趾进入中风化和微风化花岗岩岩层，局部入微风化花岗岩岩层达到 17.5m。根据岩石抗压强度，本场地微风化花岗岩为软硬岩~坚硬岩，岩芯较破碎，岩体基本质量等级为Ⅲ级。在这种地质情况下连续墙的成槽施工难度大，传统的成槽方法效率极低，冲击钻锤磨损严重，"焊锤"时间较长，施工过程中频繁出现"卡锤""偏孔"现象，处理难度大，直接影响了地铁围护结构的施工工期及质量。

施工过程中为解决深厚岩层成槽难题，在施工机具选择以及施工工艺上进行了创新，建立了地下连续墙"厚入岩"施工工法。地下连续墙"厚入岩"施工工法主要具有以下特点：

（1）围岩适应性广

针对不同的岩层，在软质~硬质岩层的地层施工中均可实现地下连续墙的成槽施工。

（2）机械化程度高

本工法的施工过程中，充分发挥机械设备的使用，尽量减少人工或成孔效率相对较低的钻孔作业，充分利用常规设备，提高作业效率。

（3）成槽速度快

针对软硬互生岩层，采用导抓孔进行抓槽施工，解除了硬岩夹层对抓斗作业的限制，充分发挥了关键设备槽壁机的使用效率，加快了成槽进度。

（4）成槽质量好

由于入岩部分采用旋挖钻机进行槽段成型，成型质量较好，较传统的冲孔成槽及方锤洗槽成型好，保证了槽段成型质量；地下连续墙的墙面平整度较好。

2. 成槽工艺关键技术

针对各类互生岩层的力学性能，结合不同机械的施工能力并充分发挥机械施工的性能，以提高机械成槽效率。不同地层的成槽工艺选择如下：

①表层素填土及部分全风化岩层可用成槽机直接成槽，不能直接成槽部分用冲击钻锤冲孔，采用"两冲一抓"的工艺方法进行；

②入岩至微风化花岗岩时，冲击钻锤成槽效率极低，"偏孔""卡锤"等现象频繁，此时采用旋挖钻机钻孔，根据岩面级别合理调整钻孔间距，保证孔位间隔留下的"隔墙"用"方锤"能有效"修孔"。

1）"两冲一抓"成槽

成槽施工在素填土及砾质黏性土地段，直接采用液压抓斗成槽机成槽，但进入下层强风化岩及中等风化花岗岩层，液压抓斗抓取该岩层困难，需改用 GK6 冲击钻进行冲孔施工。

地下连续墙采用 GK6 型冲击钻机排孔冲击成槽时，先用十字形钻头分序排孔冲击，按照岩层硬度合理调整孔距，孔距调整原则为：隔墙用液压抓斗易于抓取。一般完成 2 个 Ⅰ 序孔，1 个 Ⅱ 序孔后，3 个孔之间的 2 个隔墙用抓斗直接抓取，由于岩基抗剪强度小于抗压强度，该方法利用此原理将强风化岩石"剪切"成槽，随后抽渣筒排渣。若液压抓斗"剪切"困难，则可直接用冲击钻在该岩层按传统方法冲孔，冲孔顺序如图 2-1-4 所示，入岩后用冲击钻成槽。

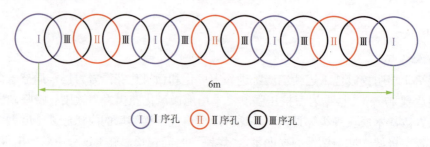

图 2-1-4　传统冲孔顺序图

冲击完后再用方形的冲锤整修槽段，这期间液压成槽机配合冲击钻捞渣。冲孔时，及时调整泥浆指标，严防塌孔。冲击钻入岩成孔时，采用勤松绳，勤掏渣，严格控制松绳长度的方法，并随时检查钻头推进情况以及提升钢丝绳之间的连接情况。施工过程中，每进尺 0.5～1.0m 测量一次钻孔垂直度，并随时纠偏。地层变化处采用低锤轻击、间断冲击的方法小心通过。

2）"两钻一冲"成槽

冲击钻施钻至微风化花岗岩后效率明显降低，此时采用旋挖钻机钻孔，旋挖钻机采用"圆筒形"钻头，为提高入岩效率，圆筒钻头上分别焊接"牙轮钻头"（俗称"菠萝钻头"），该钻头钻岩效率较高，旋挖钻机钻孔现场如图 2-1-5 所示。但需保证钻头和圆筒的焊接质量，钻孔间距为 1.2m，则中间会形成至少 0.2m 的岩石"隔墙"，最终隔墙用方锤修槽后完成该幅地下连续墙的成槽施工。

3）槽底沉渣清理

高入岩地下连续墙施工过程中，槽底悬浮和沉淀大量石渣，沉渣清理较一般槽段难度增加。在方锤修槽完成后，把成槽机抓斗下放到槽段底

图 2-1-5 旋挖钻机钻孔

部挖除槽底沉渣，清渣过程中必须及时补充新鲜泥浆至槽段内保持泥浆液面，至抓斗抓出物主要为稀泥浆时，开始进行置换法清底，采用 Dg100 空气升液器，由起重机悬吊入槽，空气压缩机输送压缩空气，以吸浆反循环法吸除沉积在槽底的沉渣，置换出的泥浆经泥浆分离机处理后用于槽段内循环。

3. 经验收获

地下连续墙"厚入岩"施工技术能够适应地质条件复杂、入岩较深的地质条件，通过在华强北片区的施工尝试与总结，该技术创新极大限度地提升国内常规成槽的机械使用率，加快了地下连续墙的成槽速度，最大限度地实现了社会效益和经济效益，并获得中国施工企业管理协会 2015 年度科学技术二等奖，目前已得到大范围推广应用。

三、地下连续墙"一槽三笼"施工关键技术

1. 技术特点

华强北地铁车站的施工区域内存在密集的电力、通信、雨水、给水、污水等地下管线管道，有多条管线横跨地下连续墙，严重影响地下连续墙的正常施工。部分管线产权单位明确表示管线不能迁改，或在短时间内无法完成迁改，对地下连续墙施工带来极大的困难和挑战。为解决超宽管线下地下连续墙施工问题，采用"一槽三笼"施工方法，通过管线保护、管线下地下连续墙成槽、钢筋笼分片吊装下设、混凝土浇筑等施工方法，成功解决了超宽管线下地下连续墙成墙难题。

管线下地下连续墙"一槽三笼"施工工法具有以下特点：

（1）易操作，采用移动式非平衡钻凿工艺解决超宽管线（160cm 左右）下地下连续墙施工问题，避免因管线下钻凿不彻底形成小墙，影响成墙质量。

（2）安全可靠，采用三片钢筋笼下分体式加工，但笼体又相互咬合，一次性浇筑混凝土的工艺保证了地下连续墙墙体的整体性和刚度。

（3）不需要对管线进行改迁，减少管线改迁成本，节约工期。

2. 关键技术

管线下地下连续墙"一槽三笼"施工工法，是针对超宽管线下地下连续墙施工研究的新型施工工法。在施工过程中，首先对管线进行保护，不同类型的管线，保护方式略有差异，目的是确保整个施工过程中不破坏管线；采用移动式非平衡钻凿工艺解决管线下地下连续墙成槽问题，利用方钻头修整平底，管线两侧采用常规方法成槽；为实现管线下钢筋笼吊装，将钢筋笼分为三片下设，中间笼体为管线下笼体，钢筋笼下设的关键是将中间笼体下设并平移定位，再下设两侧钢筋笼，最后进行混凝土浇筑成墙。

1）管线保护

结合地下连续墙导墙设置保护箱，对未迁改的管线进行保护，并根据不同类别的管线，设置不同的保护介质，避免由于施工原因造成管线破坏，造成巨大的损失。管线保护前后如图 2-1-6 所示。

图 2-1-6　管线保护前后图

通信管线：根据管线厚度和宽度，制作钢板保护箱，钢板厚 5mm，四周与管线距离 2cm。钢板保护箱与导墙同时施工，两侧钢板可嵌入导墙。

高压电力管线：为防止地下连续墙施工过程中触碰高压电缆，设置钢板箱保护高压电缆，钢板箱与电缆距离 5cm，钢板上焊接 $\phi 12$ 钢筋接地。

为防止提升钻头时剐蹭钢板箱，在钢板箱下方 15cm 处设置限位槽钢，钢板厚度 1cm，采用 14 号槽钢。

2）管线下成槽

首先采用长臂挖机挖除管线下方土体，挖掘深度控制在管线底部 3m，确保管线下方能下设钻头（钻头高度约 2m）且有一定冲程距离。然后安放移动式非平衡钻凿导向定位装置，在安放钻头前精确定位移动式非平衡钻凿导向定位装置，用该装置改变落锤中心，保证管线底部死角部分的管线底部的成槽质量。在吊车的辅助下将钻头从管线一侧下放入槽，利用移动式非平衡钻凿导向定位装置配合成槽设备进行管线下地下连续墙成槽，如图 2-1-7～图 2-1-11 所示。

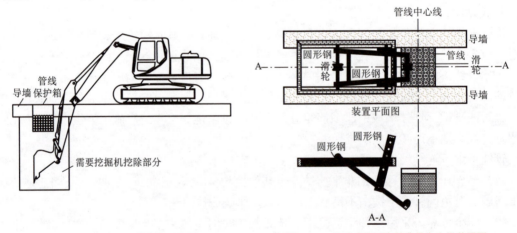

图 2-1-7　管线下土体挖除示意图　　图 2-1-8　移动式非平衡钻凿导向定位装置图

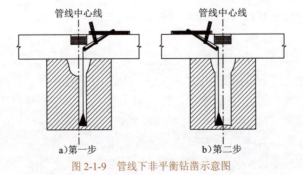

图 2-1-9　管线下非平衡钻凿示意图

图 2-1-10　移动式非平衡钻凿导向定位装置　　　　图 2-1-11　钻机进行管线下方成槽

3）钢筋笼加工

整个槽段钢筋笼分三片加工，为了增强三片钢筋笼之间的联系，减小由一片大钢筋笼分成三片小钢筋笼所带来的不利影响，将 2 号主笼设计成中间宽两头尖的"梭"形，而在 1 号笼和 3 号笼靠近 2 号主笼一侧设计成"V"形凹槽，2 号主笼与两侧 1、3 号钢筋笼之间的间距为 10cm。下设完成后，形成 2 号钢筋笼两侧插入到 1、3 号钢筋笼的"V"形凹槽中的状态，有效的保障钢筋笼下设的整体性。钢筋笼连接如图 2-1-12 所示。

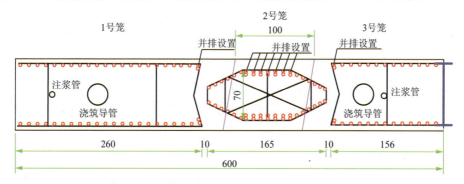

图 2-1-12　钢筋笼搭接图（尺寸单位：cm）

4）钢筋笼吊装下设及就位

三片钢筋笼采用分体吊装，槽孔内组合下设（图 2-1-13）。

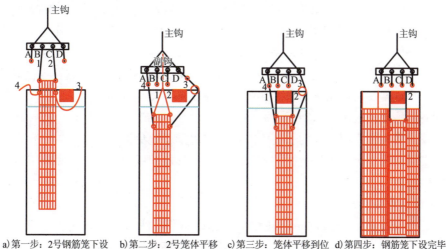

a）第一步：2号钢筋笼下设　　b）第二步：2号笼体平移　　c）第三步：笼体平移到位　　d）第四步：钢筋笼下设完毕

图 2-1-13　管线影响槽段下钢筋笼吊装示意图

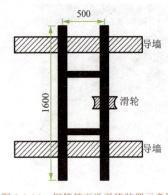

图 2-1-14　钢筋笼下设平移装置示意图
（尺寸单位：mm）

先下设位于管线下的 2 号钢筋笼，起吊 2 号钢筋笼前先把槽段内泥浆抽至接近导墙底部以便钢筋笼下设，先利用锁具中间的两条钢丝绳 B1、C2 起吊钢筋笼，当钢筋笼下至孔内时，利用扁担将钢筋笼暂时支撑在导墙上，然后释放 B1、C2 两条钢丝绳，由吊机副钩同时钩住钢筋笼的 1 点和 2 点两条钢丝绳，完成钢丝绳锁定后，利用副钩将钢筋笼提起，抽出支撑在导墙上的扁担，再进行钢筋笼下设。钢筋笼顶部下放到孔口位置时，将 D3 钢丝绳穿过管线下方，主钩穿入 A4、D3 两条钢丝绳，并且通过提前安装的平移装置（图 2-1-14）再次提升锁具，此时 A4、D3 两条钢丝绳受力，且锁具在提升过程中缓慢向管线下方移动，直到钢筋笼移动到管线下方。平移到位后，为了确保钢筋笼笼底也同时移动到管线下方，锁具反复提升下放 2～3 次，通过视觉观察钢筋笼笼顶两侧漏出泥浆面高度一致时，确定平移成功。提升至一定高度，将计算好长度的 1、2 号定位钢筋利用扁担架在导墙上完成最终定位，2 号钢筋笼下设成功。再按照常规钢筋笼下设方法下设其余两片钢筋笼。

3. 取得的成果

该技术系统解决了超宽管线下地下连续墙成槽施工和钢筋笼下设难题，大大减少了既有管线对地下连续墙施工的影响，节约了管线改迁费用，缩短了工期，降低了成本。其中，移动式非平衡钻凿导向定位装置解决了该技术的核心难题，并获得了实用新型专利。

四、大型格构柱定位技术

1. 技术特点

华强北片区采用盖挖逆作法以"先上层，后下层"的原则施工，其上部结构物荷载均由型钢格构柱承担。在围护结构施工阶段，在地面提前进行后期永久立柱中的双拼 HP 型钢施工，设计要求安装轴线偏差控制在 ±10mm 内，标高偏差控制在 ±10mm 内，垂直度偏差控制在 1/300。而且设计要求永久柱和临时柱均伸入底板以下 4m，作为混凝土灌注桩的一部分，整体施工精度要求高，施工难度大。因此，在施工中双拼型工字钢格构柱准确定位及垂度控制工作显得特别重要。为保证成桩质量，研发制造出型钢柱定位器，有效解决了型钢柱垂直度及定位精度要求高的难题，并取得了发明专利。

大型格构柱定位技术特点如下：

（1）减少格构柱露出地面的长度，降低钢材用量，避免浪费；

（2）实现双拼型工字钢格构柱的定位、调垂，且能够保证工程质量和施工进度。

2. 关键技术

1）定位调垂装置就位

测量四个支腿的对角线间距，并对支腿进行编号，然后将四个支腿定位，安置好底座，底座位于混凝土灌注桩孔正上方，对中调平，底座的横截面中心与混凝土灌注桩孔的横截面中心对应后，在底座上放置调节台。

2）钢筋笼吊装

钢筋笼内设置有钢筋笼预埋管，钢筋笼预埋管与格构柱上的格构柱预埋管相对应，将钢筋笼吊装至混凝土灌注桩孔内，当钢筋笼外露在下部框架顶部上的长度为4～4.5m时，用钢筋扁担将钢筋笼担在定位调垂装置上，并根据钢筋笼预埋管的位置进行对中调节，以使得钢筋笼的横截面中心与混凝土灌注桩孔的横截面中心对应。格构柱钢筋笼吊装如图2-1-15、图2-1-16所示。

3）格构柱吊装

格构柱顶部正、反两面各设置2个吊耳用于主吊，下部离格构柱底3m处设置两个吊耳用于副吊。钢丝绳与格构柱接触部分用管皮进行保护。起吊要立面起吊，不得平面起吊，保证格构柱不得变形。起吊要求专人指挥，其他人员不得指挥吊车。格构柱吊装如图2-1-17所示。

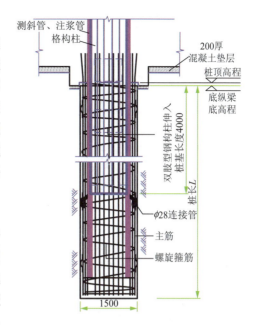

图2-1-15　格构柱钢筋笼吊装图（尺寸单位：mm）

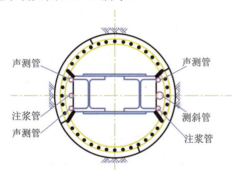

图2-1-16　预埋管位置示意图

图2-1-17　格构柱吊装

4）格构柱和钢筋笼对接

格构柱的两边H面上设置有格构柱预埋管，在格构柱上距离其底部4m处标记水平定位线，将格构柱吊装插入钢筋笼内4m，并进行对中定位，使得格构柱横截面中心与钢筋笼横截面中心对应后，使用螺纹钢固定连接，然后下吊，并实时调节，以保证格构柱横截面中心与混凝土灌注桩孔的横截面中心对应。

5）格构柱和延长导柱对接

当格构柱外露在上部框架顶部上的长度为1m时，停止下吊，用扁担梁将格构柱担在定位调垂装置上，拆除钢丝绳；将延长导柱起吊，延长导柱的H面和翼板面与格构柱的H面和翼板面相对应后，通过钢肋板将延长导柱和格构柱拼接，再通过螺栓与格构柱连接固定，然后将螺栓下部的活动限位螺母拧紧固定。

6）定位调垂

根据格构柱顶部设计高程加延长导柱长度，计算出延长导柱顶部设计高程，用全站仪确定上部框架顶部高程，计算出延长导柱顶部设计高程和上部框架顶部高程的高程差，在延长导柱上，距离其顶部与高程差相等长度处，用水平尺画出参考定位线，下吊延长导柱，当参考定位线与上部框架的顶部相平时，停止下吊，用全站仪测量延长导柱顶部高程，当此时的延长导柱顶部高程与延长导柱顶部设计高程的高程差在 0～+1cm 误差范围内时，顶部工字钢横担担住延长导柱上的支撑钢板。

将延长导柱再次向上起吊 5cm，然后进行对中调节，找出延长导柱的中心点，用全站仪进行测点，计算出延长导柱横截面中心点与混凝土灌注桩孔的横截面中心点之间的偏差，利用定位调垂装置上的调节螺杆进行横向 X 轴、纵向 Y 轴调节，使得延长导柱的横截面中心点与混凝土灌注桩孔的横截面中心点之间的偏差，在横向 X 轴、纵向 Y 轴上均在 0～±5mm 误差范围内。

对中调节完成后，下吊延长导柱，支撑钢板担在顶部工字钢横担上，再次利用全站仪测量延长导柱顶部高程和延长导柱的横截面中心点，当所测得的延长导柱顶部高程与延长导柱顶部设计高程的高程差在 0～+1cm 误差范围内，且所测得的延长导柱的横截面中心点与混凝土灌注桩孔的横截面中心点的偏差在 0～±5mm 误差范围内时，使用调节螺杆将延长导柱锁死，拆除钢丝绳，定位调垂完成，然后在格构柱内下串桶浇筑混凝土。

3. 创新收获

大型格构柱定位技术能够满足超大型基坑支撑体系的修建需要，在实际应用中实现了双拼型工字钢格构柱的精确定位、调垂，提高了工程质量，该技术为全国首创，定位调垂装置获得了实用新型专利。减少了格构柱露出地面的长度，降低了钢材的用量，避免了浪费。

第三节　生态文明施工与商业氛围协调发展

一、施工现场设施统一规划与布设优化，创建环境友好型商业街区

在华强北地铁建设过程中，以尊重和维护社会生态环境价值和社会秩序为主旨，以可持续发展为依据，以人类的可持续发展为基准点，以实现"国家 AAA 级安全文明标准化工地"为目标，在开展基础建设施工的同时，重视资源和生态环境保护，实现地铁建设与商业可持续的协调发展。

为了最大限度地弱化地铁施工对街区商业氛围的影响，对施工现场设施进行了统一规划。根据现场施工安排以及华强北人员通行需要，将整个片区划分为 6 个施工区域（图 2-1-18），留出南北通行的车行道和人行道，并设置钢便桥等措施。通过反复优化现场布设，既保障了施工正常开展，又努力创建了施工条件下的环境友好型商业街区。

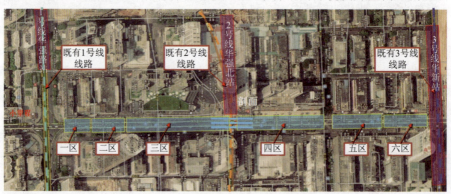

图 2-1-18　华强北片区施工分区示意图

为最大限度地弱化施工范围，施工区内设置更衣室，严禁工人穿工装、戴安全帽穿行于华强北，人员进出施工现场也遵循规定的线路。上班：到达施工区→打卡→换装（工作服、工作鞋），佩戴安全帽，携带工器具→通过人行通道进入工作面。下班：工作面→通过人行通道进入办公区（人行区）→洗鞋台冲洗鞋底防止携带泥土→存放工器具、安全帽，梳洗换装→出施工区。标准化施工现场如图2-1-19所示。

图 2-1-19 施工人员按要求进出施工现场

二、杜绝环境污染、"靓围挡、降噪声、绝泥水"

1. "靓围挡"——强化商业氛围

华强北片区地处繁华闹市区，安全文明施工工作是重中之重，为增强华强北商业氛围，施工方自加压力，在现场围挡范围内区域有限的情况下，充分结合现场实际布置各种设施。

全线统一使用了3m高PVC围挡，对于现场进行封闭式管理。为了不影响周边的商业活动，围挡将整个华强北分为6个区，每个区之间有通道供市民通行。围挡外部干净整洁，围挡内道路定期进行清洁，并有专职保安24h进行值勤巡逻，有效保证了现场的秩序。

"靓围挡"是指配合华强北街道办将所有围挡广告按"材质、尺寸、间隔、灯光"四个统一原则进行了整体设计与规划，所有临街施工围挡，交由华强北街道办协调商家做户外广告。地铁围挡施工后，930m的华强北商业主街被围挡分割成6段，总长度共计1536m。按两根立柱之间间隔为一个广告位算，共计施工围挡位600余个。为聚集商圈人气，美化商圈环境，营造商业氛围，将"传统白色的施工围挡"改造成"现代多彩的商业和公益广告"，并设计制作了围挡广告灯光，建设了南北两侧门楼，最大限度减少商家业主的经营损失，创造条件展现沿线商家的品牌形象广告，使商业街区呈现崭新的街景面貌，实现商圈在地铁施工围挡期间的平稳过渡。在地铁施工围挡期间，华强北商圈月月有活动、季季有高潮，人气不减，生意兴隆。靓围挡现场如图2-1-20所示。

图 2-1-20 "靓围挡"现场图

2. "穿衣戴帽"——开启静音模式

由于华强北站地处繁华商业区，对噪声非常敏感，仅仅对工地进行围挡难以避免对周边市民生活的影响，为此华强北站采取了对冲击钻等噪声较大的设备加装隔音棚、安装声屏障等手段进行降噪，切实有效地保障了周边居民的生活不受地铁施工影响。

"穿衣戴帽"是指给对高噪声的作业设置可移动的隔音棚，对产生噪声的机械设备量身定制隔声罩或隔声屏，从而起到隔音降噪的良好效果。实践中，通过在通风机、鼓风机、空气压缩机等装置进出风管的适当位置设置消声器；对振动大的设备使用减振机座，以降低声源噪声；对噪声影响较大的施工场地及设备采取隔声罩或隔声屏等降噪措施（图2-1-21），对施工现场的木工棚、钢筋棚等采取全封闭措施（图2-1-22），同时，对于岗位员工的职业健康保护也采取佩戴耳塞、耳罩或护耳器等隔噪措施，切实保障职工的健康权益。

图 2-1-21 对施工设备采取隔音降噪措施

图 2-1-22 钢筋集中存放加工棚

3. "绝泥水"——清洁环境卫生

"绝泥水"则在施工区域内对路面由专人负责清洁、保洁工作，出渣机械设备通过"一洗二吹三检查四放行"四道防线才可驶出围挡，保证市政道路的清洁。泥浆循环处理如图 2-1-23 所示，自动洗车、吹干设备如图 2-1-24 所示。

图 2-1-23　泥浆循环处理

图 2-1-24　自动洗车、吹干设备

对于施工中产生的污水和泥浆，华强北站在工地大门的内侧设有截水沟、洗车台，将场区内的污水和泥浆截流，保证污水和泥浆净化达标后再排入市政雨水井或进行循环利用。工地还设置了洗鞋台，方便作业人员清洗鞋上泥土，同时保持场区干净。对于施工产生的余泥，华强北站采用国内先进的压滤机对余泥渣土进行脱水处理方法，使土渣具备外运条件。

地下连续墙施工利用泥浆池和泥渣分离机进行泥浆回收循环处理，分离出废渣，将可利用的泥浆进行处理循环再利用，从而降低了水的用量，节约用水。华强北片区的土方量庞大（约 70 万 m^3），而运送土方的泥头车管理一向是城市的难题，泥头车管理不当很容易污染城市道路，极难清理。

华强北站为了不给深圳的环卫造成负担，严格按照标准对泥头车进行处理，泥头车在出场区前采用两级洗车池清洗、一级自动冲洗外加一级人工冲洗的四级清洗方式，确保泥头车不带泥上路，同时对泥头车加盖处理，保证其在运输途中不会掉落尘土，确保了工地周边环境的干净整洁。

三、繁华商业区绿色施工措施

在繁华商业区为开展绿色地铁施工，采取了以下措施：

（1）领导高度重视、组织机构健全、措施落实到位，以争创"国家 AAA 级安全文明标准化工地"为目标，进行目标管理。

（2）构建基于风险预警的施工安全管理模式，对风险源进行预控，加强安全过程管理。以主动控制为主、主动控制与被动控制相结合，强化实施过程控制、监督与反馈，加强施工过程环境保护，做到科学化、精细化的"四节"管理。

（3）提出基于人因管理的地铁施工项目安全管理理念。从安全氛围、安全文化、安全态度、安全行为四个维度出发，建立对地铁施工项目安全绩效产生影响的多个影响因子，得到地铁施工项目安全人因管理指标体系。研究表明：安全行为对地铁施工安全绩效的直接影响最显著，安全文化对地铁施工项目安全绩效的综合影响最大，安全态度对员工安全行为有显著的影响。现场管理和监督、安全激励措施、持续优化改进、安全教育与培训、规则遵循情况、工作满意度、基坑开挖支护安全和应急救援措施演练，是安全管理的八个重点方面。

（4）提出基于"互联网+"的地铁工程施工项目管理模式，参建单位可在信息平台上沟通。将工程资源（人员、设备、材料、空间等）、进度、质量、安全、档案资料等多方面信息与三维模型相关联，及时、完整地采集上述数据；将互联网中的人流、物流、工作流及信息流综合体现，并表达在派工单中，形成有逻辑关系的、彼此互相证明的项目管理闭环。基于"互联网+"的地铁工程施工项目管理模式，是集成管理与协同决策创新，以主动控制为主，强化施工预案，实现了全过程一体化管理。

（5）提出采用场外加工材料，提高效率，避免粉尘污染。如'格构柱加工'在郊区设置临时加工厂进行制作加工，成品拉运至现场进行安装，避免了电焊粉尘对商业区环境的影响。

（6）结合工程实际，优选工法。如根据华强路站—华强北站区间的特点，优化区间施工方案，采用盾构法施工，并优化盾构参数，进行主动控制；为加快施工进度，华新站采用明挖法施工；为节约施工场地，华强北站采用盖挖逆作法施工。

（7）科学组织，精心施工。精心组织主体钢筋混凝土结构施工；加强对周边环境的调查，落实保护措施；科学合理解决地下管线的干扰，在工程施工过程中，协助迁改单位加快管线迁改割接施工进度，同时保护未割接管线安全，确保华强北片区施工的进度要求；优化土石方、支撑体系施工方案，完善降、排水施工措施。

（8）建立能值足迹模型，对华强北片区"四节一环保"效果进行定量分析，指导地铁绿色施工。利用建立的能值足迹模型，华强北片区采取"四节一环保"措施后，提供的区域承载力达2440Pa，是深圳市域面积的1.22%。从"四节一环保"措施对区域承载力的贡献来看，通过优化施工方案、加强施工现场管理而实现节材和材料利用的贡献最大（占65.30%），其次是环境保护（占16.82%）和节地与土地资源利用（占16.54%）的贡献。

（9）构建华强北地铁生态绿色施工定量评价指标体系和评价模型，研究得到环境保护是影响华强北片区地铁绿色施工的主要问题。节材与材料资源利用、对交通影响的控制、绿色施工管理、影响周边商业氛围的控制以及影响周边建筑物的控制是影响华强北片区地铁绿色施工的前五个因素。根据上述分析结果，对华强北片区地铁绿色施工进行定量分析，针对影响华强北片区地铁绿色施工的主要因素，采取相应的措施，为创建"国家AAA级安全文明标准化工地"、维持华强北片区周边商业氛围奠定了基础。

四、商业氛围协调发展措施

商业氛围协调发展措施：

（1）建立多级协调的共建联控机制，勇于承担社会责任。从以下六个方面做好"共建联控"工作：健全组织机构，优化工作实施方案；弱化施工氛围，强化商业氛围，保持华强北经济繁荣；立足岗位，加强交流，勇创佳绩；主动承担社会责任，融入鹏城发展进程；加强党风廉政建设，贯彻落实廉政联控工作；做好宣传报道工作，为地铁建设营造良好舆论氛围。"共建联控"工作的开展带来了实实在在的效果，不仅保障了7号线的建设质量和速度，也保障了华强北片区的社会稳定和经济繁荣。

（2）施工现场统一规划布置，建设生态绿色营地；结合现场情况，优化围挡布置，围挡设置与周边的商业氛围相协调，创建环境友好型商业街区。

（3）进行绿色交通疏解，减少对商业街区的影响。通过交通疏解的成功筹划和实施，解决了地铁施工期间的华强北交通畅行问题，同时也保持了商业区商业氛围最根本因素"人"的问题，保护了商业区"人"的流动持续性，成功维护了商业圈商业氛围的持续性。

（4）围蔽施工绿色筹划，营造街区的商业氛围。针对华强北片区实际情况及特点，邀请地铁公司、项目公司、街道办、华强北商家代表等人员对华强北片区工程围蔽方案进行优化，对华强北片区进行分区分阶段围蔽施工，科学配置、调整资源投入，维护了华强北片区商业环境氛围可持续发展的需要。

（5）优选可靠的围护施工方案，减轻对周边建筑物的影响。华强北站离建筑物较近，为确保周边建筑物不受影响，施工期间采用袖阀管注浆、回灌井、单管旋喷桩等措施进行加固；根据与周边商家协商结果及提供施工场地时间确定，袖阀管注浆及回灌井运行将根据主体工程进展及监测情况进行组织实施；同时加强沉降观测。通过上述有效监控和预防措施，确保了施工期建筑物的安全，对稳定华强北片区社会环境及商业环境，保持商业氛围可持续性起到关键作用。

（6）优化土方运输方案，减少对商业活动的干扰。华强北片区土方开挖达61万 m^3。由于地处繁华商业区内土方运输受交通管制，商业区白天出土较为困难，加之大部分施工时段处在雨季进行，导致土方开挖及主体结构施工功效低，如何提高土方外运功效是华强北片区施工的重难点。通过优化基坑土方开挖、雨季顶板土方开挖方案，优化土方运输方案，加强现场组织协调并辅以经济措施，有效解决了土方开挖与运输问题，维护了华强北片区周边商业所需的良好环境，使其在主体施工阶段依旧保持着繁荣的景象。

第四节 小 结

"建地铁就是建城市"。为构建和谐深圳、和谐地铁，保持华强北片区可持续繁荣，确保安商稳商，自华强北站建设之日起，我们从商家的角度出发，换位思考，想商家之所想，急商家之所急，并将此理念融入工程建设各项工作中，通过华强北站的施工探索，我们摸索出了一条从以往的对立型、征服型、污染型、破坏型建设施工，向和谐型、恢复型、建设型演变的绿色生态施工的道路，并以此为出发点逐渐走向真正的生态文明建设施工的正轨。本项目获得"国家AAA级安全文明标准化工地"和省部级科技进步一等奖。

第二章
超宽车站关键施工技术（西丽站）

西丽站位于深圳市南山区沙河西路与留仙大道交叉口，为地铁 5 号线、7 号线、15 号线三线的换乘站，其中 5 号线沿留仙大道东西向布置于路口西侧，7 号线、15 号线沿沙河西路跨路口四线平行布置，5 号线和 7 号线、15 号线形成 T 形换乘方式。车站采用明挖法施工，基坑总长 274.100m，宽 29.3～44.3m，深 17.6～24.5m，支护工程安全等级为一级。标准段外包尺寸为 41.6m（宽）×13.34m（高），标准段设计为地下两层三柱四跨或五柱六跨的矩形框架结构；与 5 号线换乘节点段为地下三层三柱四跨的矩形框架结构。

西丽站周边管线错综复杂，数量种类多，改迁工程量大，基坑内地质条件复杂，局部分布有淤泥质黏土，基坑标准宽度达 41.8m，其深基坑施工是重难点。

通过数值模拟技术将整个深基坑围护结构和内支撑作为一个整体分析，在城市核心区复杂环境条件制约下和施工工期紧凑的条件下，优化基坑平面合理分区、优化基坑开挖土方内力重分布、合理优化基坑开挖顺序，减小超大地铁深基坑施工叠加影响：

（1）优化基坑的合理分区与先后施工顺序；
（2）对特殊环境条件下的基坑支撑进行优化，以满足基坑开挖进度和安全保证；
（3）对宽大基坑车站主体结构施工分段分层及先后施工顺序优化，加快施工进度。

一、宽大基坑开挖施工技术研究

1. 基坑开挖

按时空效应原理将基坑分为若干个单元开挖，"纵向分段（块）、竖向分层、对称、平衡、限时开挖、限时支撑"，必要时留土护壁，通过严格控制每个单元的挖土时间和支撑时间，以减少基坑暴露时间，控制围护变形。基坑开挖时"由深向浅"逐段开挖，车站主体结构基坑分段开挖的位置以设计的结构分段（诱导缝、施工缝）位置为基准，再向前延伸 2m。

1）水平分段

在第二、三道支撑的土层开挖中，每小段长度一般不超过 6m 左右，小段一层土方在 16h 内完成，随即在 8h 内安装好该小段的支撑并施加好预应力；在第四～五道支撑的土层开挖中，每小段长度一般为 3m 左右，小段一层土方要在 8h 内完成，随即在 8h 安装好该小段的支撑，并施加好预应力。机械挖土距离坑底 20～30cm 厚土层时，由人工挖土平整，防止坑底土体被扰动。基坑开挖时，及时设置坑内排水沟和积水井，防止坑底积水。

2）竖向分层

竖向分层厚度为支撑竖向间距，在开挖过程中又按 1m/ 层进行开挖施工，并随时掌握开挖深度与支撑位置的关系，严禁出现超挖回填现象。

3) 纵向放坡

基坑开挖从上到下分层分块进行，分层开挖过程中临时放坡坡度为1:1.5，开挖到坑底标高时每层坡度为1:2.5，各层土设置3m长台阶，以保证基坑开挖纵向综合坡度≤1:3。

4) 抽槽开挖

当每段土体开挖及支撑施工时间过长时，考虑到基坑开挖的时空效应，采用抽槽开挖方法。即先抽槽挖除支撑位置土方，待该部支撑施工完毕后再开挖该段其他部分土体。

5) "盆式"开挖

每层土体均采用"盆式"开挖，先开挖基坑中间部分土方，留下基坑内侧一圈抵住挡墙的土体（约6m宽），在开挖好中间土体后，再向两侧对称、平衡开挖。

2. 深基坑平面分区优化

1) 常规基坑区域划分

结合西丽站实际情况，土方开挖按照纵向分段、竖向分层、层与层之间放坡设台阶的方式进行，上下、前后形成一个连续的开挖作业面。基坑标准段分为8层开挖，其中1～7层采用机械开挖，第8层30cm厚采用人工开挖。二级基坑分为9层开挖，其中1～7层采用机械接力开挖，第8层垂直开挖，吊车垂直吊运出基坑，第9层30cm厚采用人工开挖。

土方开挖纵断面示意见图2-2-1，标准段土方开挖断面见图2-2-2，二级基坑土方开挖断面见图2-2-3。

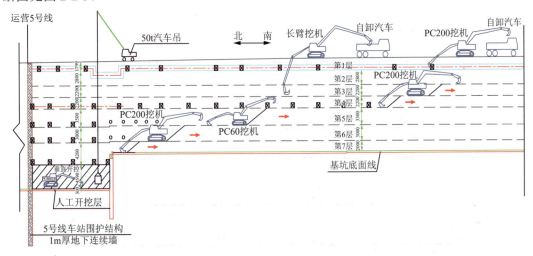

图2-2-1 土方开挖纵断面示意图（尺寸单位：mm）

基坑顶部两台挖掘机进行接力开挖时，超出作业范围的土方，由下层台阶上挖机配合开挖。每层土方开挖时混凝土支撑底部30cm土方采用人工开挖，其余采用机械开挖。

2) 基坑平面分区优化

由于西丽站车站范围存在密集的电力、电信、雨水、上水、污水、燃气、路灯等地下管线管道，以新建雨水管涵为分界，管涵以北区域管线通过悬吊保护、临时剥离、废弃等手段已在基坑开挖前改迁完成，新建雨水管涵以南区域内尚有DN800给水管一道、DN300燃气管一道、DN1000污水管一道及8m×1.6m雨水箱涵一道，均横跨基坑迁移困难，需时较长，影响围护结构封闭，不能进行降水及开挖施工。地铁集团要求工期较为紧凑，通过沟通，预计剩余管线改迁需时3个月，根据施工程序，基坑开挖前需完成所有围护结构，封闭基坑后才可进行，不能按照既定工期目标完成土建施工。

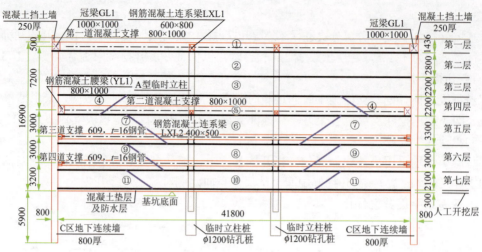

图 2-2-2 标准段土方开挖断面图（尺寸单位：mm）

通过研究后，在新建雨水管涵北侧布置一道 800mm 厚止水地下连续墙，沿基坑东西方向垂直于基坑布置，如图 2-2-4、图 2-2-5 所示。地下连续墙成槽深度 20m，墙幅宽度 8.4m，底部伸入基坑底以下 3m，顶部低于现状地面 5m（地下水位高程以上约 0.5m），达到了封闭基坑、提前进行开挖工序的目的，西丽站北区基坑开挖提前 2 个月完成。

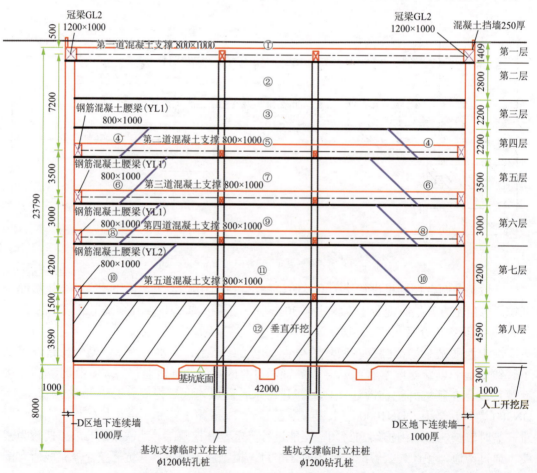

图 2-2-3 二级基坑土方开挖断面图（尺寸单位：mm）

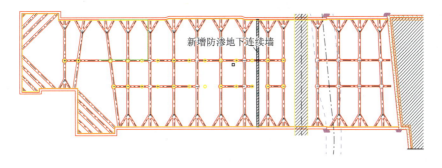

图 2-2-4 基坑新增防渗地下连续墙平面示意图（尺寸单位：mm）

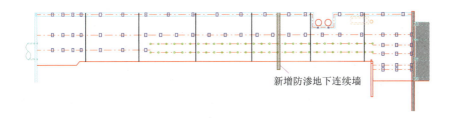

图 2-2-5 基坑新增防渗地下连续墙剖面示意图（尺寸单位：mm）

3. 出土线路设置

超大尺寸地铁车站深基坑水平支撑道数多，周边没有场地，合理地布置出土路线是快速施工的关键，西丽站基坑位于留仙大道与沙河西路交叉口，施工的同时要保证交通正常，施工场地较小，基坑边无法设置出渣道路。通过研究，西丽站基坑开挖主要采用垂直出土及在基坑内放坡布置路线，以达到快速施工的目的。

二、宽大基坑地铁车站结构施工技术

1. 材料水平及垂直运输

西丽站车站主体基坑施工场地狭小，南北区域均在基坑西侧有一条施工道路，为便于车站主体段施工材料水平及垂直运输，在车站南北区分别布设 1 台 ME16t+10t-45.1m、ME16t+10t-42.8m 龙门吊，额定起重量 16t，北区北端头龙门吊无法行走覆盖到位的范围采用 50t 履带吊。北区东侧在基坑外侧设置专门的龙门吊轨道基础，其他部位的龙门吊行走轨道利用两侧围护结构冠梁布设，不再另做基础。

2. 车站主体施工分段分层

1）纵向分段

车站主体结构段采用分段分层施工，以减少基坑暴露时间，确保基坑稳定；同时通过合理的施工分段又可以控制结构混凝土的收缩裂缝，提高结构抗渗性能。施工分段首先满足结构分段施工技术要求和构造要求，且结合施工能力和合同工期要求。车站环向施工缝布置在纵向柱距 1/4～1/3 跨附近，同时缝的位置避开通风道、楼梯孔，以保证过梁、扶（楼）梯梁的刚度。

西丽站车站以已建成的 5 号线为界分南北两个独立的区域，根据分段原则，主体结构段自西向东共划分 14 个施工段，北区 8 段，南区 6 段，分段里程及长度见表 2-2-1。

西丽站车站主体结构段施工分段表　　　　表 2-2-1

段　号	施工里程	分段长度（m）
第 1 段（B1）	DK2+282.787～DK2+300.287	17.5
第 2 段（B2）	DK2+300.287～DK2+318.287	18.0
第 3 段（B3）	DK2+318.287～DK2+342.087	23.8
第 4 段（B4）	DK2+342.087～DK2+360.637	18.55
第 5 段（B5）	DK2+60.637～DK2+375.687	15.05
第 6 段（B6）	DK2+375.687～DK2+396.687	21.0
第 7 段（B7）	DK2+396.687～DK2+409.837	13.15
第 8 段（B8）	DK2+409.837～DK2+425.987	16.15
第 9 段（N1）	DK2+454.838～DK2+474.238	19.4
第 10 段（N2）	DK2+474.238～DK2+492.7388	18.5
第 11 段（N3）	DK2+492.738～DK2+511.188	18.45
第 12 段（N4）	DK2+511.188～DK2+528.788	17.6
第 13 段（N5）	DK2+528.788～DK2+546.688	17.9
第 14 段（N6）	DK2+546.688～DK2+556.688	10.0

2）竖向分层

水平施工缝不宜留在剪力与弯矩最大处或板与侧墙的交接处，结合施工组织需要，内衬墙水平施工缝留在底板腋角以上 250mm、中板腋角以下 300mm、中板面以上 300mm、顶板腋角以下 300mm 的墙体，墙体有预留孔洞时，施工缝距孔洞边缘不应小于 300mm，共设置 4 道水平施工缝。车站顶、底板不设纵向水平施工缝。

每层中柱水平施工缝均留设在本层板顶和上层梁底高程处，梁柱接头核心区混凝土同梁、板混凝土一起浇筑，见表 2-2-2。

西丽站车站主体结构段施工分层表　　　　表 2-2-2

层号	分层内容	施工缝位置	备　注
第①层	底板	底板腋角以上 250mm	
第②层	站台层中立柱	板顶和上层梁底标高处	
第③层	站台层边墙及中板	中板面以上 300mm（中板腋角以下 300mm）	括号内为边墙和中板分开浇筑时施工缝位置
第④层	站厅层中立柱	板顶和上层梁底标高处	
第⑤层	站厅层边墙	顶板腋角以下 300mm	
第⑥层	顶板		

三、施工经验教训和改进性建议

1. 施工经验教训

在西丽站基坑围护结构施工阶段，由于前期工程的影响，围护结构迟迟不能封闭，严重影响基坑开挖，因此采取了在基坑中间增加一道防渗地下连续墙的措施，以便完成围护结构的部分尽快推进基坑开挖，但因防渗墙与原围护结构地下连续墙之间未预留工字钢接头，导致其必然存在缝隙，虽然在接头处进行了旋喷桩止水，但效果不理想，底部仍存在渗漏水。

防渗地下连续墙作为基坑围护封闭的结构，仅仅考虑其堵水的作用，而未将其受力情况纳入计算，防渗墙体配筋量较少，接头部分采用工字钢处理。基坑开挖初期，施工进展较为顺利,但随着基坑的加深,防渗墙侧向土压力逐渐增加,导致防渗墙存在倾斜及坍塌的风险。鉴于此情况,施工现场采取了在防渗墙开挖侧预留土的措施,以平衡两侧土压力,在临时封闭的基坑底板浇筑完毕和车站整体围护结构最终封闭后再进行开挖和破除防渗墙,虽然增加了部分的工程量,但基坑开挖和主体结构提前开工,为后续装修及安装进场提供了相对充足的时间。

2. 改进性建议

在超宽车站围护结构设计阶段,应充分调查现场实际情况,结合前期工程的难易程度,加强和设计人员的沟通,如有必要,通过围护结构的预留,实施基坑的分区分段施工,以便更合理地配置资源、调整施工计划。同时,在保证基坑安全的前提下,最大限度地优化钢支撑的间距和高程,尽量方便挖掘机、泥头车等设备在基坑内的施工和运输。

第三章
遗留换乘节点地铁车站施工技术（石厦站）

第一节 工程概况

7号线 BT 工程范围内共有10座换乘站：西丽站、安托山站、石厦站、福民站、华强北站、华新站、八卦岭站、田贝站、车公庙站、红岭北站。换乘形式有十字换乘、T 形换乘。本章主要介绍 T 形换乘。石厦站沿福民路东西向布置，在石厦北二街交叉口与 3 号线在石厦站 T 形换乘，石厦站平面位置如图 2-3-1 所示。3 号线石厦站已经通车运营，节点上部负一层及负二层已经施工完成，换乘节点处地下连续墙、地下三层的 8 根抗拔桩和结构柱已通过逆作法完成施工，但有三幅地下连续墙未完成施工，仅逆作施工到负二层板下约 1m，地下三层的土石方尚未开挖，叠合侧墙、底板、底纵梁等内部结构亦未施作。

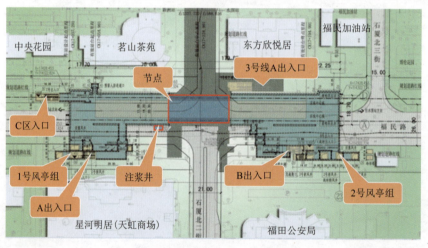

图 2-3-1　深圳地铁 7 号线石厦站平面位置图

换乘节点位于石厦北二街与福民路交叉口，距地面 15.81m。所处地层：上部为砾质黏性土，中部为全风化花岗岩，底部为强风化花岗岩，换乘节点范围地质纵剖面如图 2-3-2 所示。稳定地下水位埋深 2.30～4.70m，水位高程 0.65～1.32m，不具连通性。地下水的排泄途径主要是蒸发，主要补给来源为大气降水。

换乘节点东、西长 40.2m、宽 19.5m，节点内底板、底梁和内衬墙采用 C35、P10 混凝土，结构柱采用 C50 混凝土，400mm 厚新增电缆夹层板采用 C35 混凝土，换乘节点土体采用全断面注浆分步开挖，开挖过程中主要采用 25 工字钢支护，并采用 C25 混凝土挂网喷射混凝土。换乘节点基坑深约 26.2m，基底位于强风化花岗岩层，局部为全风化花岗岩层，3 号线已施工围护结构采用厚度为 0.8m 的地下连续墙，地下连续墙的嵌固深度为 5.0m。

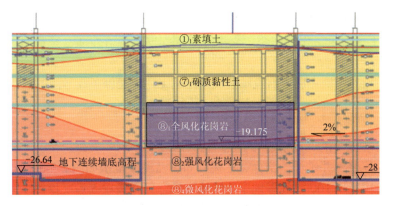

图 2-3-2 换乘节点范围地质纵剖面图

开挖过程中如何保证上部 3 号线结构沉降满足运营要求,是本工程施工控制关键点。全断面注浆效果、开挖支护、狭小空间内施工组织、结构受力体系转换时各道工序间的衔接及工期保证是施工中的关键施工技术。

第二节　施工关键技术

一、施工方案优化设计

石厦站原设计方案为采用施工注浆竖井、上角洞、双下导洞,再分 4 层共 20 个洞室的分步注浆开挖,工序多达 13 道,工序转换频繁,接口多,工期紧,风险大。

换乘节点处开挖过程中如何保证上部 3 号线结构沉降满足运营要求,是施工控制关键点。新的施工方案主要采取以下措施:

(1) 设置注浆竖井南侧外部暗挖横通道,用超细水泥注浆封闭南侧缺口;

(2) 多层临时型钢喷混凝土结构作为横向支撑以控制开挖期间水平变形;

(3) 通过节点部位增设倒角电缆夹层板(厚 0.5m)并将负三层底板与侧墙相交处的倒角加大,以及下导洞内增设树根桩满足施工时结构受力要求;

(4) 加强侧墙配筋,以满足叠合墙结构的受力要求;

(5) 对地下连续墙增加植筋作为胡子筋,将侧墙与地下连续墙有效叠合;

(6) 分步开挖及时封闭成环,减少变形,通过超前注浆控制开挖过程中的沉降;

(7) 在开挖负二层时对整个开挖方案进行优化,直接将两侧围护结构边上导洞先开挖完成,再打两个横向导洞将两侧导洞连通形成 H 形支撑受力体系,有效抑制了上部 3 号线车站的变形;

(8) 同时换乘节点遗留工程施工过程中对 3 号线车站、区间影响范围进行全自动监测,及时反馈信息,整个施工过程利用信息化施工;

(9) 注浆竖井超细水泥注浆压力以监测值控制,反复调整注浆部位和压力,在封闭地下连续墙缺口的同时,板顶的 3 号线轨道变形控制在 ±5mm 以内;

(10) 进行方案优化,120 根树根桩变更为 4 根 1.6m 挖孔方桩,受力明确可靠,施工迅速;

(11) 同时电缆夹层和下导洞完成满足受力条件后,下面的三层开挖改为按层开挖,

架设钢支撑,加快进度,减少变形时间;

(12)控制工序质量,保证注浆、支撑等质量到位,聘请外部专家定期现场指导,工序施工可控。

通过以上措施安全地完成了石厦站基坑开挖施工,也确保了3号线的运营安全。

二、南侧未封闭地下连续墙止水

(1)为避免基坑开挖过程中,3号线结构失水过多,沉降失控,在7号线基坑外侧设临时注浆竖井,注浆竖井平面、剖面、注浆孔布置及注浆范围如图2-3-3～图2-3-6所示。注浆竖井围护结构采用1000mm厚地下连续墙支护,竖向设置5道支撑加1道换撑。开挖前对原3号线南侧未施工完成的一幅地下连续墙外侧进行注浆封闭止水。

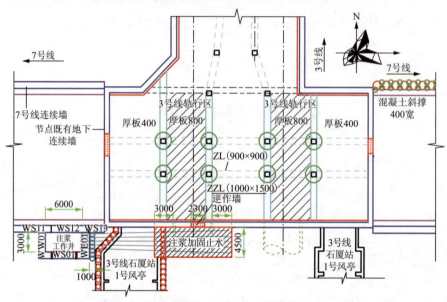

图 2-3-3 注浆竖井平面位置图(尺寸单位:mm)

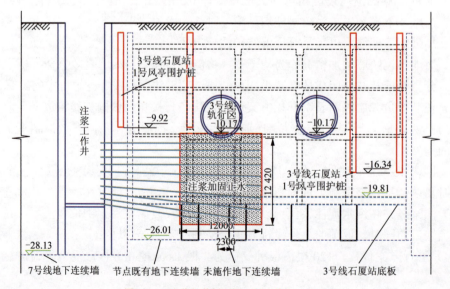

图 2-3-4 注浆竖井剖面图(尺寸单位:mm)

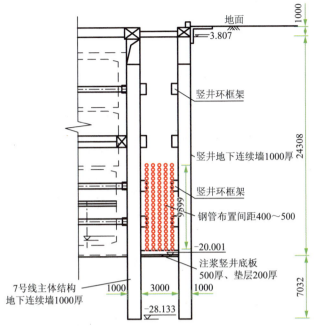

图 2-3-5 注浆竖井注浆孔位布置图（尺寸单位：mm）

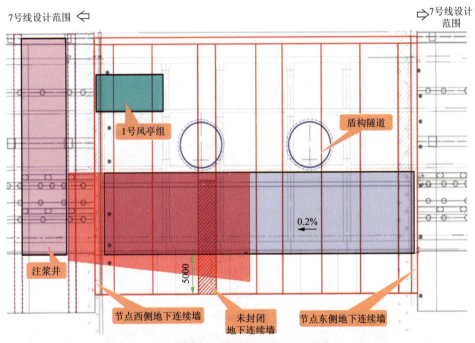

图 2-3-6 石厦站注浆竖井与注浆范围剖面图（尺寸单位：mm）

竖井施工完毕后，在竖井内对换乘节点未施作逆作墙外侧土体进行注浆加固止水，提前在需注浆一侧竖井地下连续墙上预埋 $\phi 108$，$t=5mm$ 钢管，用于注浆时使用。预埋注浆管时，已设置一定角度，便于注浆。注浆时采用超细水泥，同时在注浆期间对已运营 3 号线盾构隧道区间进行监测，当监测数据超出相应预警值、控制指标时，将报告相关单位并采取应急措施，防止对 3 号线盾构区间产生影响。

注浆竖井共布置 100 个袖阀管注浆孔，按照自上而下的顺序进行注浆施工，为保证注浆效果，第一次对全部注浆孔进行注浆，第二次对内侧两列注浆孔进行加强补注。

（2）东、西、南三幅未封闭地下连续墙在3号线施工时只施作到中板以下1m，而在7号线施作时，南侧地下连续墙需与400mm厚内衬墙一起续接至负三层底板以下1m，形成叠合结构；东西两幅地下连续墙只需在7号线基坑开挖过程中用型钢加固喷锚封闭；南侧地下连续墙续接见图2-3-7。南侧未封闭地下连续墙采用逆作法施工，大样见图2-3-8。初期支护钢架采用I25a型钢，竖向间距500mm，纵向连接筋采用$\phi22$钢筋，间距500mm，双层布置，喷C25混凝土300mm厚，并铺挂$\phi8@150mm\times150mm$钢筋网，提前预埋$\phi42\times3.5mm$注浆锚管，长度4.5m，对竖井注浆不密实处进行补浆。

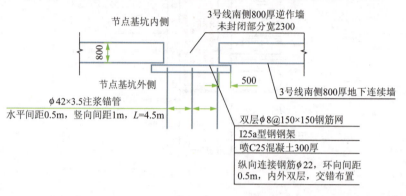

图2-3-7　南侧地下连续墙续接图（尺寸单位：mm）

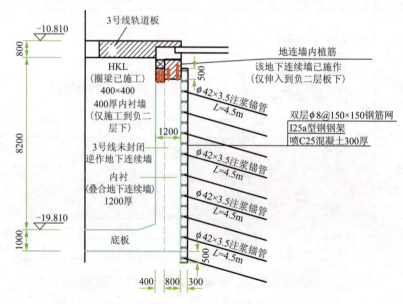

图2-3-8　南侧未施作地下连续墙逆作墙大样图（尺寸单位：mm）

三、换乘节点框架体系施工

1. 换乘节点顶部角洞施工

1）石厦站主体基坑开挖

先期开挖换乘节点两侧角洞并施作钢斜撑。中期进行底部导洞开挖，洞通后及时施工底部纵梁及东西两端立柱，形成换乘节点框架体系。

原设计注浆竖井在主体基坑开挖至第三道混凝土支撑时完成注浆,后继续向下开挖。现场实际施工中,由于注浆滞后,为保证工期,采用旋喷桩封闭西侧地下连续墙。在第三道混凝土支撑下50cm位置打双管旋喷桩,旋喷桩入基底3m。旋喷桩施工结束后,再开挖西侧基坑,然后局部破除3号线地下连续墙,开挖换乘节点上层两侧角部土体,边开挖边进行全断面注浆加固地层,安装钢斜撑并浇筑混凝土。

后继续开挖7号线剩余土体,同步封闭3号线东、西侧地下连续墙至底板下1m。7号线石厦站土体分层对称开挖至负二层底板,换乘节点两侧保留20m长的反压土。换乘节点角洞开挖时与7号线石厦站基坑间位置关系如图2-3-9所示。

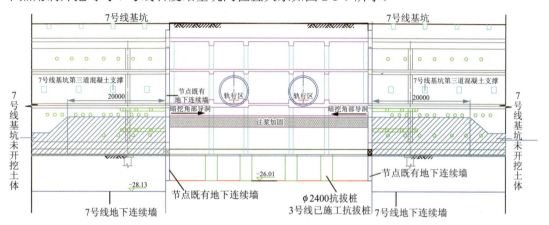

图2-3-9 主体基坑开挖与换乘节点角洞开挖关系(尺寸单位:mm)

2)换乘节点顶部角洞开挖及支护

待东西侧基坑开挖至换乘节点第一层土体底板(-14.11m)后,开始施工换乘节点东、西侧两个顶角,顶角尺寸为高2.5m、宽4m,东、西两侧相向同时开挖。

顶角施工前需破除既有地下连续墙,考虑到破除地下连续墙后防止因地层水土流失而造成3号线主体结构沉降、开裂、破坏,开挖过程中需采取全断面注浆加固止水措施。加固完成后方可进行土方开挖。

3)换乘节点顶部中板下增设倒角及续接第一节内衬墙

换乘节点上层两侧角部土体开挖完成后,在负二层中板下方增设倒角加强板与墙的连接,倒角尺寸为900mm×300mm,增设倒角与换乘节点第一节内衬墙一起施作。

4)换乘节点负二层底板斜撑加固

考虑到下步中导洞开挖实施过程中土体固结沉降对负二层板的影响,在中导洞开挖前先在负二层板下设置临时钢斜撑以减小上部3号线车站的受力变形。

在两侧顶角开挖完成后,施作内衬墙,然后分段施工钢斜撑,钢斜撑采用$\phi 300$钢管,长度为3.058m,两端焊接连接板通过螺栓与预埋的底座进行连接,最后浇筑C25混凝土,见图2-3-10~图2-3-12。钢斜撑安装主要流程为:内衬墙施工→预埋钢管斜撑预埋件及螺栓→安装钢管斜撑→浇筑混凝土。

2. 底部中导洞及底纵梁、洞门立柱施工

1)中导洞开挖及支护

中导洞位于节点底部位置,拱顶为$R=1.9m$的半圆弧,下部为1.825m×3.6m的方形。超前支护主要为:拱部采用$\phi 108 \times 8$大管棚(两排$L=22m$,环距0.4m),拱墙采用

$\phi 42\times 3.5$ 小导管（$L=3$m，环距 0.4m，纵距 1.5m）。中导洞位置及断面如图 2-3-13 所示。

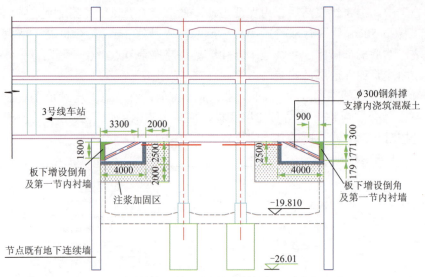

图 2-3-10　新增倒角及第一节内衬墙结构图（尺寸单位：mm）

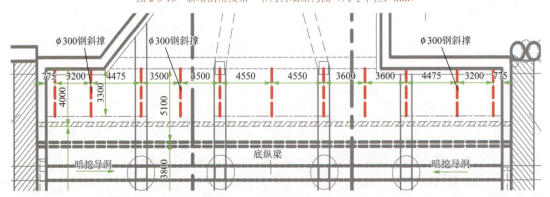

图 2-3-11　角洞钢斜撑布置图（尺寸单位：mm）

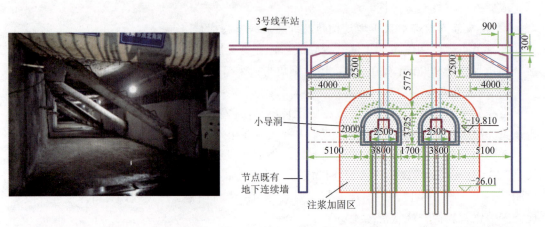

图 2-3-12　角洞钢斜撑布置图　　　　图 2-3-13　中导洞位置及断面图（尺寸单位：mm）

初期支护措施为：①单层铺设 $\phi 8@150\text{mm}\times 150\text{mm}$ 钢筋网；②安装间距 0.5m I25 型钢钢架；③内外双层焊接 $\phi 22$ 纵向连接筋，环向间距 1.0m；④$\phi 42$ 锁脚锚杆，$L=2$m，每榀 4 根；⑤最后喷射 C25 混凝土 30mm 厚。中导洞横断面如图 2-3-14 所示。

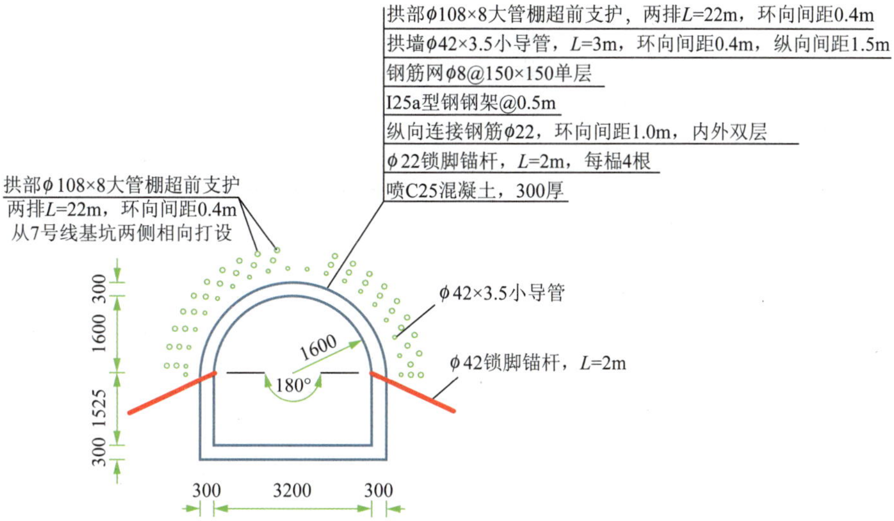

图 2-3-14　中导洞断面图（尺寸单位：mm）

2）中导洞两侧洞门处挖孔桩施工

原 3 号线石厦站施工过程中，位于换乘节点中部的 8 根人工挖孔抗拔桩已进行预留，7 号线基坑开挖及换乘节点施工过程中，因为失水导致浮力消失，原 3 号线车站受力体系发生转换，原位于换乘节点中部的 8 根抗拔桩变为承压桩，且根据设计方检算承载力不足。为此，在中导洞开挖完成后，需施工部分底板及底纵梁以提高底部承载力，按原设计还需在底板及底纵梁下方施工 120 根 $\phi400$ 树根桩。

根据设计优化，取消底部纵梁下部树根桩，同时为确保底部纵梁下部仍能提供足够的支承反力，在中导洞洞门处增加 $\phi1600$ 人工挖孔桩，并增加中导洞范围内地下土体注浆加固措施。在底部中导洞开挖后，进行洞门处人工挖孔桩施工，见图 2-3-15～图 2-3-18。

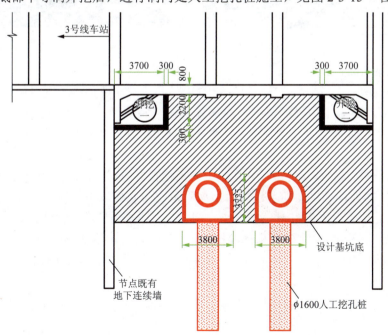

图 2-3-15　底部中导洞及人工挖孔桩立面图（尺寸单位：mm）

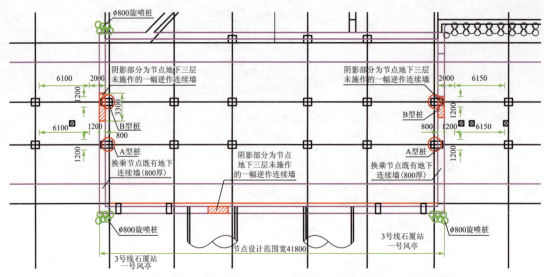

图 2-3-16 底部中导洞洞门处人工挖孔桩平面位置图（尺寸单位：mm）

图 2-3-17 现场中导洞开挖图

图 2-3-18 现场人工挖孔桩施工图

3）底纵梁及洞门立柱施工

中导洞开挖后，除施工位于洞门位置的 4 根人工挖孔桩外，还需对中导洞下方土体进行注浆加固，再施工中导洞范围内的部分底板及底纵梁，然后续接中导洞洞门处原 3 号线负二层板下部的立柱。完成原 3 号线立柱桩由抗浮向 7 号线开挖时变为抗压的受力转换。

（1）导洞初期支护施工完成后，在施工人工挖孔桩的同时，启动在导洞内对底板梁下的土体注浆加固处理，提高地基承载力。加固范围为底板以下 5.2m 土体，宽 13.3m，长 40.2m，总共需加固土体 2780m³。按照小导洞全断面注浆循环进行，每 5m 一段进行注浆，注浆采用 $\phi 42\times 3.5mm$ 的无缝钢花管，长度 5m 分两段，单段 2.5m。间距 1.0m×1.0m 梅花形布置，深度方向呈伞形辐射状布置，注浆顺序由角洞的中部向两端进行。中导洞下注浆加固及底纵梁、立柱施工如图 2-3-19 所示。

（2）下部注浆完成后，分段启动底板及底纵梁施工，分三段施工，中部三跨为一段，两端各一段，如图 2-3-20、图 2-3-21 所示。

（3）底纵梁施工完成后，在底纵梁上施工洞门处 Z1 和 Z4 立柱，如图 2-3-22 所示。

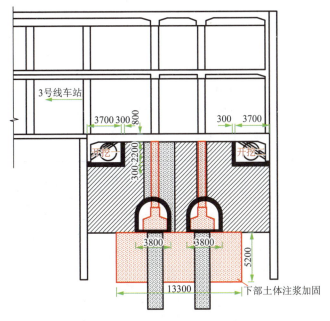

图 2-3-19 中导洞下注浆加固及底纵梁、立柱施工示意图（尺寸单位：mm）

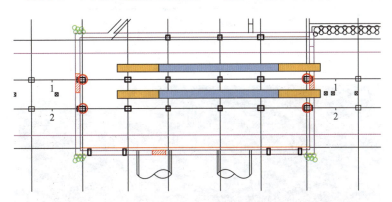

图 2-3-20 中导洞内底纵梁及底板施工分段示意图（尺寸单位：mm）

图 2-3-21 中导洞内底纵梁及底板施工现场照片

图 2-3-22 中导洞洞门外 Z1 和 Z4 柱施工现场照片

四、剩余土体开挖及节点结构施工

框架体系形成后自上而下分三层开挖剩余土体，首层开挖至电缆夹层板下，开挖完成后施工电缆夹层板，完善结构框架体系。二层土方开挖完成后架设钢支撑 1 道，确保临时结构稳定后进行第三层土方开挖。第三层土方开挖完成后进行底板、侧墙结构施工，并完成换乘节点内全部主体结构施工。

1）第一层中部土体开挖及电缆夹层板施工

第一层中部土体开挖及电缆夹层板施工如图 2-3-23 所示。

（1）换乘节点第一层中部土体开挖过程中发现原 3 号线临时中板及回填混凝土厚度达 2m（图 2-3-24），采取人工钻孔+静态爆破施工破除，开挖进度较慢。

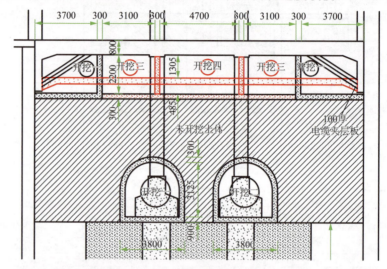

图 2-3-23　换乘节点第一层土体开挖及电缆夹层板施工示意图（尺寸单位：mm）

图 2-3-24　3 号线施工残留 2m 厚混凝土

（2）电缆夹层范围内土方开挖时，取消原设计型钢支撑及喷射混凝土，调整为施工 15cm 厚 C20 混凝土垫层，其上铺 3mm 厚宝丽板后，浇筑电缆夹层板，如图 2-3-25、图 2-3-26 所示。

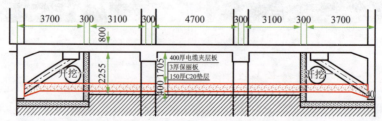

图 2-3-25　换乘节点电缆夹层板施工示意图（尺寸单位：mm）

2）第二、三层土体开挖及底板施工

（1）土方开挖及支撑架设

电缆夹层板下部土方分两层水平开挖，第一层开挖高度3995mm，开挖过程中，拆除角洞斜撑；第二层开挖高度3800mm，第一层开挖完成后，及时架设钢支撑（$\phi 609$，$t=14$mm），通过钢腰梁，支撑在南北两侧地下连续墙上，钢腰梁下部设置三角支架，如图2-3-27所示。

图2-3-26 电缆夹层板下部垫层浇筑现场照片

整个节点范围共设置13根钢支撑，支撑间距3000mm，局部需要避让已经完成的结构柱，间距调整为4200mm。支撑预加轴力1000kN。

第一层土方开挖至支撑位置后，根据测量组放出的支撑中心线反算出钢支架顶面高程，再从此高程下移50mm、470mm分别打两根220mm长为M20膨胀螺栓，将钢支架固定于地下连续墙上。

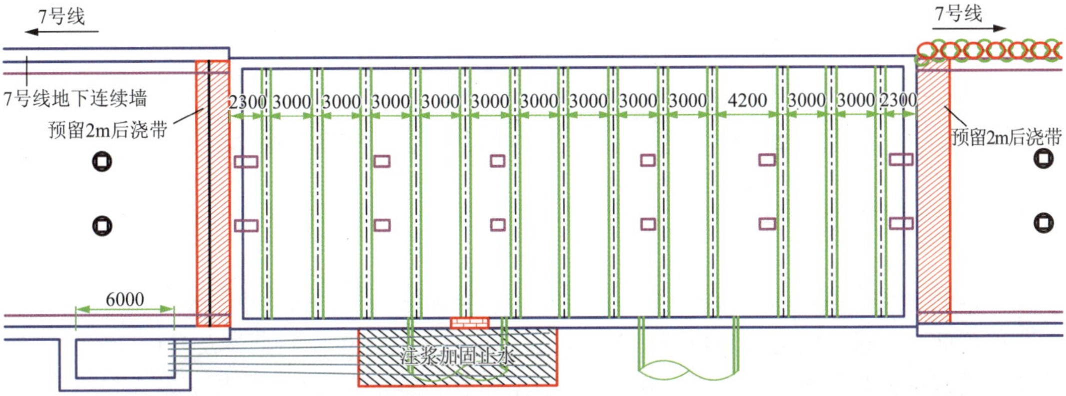

图2-3-27 换乘节点第二、三层土体开挖过程中钢支撑布置平面图（尺寸单位：mm）

（2）底板浇筑

土方开挖完成后，底部浇筑300mm厚C20素混凝土垫层，再浇筑底板混凝土，两侧侧墙浇筑至倒角以上50cm，如图2-3-28所示。

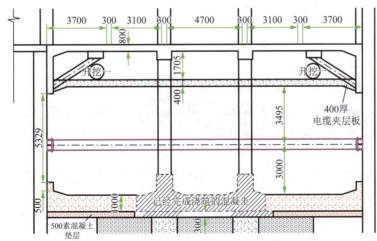

图2-3-28 换乘节点底板混凝土浇筑示意图（尺寸单位：mm）

3）侧墙浇筑

拆除钢管支撑，浇筑剩余侧墙混凝土，浇筑高度 5329mm，如图 2-3-29 所示。

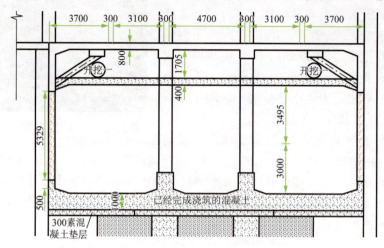

图 2-3-29　剩余侧墙混凝土浇筑示意图（尺寸单位：mm）

第三节　运营地铁车站变形监测技术

一、现场监测布置

1. 监测重点

施工前，与既有线运营单位充分对接，建设单位、施工单位、勘察及设计单位、监理单位、运营单位共同成立工作组，建立"QQ 工作群"，24h 值班，现场施工及 3 号线车站、轨道信息化监测等信息能够实时共享。

换乘节点在施工过程中必须对地层和支护结构进行动态监测，为施工提供可靠的信息，以达到科学指导施工，合理修改设计或及时采取施工技术措施的目的。本节点暗挖施工难度大，且位于 3 号线已运营车站下，风险高。因此，施工过程中的监控量测尤显重要。

监测重点如下：

（1）3 号线轨行区沉降变形监测；

（2）围护结构的稳定性及变形监测。

2. 人工监测布点

石厦站节点遗留工程现场监控量测项目有：

（1）地面、建（构）筑物沉降观测点：根据建筑物、道路等要求设置。

（2）支护结构的水平位移、沉降及测斜孔。

（3）型钢支撑的轴力：每道型钢支撑，每隔 5 根布置 1 轴力测点。

（4）水位观测孔、土体测斜孔：沿基坑两侧、距围护结构 1.5～3m，每隔 30m 设 1 组监测点。

（5）基坑底部回弹和隆起：在基坑底部两侧，距围护结构内侧 3m 位置，沿纵向每 30m 布置 1 组基坑回弹测点。

（6）围护结构内力、土压力、孔隙水压力：沿围护结构两侧，在换乘节点两侧各布置

2个监测断面。

（7）对既有3号线车站与区间进行自动化监测。

（8）由于7号线基坑开挖时，已布置了以上相关监测点，节点施工时，可根据现场实际情况，适当利用7号线已布置的具有相同功能的监测测点。

石厦站换乘节点负三层暗挖法施工监测测点布置见图2-3-30。

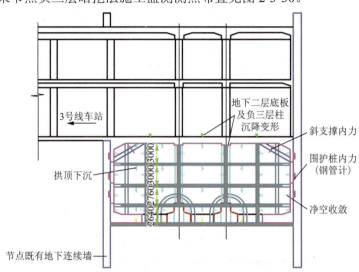

图2-3-30　换乘节点负三层暗挖法施工监测测点布置示意图（尺寸单位：mm）

3. 自动化监测布点

7号线下穿3号线石厦站监测点布置：隧道左右线施工危险段DK4+190～DK4+215里程范围内每5m布置一个监测断面，共布置6个；在施工危险段两端各延伸50m并按10m布置一个监测断面，共布置10个监测断面。则隧道左右线共布置监测断面32个，分别是上行线16个（R1～R16），下行线16个（L1～L16），其中监测断面L9～L16、R9～R16位于车站内，其余监测断面位于隧道内。

隧道内每个监测断面布置4个监测点，分别是道床1个，侧壁2个，拱顶1个；车站内每个监测断面布置2个监测点，分别是道床1个，侧壁1个。左右线共布置监测点96个，如图2-3-31所示。

二、监测频率与方法

1. 监控量测频率

（1）3号线已运营车站底板沉降、冠梁顶沉降及位移、斜撑轴力、围护结构变形及应力量测在暗挖导洞开挖期间每两天1次，监测数据异常时，应及时加密监测频率至每天2次或每3h一次，直至结构施工完成。

（2）型钢钢架拱顶下沉及水平收敛监测每天1次，监测数据异常时，应加密至每天2次或每3h一次。

（3）雨季施工期间，各项监测项目应适当加密监测频率至每天1次。

2. 自动化监测

1）监测仪器

自动化监测采用徕卡TS30测量机器人与GeoMoS专业监测软件配套使用实现，如图

2-3-32 所示。

徕卡 TS30 测量机器人能够自动调焦、自动正倒镜监测、自动进行误差改正、自动记录监测数据，其独有的 ATR（Automatic Target Recognition，自动目标识别）模式，使全站仪能进行自动目标识别，操作人员一旦粗略瞄准棱镜后，全站仪就可搜寻到目标，并自动瞄准，不再需要人工精确瞄准和调焦，大大提高了工作效率和减少了人为照准误差。该仪器测角精度为 0.5″，测距精度为 1mm±1ppm❶。仪器在测量前均已经国家认可的检定单位检定合格。GeoMoS 专业监测软件则是实现自动化监测的平台，可远程控制测量机器人，且该软件能自动处理接收到的监测数据，并生成监测成果表及变形曲线。

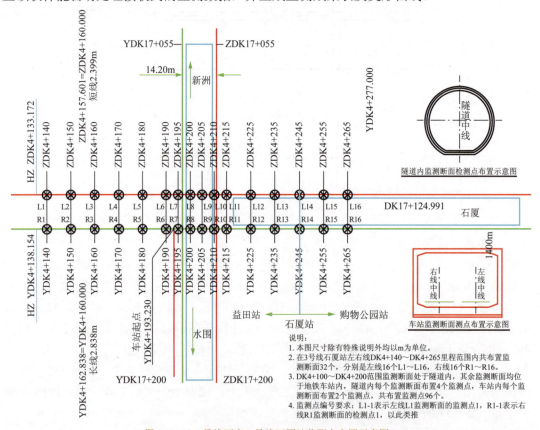

图 2-3-31　7 号线下穿 3 号线石厦站监测点布置示意图

a）TS30 全站仪　　　　　　b）GeoMoS 专业监测软件

图 2-3-32　徕卡 TS30 全站仪与 GeoMoS 专业监测软件

❶ 1ppm=10^{-6}。

2）自动化监测系统构成

（1）系统架构

自动变形监测系统主要由数据采集、数据传输、系统总控、数据处理、数据分析和数据管理等部分组成，如图 2-3-33 所示。

（2）通信架构

自动变形监测系统通信模式分为远程遥控通信预案和紧急通信预案。具体通信模型如图 2-3-34、图 2-3-35 所示。

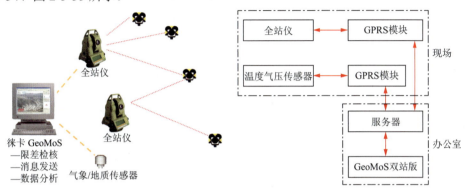

图 2-3-33　自动变形监测系统　　　　　图 2-3-34　远程遥控通信模型

3）自动化监测流程

（1）项目建立。计算机控制系统软件及网络安装配置完成后使用 GeoMoS Monitor 变形监测软件建立监测项目及相应数据文件，以存储工程数据。

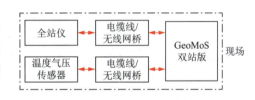

（2）系统设置。在软件系统上进行仪器连

图 2-3-35　紧急通信模型

接设置，端口号与现场测站通信模块配置一致。工作基站测量机器人安装整平定向之后进行系统通电，使现场 CDMADTU 处于侦听状态，将计算机控制系统与工作基站建立通信连接。进行各工作基站全站仪初始化，仪器参数选择全站仪 TS30，仪器连接测试正常后，设置全站仪自动照准超时 20s，自动目标识别 ATR 开，补偿器开。进行坐标系设置，按测量坐标系设置为左手系，平面及高程单位设置为 m，数据保留小数后 5 位。根据基准网测量成果设置输入测站坐标，气象参数按默认设置，导入参考点（各基准点）数据。

（3）初始测量。使用参考点定向后进行各监测点初始测量，第一次观测需在各工作基站人工瞄准，由计算机控制系统指挥全站仪观测该点概略坐标并保存至数据库，作为后续观测搜寻目标的位置依据。

（4）自动测量。本工程工作基站控制 150m 左右的监测范围，建立观测点组，使最远测点距观测站不大于 150m。另外，对所有控制点单独分组。为保证监测点相对工作基点监测精度能够达到 1mm，设置盘左、盘右测角、测距各观测一测回，测角中误差限差 1″，测距中误差限差 1mm。根据监测频率要求，对监测点组设定定时观测周期，之后系统按照设定要求进行自动观测、计算、存储数据。

3. 人工监测

1）沉降监测

（1）监测方法及技术要求

根据相关规范规定并结合本项目相关要求,采用水准测量方法进行沉降监测基准网的主要技术要求见表2-3-1。

沉降监测基准网的主要技术要求 表2-3-1

相邻基准点高差中误差(mm)	每站高差中误差(mm)	往返较差或环线闭合差(mm)	检测已测高差较差(mm)
0.5	0.15	$0.30\sqrt{n}$	$0.40\sqrt{n}$

注:n为测站数。

根据《工程测量规范(附条文说明)》(GB 50026—2007)、《建筑变形测量规范》(JGJ 8—2016)的相关规定,本项目水准观测的主要技术要求见表2-3-2。

水准观测的主要技术要求 表2-3-2

仪器型号	水准尺	视线长度(m)	前后视的距离较差(m)	前后视的距离较差累积(m)	视线距地面最低高度(m)	同一测站两次所测高差较差(mm)
DNA03	铟瓦	≥3且≤50	≤0.5	≤1.5	0.5	≤0.4

根据《建筑变形测量规范》(JGJ 8—2016)的相关规定,本项目水准观测限差见表2-3-3。

水准观测的限差(单位:mm) 表2-3-3

基辅分划读数之差	基辅分划所测高差之差	往返较差及附合或环线闭合差	单程双测站所测高差较差	检测已测段高差之差
0.5	0.7	$≤1.0\sqrt{n}$	$≤0.7\sqrt{n}$	$≤1.5\sqrt{n}$

注:n为测站数。

(2)监测仪器及仪器精度

仪器:瑞士徕卡DNA03全自动数字水准仪,铟瓦水准尺。

精度:±0.3mm/km。

(3)观测方法

沉降观测时,按以下步骤进行:

①每期观测均采用闭合环线进行,将所有基准点及观测点都置于环线中组成闭合水准路线,最后进行联合平差,每期观测均按统一观测路线进行。

②若测区内有可用的控制基标点,第一次观测时应与基标点联测。否则,使用假设高程系,第一次观测时假设任意一个基准点的高程作为其他观测点的起算高程。首期观测完成后,可推算其余基准点的高程。自第二期观测开始,先检查基准点之间的高差是否存在异常。如果存在异常,经计算判断发生变动的点并将其剔除;如果不存在异常。则按照步骤①的路线对观测点进行观测。

③沉降观测严格按Ⅱ等水准观测主要技术要求进行。

④每次观测应采用相同的仪器、相同的人员及相同的观测路线进行。每次观测前需对所利用的工作基点、基准点进行检核。

⑤仪器的圆水准气泡应严格整平,同一测站观测时不得两次调焦。

⑥对DNA03全自动数字水准仪的相关参数进行设置。观测时,仪器自动检查测站观测质量。当观测超限时,水准仪自动提示重测;当观测数据合格时,水准仪自动记录观测数据。

(4)成果整理

所有观测数据,都按规范规定要求的各项限差进行控制。监测系统对监测原始数据进行数据改正、平差计算、生成监测报表和变形过程曲线图、计算各点的高程及沉降量、累积沉降量。

2）水平位移监测

（1）监测方法及技术要求

根据相关规范对平面控制网技术要求的规定，本项目水平位移监测主要技术要求见表 2-3-4。

水平位移监测主要技术要求　　　表 2-3-4

相邻基准点点位中误差（mm）	平均边长（m）	测角中误差（″）	最弱边边长相对中误差	水平角观测测回数	距离观测测回数	
					往测	返测
3.0	150	1.8	≤1/100000	4	4	4

（2）监测仪器及仪器精度

仪器：瑞士徕卡 TS30 全站仪，徕卡专用棱镜头

精度：±0.5″，0.6mm±1ppm

（3）观测及计算方法

水平位移采用徕卡 TS30 全站仪按坐标法进行观测，即每次观测各测点的平面坐标，根据坐标变化来确定各测点变形情况。观测应严格遵循相关规范要求，每站观测 4 测回，观测数据利用专业软件进行严密平差。

（4）成果整理

水平位移测量在完成记录检查、平差计算和处理分析后，进行如下整理：备份并保存内容完整、齐全的观测记录手簿；及时整理每次测得的数据，包括进行误差分析，取有效观测数据，分析与前一次观测间的变形量、本次观测后的累计变形量，绘制水平位移—时间曲线图等反映变形过程的图表。

三、监测预警及控制值

施工监测是一个动态过程，必须结合本工程的施工进度进行，并且要保证监测的连续性和准确性，以提供足够的资料进行统计分析，从而有效地指导施工，使施工顺利进行。监测项目的监测频率应综合考虑基坑类别、基坑及地下工程的不同施工阶段、周边环境、自然条件变化和当地经验确定。当监测值相对稳定时，可适当降低监测频率。对于应测项目，在无数据异常和事故征兆的情况下，开挖后监测控制指标按表 2-3-5、表 2-3-6 确定。

石厦站监测控制指标表　　　表 2-3-5

序号	监测项目		方法及仪器	监测精度（mm）	警戒值（mm）	控制值（mm）	变化速率报警值（mm/d）
1	地层及支护情况观察		现场观测及地质描述	—	—	—	—
2	墙顶位移		全站仪	0.1	25	30	3
3	支护结构应力		轴力计、钢筋计	<1/100（F.S）	80%f	100%f	—
4	墙身变形（测斜）		测斜管	0.1	40	50	3
5	地下水位		水位计	1000	降水≤0.8m	1000	500
6	地面、临近建筑物沉降		精密水准仪	0.01	20	30	3
7	管线沉降	压力	水准仪	0.01	15	20	3
		非压力	水准仪	0.01	24	30	5
8	基底隆起		水准仪	0.1	25	30	3

注：1. f 指定内力值。

2. 当监测项目的变化速率连续 3d 超过报警值的 70%，也应报警。

3. 变形及应力监测频率在开挖期间每天 1 次，底板浇筑 1 周后，每周 1～2 次，主体结构施工完成覆土后结束。

节点负三层监控项目一览表　　　　　　　　　　表 2-3-6

序号	监测项目	监测项目警戒值（mm）	监测项目控制值（mm）
1	地下二层底板及负三层柱子沉降变形	2	5
2	斜支撑内力	80% 之指定承受内力值	100% 之指定承受内力值
3	围护结构内力（钢筋计）	60% 之指定承受内力值	100% 之指定承受内力值
4	拱顶下沉	15	20
5	水平收敛	20	30
6	坑底隆起	10	20

施工时需对已运营 3 号线车站及盾构隧道进行监测，当监测数据超出相应预警值、控制值指标时，需报告相关单位并采取应急措施及预案，防止对 3 号线车站及盾构隧道产生影响。

四、监测数据分析

为了进一步分析换乘节点施工开挖对既有车站的影响，对由于石厦站施工引起 3 号线的水平位移和竖向位移进行清零处理，并分别在盾构隧道和地铁车站选取 4 个影响较大的断面进行分析，分别是 ZDK+200、YDK+200、ZDK+210 及 YDK+210。

按照自动化监测点在地铁车站和盾构断面的不同位置，进行数据整理分析。为了方便和数值分析过程相结合，仍然选取在换乘节点施工过程中，对 3 号线车站影响较大的 4 个工序进行研究，分别是：STEP 4，上下台阶法开挖下导洞；STEP 6，换乘节点第一层中部土体开挖；STEP 8，开挖换乘节点中部剩余土体，并架设钢支撑；STEP 10，拆除型钢支撑及角部斜撑，完成换乘节点施工。选取这 4 个不同工序对测点竖向位移进行整理分析，如图 2-3-36 ~ 图 2-3-43 所示，以 ZDK+200 断面的沉降和水平位移为例进行分析。

1）ZDK+200 断面的沉降分析

由图 2-3-36 可以看出：

（1）在各个工序下，拱顶测点呈现隆起状态，在工序 STEP 10 完成后，拱顶测点的隆起值达到最大，最大隆起值为 0.8mm；

（2）在各个工序下，边墙测点 3 也呈现隆起状态，在工序 STEP 10 完成后，边墙测点 3 的隆起值达到最大，最大隆起值为 2.2mm；

（3）在各个工序下，边墙测点 1 呈现下沉状态，在工序 STEP 8 完成后，边墙测点 1 的沉降值达到最大，最大沉降值为 1.8mm；

（4）在各个工序下，道床测点呈现下沉状态，在工序 STEP 10 完成后，道床测点的沉降值达到最大，最大沉降值为 5.6mm。

从整体上分析，换乘节点施工开挖对道床测点的竖向位移影响较大，对拱顶测点、边墙测点 1 和边墙测点 3 的竖向位移影响较小。

2）ZDK+200 断面的水平位移分析

由图 2-3-37 可以看出：

（1）在各个工序下，拱顶测点向新洲方向移动，在工序 STEP 10 完成后，拱顶测点的水平位移值达到最大，最大水平位移值为 2.7mm；

（2）在各个工序下，边墙测点 3 向新洲方向移动，在工序 STEP 10 完成后，边墙测点

3 的水平位移值达到最大，最大水平位移值为 1.5mm；

（3）在各个工序下，边墙测点 1 向新洲方向移动，在工序 STEP 10 完成后，边墙测点 1 的水平位移值达到最大，最大水平位移值为 0.8mm；

（4）在各个工序下，道床测点向新洲方向移动，在工序 STEP 10 完成后，道床测点的水平位移值达到最大，最大水平位移值为 1.7mm。

从整体上分析，换乘节点施工开挖对拱顶测点和道床测点的水平位移影响较大，对边墙测点 1 和点 3 的水平位移影响较小。

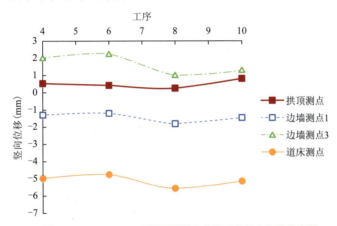

图 2-3-36　ZDK+200 断面不同测点位置下的竖向位移曲线图

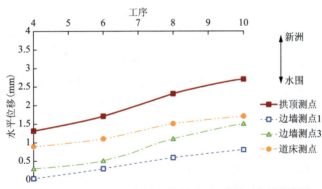

图 2-3-37　ZDK+200 断面不同测点位置下的水平位移曲线图

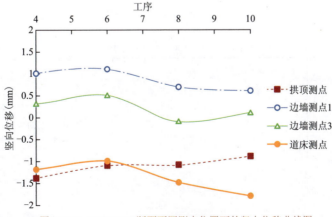

图 2-3-38　YDK+200 断面不同测点位置下的竖向位移曲线图

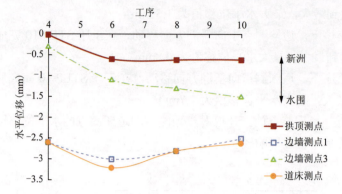

图 2-3-39　YDK+200 断面不同测点位置下的水平位移曲线图

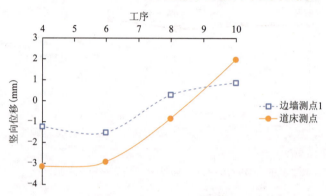

图 2-3-40　ZDK+210 断面不同测点位置下的竖向位移曲线图

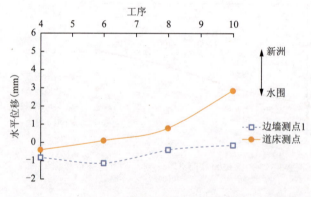

图 2-3-41　ZDK+210 断面不同测点位置下的水平位移曲线图

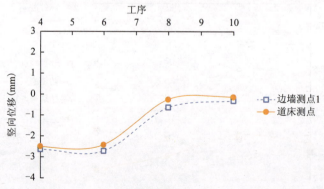

图 2-3-42　YDK+210 断面不同测点位置下的竖向位移曲线图

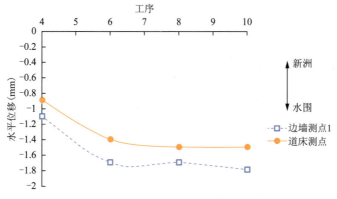

图 2-3-43　YDK+210 断面不同测点位置下的水平位移曲线图

3）监测总体分析

（1）在 3 号线石厦站和换乘节点施工过程中，最大累计竖向位移值为 7.3mm，最大累计水平位移值为 5.6mm，既有车站和盾构隧道的变形均在安全可控范围内。

（2）由换乘节点开挖引起的 3 号线的最大沉降值为 5.6mm、最大水平位移值为 4.7mm，换乘节点开挖引起既有车站和盾构隧道的变形均在安全可控范围内。

（3）换乘节点施工对靠近换乘节点的自动化监测点影响较大，对远离换乘节点的自动化监测点影响较小。

（4）绝大多数监测点的竖向位移在换乘节点中部剩余土体开挖完成后，竖向位移达到最大值，而且呈现先沉降后略微隆起的过程。

（5）绝大多数监测点的水平位移在换乘节点施工全部完成后，水平位移达到最大值，而且最终向新洲方向移动。

（6）最大水平位移和最大竖向位移均出现在道床监测点上，所以应重点关注道床变形。

第四节　小　　结

石厦站换乘节点施工中经过对原有开挖方案的优化，优化了开挖步骤，减少了开挖面的暴露及土体变形时间，增加了安全系数，降低了施工难度。通过对 3 号线车站轨道采取 24h 自动化监测，及时调整注浆压力、注浆量、开挖速度及支撑架设，车站始终正常运营，未造成影响。换乘节点安全、质量符合设计及规范要求。通过对"零距离下穿既有车站技术"的研究和应用，总结形成了完整的施工工法，对后续此类情况的施工有较高的参考价值。

第四章
邻近建筑物车站基坑开挖爆破技术（西丽湖站）

第一节 工程概况

7号线沿线的西丽湖站、桃源村站、深云站、安托山站、皇岗村站、华新站等车站多处于城市商业区或主干道，地面交通繁忙，建（构）筑物密布，地面及地下管线较多。车站基坑有大量石方必须采用爆破施工，各爆破工点临近建筑物及居民区（表2-4-1），爆破施工会给居民生活、单位办公、地面交通等带来影响。因此，如何对爆破噪声、粉尘、飞石、震动、冲击波进行严格的控制，确保附近建（构）筑物的安全是本工程的难点。

爆破工点周边主要建筑统计表  表2-4-1

车站名称	临近建筑物	建筑距爆破点距离（m）
西丽湖站	清华大学深圳研究生院	12
	西湖林语名苑	10.4
桃源村站	俊峰丽舍小区	12
	郁金香家园	13
安托山站	雅福居小区	6.8
	110kV 高压铁塔	7.8
皇岗村站	水围社区边坡	19.5
	皇轩酒店地下室	16.6
华新站	女人世界	18.1
	赛格科技工业园	20.9

根据7号线西丽湖站基坑爆破施工的特点及难点，通过理论分析和现场试验，对控制爆破技术和爆破震动监测进行攻关研究，采用微差爆破技术进行基坑石方开挖，达到了确保周围建（构）筑物安全以及施工不扰民的目的。

西丽湖站位于深圳市野生动物园南侧、西湖林语名苑北侧的丽水路上，呈东西走向，距离清华大学深圳研究生院最近距离12m，距离西湖林语名苑最近距离仅10.4m。车站主体部分长295.45m、宽19.4m，最大开挖深度19.1m，属于深基坑土石方开挖，石方总量46280m³。西丽湖站平面见图2-4-1，地质纵断面见图2-4-2。

图 2-4-1 西丽湖站平面图

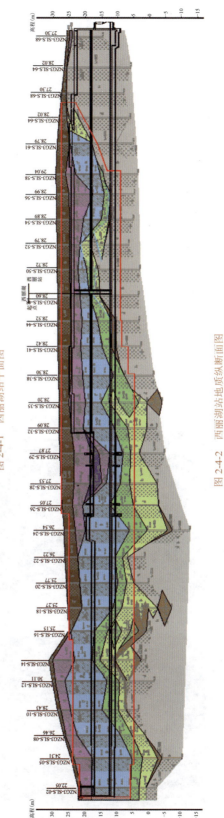

图 2-4-2 西丽湖站地质纵断面图

盾构始发井西侧附近道路车辆及人流量较大且不能阻断交通。施工对爆破震动及飞石、爆破冲击波及噪声、爆破烟尘等控制要求严格。

第二节　基坑硬岩开挖微差爆破技术

一、基坑硬岩爆破控制施工流程

西丽湖站明挖基坑硬岩爆破控制施工工艺流程如图 2-4-3 所示。

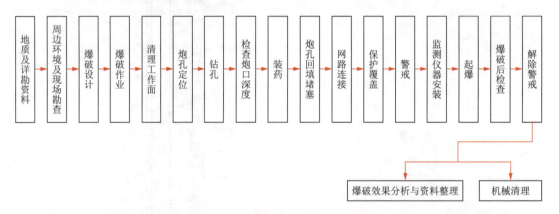

图 2-4-3　基坑硬岩爆破控制施工工艺流程

对应施工现场图片如图 2-4-4～图 2-4-9 所示。

图 2-4-4　钻孔

图 2-4-5　装药、堵塞及联网

图 2-4-6　孔口沙袋覆盖

图 2-4-7　橡胶炮被覆盖

图 2-4-8　2m 覆土　　　　　　　　　图 2-4-9　爆破

二、现场爆破试验

1) 最大单段爆破药量计算

爆破作业过程中，主要的保护对象为西湖林语名苑和清华大学深圳研究生院等楼群，爆破震动安全允许距离计算式：

$$R=\left(\frac{K}{v}\right)^{\frac{1}{a}}\cdot Q^{\frac{1}{3}}$$

式中：R——爆破震动安全允许距离（m）；

Q——炸药量（kg），齐发爆破为总药量，延时爆破为最大一段药量；

v——保护对象所在地质点振动安全允许速度（cm/s）；

K、a——与爆破点至计算保护对象间的地形、地质条件有关的系数和衰减指数，可按经验值选取或通过现场试验确定。

依据上述公式，初步选取的允许最大单段爆破药量 Q_{max} 为：

$$Q_{max}=R^3\cdot\left(\frac{v}{K}\right)^{\frac{3}{a}}$$

针对临近的西湖林语名苑、清华大学深圳研究生院等楼群，选取 $v=v_{允}=1.0$cm/s。

参照深圳市地区类似工程地质爆破检测成果，取 $K=143.14$，$a=1.49$，首先按此进行爆破试验相关参数计算，允许的最大单段药量值 Q_{max} 见表 2-4-2。

允许最大单段药量值 Q_{max} 计算表　　　　表 2-4-2

R（m）	v（cm/s）	K	a	Q_{max}（kg）
10	1.0	143.14	1.49	0.24
12	1.0	143.14	1.49	0.42
15	1.0	143.14	1.49	0.82
20	1.0	143.14	1.49	1.95
30	1.0	143.14	1.49	6.58

2) 第一次爆破试验

试验区选择在西丽湖站盾构始发井设计终点里程基坑中部，共进行了两次爆破试验，试验区中心距离西湖林语名苑建筑最近距离 21m，钻孔采用 YT28 手风钻，钻孔直径 42mm，炸药规格为 ϕ32@200mm×200g 乳化炸药。第一次爆破试验参数列于表 2-4-3 中，第一次起爆网络示意如图 2-4-10 所示。

第一次浅孔台阶爆破试验参数　　　　　　　　表 2-4-3

孔深（m）	孔距（m）	排距（m）	钻孔倾角（°）	装药长度（m）
1.5～1.8	0.9	0.8	90	0.4～0.5
堵塞长度（m）	单孔药量（kg）	孔数个	总药量（kg）	单耗（kg/m³）
1.1～1.3	0.4～0.5	39	19	0.35

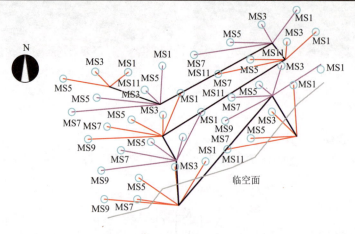

图 2-4-10　第一次起爆网络示意图

安全防护：采用孔口双层砂袋 + 单层橡胶被服 +1.2～1.5m 黏土的覆盖方式。

爆破效果：距爆心水平距离 8m 处，爆破质点振动速度 0.39cm/s；20m 处，爆破质点振动速度 0.25cm/s；24m 以外未触发（振动速度小于 0.1cm/s）。爆破现场无飞石、无炮烟，无爆破冲击波及噪声，爆破孔孔底岩体破碎，无炮根。

3）第二次爆破试验

第二次爆破试验参数列于表 2-4-4 中，第二次起爆网络示意如图 2-4-11 所示。

第二次浅孔台阶爆破试验参数　　　　　　　　表 2-4-4

孔深（m）	孔距（m）	排距（m）	钻孔倾角（°）	装药长度（m）
1.5～1.8	0.8	0.8	90	0.4～0.6
堵塞长度（m）	单孔药量（kg）	孔数（个）	总药量（kg）	单耗（kg/m³）
1.1～1.2	0.4～0.6	43	21	0.42

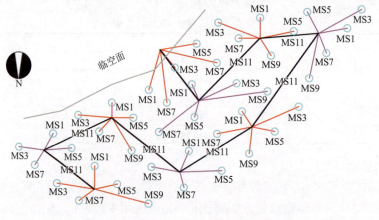

图 2-4-11　第二次起爆网络示意图

安全防护方式：采用孔口单层沙袋＋单层橡胶被服＋1.2～1.5m黏土的覆盖方式。

爆破效果：距爆心水平距离30m处，爆破质点振动速度0.22cm/s，其余未触发（振动速度小于0.1cm/s）。爆破现场无飞石，但个别孔有覆土上冲及少量炮烟溢出，无爆破冲击波及噪声，局部遗留有炮根。

4）爆破效果分析

为监测爆破质点振动速度及进行爆破质点振动速度衰减规律研究，现场共布置了6个监测点。爆破采用孔外延期、孔内延时的非电微差顺序起爆网络，每4～5孔为一组，每组采用Ms1、Ms3、Ms5、Ms4、Ms9段非电导爆管孔内延时，除第一组直接采用电雷管激发外，其他组之间均采用Ms11段孔外串接延期，顺序起爆。从两次爆破试验效果分析，爆破质点振动速度值较小，均满足爆破安全控制要求。

三、现场爆破开挖

1）开挖方案

石方开挖按照"密打孔、少药量、小台阶、微振动、严覆盖"的施工原则进行，确保施工安全及减少扰民。结合盾构机下井需要，基坑石方开挖由车站西端盾构始发井开始，采用纵向分区、竖向分层的开挖方法。为有效减振及创造良好的台阶爆破临空面，每层开挖前，先沿始发井基坑右侧开挖边线布置一排防振孔，然后由始发井左侧区域开始，分层进行拉槽爆破，形成侧向临空面，再依次向四周扩挖，侧向及上部临空面采用压渣防护，基坑底部采用设置柔性垫层的保护层一次开挖方法。

采用"V"形对称拉槽创建先锋槽，每层拉槽宽4.5m、深1.5m，拉槽长8～10m，靠近基坑边缘，预留2m范围作为缓冲保护层区，沿基坑设计边线布置光面爆破孔，侧向及上部临空面采用压渣防护，保证基坑边墙开挖平整度及爆破施工安全，施工过程中，结合爆破质点振动速度监测，及时优化调整施工参数。

2）爆破设计

两次爆破试验过程中，均采用了单层橡胶被服防护方法，由于其混杂在爆破石渣内，对爆破后清渣造成了困难，为此结合前两次爆破试验，确定取消单层橡胶被服，适当增加覆渣厚度，同时考虑施工强度需要，每组增加一个微差段别，并结合爆破震动监测成果分析，适当增加钻孔深度，以增大爆破规模及工效。

钻爆台阶及爆破网络调整：采用手风钻钻孔，钻孔直径42mm，台阶高度1.8～2.5m。采用孔内微差延时、孔外微差延期的非电顺序起爆网络，每6孔为一组，每组孔内依次装Ms1、Ms3、Ms5、Ms4、Ms9、Ms11段非电导爆管孔内延时，除第一组直接采用电雷管激发外，其他各组之间均采用Ms13段孔外串接延期，顺序起爆。基坑浅孔小台阶控制爆破参数见表2-4-5。

基坑浅孔小台阶控制爆破参数表　　表2-4-5

台阶高度h（m）	孔深L（m）	孔径d（mm）	最小抵抗线W（m）	孔间距a（m）	排间距b（m）	单耗K（kg/m³）	单孔药量q（kg）
1.8	2	42	0.8	1	0.8	0.42	0.6
2	2.2	42	0.9	1.1	0.9	0.4	0.8
2.5	2.4	42	1	1.2	1	0.4	1.2

被服结构调整：采用孔口双层沙袋+2.0m 覆渣的覆盖方式，同时为防止覆渣过程中破坏起爆网络，在孔口进行沙袋防护之后，先采用塑料电工扣线槽进行导爆管起爆网络保护，然后再进行压渣覆盖。

3）微差爆破实施情况分析

西丽湖站石方开挖通过应用微震动爆破技术，爆破施工期间，能有效地控制振动速度，每次爆破监测振速均在 0.2～0.6cm/s 之间，满足不超过 1.0cm/s 的标准要求。

施工过程中就地取材，充分利用附近开挖土石方，利用反铲进行压渣覆盖，提高施工效率；爆破面压渣后，相对增加了封堵长度，不但杜绝了爆破飞石，而且还使炸药的爆炸能量完全作用于岩体破碎，增加了爆破孔利用率，基本消除了炮根；在压渣条件下，覆土消除了爆破烟尘、爆破冲击波超压及噪声，达到了安全生产及减少扰民环保施工的效果。

4）围护桩脚部石方爆破

爆破作业过程中，为了减少对围护结构的干扰，基坑围护桩和锚喷支护坡脚处 0.5m 范围内的基岩偶尔存在爆破不到位的情况，发现后如再采取爆破或破碎锤的方式，则大大影响其他工作面的施工。针对此问题，主要采取人工钻孔+劈裂机的方式破除该部位基岩。钻孔采用手风钻，钻孔直径 50mm，钻孔深度 1.0m，孔间距为 0.5m，孔排距为 0.6m。劈裂机采用 P42×350 型劈裂机，岩石破碎采用液压锤破碎，液压锤采用 PC330 挖掘机配 4t 破碎锤。采用劈裂爆破开挖，劈裂机在 10～15s 内能有效的为液压锤提供破碎岩石所需要的岩石裂隙，裂隙深度约 0.5m，如图 2-4-12 所示。在静态爆破的基础上，劈裂爆破对破除车站局部小范围岩石具有施工方便、高效、安全等优点。

图 2-4-12　劈裂效果图

四、爆破施工过程控制措施

1）爆破噪声及飞石控制措施

（1）单位炸药耗量是影响爆破声量的主要参数，根据爆破设计严格控制装药量，严禁过量装药。对炮孔间距、孔径、孔深、最小抵抗线、堵塞长度等孔网参数进行严格控制，避免冲炮和拒爆，提高炸药能量的有效利用率，确保爆破噪声大小以及飞石的飞散距离在安全范围内。

（2）严格按照爆破方案对爆区进行表面覆盖防护。利用基坑支撑梁，在空中设置防飞石防护棚，防护棚采用槽钢、钢管、钢绞丝、竹芭等材料制成，根据支撑梁分块，制成独立单元，便于移动。防护盖板现场见图 2-4-13。

图 2-4-13　防护盖板现场图

2）爆破震动控制措施

（1）从传播途径上隔振、减振。采取开挖减振沟、减振孔、掏槽孔预裂爆破，在主炮孔与开挖边界之间形成一条预裂面、预裂破碎带，从传播途径上减振和消振。

（2）根据爆破振动波的物理特征，对不同段的振动波进行分离，采用相位差进行振动波相互叠加干扰降振的微差爆破技术。

（3）燃气管道已有传振性能较弱的沙土包裹，上部设置有小盖板。在靠近竖井爆破的燃气管道，为确保安全，地面上方铺设厚度 20mm 的钢板，满焊连接，防止地面荷载对管道的影响。

（4）使用高精度延期导爆管雷管进行爆破。高精度延期导爆管雷管是一套多段非电起爆系统，具有延期时间范围广、段别多、延期精度高、网路连接简单方便等特点，更适合基坑微差爆破。

（5）加强爆破震动监测控制，测点布置遵循重要保护房屋布点和跟随工作面布点的原则，能够准确反映爆破震动对周边环境的影响，及时反馈监测信息和指导施工，做好施工管理和信息反馈工作。现场测试使用的爆破测振仪见图 2-4-14。

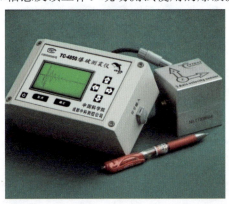 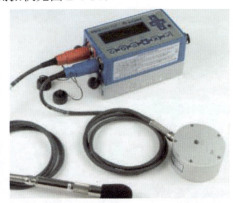

图 2-4-14　现场测试使用的爆破测振仪

3）爆破粉尘防治措施

（1）施工过程中，采用湿式凿岩和湿喷混凝土技术，禁止使用干式钻孔和干喷混凝土。

（2）在隧道主要产尘工作面附近根据情况设置水幕除尘装置，捕捉大部分粉尘，并争取除尘效率在 90% 以上，如图 2-4-15 所示。

图 2-4-15　爆破粉尘防治措施

第三节　小　　结

在 7 号线基坑石方开挖施工中通过对邻近建筑物基坑石方爆破技术的分析研究，形成了高效、安全的地铁岩层光面微差控制爆破技术体系，总结出城市繁华区地铁工程控制爆破关键技术整套工法，并获得 2015 年省部级工法二等奖。通过在 7 号线全线的推广应用，实践证明该工法易操作，可行性强，满足设计和规范要求的各项指标，经济效益和社会效益显著。综合提高了我国地铁爆破理论与技术水平，推动了我国工程爆破基础研究与工程实践，促进了环境友好型城市地下爆破技术的发展。

第五章
地铁车站盖挖逆作叠合墙施工技术（福民站）

第一节 工程概况

福民站为地下三层双柱三跨岛式结构，车站站台宽 12.3m，车站长 204.4m，车站有效站台中心处外包宽为 21.1m，外包高为 21.04m，覆土厚度约 3.6m。设计基坑标准段宽度约 21.3m，深度约 24.64m。

福民站主体基坑与周边建（构）筑物关系如图 2-5-1 所示，西侧紧邻 4 号线福民站，北侧紧邻知本大厦、皇福裕苑，南侧紧邻福民佳园和时代星居。基坑距离知本大厦基础承台最近距离为 1.49m，距离知本大厦地下室外墙为 2.09m，侵入建筑物红线宽 2.90m；基坑与福民佳园围护结构零距离，距离地下室外墙 2.84m；基坑距离时代星居地下室外墙 2.87m，距离时代星居建筑红线 0.81m；基坑距离皇福裕苑地下室外墙 1.70m，侵入建筑物红线宽 7.20m；基坑距离 4 号线福民站围护结构 3.01m。

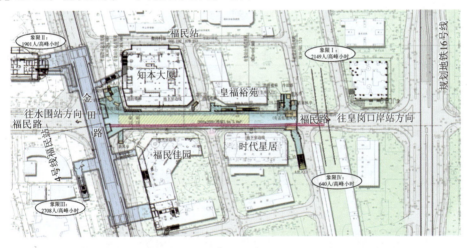

图 2-5-1 福民站主体基坑与周边建（构）筑物关系图

车站位于繁华市区，周边环境复杂。车站范围内管线密集，多为高危管线。结合周边环境综合考虑，福民站主体结构采用盖挖逆作法施工，侧墙采用叠合墙结构施工。

叠合墙结构层板连接是近十年来发展起来的一种结构连接新技术。主要特点为利用围护结构墙体与结构墙体共同承担结构受力要求。如何较好地实现叠合墙结构层板的连接，是叠合墙结构连接的关键。盖挖逆作法车站叠合墙层板的连接技术主要包括：

（1）地下连续墙外侧注浆防水处理施工技术；
（2）围护结构基面处理技术；

(3) 结构墙与围护结构墙之间的连接；

(4) 结构层板与侧墙的连接；

(5) 结构墙和结构墙之间的连接；

(6) 层板与层板之间的连接；

(7) 叠合墙结构混凝土施工技术；

(8) 叠合墙防开裂技术；

(9) 顶板与地下连续墙接缝处防水施工技术；

(10) 结构墙板在地下连续墙预埋筋的定位控制、接驳器保护。

第二节　施工关键技术

一、地下连续墙外侧注浆防水处理施工技术

在地下连续墙外侧施作袖阀管注浆加固，同时在施工过程中加强监测，并进行跟踪注浆。

1) 注浆孔布置

根据地质勘探资料现场接缝处渗水情况，在距离墙外侧接缝处 70cm 处施钻，钻孔布置 2 排，每排 5 个孔，共施钻 10 个孔，袖阀管纵向间距 1m，横向间距 0.8m。加固深度范围为从地表开始，钻孔深不小于 24m，深入泥岩不小于 2m。具体依据现场实际为准。

2) 注浆参数

根据注浆试验段注浆数据分析、地表建筑物变形情况以及专家论证会专家意见和建议，确定注浆参数。袖阀管注浆参数见表 2-5-1。

注 浆 参 数 表　　　　　表 2-5-1

序号	参数名称	参 数 值
1	横向加固范围	接缝渗水处 2.5m
2	纵向加固范围	从粉质黏土层开始，重点在圆砾层，注浆加固深度入泥岩不小于 2m
3	注浆孔间距	1m（纵）×0.8m（横），梅花形布置
4	注浆终压	0.3～0.5MPa（根据地质情况调整）
5	扩散半径	0.75m
6	注浆速度	5～50L/min
7	注浆分段长	0.5m（可根据实际情况调整）
8	袖阀管	外径 48mm，壁厚 3.3mm，节长 4m
9	注浆量	每延米注浆量控制在 0.25～0.5m^3

3) 注浆材料

考虑到被加固地层主要为含水砾石层，为了有效地控制浆液的扩散区域，保证注浆材料在地层中胶结化性能，注浆材料采用普通水泥—水玻璃双液浆。水泥—水玻璃双液浆的凝胶时间控制在 45～90s 以内，以满足施工要求。现场注浆施工中根据地质情况进行浆液种类和配比的选择、调整。浆液配比见表 2-5-2。

浆 液 配 比 表 表 2-5-2

浆液名称	浆液配比		备 注
	$W:C$（水灰比）	$C:S$（体积比）	
普通水泥—水玻璃	（0.8～1）:1	1:（0.3～1）	原材料：水玻璃浓度 45°Bé，模数 2.4～2.8；P.O 42.5

4）注浆施工

采用双液注浆泵进行注浆作业。注浆方式采取后退式分段注浆工艺，即在注浆带内由孔底开始向上进行注浆，每次注浆段长 0.5m，注完第一注浆段后，后退注浆芯管，进行第二注浆段的注浆，如此下去，直至完成注浆带。注浆过程中应做好详细的注浆记录，并对浆液进行凝胶时间和强度的测定，确保注浆施工效果。根据地层分布情况，注浆过程中严格控制注浆压力，注浆终压控制在 0.3～0.5MPa。

二、围护结构基面处理技术

结构墙体与围护结构墙体之间的连接质量直接关系到叠合墙的联合受力，围护结构墙体基面处理后的粗糙度和平整度直接关系到墙体之间的有效连接和结构墙体的不均匀收缩。同时，围护结构墙体的缺陷处理和渗漏水处理质量直接关系到叠合墙车站的渗水程度。对此，结构墙体与围护结构墙体的连接质量是叠合墙车站连接技术的关键点和难点。其控制要求如下：

（1）围护结构墙体基面处理需满足平整度和粗糙度要求，原则上，基面处理采用风镐作业。基面处理后，需避免有较大的不平整的凸凹面，同时，粗糙度需满足设计规定的±8mm 的技术要求。最后采用高压水枪清理凿除的基面。

（2）围护结构墙体基面不允许出现渗漏水和湿渍。对渗漏水需采用环氧树脂进行彻底堵漏，保证基面干燥。

（3）围护结构墙接缝部位采用水泥基结晶渗透型防水涂料，涂刷范围为墙体接缝处左右各 50cm。

（4）围护结构墙体内设置有连接钢筋的需按照设计要求预埋，并在施工过程中将连接钢筋调整到设计位置，对局部错位损坏的连接钢筋可以采用植筋的方式处理（图 2-5-2）。

图 2-5-2 植筋

三、结构层板与墙体连接技术

结构层板与墙体的连接见图 2-5-3。其施工要求为：

（1）在基坑开挖到一定高度后，先对围护结构墙体进行平整度处理和渗漏水处理，并在围护结构与主体结构层板连接范围进行刻槽，刻槽深度与高度需满足设计技术要求。

（2）结构层板钢筋围护结构墙体内的预埋接驳器连接牢靠。若接驳器位置错位偏差较大，或接驳器无法使用，需采用植筋的方式进行处理，见图 2-5-4。

（3）在结构层板和围护结构墙体连接部位按照设计要求涂刷防水涂料。

（4）按照设计要求在层板部位埋设结构墙体钢筋，使板和墙体通过钢筋连成整体。

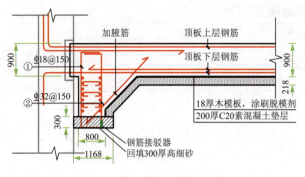
图 2-5-3　结构层板与侧墙连接示意图
（尺寸单位：mm）

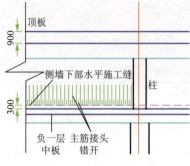
图 2-5-4　结构层板与侧墙钢筋连接示意图
（尺寸单位：mm）

（5）车站主体结构顶板、各层板、底板主筋与预埋在地下连续墙内的钢筋接驳器连接，而因地下连续墙施工过程中，作业人员操作的熟练程度、地下连续墙墙底地层条件、地下连续墙成槽质量、钢筋笼下放安装定位控制等众多因素，可能引起预留在地下连续墙上的接驳器的位置并不是很精准，从而导致主体结构施工时因地下连续墙上的接驳器位置不准确，引起各层板与地下连续墙的连接存在难度，使得结构板的水平度较差。因此，应有效控制地下连续墙内接驳预埋精准度并保证后续主体结构施工时各层板的钢筋能有效地与地下连续墙内预埋接驳器连接完好，这是叠合墙施工的难点。

四、结构层板与结构层板连接技术

结构层板与结构层板的连接主要为纵向和横向两种类型，其连接技术要求处理一致。连接施工缝部位预留 100mm 错台，为后期层板施工做好结构衔接，层板主筋预留出搭接接头，相邻主筋错开接头，错开长度为 35d（d 为钢筋直径）。细部构造处理技术见图 2-5-5，连接缝部位按照要求涂刷防水涂料。

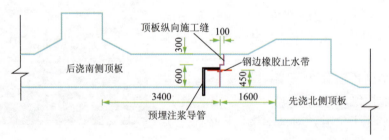

图 2-5-5　结构层板与结构层板细部构造处理示意图（尺寸单位：mm）

五、结构墙体与结构墙体连接技术

墙体与墙体之间的连接主要为伸缩缝部位和施工缝部位的连接，伸缩缝的宽度为 20～30mm，车站主体一般情况下不设伸缩缝，但在地质和断面发生较大变化处应设置变形缝。伸缩缝连接施工构造如图 2-5-6 所示。

设置施工程序和技术要求：

（1）首先安设钢边橡胶止水带，盆形安置（口朝向有利浇筑混凝土而产生的气泡易于溢出），安设位置要准确，其中间空心圆环与变形缝中心线重合并安设到防水钢筋混凝土衬砌厚度的 1/2 处。做到平、直、顺。止水带之间连接橡胶采用黏结法，钢板采用焊接法，要求连接缝严密牢固，钢边橡胶止水带两侧钢板应设置预留孔，预留孔间距 250mm，两侧错开布置，以便用铁丝穿孔和钢筋固定牢固。

（2）一侧混凝土达到强度后拆模，拆模时防止破坏钢边橡胶止水带，在变形缝的缝间填设聚苯板，要求填缝紧密、平直，应与设计缝宽相同。

（3）拆模后，清除干净槽体内（深 30mm）和封口处的预埋泡沫板，混凝土面平顺、干净、干燥，两侧钢筋不允许侵入槽体内。

（4）采用胶枪（专用工具）将单组分聚氨酯密封胶填充在槽体内，要求先打底胶后填密封胶，并用隔离层将密封膏与槽内上下嵌缝材料隔开，只能与槽内两侧混凝土黏结。

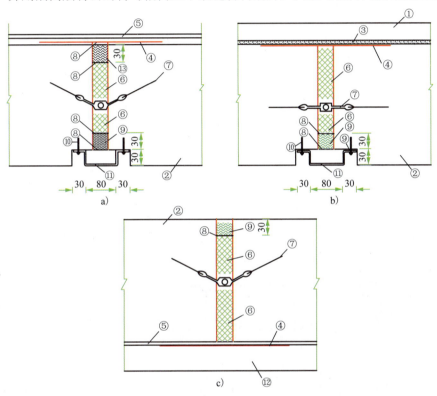

图 2-5-6　伸缩缝连接施工构造图（尺寸单位：mm）

①-围护结构；②-主体结构；③-砂浆找平层；④-柔性防水层加强层（宽 600）；⑤-C20 细石混凝土保护层；⑥-填充材料；⑦-钢边（不锈钢）橡胶止水带；⑧-隔离层（牛皮纸）；⑨-高模量单组分聚氨酯密封胶；⑩-不锈钢膨胀螺栓；⑪-不锈钢排水槽；⑫-垫层；⑬-低模量单组分聚氨酯密封胶

六、叠合墙结构混凝土施工技术

由于采用盖挖逆作地铁车站叠合墙施工方法，主体结构混凝土坍落度控制和浇筑时的振捣关系到主体的质量，是关键点。

（1）经现场试验，坍落度在 120～140mm 为最佳配比。采用在上层板浇筑前预埋浇筑管的方法浇筑侧墙混凝土，解决了侧墙和中顶板由于收缩连接处不密实的问题。

（2）墙体采用单面移动式钢模台车作业，局部异形位置采用大钢模板施工，以保证结构混凝土体形质量。

（3）墙体水平接缝处设置钢边止水带，并在靠止水带的外侧顶部布置回填注浆管。通过注浆浆液充填墙体空隙。

（4）叠合墙车站以结构自防水为主，围护结构墙接缝部位采用水泥基结晶渗透型防水涂料，涂刷范围为墙体接缝处左右各50cm。

七、叠合墙防开裂技术

除基面处理外，安装按间距100mm、角度斜向45°，交叉设置φ6的圆钢作为拉筋与主筋共同组成受力体系，防止墙收缩变形开裂。

八、顶板与地下连续墙接缝处防水施工技术

顶板与地下连续墙接缝处、顶板与凹槽面之间存在空隙，此处防水卷材施工时可采取以下步骤：

（1）首先清理凹槽内杂物及积水，清理干净后，将防水卷材伸入凹槽中并粘贴牢固；

（2）凹槽内部涂抹聚氨酯密封胶；

（3）采用C20细石混凝土填充凹槽，与地下连续墙墙面平齐；

（4）涂刷一层水泥基防水涂料。

具体构造见图2-5-7。

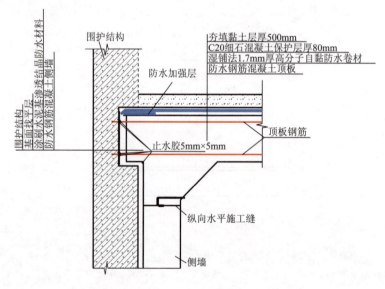

图2-5-7　顶板与地下连续墙接缝处防水细部构造图

九、结构墙板在地下连续墙预埋筋的定位控制、接驳器保护

叠合墙为地下连续墙，它和车站主体结构普遍采用接驳器的连接形式，形成"两墙合一"的整体结构。因此，接驳器的连接质量就成了整体受力结构的关键。

影响接驳器连接质量主要有以下两个方面原因：

（1）钢筋笼上安装定位装置，地下连续墙钢筋笼上接驳器的定位控制偏差较大，且尚无规范标准控制。

（2）结构主筋连接质量问题。基坑开挖后，接驳器和主体结构钢筋连接时，普遍存在

接驳器锈蚀、丝牙破坏和方位角偏差大等质量问题，造成部分接驳器无法和主体结构的钢筋连接，影响主体结构质量。

1. 改进措施

1）接驳器安装定位装置改进

接驳器在钢筋笼上焊接固定前，需先定位控制好接驳器，之后焊接固定。解决方案是增加接驳器"定位卡"装置。

先在钢筋笼控制接驳器设计高程处，水平点焊角钢，替代传统的拉线方法。接驳器的高低控制以角钢的边线为标准。接驳器搭靠在角钢的一个平面上，定位后焊接固定。这样作业简单、施工方便。

接驳器在钢筋笼开挖面上的高低控制实量偏差不大于 2 mm，目测整齐。接驳器和"定位卡"角钢平面是"线"接触。控制接驳器的方位角度，优于接驳器和钢筋"点"接触的传统方法。

2）地下连接墙接驳器安装后沿线方向封盖

在接驳器的沿线方向，采用铝彩钢板做成条形，沿接驳器连接方向封盖，细铁丝拧紧。

3）土方开挖和主体结构施工注意事项

（1）地下连续墙开挖凿毛，接驳器保护层混凝土凿除时，保护好封盖板。

（2）在施工结构需要打开封盖板连接主筋时，要特别注意防止封盖板打开时间过长，造成接驳器丝牙的锈蚀。

2. 检验情况

接驳器在钢筋笼平面上的高低控制情况和入槽前基本一致，整体效果平、齐、直，偏差控制理想。

凿开地下连续墙的保护层，没有出现接驳器丝牙被凿坏和锈蚀等情况。接驳器安装连接的质量有了质的提高。具体情况如图 2-5-8 所示。

图 2-5-8　地下连续墙接驳器安装图

第三节　借鉴意义

本项目从车站结构迎水面与围护结构基面处理、围护结构预留钢筋接驳器保护、防水处理、结构墙防开裂等方面对盖挖逆作叠合墙施工技术进行研究和应用，实现了繁华市区和复杂地质环境条件下福民站的安全、快速施工。该科研技术的应用，创造了 11 个月全面完成车站开挖和结构混凝土施工的纪录，整个施工过程处于安全、稳定、优质的可控状态，受到了各方的一致好评，充分证明了该施工关键技术先进、成熟、可靠，值得在类似工程中推广应用。

第六章 城市立交桥下地铁车站施工技术

第一节 工程概况

立交桥作为现代化城市地面交通的重要节点，同时也是城市地面公共交通枢纽，其对城市车流、人流起到快速汇集并发散的作用。地铁车站，是城市地下轨道交通与地面公共交通人流有效接纳与发散的连接节点。设置在城市立交桥下的地铁车站，则是地铁与地面公共交通枢纽的有效结合。深圳地铁 7 号线有两座车站设置在立交桥下，分别是黄木岗站、洪湖站。

黄木岗立交桥为笋岗西路、泥岗西路、华富路、华强北路汇聚处的互通式立交桥。黄木岗站位于黄木岗立交桥下，如图 2-6-1 所示，车站南北向布置，车站总长 232m，宽 21.45～27.2m，深 27.4～29.3m，为三层叠线车站。线路正上方为笋岗西路黄木岗立交桥，东侧为体育大厦及笋岗西路东行车道，西侧为黄木岗立交桥下环行通道、深圳市第二人民医院，北侧为泥岗西路，南侧为海馨苑小区。

黄木岗站大部分采用明挖顺作法施工，中部下穿笋岗西路部分采用盖挖逆作法施工（桥下最小净空 2.8m，场地狭小，桥墩桩基侵入车站），中部及北部下穿立交辅道部分采用盖挖顺作法施工。

洪湖站位于文锦北立交田贝四路高架桥的北侧，文锦北路西侧，呈东西向布置，车站中部下穿文锦北路和文锦北立交匝道高架桥，如图 2-6-2 所示。车站总长 168.5m，宽 16～18.2m，深 23.6～25.0m，为三层叠线车站。车站采用明挖顺作法施工，下穿文锦北路及立交桥匝道桥下部分采用盖挖顺作法施工。车站距离立交桥桩基最近距离为 1.8m，基坑底部比桩基底部低约 4.3m。

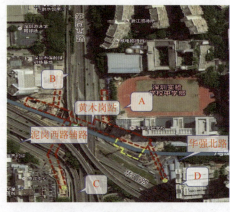

图 2-6-1 黄木岗站平面位置图

图 2-6-2 洪湖站平面位置图

第二节　城市立交桥下地铁车站施工技术

黄木岗站以笋岗西路立交桥下桩基托换部分为界分为三个独立部分组织施工：桥下为盖挖逆作（含桩基托换），两端采用明挖顺作、半明挖半盖挖顺作施工方法。

一、盖挖逆作段施工工艺流程

盖挖逆作段施工工艺流程如图 2-6-3 所示。

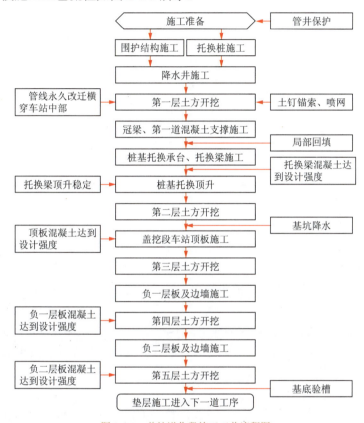

图 2-6-3　盖挖逆作段施工工艺流程图

二、桩基托换施工技术

针对笋岗西路桥梁侵入车站结构这一情况，为保证车站在施工过程中不对既有桥梁的行车安全造成危害，设计施工采用桥梁桩基托换技术将笋岗西路立交桥桩基移出车站。立交桥需满足继续通车，达到将笋岗西路立交桥桩基移出车站部分的施工要求，在整个施工中减少对既有桥梁的行车安全造成危害。

桩基托换技术主要包括托换桩、托换桩桩帽、原桥墩连接部位、桩帽连接部位预置和托换梁施工技术，顶升施工技术，桩帽与托换梁连接体施工技术，截桩技术和基坑回填技术以及监测技术。

1. 桩基托换工艺流程

桩基托换工艺流程如图 2-6-4 所示。

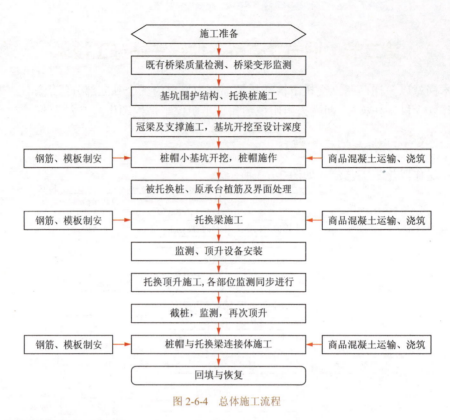

图 2-6-4　总体施工流程

2. 托换桩桩帽施工技术

1）破除托换新桩头的混凝土

用风镐等电动工具破除托换新桩头的含泥沙部分混凝土，如图 2-6-5 所示。破除时需注意：

（1）必须完全破除含泥沙部分的混凝土，不可残留泥沙，以免在预定时桩头不吃力；

（2）破除桩头时不可用力过猛，防止用力过度造成钢筋扰动，影响桩头混凝土与钢筋的握力。

2）浇筑桩帽垫层混凝土

托换桩桩头混凝土破除完成，清洁桩头，整平桩帽小基坑基底，浇筑 10cm 厚 C15 素混凝土垫层。

3）钢筋制安

根据设计图纸放线定位、安装钢筋，预埋承台与托换大梁的连接筋。本工序的重要工作是预埋连接筋，如设计图纸中连接筋直径大于 16mm，则必须按同等代换成小于或等于 16mm 的钢筋（由于安装千斤顶时必须弯折预埋筋，顶升完成后再调直，与上部托换大梁预埋钢筋焊接）。

4）模板制安

侧模板采用木模，支撑体系内龙骨采用 100mm×100mm 方木，间距为 300mm，外龙骨采用 $\phi 48$ 双向双层钢管，模板在安装前涂刷脱模剂，安装模板必须牢固。

5）混凝土浇筑

采用商品混凝土，1～3 号基坑溜槽入模，0 号基坑采用人工手推车推送入模，插入式振捣器振捣，一次性连续浇筑，浇筑完的混凝土进行淋水养护 7d，如图 2-6-6 所示。

图 2-6-5　桩顶混凝土破除及钢筋调直　　　　图 2-6-6　桩帽混凝土浇筑

6）混凝土浇筑的密实度检查

混凝土浇筑完成后，初凝前，用小锤轻轻敲打模板表面。若声音异常则为空鼓，需采用振捣器加强振实。

3. 桩帽预埋件施工技术

（1）冲孔桩施工完成，并且桩基检测合格后，在每根托换桩桩顶施工一个桩帽，设计桩帽与托换梁之间预留 55cm 的顶升空间。

（2）为加强预顶桩帽与托换梁的连接，桩帽及对应托换梁内需预留 $\phi 16$ 钢筋且均匀布置，该钢筋需进入桩帽与托换梁内，预顶完成后通过机械连接或绑条焊接。

（3）连接钢筋应从桩帽处预埋，再深入托换梁内预埋锚固。预顶时连接钢筋弯曲，安放各种设备，预顶完成后，调正连接钢筋，再用同直径钢筋绑条焊接连接筋，另再增设钢筋网片使连接部位成为一个整体。

（4）由于桩帽承台比较大并与托换大梁预留空间小，预顶施工时各种千斤顶及钢支撑安放困难，连接钢筋预埋时必须在中间留有操作空间。

（5）为保证托换体系加载过程中桩帽和梁底的混凝土不被压碎，同时考虑顶压施工的操作空间及稳定性，在桩顶设置预顶桩帽及钢垫板。每个桩帽顶预埋 6 块 350mm×350mm×20mm 钢板及 3 块 500 mm×500 mm×20mm 钢板。

（6）为保证垫板下混凝土浇筑密实，可在垫板上开 4 个直径 25mm 的出气孔。

（7）在桩帽顶预埋钢垫板时，将钢垫板的锚筋插入桩帽顶混凝土，使钢垫板的上表面与桩帽顶混凝土面相平，如图 2-6-7 所示。并用水平尺检查钢垫板的平整度，必须保证钢垫板水平。为保证预顶时托换桩轴向均衡受压，同一桩帽上两块钢垫板的位置应对称布置且两块钢垫板的中心连线与托换桩的横向十字线在同一直线上，现场如图 2-6-8 所示。

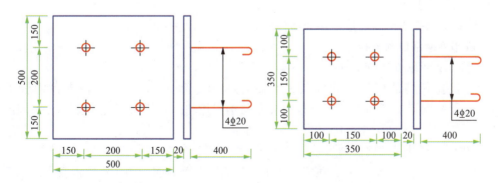

图 2-6-7　桩帽顶钢垫板预埋件详图（尺寸单位：mm）

图 2-6-8 桩帽预埋钢板

4. 原桥墩连接部位施工技术

1）界面处理

将原桩（承台）混凝土表面利用手持钉锤将其表面混凝土凿出齿槽（图 2-6-9），凿除其他连接部位混凝土表皮，全部出露新鲜混凝土界面，严禁大锤敲击作业而破坏原结构。

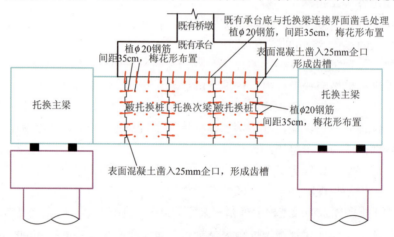

图 2-6-9 既有桥梁结构与托换梁植筋及企口构造图

2）植筋

根据设计图纸，划线定位，在原桩上进行放样，标出每孔植筋位置。水平钻植筋孔必须斜向上施工。

植筋完成并且锚固胶凝固达到设计锚固强度后需要进行植筋抗拔力检测，检测数量为每批植筋总数量的3%，且不少于3根，选择代表性的植入钢筋进行试验，植筋抗拔力应符合设计及规范要求。

结构钢筋绑扎与植筋连接，保证结构受力。

5. 桩帽连接部位预置技术

1）安全自锁装置及钢支撑安装

每一根托换桩的桩帽上均安装3个安全自锁装置及3根钢支撑，支撑钢管采用 $\phi 203 \times 10$ 无缝钢管加工制作，安全自锁装置与钢支撑将永远埋置于托换梁、桩帽间的钢筋混凝土连接体内，如图 2-6-10～图 2-6-12 所示。

2）桩帽及顶升操作空间回填砂

预顶桩帽处用含水细砂夯实回填，并用挤塑泡沫覆盖砂面，防止浇筑混凝土时水泥浆渗入砂层，上部再安装模板，如图 2-6-13 所示。

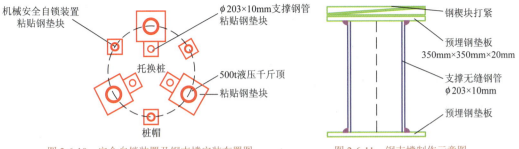

图 2-6-10　安全自锁装置及钢支撑安装布置图　　　图 2-6-11　钢支撑制作示意图

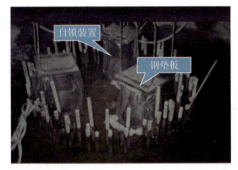
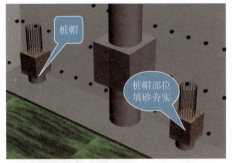

图 2-6-12　自锁装置安装示意图　　　图 2-6-13　桩帽连接部位填砂模型图

6. 托换梁施工技术

1）托换梁施工流程

托换梁施工流程如图 2-6-14 所示。

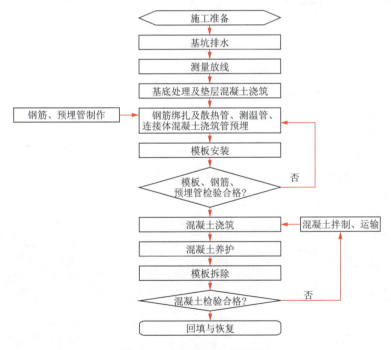

图 2-6-14　托换梁施工工艺流程图

2）散热管安装

因托换梁一般比较宽厚，属于大体积混凝土施工，施工中需采取必要的混凝土温度控制措施。一般采用 $\phi50$ 薄壁钢管，在梁底上 800mm、梁面下 900mm 分两排布置安装，如图 2-6-15 所示。

3）其他预置管安装

在托换大梁内 $L/4$、$L/2$、$3L/4$ 处（L 为梁跨）由下至上安装 3 条 $\phi15$ 小型钢管，在桩帽中间对应大梁部位均布安装 1 条 $\phi168$ 混凝土浇筑管，如图 2-6-16 所示。

7. 顶升施工技术

1）顶升施工工艺流程

桩基托换顶升施工工艺流程如图 2-6-17 所示。

图 2-6-15 托换梁散热管布置图（尺寸单位：mm）

图 2-6-16 混凝土浇筑管

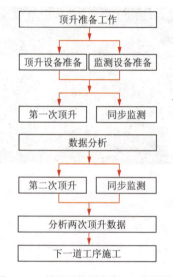

图 2-6-17 桩基托换顶升施工工艺流程图

2）顶升前准备工作

准备工作有：

（1）清除桩帽连接部位及顶升操作空间的砂体；

（2）桩帽与大梁连接体的清理；

（3）自锁顶升千斤顶的安装；

（4）监控设备安装；

（5）确定托换桩施顶荷载分级次数和施顶的时间。

根据设计要求，千斤顶采用 YZF 500/100 型同步千斤顶，其参数见表 2-6-1。

YZF 500/100 型同步千斤顶技术参数表　　　　表 2-6-1

型号	同步千斤顶型号 TYZF	吨位 (t)	拉力 (t)	本体高度 A (mm)	行程 B-A (mm)	伸展高度 A (mm)	油缸外径 D (mm)	活塞杆直径 (mm)	油缸直径 (mm)	质量 (kg)	压力 (MPa)
YZF 500/100	TYZF 500/100	500	200	360	100	460	420	250	320	420	63

3）顶升控制技术

在托换梁强度达到设计要求后开始采取分级加载原则顶升。顶升过程自锁装置与钢支撑打钢楔块同步升降。托换顶力与承台底竖向位移必须进行双控，并以竖向位移控制为主。

顶升控制要点：

（1）在托换梁强度达到设计要求后开始顶升。

(2) 预顶采取分级加载原则,共分 10 级加载,每级荷载增量为千斤顶加载上限值的 10%,不可一次加载到最大值。

(3) 每级加载需保持 10min,等结构稳定后方可加次级荷载,被托换梁的上抬量不能大于 1mm。

(4) 在加载过程中应同时严格监测托换梁裂缝的产生及发展,最大裂缝宽度大于 0.15mm 时,停止加载。

(5) 预顶时,必须严格控制千斤顶的顶升力和托换梁两端的位移,使得各千斤顶顶升力达到控制值而梁端位移未超出许可范围。

(6) 为保证顶升过程安全,自锁装置与钢支撑打钢楔块同步升降。

(7) 顶升三原则:①当墩底为桩基础时,顶升力不宜大于墩底最大轴力;②当墩底为天然基础时,顶升力必须小于墩底最大轴力;③顶升过程中发现墩柱有上抬趋势时,为顶升临界点,应停止顶升。

(8) 通过严密的监控系统,分析反馈信息,根据信息控制油泵的工作系统,实现托换梁两端的顶压平衡,消除或减少托换梁在顶升过程中所产生的纵向位移。

(9) 依据各桩位的轴力设计值,确定每个千斤顶允许顶升压力,对压力根据施压过程进行分级,在每级顶升操作中严格控制油泵的工作流量和压力。

(10) 在每级顶升过程中,通过对上一级出现差值,在下一级进行调整,让每一级顶升都控制在差值范围内,防止差值累计超过规定范围。

(11) 在顶升过程,连续记录监测数据和加载记录。

(12) 顶升回落至 50%~80% 顶升力,安全自锁装置锁定,打钢楔块。

(13) 回落时以托换梁不产生变形为控制值。

(14) 二次顶升:在第一次顶升后约 30min 后进行第二次顶升,通过第二次顶升对第一次预顶的数据进行复核与分析,当二次顶升数据变化在第一次预顶数据的 15% 之内时即可进行下一步施工。

(15) 托换顶力与承台底竖向位移宜进行双控,并以竖向位移控制为主。

4) 顶升施工措施

(1) 托换大梁两端利用油路并联,各油路安装单向阀自锁装置,分别由 1 台油泵,控制 3~6 台自锁千斤顶,由两个小组进行操作,如图 2-6-18 所示。

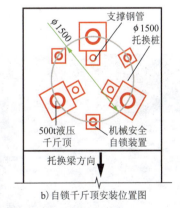

a) 千斤顶　　b) 自锁千斤顶安装位置图

图 2-6-18　千斤顶及自锁千斤顶安装位置图

(2) 各个环节确定无误后进行每级加载顶升,由专人统一指挥,在规定的时间内加载。

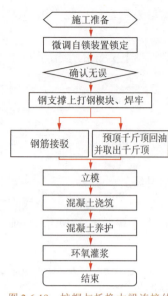

图 2-6-19 桩帽与托换大梁连接体施工流程图

（3）完成预加顶力，即完成力的转换和桩的沉降变形，调整自锁装置予以锁定。

8. 桩帽与托换梁连接体施工技术

桩帽与托换梁连接体施工流程如图 2-6-19 所示，施工技术如下：

（1）须确保安全装置及钢支撑安全可靠后才能拆除千斤顶；

（2）对桩帽顶面及托换梁底面实施凿毛、清洗处理，确保与连接体混凝土的可靠结合；

（3）对明显有锈斑的钢筋进行除锈处理，同时清除连接钢筋上的油渍、杂物等；

（4）连接体预埋钢筋采用冷挤压套筒连接法或绑条焊接法连接，主筋外增设钢筋网，从内至外依次施工；

（5）对托换梁、新桩连接体的模板采用木质定型弧形模板，外加钢箍固定，在模板上部预留约 4 个 20cm×20cm×20cm 的孔洞用于混凝土浇筑观察及振捣，利用托换梁中预留的 3 根 $\phi 168$ 钢管孔道浇捣混凝土，直至浇满并振捣密实；

（6）在连接体混凝土养护 7d 后，在连接体上部周围打 V 形槽埋注浆管，注入改性环氧树脂。

9. 截桩技术

截桩施工流程详见图 2-6-20。

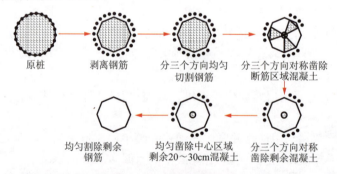

图 2-6-20 截桩施工流程图

截桩过程现场图片如图 2-6-21 所示。

a）剥离钢筋，拆除外箍筋

b）分三个方向均匀切割钢筋

图 2-6-21

c）分三个方向对称凿除断筋区域混凝土

d）分三个方向对称凿除剩余混凝土

e）均匀凿除中心区域20～30cm混凝土

f）均匀割除剩余钢筋

图 2-6-21 截桩过程现场图片

截桩施工图如图 2-6-22 所示。

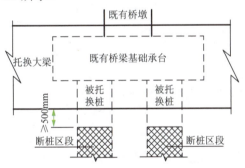

图 2-6-22 截桩施工图

10. 顶升监测

1）监测项目

托换顶升施工中监测的主要项目见表 2-6-2，传感器见图 2-6-23～图 2-6-26。

各监控项目控制标准　　　　表 2-6-2

序号	监测项目	警戒值	控制值
1	桩顶水平位移及沉降监测点	20mm	30mm
2	梁桩相对位移	14mm	20mm
3	桥墩台沉降	14mm	5mm
4	桥梁线形	3mm	5mm
5	托换梁应力	112MPa	150MPa
6	托换梁挠度	3mm	5mm

图 2-6-23 托换梁倾斜监测

图 2-6-24 桥桩倾斜监测

图 2-6-25 托换梁位移监测

图 2-6-26 混凝土应力监测

2）监测分析及结论

（1）被托换桩上部桥梁线形监测

托换前后桥梁线形测点变化最大点 Q13-3 上抬 1.2mm，最小值 -0.8mm（Q11-1），说明桥梁线形变化不大，托换前后桥面受力状态基本一致。桥面状态在托换前后基本一致。

（2）托换梁应力监测

在托换过程中托换主梁与次梁应力测试截面的实测应力值与应力增量均小于设计给定的预警值（112MPa），具体如下：

实测应力最大为 H3+5 测点，初始值 56.95MPa，托换最后一级受力值为 59.58MPa，托换过程变化为 2.63MPa，该测点受力较其他测点偏大，说明与混凝土浇筑有关。

托换过程中应力变化最大为 H4+1 测点，初始值 30.84MPa，托换最后一级受力值为 -28.64MPa，托换过程变化为 -59.48MPa，由于该测点位于基坑北侧托换次梁处，该点受力变化较大与理论计算相吻合。

托换过程中托换梁应力变化量与设计计算值对比均较小，说明整个托换过程托换梁受力基本正常。

（3）托换梁挠度监测

南侧主梁挠度变化值在 4.25～5.76mm 之间，均超过设计控制值 3.1mm，而北侧主梁挠度变化值在 0.82～1.51mm 之间，均未超过设计预警值 2.2mm。说明南侧新桩比北侧新桩受力偏大或托换大梁以上结构重心向南偏。

北侧主梁最大挠度值为 5.76mm，最小挠度值（跨中）为 4.25mm，差值 1.51mm；南侧主梁最大挠度值为 1.51mm，最小挠度值（南侧 1/4 点）为 0.82mm，差值 0.69mm。说明托换主梁刚度较大。

(4)新桩与托换梁之间位移监测

1号位移计累计向上位移3.840mm（小于设计警戒值14mm），第一～八级分级变量在0.44～0.54mm之间，从数据图分析线性相关系数R_2=0.9589趋近于1，说明线性相关性良好；第九级（回油）、第十级（回油）分级变量小于0.1mm，与托换预期目标基本吻合。

2号位移计累计向上位移5.457mm（小于设计警戒值14mm），第一～八级分级变量在0.631～1.044mm之间，从数据图分析线性相关系数R_2=0.9364趋近于1，说明线性相关性良好；第九级（回油）分级变量0.45mm略有下降，第十级回油变化为0，与托换预期目标基本吻合。

3号位移计累计向上位移5.577mm（小于设计警戒值14mm），第一～八级分级变量在0.516～1.242mm之间，从数据图分析线性相关系数R_2=0.9366趋近于1，说明线性相关性良好；第九级（回油）、第十级（回油）分级变量小于0.06mm，与托换预期目标基本吻合。

4号位移计累计向上位移3.821mm（小于设计警戒值14mm），第一～八级分级变量在0.10～0.45mm之间，从数据图分析线性相关系数R_2=0.8766与1较近，说明线性相关性良好；第九级（回油）、第十级（回油）分级变量小于0.02mm，与托换预期目标基本吻合。

结论：1～4号位移计累计变量均小于设计给定预警值，东侧托换主梁相对位移比西侧主梁相对位移略大，其余基本正常。

(5)桥墩及承台沉降监测

南侧桥墩4个竖向位移观测点累计变化最大值为0.80mm，在设计警戒值（1.40mm）之内，各测点从第一～八级分级变量小于0.4mm，第九级（回油）、第十级（回油）期间该桥墩竖向位移略有下沉，与托换预期目标基本吻合。

南侧桥墩4个竖向位移观测点在托换过程中沉降差最大为0.26mm，反映桥墩略向南侧倾斜。

北侧桥墩4个竖向位移观测点累计变化最大值为1.04mm，在设计警戒值（1.40mm）之内，各测点从第一～八级分级变量小于0.3mm，第九级（回油）、第十级（回油）期间该桥墩竖向位移略有下沉，与托换预期目标基本吻合。

结论：南侧桥墩与北侧桥墩变化基本同步，说明桥墩与承台的刚性连接较好。

(6)桥墩倾斜监测

桥墩两个倾斜点的观测值均小于设计给定预警值（144.39″）。南侧桥墩东西方向倾斜在设计给定预警值之内；南北方向倾斜值为205.2″，超设计给定控制值（206.26″）。

三、管线改迁、保护技术

黄木岗站管线众多，有多根横跨车站基坑，需对其进行保护改迁后方可进行围护结构施工：DN300燃气管一根，DN600、DN1000、DN1400给水管各一根。原设计管线改迁部位分别位于南端、北端靠中部的钢便桥旁，若原管线影响的围护结构等钢便桥完成后再施工，将影响关键线路工期3个月。原设计悬吊保护宽度过宽（约22m），保护跨度大，且保护方案复杂。如何合理协调解决施工工期与管线的改迁、保护工作是需解决的关键问题。

由于施工中，立交桥匝道部分交通不能中断，原设计燃气、给水管线改移位置无法及时提供改移条件，影响工期3个月。为保证工期，将原设计改移位置（南、北段钢便桥处）移到中部，同时将原设计的利用钢便桥作为悬吊保护管线方案调整成利用混凝土板作为管线走廊进行支托保护管线，调整前后如图2-6-27和图2-6-28所示。

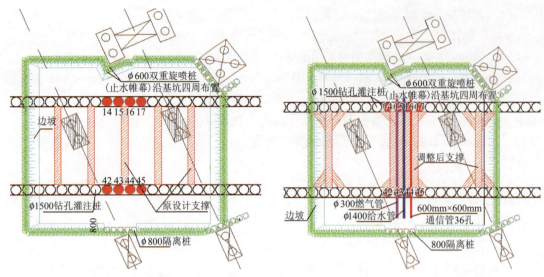

图 2-6-27　混凝土支撑原设计　　　　　图 2-6-28　混凝土支撑设计调整后

原设计在桩基托换部位有 5 道混凝土支撑，1 道位于中间，另外 4 道位于桩基托换梁下方，支撑施工空间小，难度大，同时对桥桩影响大，如图 2-6-27 所示。结合管线改迁及托换梁下支撑施工困难的实际情况，经设计变更后决定采用厚 0.8m、宽 4.5m 钢筋混凝土板过管线，兼作该部位支撑。对原设计支撑形式进行局部调整，取消原设计托换梁下部混凝土直撑，改为两根米字撑。

四、盖挖逆作施工技术

1. 顶板位置围护结构凹槽处理

黄木岗站盖挖逆作段不单独设临时立柱，施工主体期间主要靠顶板与围护结构凹槽连接受力，前期围护结构施工时预留 25cm 深凹槽，盖挖逆作顶板施工期间顶板嵌入凹槽，如图 2-6-29 和图 2-6-30 所示。

2. 土方开挖

由于盖挖逆作段位于立交桥下，且顶板先施工，基坑上部无法预留临时出土孔，土方开挖只能采用挖掘机接力将土导至两侧明挖段，由明挖段采用抓斗垂直出土。在土方开挖中，如何合理安排开挖工序及选用出土设备是本项目的重难点之一。施工时，选用了小挖机接力开挖（图 2-6-31）以及抓斗垂直出土（图 2-6-32）的方式。

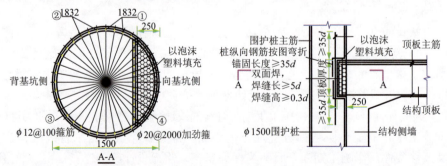

图 2-6-29　顶板与围护桩连接大样图（尺寸单位：mm）

注：d 为钢筋直径。

图 2-6-30　顶板围护结构凹槽处理

图 2-6-31　土方接力开挖

图 2-6-32　抓斗垂直出土

3. 侧墙混凝土浇筑

侧墙混凝土浇筑是盖挖逆作段施工重难点之一，如何保证混凝土下料顺利及振捣密实是施工的重中之重。为保证黄木岗站盖挖逆作段侧墙施工质量，确保混凝土下料顺利及振捣密实，在施工顶板时，为浇筑负一层侧墙的混凝土，在顶板上侧墙位置预埋 $\phi200$ 钢套管作为混凝土浇筑的下料孔，间距为 2m，在下料管中间位置预埋一根 $\phi100$ 钢套管作为振捣管，钢套管上焊一个止水环，安装固定时要求止水环位于顶板中部，下料管顶部高出顶板 200mm，如图 2-6-33 所示。

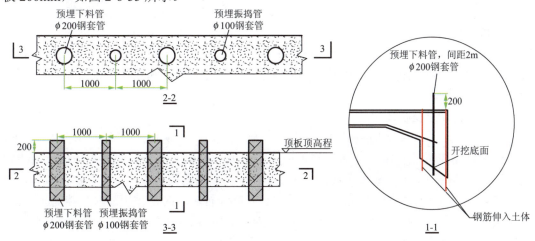

图 2-6-33　顶板预留钢套管示意图（尺寸单位：mm）

施工上下中板时，在侧墙位置预留浇筑孔洞，孔洞直径 20cm（钢筋不断开），间距 2m/个，便于侧墙混凝土浇筑密实，如图 2-6-34 所示。

4. 施工缝注浆处理

盖挖逆作先行浇筑结构层板，后浇筑侧墙，结构层板与侧墙施工缝处渗水严重。为解决该问题，采用钢板橡胶腻子止水带，并在围护结构侧紧靠钢板橡胶腻子止水带处设置可重复注浆的注浆管。

1）注浆管安装

注浆管安装长度每段不超过 5m。用连接管嘴、强力胶水和伸缩套管将注浆导管连接在注浆管的两端，作为注浆管和排气管；在注浆导管末端安装塞子，防止杂质进入注浆管。注浆管必须与基层密贴设置，转弯部位应平缓，不得出现折角，注浆管的转弯半径不宜小于 150mm。安装完成后应注意保护。

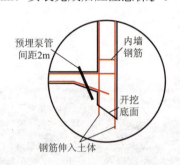 

图 2-6-34　负二层、负三层侧墙浇筑预埋钢套管图

2）注浆

在混凝土强度达到设计强度后进行施工缝注浆防渗。

在注浆前，先用水进行注射，以便检测出泄漏处（并以此估算注射浆使用量），根据缝隙大小及工程需要，可以选用无机型（超细水泥）或有机型（聚氨酯灌浆液、丙烯酸盐灌浆液、环氧树脂灌浆液）注浆材料。重复注浆需要确保使用经过核准的注浆材料。任何留在注浆通道内的注浆材料必须在其固化之前清除干净。

五、桥桩加固及保护技术

1. 桩基加固技术

为保证围护结构施工过程中立交桥的安全，针对靠近车站基坑附近的立交桥桩进行注浆加固。加固浆液采用 1∶1 水泥浆，其中注浆分为预注浆加固和跟踪注浆加固两个阶段，加固深度均为 26m。

2. 减少扰动立交桥技术

（1）立交桥下主体结构施工采用盖挖逆作法施工。盖挖逆作法的施工顺序由上而下，支撑结构就是工程建筑本身，随着施工进度的加大，工程支撑结构的施工与硬化同步跟进，使得主体结构施工能最大程度减少对立交桥下部结构的扰动。

（2）立交桥下托换桩基及主体围护结构钻孔灌注桩施工时，采用膨润土拌泥浆护壁，以保证泥浆质量，冲孔时不塌孔。为减小冲孔对立交桥墩基础的影响，立交桥承台周边 5m 范围内的灌注桩跳孔施工时，间隔的时间要大于 48h，以保证环向土拱效应的作用。

六、矮空间围护桩施工技术

笋岗西路桥下盖挖逆作段围护结构采用钻孔灌注桩，钻孔桩施工时，受立交桥下最小净空 2.8m 限制，无法使用普通成套设备进行冲孔作业和钢筋笼吊装作业。

1. 降低桥下地面高程，增大施工空间

桥下现有最小空间只有约 2.8m 高，无法满足冲孔桩施工作业空间，适当降低车站围护桩和托换桩位置的地面高程，以降低后不露出立交桥桩基为原则，以桥墩承台底高程为降低后的地面高程进行土方开挖，可增加桥下施工空间 2.6m。开挖坡比为 1∶0.3，边坡采取网喷混凝土支护，周边设 30cm×30cm 截水沟。

2. 改造成孔设备，满足矮空间施工要求

考虑本工程的特殊作业条件，对冲孔桩机械进行改造。改造后桩机机身高度为 5m，以适应现场施工需要。

3. 钢筋笼分段现场安装

降低原地面设计高程后，桥下净空仅 5.6m，钢筋笼总长 32m，重约 11.5t，造成钢筋笼不能整体吊装，只能分段安装，分段长度 3m，节与节间用直螺纹套筒连接，利用自制桁架、手动葫芦进行钢筋笼现场安装就位，随车吊配合。如图 2-6-35 所示。

图 2-6-35 围护桩钢筋笼分节下放

七、立交桥近距主体围护结构设计方案优化

1. 立交桥近距空间影响分析

黄木岗站北端 5 幅地下连续墙（ISW1、ISW2、ISW3，IWW1、IWW2）设计墙顶高程 16.659m，墙深 30.78～33.81m。地下连续墙成槽施工时，成槽机高约 18m，150t 履带吊臂高约 51m。

（1）黄木岗立交桥（笋岗西路方向）正穿 ISW1、ISW2、ISW3 地下连续墙的桥梁底部高程约为 29.3m，桥下路面高程约为 19.5m，净空高度 9.8m。

（2）黄木岗立交桥（笋岗西路方向）正穿 IWW1、IWW2 地下连续墙的桥梁底部高程约为 30m，桥下路面高程约为 19.2m，净空高度 10.8m。

2. 近距空间主体围护结构方案优化

车站北端受黄木岗立交桥近距空间影响不能施工的 5 幅地下连续墙（ISW1、ISW2、ISW3，IWW1、IWW2）变更为 $\phi1200@1350$ 钻孔桩 +1 排 $\phi600@1350$ 旋喷桩桩间止水。

钻孔桩嵌入基坑深度（D）应满足：强风化 $D \geqslant 6m$，中风化 $D \geqslant 6m$，中风化 $D \geqslant 1.5m$，同时应满足嵌入基坑底部 $\geqslant 1.5m$。

$\phi600@1350$ 旋喷桩桩间止水需穿透强风化层，进入基坑深度同钻孔桩入基坑底深度。旋喷桩施工时严格控制施工工艺，必要时为封堵中风化层的裂隙水，在桩间旋喷桩处采用注浆止水方案。

八、交通疏解方案优化

1. 交通疏解方案分析

黄木岗站北端头盖挖段设计长约 32m 的军用梁钢便桥，利用车站主体结构内的临时立柱，将钢便桥分两部分，分别在一期、二期各做半幅，如图 2-6-36 和图 2-6-37 所示。钢便桥分期施工时间较长且工序烦琐，至少影响工期约 2 个月。交通疏解占用钢便桥面积较小（仅西北角），且东南侧交通疏解不使用，原设计钢便桥为 35m×15m 承重平台，基

坑内需做立柱支撑，严重干扰主体结构施工，影响后期盾构出井。

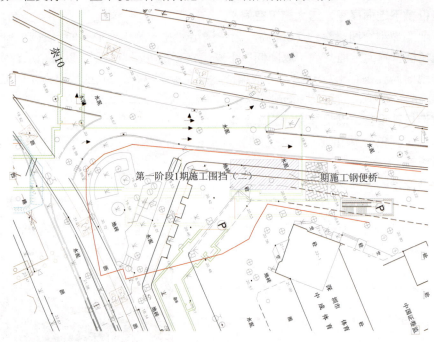

图 2-6-36　一期施工钢便桥平面图

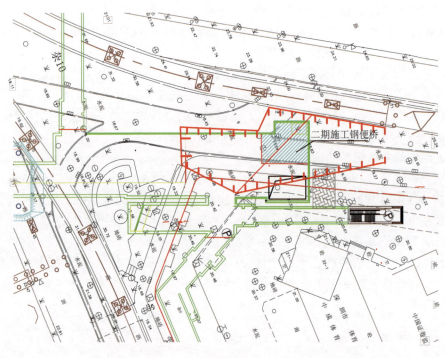

图 2-6-37　二期施工钢便桥平面图

2. 交通疏解方案优化

根据黄木岗站北端头盖挖段交通疏解只占用西北角部分的情况，为减少钢便桥占用主体施工范围，避免影响后期区间盾构吊出，对该部位交通疏解方案优化如下：

（1）经过现场勘测，将四期交通疏解该部位道路向西移动5m，从而缩小交通疏解占用主体结构面积，并在疏解路靠主体侧设置钢筋混凝土防撞胸墙，取消交通疏解以外的盖挖施工，降低施工难度及减小工程量。

（2）交通疏解道路西移后影响主体面积 7.5m×14.3m，疏解桥采用混凝土盖板桥。钢便桥过车面积调整前后对比见图 2-6-38。

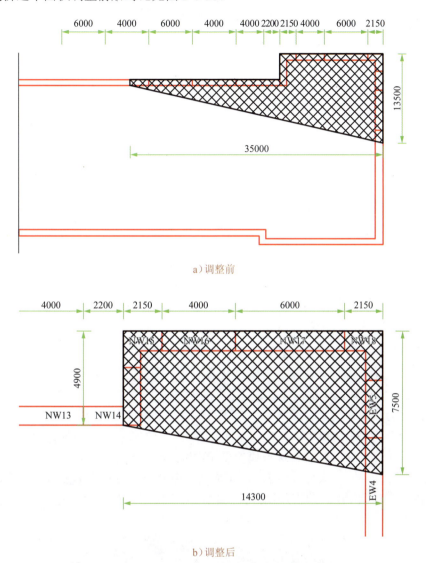

图 2-6-38　钢便桥过车面积调整前后对比图（尺寸单位：mm）

第三节　小　　结

7 号线黄木岗站受黄木岗立交桥的影响，施工空间狭小。通过桩基托换、盖挖逆作、盖挖顺作、桥梁预加固、矮空间施工、交通疏解方案、管线迁改优化、综合监测等技术的运用，确保了地铁施工中黄木岗立交桥的安全，并以此总结了"紧邻既有大型建筑物地铁车站盖挖逆作法施工关键技术"，获得省部级科学进步二等奖，该技术对以后同类型城市立交桥范围内地铁车站施工有一定的借鉴参考作用。

第七章 老城区交通繁忙路段地铁车站施工技术

第一节 工程概况

随着城市经济、人口规模的快速发展，公共交通的出行效率已成为衡量一座城市发展管理水平的重要指标。对于一座城市的老城区来说，居民密度大，行人出行多，地面交通繁忙拥挤。地铁作为一种公共交通方式，不仅具有安全、环保、准时等特点，而且具有快速聚集和疏散人群的优势，所以是老城区居民快速出行的首选公共交通工具，也是提高城市公共交通出行率指标的有效方式。因老城区建筑物普遍建成年代久远，浅基础建筑较多，地下管线密集杂乱，在老城区交通繁忙路段建设地铁车站既面临着巨大的保通压力，同时也面临着周边建筑物安全保护的压力，所以如何安全、高效的在老城区交通繁忙路段建设地铁，解决老城区居民出行难问题，逐渐成为城市管理者的重点关注对象，同时也是城市轨道交通建设过程面临的挑战。

罗湖区笋岗站是7号线穿过老城区交通繁忙路段地铁车站建设的典型。笋岗辖区属于原深圳特区城乡接合部，集物流、仓储、交通运输、商业、住宅于一体，其常住人口达8万多人。7号线笋岗站位于梅园路上，沿梅园路东西向布置，西侧为宝安北路，东侧为宝岗路。梅园路为双向4车道，道路狭窄拥挤，东西向车流量大，为笋岗片区交通出行的主要道路，封闭道路实施难度大。在保留东西向各1车道的情况下，笋岗站设计为明挖顺作地下三层叠线车站，公共区站台标准段宽度10.4m。场地周边建筑物密布，北侧为鑫和兴旧货市场（7层）及笋岗大厦（27层），南侧为商住楼（5层）及蓬客商务酒店、深业物流大厦、深圳市中食物流发展有限公司，如图2-7-1所示。车站设5处出入口通道，2个外挂式风亭组。

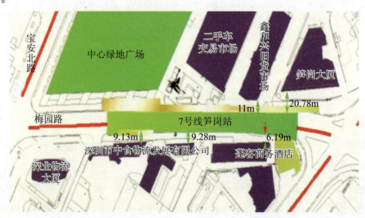

图2-7-1 笋岗站周边环境示意图

通过对笋岗站主体结构及周边环境的调查分析，在主体结构实施前，在保证车站周边车辆、行人安全、顺利进出的前提下，提前对交通疏解方案进行策划，以使每个施工阶段的围挡范围变宽，从而为车站施工创造有利条件。在交通疏解过程中，需遵守的基本原则有：

（1）提前进行交通疏解方案策划，合理优化交通疏解方案；
（2）必要时，增加临时交通设施保障车辆行人通行；
（3）优化施工组织，合理安排施工顺序；
（4）增加工程措施，提高车站施工效率。

第二节 施工技术

一、交通繁忙路段交通疏解方案策划

1. 交通疏解方案设计

笋岗站交通疏解分为两期三个阶段。

1）一期第一阶段

主要配合前期绿化迁移、管线改迁和征地拆迁工作，施工车站北侧附属结构部分围护结构（钻孔桩+旋喷桩）、车站主体北侧局部地下连续墙，为车站主体施工及一期第二阶段交通疏解创造条件，施工期间留出车站南侧双向2车道，满足梅园路通行要求。详见图2-7-2。

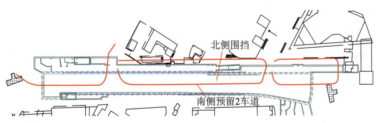

图2-7-2　笋岗站一期一阶段交通疏解示意图

2）一期第二阶段

将行车道路导至北侧雨水箱涵位置，满足梅园路双向2车道通行能力。先进行车站围护结构、土方开挖、车站主体结构、盾构施工；然后对各类管线进行二次改迁，永久回迁至车站主体范围，同步进行顶板回填施工；最后施工A号出入口、C-1号出入口及2号风亭等南侧附属结构。详见图2-7-3。

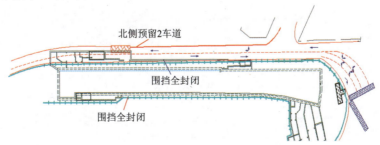

图2-7-3　笋岗站一期二阶段交通疏解示意图

3）二期

将行车道路导至车站主体位置，依然满足梅园路双向 2 车道通行能力。施工南北侧剩余的附属结构工程，同时满足站后设备安装和装饰装修施工需求。全部施工完成后恢复梅园路原有双向 4 车道和附属的配套工程。详见图 2-7-4。

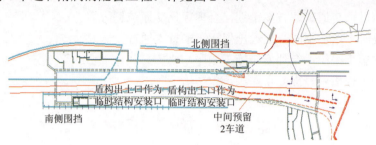

图 2-7-4　笋岗站二期交通疏解示意图

2. 交通疏解方案优化

笋岗站整体处于梅园路（宝安北路与宝岗路之间）上，根据交通疏解情况，施工期间除保证梅园路和两端宝安北路、宝岗路车辆通行外，北侧主要为华南二手车交易市场、鑫和兴旧货市场预留大型车辆出入通道，南侧（靠笋岗站西端头）为深圳市中食物流发展有限公司预留大型车辆出入通道。

1）车站端头局部收缩围挡

南侧因深圳市中食物流发展有限公司出入口在紧邻车站西端部，通过局部收缩围挡，在围挡南侧与人行道之间预留 7m 行车通道，保证其大型车辆的进出需求。围挡收缩后，南侧最窄处围护结构仅距离围挡 50cm。

2）车站中部出入口增加盖板桥，增加交通疏解分期

北侧附属结构沿车站方向通长布置，华南二手车交易市场和鑫和兴旧货市场两处进出路口与附属结构垂直相交，采用设置临时盖板来解决车辆出入问题，通过分期交通疏解、局部盖挖来保证附属结构施工。

北侧附属一期交通疏解：将华南二手车交易市场及鑫和兴旧货市场出入通道进行半边围挡。即华南二手车交易市场出入通道处西侧作为一期交通疏解出入通道，东侧围挡进行围护结构及混凝土盖板施工；鑫和兴旧货市场出入通道处东侧作为一期交通疏解出入通道，西侧围挡进行围护结构及混凝土盖板施工。一期华南二手车交易市场及鑫和兴旧货市场出入口交通疏解见图 2-7-5、图 2-7-6。

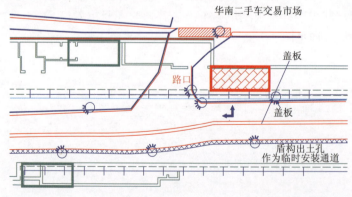

图 2-7-5　一期华南二手车交易市场出入口交通疏解平面图

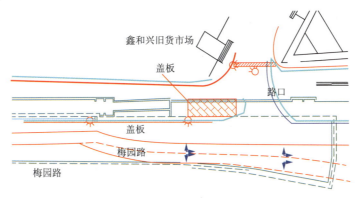

图 2-7-6 一期鑫和兴旧货市场出入口交通疏解平面图

北侧附属二期交通疏解：混凝土盖板施工完成后，将华南二手车交易市场及鑫和兴旧货市场出入通道进行交通倒边，将一期出入通道进行围挡，施工围护结构。即华南二手车交易市场出入通道处将道路及围挡倒边至东侧混凝土盖板上，施工西侧剩余的围护结构；鑫和兴旧货市场出入通道处将道路及围挡倒边至西侧混凝土盖板上，施工东侧剩余的围护结构。二期华南二手车交易市场及鑫和兴旧货市场出入口交通疏解见图 2-7-7、图 2-7-8。

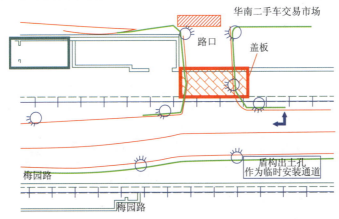

图 2-7-7 二期华南二手车交易市场出入口交通疏解平面图

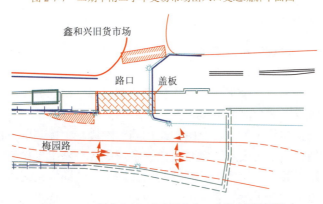

图 2-7-8 二期鑫和兴旧货市场出入口交通疏解平面图

两处盖板桥均采用钢筋混凝土结构，其中华南二手车交易市场出入通道混凝土盖板宽度为 14.5m，跨度为 5.1m；D 口鑫和兴旧货市场盖板宽度为 17m，跨度为 5.4m，盖板厚度 600mm，盖板两侧设置在附属基坑冠梁及车站北侧冠梁上。

盖板桥范围围护结构施工完成之后，开挖至冠梁底设计高程位置，之后施工盖板范围内北侧附属冠梁；完成后开挖基坑至盖板面下 1.5m，在基坑内盖板桥范围浇筑 10cm 厚 C20 混凝土垫层，作为施工盖板桥脚手架搭设基础，同时架设第一道钢支撑；完成后开始搭设支架，施工盖板钢筋混凝土。

3）附属结构与安装装修同步施工的交通疏解优化

笋岗站北侧附属结构施工阶段设计交通疏解方案需南侧附属及主体施工完成后，将一期北侧双向车道导入顶板上，然后进行北侧附属结构施工。因红岭北站—笋岗站范围有 1 道 4m×3m 雨水箱涵，在地铁工程修建时雨水箱涵改道迁改未完成，导致笋岗站主体工程开工较 7 号线其他地面工点滞后约 13 个月。随着一期第二阶段笋岗站主体土建施工完成、附属结构开工，同期 7 号线其他车站已全部开始车站设备安装与装修施工。笋岗站因附属结构全部未完成，不能给安装与装修施工提供任何施工通道。附属结构施工和安装、装修工程施工存在工期矛盾。

为保证笋岗站安装与装修与 7 号线其他车站进度同步，可在笋岗站主体顶板上临时保留两个盾构出土口作为安装与装修施工出入通道，使笋岗站附属结构施工与安装装修同步施工。

改进措施：通过合理优化交通疏解方案，适当调整北侧围挡，最窄部位为出土口边与原北侧地下连续墙位置约 8m，保证 2 车道宽度。优化后的交通疏解，可以同时满足南北侧附属结构、车站内安装与装修工程的施工。详见优化后图 2-7-9。

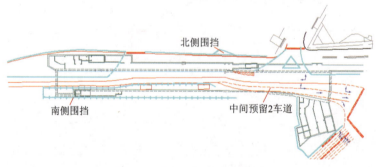

图 2-7-9　优化后交通疏解平面图

二、狭窄场地主体施工组织优化

1. 优化施工组织，合理安排施工顺序

根据交通疏解分期分阶段合理进行施工组织。

一期第一阶段北侧形成三个工作面，先施工北侧附属结构部分灌注桩和部分车站主体的地下连续墙。该阶段以配合前期工程为主，车站主体施工为辅。

一期第二阶段以主体施工为主，分围护结构施工阶段、主体基坑开挖阶段、回填及管线改迁阶段。围护结构施工阶段配置多套成槽设备形成多个施工工作面。局部考虑穿插降水井、冠梁和第一道混凝土支撑施工。开挖与主体施工从西端往东端施工，开挖放坡结合台阶法，开挖一段及时封闭基底，各层开挖、每层支撑架设、底板施工、下中板施工、上中板施工、顶板施工、支撑拆除、回填形成流水作业。回填恢复阶段以配合管线回迁为主。

二期主要为附属结构施工，工作面多，单个工作面工程量少，先施工南侧 A 出入口和 C-1 出入口及 2 号风亭，再施工北侧附属结构，同时围护结构、土方开挖、主体结构施工资源可以进行合理调配。

2. 优化资源配置

根据施工场地大小与地质条件，选用合适的设备。

（1）成槽设备选择：车站主体围护结构地下连续墙深度较深，东西两端头穿过中风化混合岩，成槽机和冲孔桩机结合使用，软土层主要采用成槽机，入岩部分采用冲击钻机。附属结构围护桩深度较浅，穿越地层主要为软土，采用回旋钻机。

（2）材料吊装设备选择：

围护结构施工阶段：由于场地宽度受限，钢筋笼吊装不具备同时进场两台履带吊的条件，地下连续墙施工期间不能使用传统吊装方式对钢筋笼进行吊装。地下连续墙施工阶段，场内配置1台150t履带吊，地下连续墙钢筋笼吊装时租赁1台100t汽车吊进场配合完成吊装作业。每次钢筋笼吊装后，汽车吊退出场外。

主体结构施工阶段：主要采用1台50t汽车吊和1台塔吊在两端配合2台10t门式起重机，中部采用门式起重机吊运。

（3）出土方式选择：主体施工阶段由于南北两侧没有车行道，整个土方开挖只能从西端往东端进行台阶开挖。开挖初期，为保证西端头尽快基坑见底，使用垂直抓斗辅助进行垂直出土，挖掘机配合装车。

（4）人力资源按阶段、任务不同配置：西端为盾构始发，东段盾构接收，优先确保西端的盾构施工，主体施工阶段高峰期300人同期施工。

3. 提高车站施工效率的措施

一般的地铁车站施工，在主体围护结构外侧、围挡内侧各布置1条不小于6m的车行通道，作为主体结构施工阶段物资进出通道。由于梅园路道路狭窄，南侧小商户众多，西南侧又有深圳市中食物流发展有限公司仓库车辆进出，车站施工围挡必须收缩变窄为商户预留人行通道、为深圳市中食物流发展有限公司仓库提供车辆通道。笋岗站主体施工阶段基坑外北侧纵向通道最窄处仅为1.5m，南侧最窄处仅为0.5m，施工车辆、物资不能直达基坑两侧。

笋岗站进入主体施工阶段后，由于工序转换进度滞后，造成整个车站施工工期紧张，必须加大资源投入才能解决工期矛盾。因场地狭窄，围挡内南北两侧没有机动车通道，龙门吊为纵向运输材料的唯一设备。但原策划龙门吊覆盖范围为车站主体，由于基坑开挖下沉，两端没有受料空间。高峰期还要解决钢支撑安装、盾构施工和主体结构施工对材料运输设备的需求矛盾。材料纵向运输成为制约工期成败的关键。

改进措施：将门机轨道向西延伸6m，向东延伸60m；东端设置1台塔吊辅助，在中部冠梁支撑上设置钢质转运平台，解决2台龙门吊利用率低的问题。采用该方案后，提高了施工高峰期材料运输效率，同时也解决了东端50m材料运输只能靠人工搬运的问题。车站施工效率改进见图2-7-10。

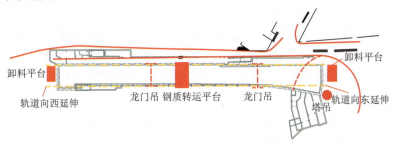

图2-7-10 车站施工效率改进图

三、周边建筑保护

1. 周边建筑调查

笋岗站周边建筑物密布，北侧为鑫和兴旧货市场（7层）、笋岗大厦（27层），南侧为商住楼（5层）及蓬客商务酒店、深业物流大厦、深圳市中食物流发展有限公司，距离基坑较近，建筑多为浅基础。在主体基坑开挖前对南侧距车站较近的蓬客商务酒店（距6.19m）、深圳市中食物流发展有限公司（距9.13m）进行调查分析，并从以下几方面进行保护：

（1）根据设计方案和现场调查分析结果，对临近基坑的陈旧浅基础建筑进行袖阀管预加固，并预留部分袖阀管为跟踪注浆管。

（2）加强监测，及时反馈监测结果，以指导施工。

（3）围护结构施工时，加强施工质量的控制，保证止水帷幕效果，降低基坑周边失水沉降的风险。

（4）基坑开挖过程中，确保围护结构及支撑体系强度与刚度，禁止坑外降水，合理分层开挖、及时支撑，防止基坑变形，对周边建（构）筑物产生影响。

（5）根据监测结果，对临近建筑物基础土体进行无压回灌补水及跟踪注浆。

2. 跟踪注浆

车站施工过程中，加强对周边建筑物的监测及人工巡查，当建筑物出现裂缝或沉降超设计控制值时，即对建筑物基础进行袖阀管注浆加固。

为加固车站周边建筑物基础下土体，在建筑物沿车站基坑侧采用1排ϕ50袖阀管间距1.0m注水泥浆深层加固土体。

袖阀管注浆参数：

（1）注浆点沿建筑物外侧1～2m布置1排，靠近车站的房屋一侧或两侧间距1.0m布置，远离车站的房屋两侧间距2.0m布置。

（2）钻孔深度控制在粉质黏性土中部，钻孔直径75mm；袖阀管直径50mm，袖阀管埋设长度为钻孔深度减1m（预留1m空间）。

（3）注浆孔斜度为15°～20°。

（4）水泥浆水灰比为1:1。

（5）浆液注入率为不小于20%，注浆压力控制在0.15～0.2MPa。

（6）单孔浆液扩散半径为1.5～2.0m范围的土体。

（7）注浆压力控制在0.15～0.2MPa，单峰压力不超过1.2MPa。

（8）为防止浆液流失和孔位串浆，提高注浆孔位的约束性，严格控制浆液注入率在7～10L/s，对填充型灌注亦不宜大于20L/s。

（9）效果检查取不少于灌浆总孔数的5%打设探测孔，做静力触探试验和标准贯入试验，检查注浆层土体的厚度、密实度以及地层应力荷载等方面的物理力学性能。若达到规定允许的力学性能，说明满足设计要求，否则需补孔继续注浆，直到满足设计要求。

（10）在注浆过程中，应观察相邻注浆孔的排气、返水、串浆、冒浆等情况，及时做好记录。若周围注浆孔有串浆时，应停止注浆，12h后重新注浆。若周围注浆孔仍没有反应，注浆量过大时，应采取"间歇定量分序注浆法"注浆，以控制浆液流失过大，分序为跳孔注浆，定量为每孔每次注一定量，间歇12h后再循环注浆。

注浆压力的控制、浆液浓度的变换、注浆控制标准等，可依据地层渗透条件、砂层吸浆量等情况而定，保证注浆后形成的桩体有足够的有效半径。

第三节 小　　结

随着城市轨道交通建设的加快，老城区交通繁忙路段轨道交通路网将越来越密，地铁车站建设环境条件将逐渐复杂化，总结老城区交通繁忙路段地铁车站施工技术具有重要意义。老城区交通繁忙路段地铁车站施工技术主要体现在交通繁忙路段交通疏解方案策划和狭窄场地主体施工组织优化以及周边建（构）筑物保护，本章将对后续线路老城区地铁车站建设施工有一定的参考意义。

第八章 车站清水混凝土免装修施工技术（皇岗口岸站）

第一节 工程概况

7号线皇岗口岸站车站，设计下沉式广场，并将广场四周及车站按照清水混凝土免装修理念进行设计，彰显了环保、生态的主题思想。如图 2-8-1 所示。

图 2-8-1 皇岗口岸站车站工程图

第二节 施工技术

清水混凝土施工工艺流程：施工准备→模板设计、加工和混凝土原材、配合比选择→测量放线→钢筋绑扎定位→隐检验收，合格后→模板支设→模板调整→模板预检验收，合格后→混凝土浇筑→混凝土养护→螺杆孔封堵→成品保护。

一、施工准备

（1）模板设计和加工完成，样板墙浇筑经过建设单位、监理单位验收合格。

（2）测量放线已经完成。

（3）现场钢筋绑扎完成，经验收合格，已完成隐蔽部位验收。

（4）与搅拌站已签订技术合同，明确技术要求，混凝土已做好试验配合比。

（5）人员、机具准备到位。

二、钢筋制作及安装

钢筋的加工、安装严格按照清水混凝土保护层厚度和行业规范的要求操作。钢筋应清洁，无明显锈蚀和污染。钢筋保护层垫块宜梅花形布置。饰面清水混凝土定位钢筋的端头应涂刷防锈漆，并宜套上与混凝土颜色接近的塑料套。每个钢筋交叉点均应绑扎，绑扎钢丝不得少于两圈，扎扣及尾端应朝向构件截面的内侧。

钢筋安装时，入模的钢筋要保持清洁，无明显水锈，不得带有油污泥土或壳锈；保证钢筋定位，任何情况下都不得出现露筋现象；钢筋绑扎扎丝，拧不少于两圈，合模前检查绑丝的朝向，防止绑丝外露返锈，要求每一点均进行检查。墙体保护层采用塑料垫圈，且颜色与混凝土的颜色要接近，由于塑料垫圈强度较小，故可加强塑料垫圈梅花形布置，保护层垫块严禁使用混凝土块，以防颜色不一致。钢筋保护层厚度比设计保护层厚度略有增加5mm，以确保明缝部位钢筋的保护层厚度和防止钢筋外露返锈影响观感。钢筋密集的地方，必须事前留出混凝土下料和振捣口，如无法留置时，与设计单位协商解决。钢筋绑扎时必须在对拉螺栓的螺母焊接固定后进行，绑扎时必须避开螺母，保证螺杆顺利穿过。

钢筋保护层厚度不得出现负差。

三、模板施工工艺

1）模板选型

清水混凝土施工用的模板必须具有足够的刚度，在混凝土侧压力作用下不允许出现变形，以保证结构物的几何尺寸均匀、断面一致、防止浆体流失。对模板的材料也有很高的要求，表面要平整光洁，强度高，耐腐蚀。对模板的接缝和固定模板的螺栓等，则要求接缝严密，不允许漏浆。

采用进口覆膜多层板（面板采用18mm厚的覆面多层板，最好采用VISA板），其具有透气性好、混凝土气泡少、强度高的特点；同时，可确保模板的整体刚度和平整度。施工模板如图2-8-2所示。一般制作背肋采用型钢制作，竖肋为60mm×70mm几字型钢，横肋采用尺寸为50mm×60mm的双C型钢；竖向几字型钢间距为250mm，横背楞间距由下到上分别为500mm；在单块模板中，多层板与竖肋（几字型钢）采用自攻螺栓背面连接，竖肋与横肋采用连接爪连接，在竖肋上两侧对称设置吊钩。两块模板之间采用芯带连接，将芯带水平安置在两块模板横肋接缝处，然后用芯带销插紧，保证模板的整体性，使模板受力合理、可靠。明缝严格按设计要求在面板上加设硬质塑料条。

图2-8-2 施工模板图

2）模板细部构造

（1）明缝和蝉缝的设置

在模板加工前，与设计单位明确明缝和蝉缝的排布方案，对施工较为困难的部分，与设计单位协商解决，由此确定每块墙体模板的尺寸。

蝉缝是利用模板精心设计的拼接缝形成的有规律的装饰线条，为此，模板分块及面板分割必须遵循以下原则：外墙模板分块以窗口中线为对称中心线，内墙模板分块以墙中线为对称中心线，做到对称、均匀布置。

对于模板与模板之间形成的蝉缝，为防止漏浆及蝉缝出现漏浆砂面，将采用厚度1mm与模板厚度同宽的泡沫胶条粘贴在两相邻模板拼缝位置，确保混凝土浇筑质量。

明缝是清水混凝土表面的装饰线条并将混凝土进行分块，工程中主要依据设计单位提供的图纸进行分隔定位，使施工缝藏匿于其中，然后按照设计施工图纸进行模板加工。

（2）穿墙螺栓的布置和处理

清水混凝土穿墙螺栓不仅是模板体系的重要受力构件，其成型后的孔眼还是清水饰面混凝土表面的重要装饰，直接影响到混凝土的外观，必须认真按照一定规则进行排布。为保证整体的观感，必要时局部可加设假眼。

墙体采用$\phi14$的穿墙螺栓，加$\phi20$的PVC套管，为防止穿墙螺栓部位漏浆，在套管两侧加设定制的尼龙堵头和海绵垫圈。

对拉螺栓与钢筋的协调处理：清水饰面混凝土的对拉螺栓位置均为固定位置，为避免螺栓孔眼与钢筋发生冲突，模板就位前先在地面上弹出螺栓孔的位置，竖向设置标识杆。遇到对拉螺栓与钢筋发生矛盾时，将相邻的几排钢筋进行适当调整，但调整幅度必须在规范允许范围内，以确保对拉螺栓安装位置。

穿墙螺栓孔的封堵：首先清理螺栓孔，将穿墙套管剔出后洒水润湿，将遇水膨胀胶条塞入孔中约100mm，用水泥砂浆封堵并捣实，外侧用定制的模具旋转压实，保证封堵砂浆入外墙面约5mm。

（3）阴阳角处理

清水混凝土样板阴角部位采用定型阴角模，阴角模和大模板分别与明缝条搭接，明缝条用螺栓拉接在模板和角模的边框上，以达到调节缝的目的；阳角部位的模板相互搭接，并有模板夹具夹紧，即能满足施工要求；阴角部位直接用覆膜多层板和维萨板按45°的斜口加工成阴角模板；为防止水泥砂浆从阳角接缝处渗出，一侧的模板端与另一侧模板面的结合处需贴上密封条，以防漏浆。

（4）模板拼缝

面板裁割采用专用的木工设备，保证面板裁割后几何尺寸准确，边缘顺直光滑。模板加工完毕后进行试拼并对每块模板进行编号，模板试拼完毕后进行正式安装，安装时在模板拼缝位置采用1mm厚泡沫胶条，防止拼缝位置漏浆；并在竖向拼缝处设置主龙骨，保证模板平整度。

（5）堵头板及丁字墙的处理

墙体端头部位要采用堵头板，因为墙体端头部位采用普通方式容易漏浆。为了防止漏浆，堵头板模板在原有板面上再嵌入与墙体相同宽度的一块板，所以堵头板相邻的两块墙体模板要大于实际长度的一个板厚，墙体模板与堵头板两者之间进行连接，然后再使用螺栓进行加固。

丁字墙处转角多，连接较为复杂。为防止胀模，施工时，将一侧模板（保证是整模）延长到另一开间，与该开间内的另一侧模板用穿墙杆拉结，在对拉螺栓间距较大部位可以在模板背面几字型材上采取附加槽钢背楞加固。

（6）洞口处理

由于清水混凝土具有一次浇筑完成、不可更改的特性，使得与墙体相连的门窗洞口和各种构件、预埋件须提前准确设计与定位，并与土建施工同时预埋铺设。由于没有外墙垫层和抹灰层，施工人员必须为门窗等构件的安装预留槽口，清水墙体上若安装雨水管、通风口等外露节点也须设计好与明缝等的交接，只有解决好所有问题，才能保证清水混凝土墙体呈现出它本应反映的纹理与质感。一般外墙面门窗洞口采用后塞口做法，模板设计为企口型，一次浇筑成型，确保门窗洞口尺寸和窗台排水坡度。对于小洞口，采用全封闭式的木盒，大洞口采用封模加固方法。

（7）墙体预埋件的处理

由于清水饰面混凝土不能进行剔凿，各种预留预埋必须一次到位，预埋位置、质量符合要求，在混凝土浇筑前对预埋件的数量、部位、固定情况进行仔细检查，确认无误后方可浇筑混凝土。

预埋件必须与墙柱钢筋绑扎牢固，必要时与墙柱钢筋进行焊接，不得有松动的现象。在封模前应逐一进行检查，发现松动，应立即处理。

四、施工质量控制

清水混凝土配合比必须经过试配确定，确保混凝土的和易性、色泽均匀、无气泡，坍落度满足要求，同时其颜色也必须达到设计单位及建设单位的要求。再与设计单位沟通后，确定清水混凝土参数见表2-8-1。

清水混凝土配合比参数表　　　　表2-8-1

项目		设计指标及要求	说明
混凝土	强度等级	C35，C35，P10 高性能防腐防水混凝土，C50	28d 龄期，侧墙采用 C35，P10，柱子采用 C50，隔墙采用 C35。其中，抗渗等级 P10 要符合《地下工程防水技术规范》(GB 50108—2008) 规定
	最大水胶比	0.36	遵照《混凝土结构耐久性设计规范》(GB/T 50476—2008)
	胶凝材料总量	≥ 380 kg/m³ ≤ 450 kg/m³	粉煤灰掺量不宜大于 30%
	含碱量	≤ 3 kg/m³	混凝土中的总含碱量
	最大氯离子含量	0.08%	单位体积混凝土中氯离子与胶凝材料质量比
	氯离子扩散系数	28d 龄期：≤ 6.5×10^{-12} m²/s 56d 龄期：≤ 4.5×10^{-12} m²/s	采用《普通混凝土长期性能和耐久性能试验方法标准》(GB/T 50082—2009) 中的"快速氯离子迁移系数法"
水泥		应选用品质稳定、强度不低于 42.5 级硅酸盐水泥或普通硅酸盐水泥，同一工程的水泥宜为同一厂家、同一品种、同一强度等级且符合《硅酸盐水泥、普通硅酸盐水泥》(GB 175—1999) 的规定	
集料		粗集料：应选用连续级配、颜色均匀、洁净、孔隙率小、石子粒形呈等粒状、抗风化、坚硬、强度高的粒状碎石，集料含泥量小于 1%，泥块含量小于 0.5%，针片状颗粒不大于 15%，并应符合《建设用卵石、碎石》(GB/T 14685-2011) 及相关规范规定	
		细集料：应采用级配良好、孔隙率小、均匀、坚硬、洁净、抗风化性强的中粗河砂，不得使用海砂，细度模数应大于 2.6（中砂），含泥量不应大于 1.5%，泥块含量不大于 1.0%，河砂应符合《建设用砂》(GB/T 14684—2011) 及相关规范规定	
粉煤灰		应来自同一厂家、同一品种。粉煤灰宜选用 I 级，细度（45μm 方孔筛筛余）不大于 12%，需水量比不大于 100%，烧失量不大于 5%，其他指标应符合《用于水泥和混凝土中的粉煤灰》(GB/T 1596—2005) 及相关规范规定	
矿粉		7d 活性指数≥ 65%，其他指标应符合《用于水泥和混凝土中的粒化高炉矿渣粉》(GB/T 18046—2008) 中 S95 级矿粉的要求	
外加剂		宜使用聚羧酸类高效液态减水剂，其质量应符合《混凝土外加剂》(GB/T 8076—2008) 的规定，混凝土减水率≥ 15%，采用引气剂时混凝土引气量宜在 2%～4% 之间	

1）清水混凝土原材料控制措施

混凝土配合比设计要严格一致；新拌混凝土须具有极好的黏聚性，不允许出现分层离析的现象。原材料产地必须统一，所用水泥尽可能为同一厂家、同一批次的；砂、石的色泽和颗粒级配均匀。

2）清水混凝土浇筑控制措施

（1）落实施工技术保证措施、现场组织措施，严格执行有关规定。

（2）合理调度搅拌运输车送料时间，逐车测量混凝土的坍落度、出机温度、入仓温度。

（3）为了控制混凝土的入模温度，在拌制混凝土时用冰屑代替部分清水，从而降低混凝土的出机温度。所有混凝土入模温度均应≤28℃且≥5℃。混凝土表面与内部最大温差（在混凝土浇筑后三周内）应≤25℃，混凝土降温速率不大于4℃/d。

（4）加强出厂检验，每批次清水混凝土生产时第一拌混凝土要做开盘鉴定。由专职质检员对每车出厂的混凝土的工作性能进行目测，确保其有良好的和易性，无离析、无泌水。坍落度符合要求。

（5）为防止接缝处混凝土颜色不一致，不得在根部浇筑30～50mm厚与混凝土同配比的减石子水泥砂浆。

（6）严格控制每次下料的高度和厚度，严格控制浇筑层厚度，每层厚度控制在400mm，用标尺杆量测控制，混凝土倾落高度大于2m时设置下料软管。

（7）振捣方法要求正确，不得漏振和过振。振捣时间一般控制在30s，剪力墙底层混凝土振捣时间控制在40s，以混凝土翻浆不再下沉和表面无气泡泛起为止，要避免过振离析。振捣器移动间距为30～40cm，遇有梁柱节点或钢筋较密时，振捣器移动间距可控制在30cm左右，同时用φ70振捣器振捣。对非承重的剪力墙采用小振捣器进行振捣。

第一层混凝土浇筑完成后，对第一层混凝土的振实情况进行仔细检查，如果时间间隔较长，需要对上部进行复振，确认振捣密实后方可进行第二层混凝土的浇筑，同时振捣上层混凝土时振捣器必须插入下层混凝土50～10mm，采用在振捣器上标尺控制，确保层间结合良好。

（8）清水混凝土施工浇筑过程中必须严格执行混凝土振捣操作标准，防止浇筑飞溅起的灰浆污染未浇筑部位模板面。

（9）混凝土浇筑完毕后，为消除上层浮浆造成的色差，混凝土浇筑到顶部时，将浮浆清理干净，用新的混凝土补充，1h后，用振捣器二次振捣密实，混凝土初凝后，进行二次搓毛。

3）模板拆除及清理措施

模板拆卸应与安装顺序相反，即先装后拆、后装先拆。拆模时，轻轻将模板上口撬离墙体，然后整体拆离墙体，严禁直接用撬棍挤压面板。拆模过程中必须做好对清水混凝土墙面的保护工作。拆下的模板轻轻吊离墙体，放在存放位置准备周转使用。模板面对面或背对背叠放，叠放不能超过六层，面板之间垫棉毡保护。

模板合模前，在模板表面用干净抹布涂抹食用色拉油，要求涂抹均匀。清理时，采用干净湿抹布将表面上的水泥浆等清理干净。

4）清水混凝土养护措施

清水混凝土如养护不当，表面极容易因失水而出现微裂缝，影响外观质量和耐久性。

因此，对裸露的混凝土表面，应及时采用黏性薄膜或喷涂型养护膜覆盖，进行保湿养护。养护时间一般不得少于14d。清水混凝土养护时，不得采用对混凝土表面有污染的养护材料和养护剂。混凝土浇筑完成后，及时清理大模板上的浮灰、混凝土附着物等，见图2-8-3。

图 2-8-3　清水混凝土中隔墙现场养护

5）清水混凝土墙面基层处理措施

清水混凝土墙面最终的装饰效果，60%取决于混凝土浇筑的质量，40%取决于后期的透明保护喷涂施工。浇筑混凝土墙面应达到平整、不修补即可涂装的水平。

因此，在主体结构完成后，混凝土浇筑质量已经定型的情况下，墙面的基层处理就显得至关重要了，处理的质量好坏直接影响最后的喷涂效果。保护液涂刷时，采用高耐久性常温固化氟树脂（Bonnflon）透明（或半透明）涂料（建议采用清水混凝土氟碳透明保护涂料），对混凝土表面进行喷涂，从而起到长久保护混凝土免受外界环境破坏并保持混凝土自然机理和质感的作用。具体操作为：

（1）气泡修复

清除混凝土表面气泡，用与原混凝土同配比减砂石的水泥浆刮补墙面，待硬化后，用细砂纸均匀打磨，用水冲洗洁净。

（2）螺栓孔眼修复

清理螺栓孔眼表面，将原堵头放回孔中，用刮刀取界面剂的稀释液，调制同配比减石子的水泥砂浆（砂浆稠度为10~30mm），刮平周边混凝土面，待砂浆终凝后擦拭混凝土表面浮浆，取出堵头，喷水养护。

（3）漏浆部位修复

清理混凝土表面松动砂子，用刮刀取界面剂的稀释液，调制成颜色与混凝土基本相同的水泥腻子，抹于需修复部位。待腻子终凝后用砂纸磨平，再刮至表面平整，阳角顺直，喷水养护。

（4）明缝处胀模、错台修复

用铲刀铲平，打磨后用水泥浆修复平整。明缝处拉通线，切割超出部分，对明缝上下阳角损坏部位先清理浮渣和松动混凝土；再用界面剂的稀释液调制同配比减石子的砂浆，将明缝条平直嵌入明缝内，将砂浆填补到修复部位，用刮刀压实刮平，上下部分分次修复；待砂浆终凝后，取出明缝条，擦净被污染混凝土表面，喷水养护。

（5）螺栓的修复与封堵

拆模后剔除套管，并用补偿收缩水泥砂浆和专用模具封堵，取出堵头后，喷水养护。

五、喷涂工艺

施工工艺流程：基面处理→底漆施工→中涂施工→面漆施工→检查验收。

1）基面处理

（1）用120~240号砂纸、铲刀将附着在混凝土表面的物质，如浮浆、未固化的水泥、浮灰等去除，将明显凸起的部分用铲刀等工具去除，将裸露的钢筋头、铁钉等除去和切割掉，并将墙面油污清洗干净，在切除的钢筋头位置除锈，并采用环氧富锌防锈漆防锈，最后用湿毛巾将墙面擦拭干净，墙面达到基本清洁，无浮尘，无黏附颗粒物。

（2）在混凝土表面偏差超过 1.5mm 的情况下，如施工缝、模板拼缝等，用金刚砂配合水进行打磨处理，使偏差控制在 1.5mm 以内，并确保打磨处光滑、密实。

（3）明显凸起的螺栓孔用榔头和铁錾敲入墙面 3～4mm，然后用水泥砂浆将螺栓孔修补平整。修补时注意对周围混凝土进行保护，以免水泥浆渗入混凝土改变颜色。

（4）对于表面直径大于 5mm 的空洞和宽度大于 0.5mm 的裂缝采用修补材在现场进行调色和修补，较细的裂缝和空洞一般不做修补，修补材采用旭硝子专用调整材料进行调色，以达到混凝土本色。

（5）用修补材覆盖对拉螺栓孔处修补的水泥砂浆，使表面平滑、密实。

（6）修补应遵循"尽可能保持原浇筑混凝土本色，尽可能少修补"的原则。

（7）修补完成并干燥后进行打磨操作，打磨后用抹布将粉尘清除干净。

2）底漆施工

（1）基面缺陷修补完成后进行底漆施工，将底漆和水按 100∶0～15 稀释，采用滚涂的方法施工 2 遍。

（2）底漆施工时，先采用刷子涂刷边缘及孔洞处，再进行大面积施工。施工过程中，应保证底漆用量充足，使底漆充分地渗入基面内部，孔洞处用毛刷将底漆刷入。

（3）施工应不间断施工，避免干燥后重复施工。

（4）涂后的效果：均匀、无色差、无漏涂和流挂现象，进行泼水试验，无水湿现象。

（5）底漆干燥时间 3h 以上进行下道工序施工。

3）中涂施工

（1）着色修补材干燥后 3h 以上，进行透明氟碳中涂施工。因氟碳面漆干燥过程中会产生较强的聚合力，而且氟碳面漆自身附着力不好，故需施工中涂，中涂用量 0.08kg/m²。

（2）边缘区域和空洞内，采用毛刷涂刷 1 遍后再开始大面积滚涂。

（3）中涂干燥时间 3h 以上进行下道工序施工。

4）面漆施工

（1）中涂施工完成并干燥后，进行透明氟碳面漆施工，用量为 0.08kg/m²。

（2）边缘区域和空洞内，采用毛刷涂刷 1 遍后再开始大面积滚涂。

（3）涂后的效果：均匀、无色差、无漏涂和流挂现象，并保持混凝土原有的表面肌理。

（4）待完全干燥后，用墙面防水的方式测试防水性，要求用水泼到墙面后，颜色无变化，不变深，不变湿。

六、清水混凝土样板墙浇筑

在清水混凝土建筑中样板墙的浇筑是必需的。从对拉螺栓的螺母的直径，到明缝、禅缝的比例深浅，从窗台洞口的构造到混凝土的表面及色彩，从模板的选择到寻求变异的肌理等，都要通过样板墙来确认。样板墙施工完毕后，必须经过设计单位和建设单位确认，主体建筑物才能正式施工，如图 2-8-4 所示。

七、清水混凝土成品保护

后续工序施工时要注意对清水混凝土的保护,如图 2-8-5 所示。不得碰撞及污染清水混凝土结构;在混凝土交工前,对外墙用塑料薄膜进行保护,以防混凝土面污染,对于人员可以接触的部位墙面、预留洞口、柱、门边、阳角,拆模后钉薄木条或粘贴硬塑料条保护。另外,要加强教育,避免人为污染或损坏。

图 2-8-4　现场样板墙　　　　　　图 2-8-5　清水混凝土成品保护

八、清水混凝土质量控制

目前国内尚无统一的清水混凝土质量验收标准,通过参考国外有关建筑混凝土的技术标准,经场外清水样板墙的施工,并经建设单位、设计单位、监理单位和施工单位多次讨论研究,在普通结构混凝土验收标准的基础上,制定了表 2-8-2 示质量标准。

清水混凝土结构允许偏差表　　　　表 2-8-2

项次	检查项目		允许偏差（mm）	检查方法
1	轴线位移	墙、柱、梁	3	尺量
2	截面尺寸	墙、柱、梁	±2	尺量
3	垂直度	层高	4	线坠
		全高	$H/1000$ 且 ≤ 30	
4	表面平整度		2	2m 靠尺、塞尺
5	相邻板面高低差		1	拉线、尺量
6	角、线顺直度		3	拉线、尺量
7	预留孔、洞口中心线位移		5	尺量
8	标高	层高	±2	水准仪、尺量
		全高	±15	
9	阴阳角	方正	2	尺量
		顺直	2	
10	雨罩位置		±3	吊线、尺量
11	分格条（缝）直线度		3	拉 5m 线,不足 5m 拉通线,钢尺检查
12	蝉缝错台		1	靠尺、塞尺
13	蝉缝交圈		2	拉 5m 线,不足 5m 拉通线,钢尺检查
14	保护层厚度		±3	尺量

在进行质量控制时还应满足以下要求:
(1) 颜色:混凝土颜色基本一致,距离墙面 5m 肉眼看不到明显色差。

（2）气泡：混凝土表面的气泡要保持均匀、细小，表面气泡直径不大于 3mm，度不大于 2mm，每平方米气泡面积应小于 $1.5\times10^2\text{mm}^2$。

（3）裂缝：表面无明显裂缝，不得出现宽度大于 0.2mm 或长 50mm 的裂缝。

（4）光洁度：清水混凝土成型后平整光滑、色泽均匀，无油迹、锈斑、粉化物，无流淌和冲刷痕迹。

（5）观感缺陷：无漏浆、跑模和胀模，无烂根、错台，无冷缝、夹杂物，无蜂窝、麻面和孔洞，无露筋，无剔凿、磨、抹或涂刷修补处理痕迹。

第三节 总结及展望

皇岗口岸站车站工程站厅层（包含下沉式广场）采用清水混凝土，施工面积约 6000m²。在施工过程中，从钢筋制安、模板体系选择、细部构造做法、混凝土原材料、浇筑工艺，到后期的拆模、养护，成品保护等方面进行控制，来确保清水混凝土的观感质量；同时分隔好明缝、蝉缝的位置，使施工缝较好地隐藏在明缝中，从而达到预期目标，确保清水混凝土质量。经过多次研究，总结出地铁工程清水混凝土施工关键技术整套工法。清水混凝土结构表面平整光滑、色泽均匀、棱角分明、无碰损和污染，显得十分天然，沉稳而庄重。装饰效果良好，也减少了装修费用，最终降低了工程总造价。

随着绿色建筑日渐受到重视，清水混凝土在我国的应用将会有一个较大的发展。

第三篇

盾构法隧道施工技术创新

第一章
盾构法隧道下穿河湖及既有建（构）筑物施工技术

第一节 工程概况

随着地下空间的不断开发与利用，隧道穿越河流、湖泊和既有建（构）筑物的情况越来越多。隧道在施工过程中会不断扰动地层，导致地层发生变形，同时也将对环境状态产生直接影响，施工中极易引发地层不均匀沉降，引起施工与周边环境安全问题。

7号线全线下穿河流湖泊5处，下穿既有重要建（构）筑物50余栋，其中典型的案例是洪湖站—笋岗站区间重叠隧道下穿洪湖，福民站—皇岗口岸站区间下穿某小区住宅4栋、广深高速公路高架桥，途经皇庭居、福民大厦、阳光城市花园等建筑群。两个区间地质条件复杂，存在富水砂层或者上软下硬地层，下穿难度大，是7号线盾构施工重点控制风险源。

第二节 盾构法隧道下穿河湖施工关键技术

1. 围堰及筑岛填筑设计

笋岗站—洪湖站区间叠线隧道下穿布吉河滞洪区洪湖，布吉河滞洪区总面积约30万 m^2，水域面积21.2万 m^2，湖水在丰水期水深 $1\sim2m$，湖面下穿段右线隧道埋深 $5.5\sim7m$，左线隧道埋深 $14\sim18m$。笋洪区间隧道与洪湖平面关系见图3-1-1。

图3-1-1 笋洪区间隧道与洪湖平面关系

左线隧道主要位于微风化（硬岩长约150m）、中风化、强风化混合岩中，右线隧道主要位于全风化、强风化混合岩及砾质黏性土中。隧顶隧道上方主要为淤泥质黏土、粉质黏土、粗砂、砾砂、卵砾、圆砾。右线隧道埋深小于6m段长约60m。沙层厚度较厚，距离隧道较近，距离小2m段长度约100m。区间隧道下穿洪湖段地质纵断面见图3-1-2。

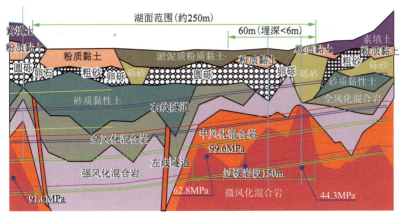

图 3-1-2 区间隧道下穿洪湖段地质纵断面图

为保证右线掘进时,隧道上方无湖水,在盾构推进至洪湖前,在隧道中心线南北两侧 22m(围堰中心线)处湖区内东西向施工 2 条土围堰,围堰长约 300m 和 140m,围堰顶宽 6m,围堰高约 3m,然后抽干两围堰之间的明水,两围堰之间采用 5 根 φ1000 的混凝土管连通南北湖区的湖水,见图 3-1-3。

对埋深小于 6m 的隧道,在顶部 60m 范围进行筑岛回填,以保证盾构有足够的覆土条件,如图 3-1-4 所示。

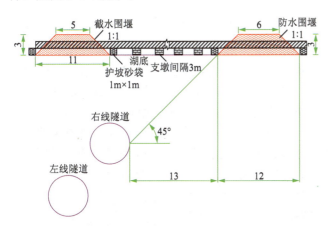

图 3-1-3 围堰排水措施设计图(尺寸单位:m)

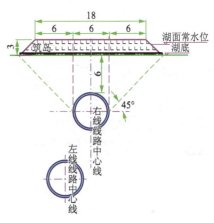

图 3-1-4 筑岛回填设计(尺寸单位:m)

2. 砂层加固措施

在围堰排水后,对隧顶存在且隧道与砂层间隔水层小于 2m 的砂层进行加固处理,阻止地下水、地表水大量涌入隧道,硬化了地层,方便盾构通过。加固采用地面搅拌桩加固,加固长度 120m,宽度 18m,深度从中到外分别为 6m、3m,如图 3-1-5 所示。搅拌桩桩径 600mm,采用格栅式加固,施工现场见图 3-1-6。

3. 下穿河湖掘进控制

通过地质情况的分析,借鉴类似项目下穿河、湖的施工经验,盾构下穿阶段主要技术措施如下:

(1)在盾构下穿洪湖时,应采取连续、均衡通过的方式,重点控制推力、推进速度和土压力,严格控制出土量,特别注意控制同步注浆和二次注浆的压力、注浆量及注浆时间;加强施工中对土体的监控量测,做到信息化施工。

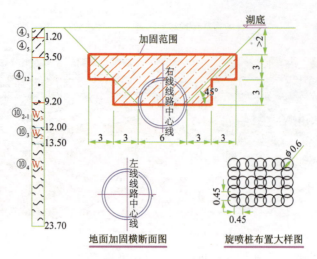

图 3-1-5 砂层加固示意图（尺寸单位：mm）

（2）同步及二次注浆。

严格控制每环的压浆量，确保同步注浆浆液的质量。防止注浆不足或者严重超量引起土体沉降或隆起对结构造成破坏。注浆时，必须严格控制注浆压力，避免由于注浆压力过高而击穿上层覆土。浆液压注要及时、均匀、足量，确保建筑空隙得以及时、足量的充填。每环的压浆量一般为理论空隙的 200%～250%。

图 3-1-6 围堰排水和注浆加固砂层情况

发现沉降变化较大则进行二次注浆。二次注浆采用 1∶1 水泥浆或水泥—水玻璃双液浆。二次压浆由专人负责，对压入位置、压入量、压力值均做详细记录，并根据地层变形监测信息及时调整，确保压浆工序的施工质量。

盾构穿越后，必须准备足量的二次补压浆材料以及设备，根据后期沉降观测结果，及时进行二次补压浆，以便能有效控制后期沉降，确保安全。

（3）渣土改良控制。盾构穿越的河湖区域含水量大，透水性强，结构松散性大，盾构开挖后，补给快，地下水带着砂砾易流失，导致涌水、涌砂，甚至沉陷或坍塌。在盾构下穿过程中选择使用聚合型发泡剂，浓度为 2%～4%，发泡率 6～10 倍，同时根据渣土改良情况，适时在土仓内加入智能高分子聚合物溶液或者智能渣土悬浮剂溶液降低螺旋输送机喷涌风险。

（4）盾尾渗漏防治措施。

掘进时定时、定量、均匀压注盾尾油脂，有效保护盾尾密封刷。下穿过程中可按实际情况加大盾尾油脂的压注量，加大盾尾油脂注入压力。管片拼装时，控制好管片姿态，居中拼装，提高拼装质量，防止因盾构与管片间间隙过大而形成透水通道。

特殊情况下，在盾构工作面配置适量的注浆材料及木楔、棉纱、麻绳等堵漏材料和工具；在盾构机内安装大功率水泵 2 台，如发生涌水，及时抽水排险；管片出盾尾后使用速凝型浆液补注止水，在盾尾后方形成环圈，封闭涌水通道。

（5）螺旋输送机防喷涌措施。螺旋输送机后卸料口采用双闸门结构，能有效防止喷涌现象的发生；加强渣土改良措施，防止喷涌、坍塌、结泥饼等情况发生。操作司机密切关注螺旋输送机的出土情况,如有喷涌现象,立即关闭螺旋输送机阀门,视渣土成分向土仓和螺旋输送机内注入膨润土泥浆或高分子聚合物抑制喷涌。

(6)冒顶、坍塌防治措施

合理设定土压力,有效控制渣土改良和保压过程中的气体压力;盾构穿越过程中,如果发生击穿湖(河)底、深层土体的变形超过了预定的控制范围,则立即停止掘进,进行洞内注浆,并根据具体状况采用地面回灌砂浆或低强度等级混凝土进行回填,回填前完成盾体外周、土仓及刀盘开挖面的膨润土泥浆注入工作,防止盾构机受困。

4. 叠线施工针对性措施

1)夹层土注浆加固

如图 3-1-7 所示,在盾构管片上预留额外的注浆孔,采用水泥浆从注浆孔中插管注浆。注浆完成后应预留后续注浆条件,并根据监测结果决定是否跟踪注浆。

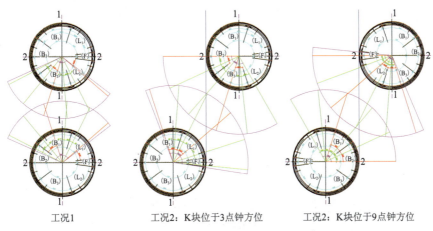

图 3-1-7 夹层土注浆加固示意图

注:红色为既有管片吊装孔,绿色为新增注浆孔,紫色为 120°注浆范围线

2)加强盾构同步注浆、二次注浆

同步注浆、二次注浆的注浆量为正常地段的 2 倍以上,注浆压力分别为 $0.2 \sim 0.5$MPa 和 $0.3 \sim 0.6$MPa。

3)下层隧道设移动支架

区间下穿洪湖段时,盾构隧道基本为上下重叠隧道。采用"先下后上"的掘进步骤,当上层隧道掘进时,在盾构下方的下层隧道内设置活动支架(支撑台车)支撑盾构管片,以确保下层隧道的安全。支撑范围为盾构机及其前后 10m 范围。

第三节 盾构法隧道下穿建(构)筑物施工技术

1. 房屋加固

如图 3-1-8 所示,福皇区间下穿福民新村 20 号、21 号、22 号和 23 号住宅楼。其中,右线下穿 20 号、22 号住宅楼,侧穿 23 号住宅楼;左线下穿 21 号、22 号住宅楼,侧穿 20 号住宅楼。四栋房屋基础均为自由落锤打入式灌注桩,桩长 16m,桩尖位于圆砾土层。

鉴于住宅楼自身存在较大安全隐患,该部位还将面临盾构下穿施工,为加强地基稳定，遏制沉降波动，采用注浆方式对住宅楼进行加固。

1）地表袖阀管注浆加固

首层清空，房屋外深孔注浆加固，外部打斜孔角度30°～75°，高度为隧道顶至房屋底。

加固采用WSS无收缩注浆，采取分批跳孔施作，钻孔施工时按隔孔施作，钻孔角度控制在30°～70°之间，按次序依次施工。注浆材料采用水泥—水玻璃双液浆，注浆压力0.5～2.0MPa。

图3-1-8 福皇区间房屋与隧道平面位置图

袖阀管注浆从地面加固至强风化层1m，加固范围为隧道两侧各3m，加固平均深度为22～32.6m。深层注浆主要针对隧道上方圆砾层进行加固，避免盾构机掘进至住宅楼时，无法控制沉降及出土量。房屋外深孔注浆断面如图3-1-9所示。

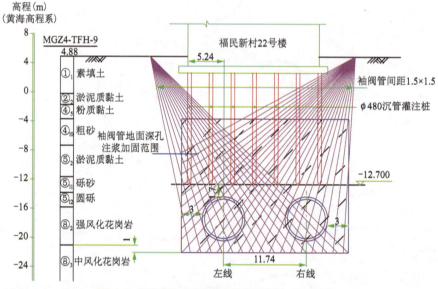

图3-1-9 福皇区间房屋外深孔注浆断面图（尺寸单位：m）

深层注浆加固过程中，根据实际情况确定预定的浆液配比、注浆压力、注浆量等。

2）洞内加固

（1）加固方式

超前注浆洞内加固采用无收缩双液注浆改良土体工法（即WSS工法）加固。先用A、B液［（水玻璃：水＝1:1）+（磷酸：水＝1:10）］后退式注浆进行土体排水，提高土体的抗渗性，再用A、C液［（水玻璃：水＝1:1）+（水泥：水＝1:1）］后退式注浆进行土体固结，改变原土体物理性质并提高土体的抗压强度，增加土体的密度，提高其抗压强度和抗渗性能。

洞内超前注浆需要一定的提前量，盾构下穿房屋前，通过盾构机上的超前注浆孔钻杆插入土层12m开始注浆，盾构机每前进1.5m（即掘进完一环）超前注浆一次，直至盾体全部脱离房屋范围，如图3-1-10所示。

（2）注浆平面范围与注浆控制

加固盾构掘进方向隧道周边土体，加固范围为盾构机外 3m 土体，每次加固长度为盾构机掘进方向 3m。注浆孔位为盾构机超前注浆孔，每次注浆共 8 个孔，每次掘进 1.5m 注浆一次，如图 3-1-11 所示。

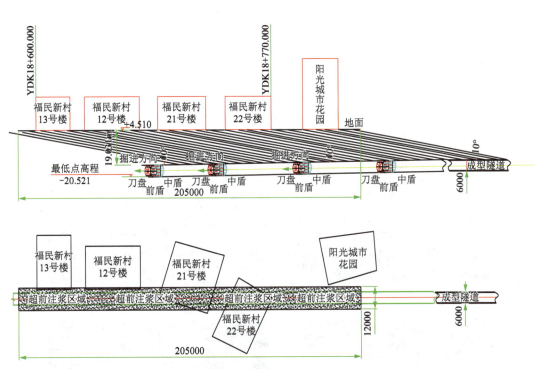

图 3-1-10　福皇区间盾构超前注浆范围示意图（尺寸单位：mm）

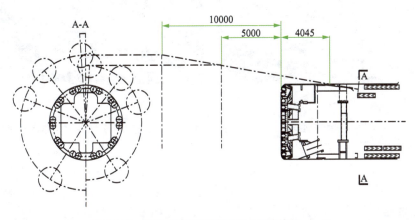

图 3-1-11　盾构机超前注浆装置图（尺寸单位：mm）

根据地层性质、地层水土压力、盾构机刀盘主轴承密封性能对注浆压力进行计算，注浆压力控制在 0.3～0.5MPa。由于注浆加固处位于砂砾层，注浆体积按每延米 2.51m³ 计算。注浆期间采用注浆压力和注浆量双重控制，即注浆量达到设计值或注浆压力达到设计值，可停止注浆。

2. 穿越前准备工作

福皇区间基岩中节理裂隙发育，部分揭露的中、微风化花岗岩均较破碎。隧道大部分为强风化至中风化地层，少量微风化基岩凸起，在隧道顶部位置含有较多砂卵石，透水性强，稳定性差，存在喷涌或坍塌风险。

考虑不同刀具的破岩机理，采用混合刀具配置，共配置23把单刃滚刀、8把双刃中心滚刀（共计39把刀刃），滚刀高出刀盘面120mm。正面刮刀56把，高出刀盘面90mm，比滚刀低30mm。边缘刮刀44把。保径刀（耐磨刀）4把。

对四栋两层小楼周边地质情况进行补充详细勘察，明确地形情况、基础土层结构、各土层土体性质、地下水情况等，详细调查已建房屋的情况，形成调查报告。

委托有资质的房屋鉴定单位，对房屋进行鉴定，房主在场的情况下，进行鉴定并记录（包括原始状况的录像资料和照片，见图3-1-12和图3-1-13）施工前的状况，确定既有房屋的已有破损及其状况，作为可能由工程施工所引起的既有房屋损坏而进行讨论和赔偿的基础。

图3-1-12 福民新村20号、21号房屋实物图

图3-1-13 福民新村22号、23号房屋实物图

为保证盾构安全、顺利下穿，将盾构到达第一栋房屋前的50环列为试验段。对该段盾构的各个工艺流程和施工参数，尤其是注浆工艺进行监控，及时记录实际发生的各项数据。通过对试验段推进参数的试验和分析，为盾构下穿提供切实可行的技术参数和措施。

在盾构机推进到下穿房屋10m以前的位置，停机检查并做好维修保养。根据地质勘察图，左右线盾构机在该段会遇到上软下硬岩层，在始发前合理进行刀具检修、配置，避免在穿越房屋段长时间停机换刀。

加工与管片吊装孔相配套的注浆球阀，利用现有管片上的吊装孔，加工配套的注浆球阀，在盾构下穿期间进行管片背侧与围岩间双液浆环箍的设置和二次补注浆。

对施工前临迁完成的房屋外侧进行围挡封闭，非施工人员严禁进入。

3. 盾构下穿施工

1）盾构推进和地层变形的控制

（1）及时掌握盾构机的方向和位置，对盾构姿态进行严格控制，通过优化盾构掘进参数，控制注浆量、出渣量、二次注浆等施工手段，将建筑物地表沉降控制在 +10 ～ -20mm 的设计范围内。

（2）做好盾构机的维修保养，随时检查盾尾的密封性及防喷涌装置，确保盾构机处于良好的工作状态。

（3）及时复紧已安装的管片。

（4）做好注浆管理工作，确保注浆与盾构推进同步进行，根据监测及时进行隧道内二次补注浆。

2）主要参数设定

（1）合理设置土压力

下穿房屋过程中合理确定土仓压力，确保土压平衡，减小对周边地层扰动。掘进时，首先确定合理的土仓压力。盾构推进的过程中，根据理论计算、前期掘进数据分析和监测数据及时调整土压力值，从而设置相应的推力、推进速度等参数，防止超挖，以减少对土体的扰动。

正面平衡压力：

$$P = K_0 \gamma h$$

式中：P——平衡压力（包括地下水）；

γ——土体的平均重度（kN/m³），取 18.6 kN/m³；

h——隧道埋深（m），即隧道顶至地面距离为 8.6 ～ 10.7m，取 10 ～ 13m；

K_0——侧向静止土压力系数，取 0.43。

在实际施工中需适当提高正面土压力的设定值，一般正面土压力设定值为刀盘中心地层的静止土压力值的 1.4 倍，并根据沉降监测结果进行适量的微调。

（2）及时进行渣土改良，防止泥饼的形成

本段盾构机穿越的地层主要为砾质黏性土、全风化花岗等岩层，受盾构机刀盘自身的制约，刀盘尤其是中心区部位可能会产生泥饼。在掘进过程中，通过刀盘或盾构机的泡沫系统向前方土体注入泡沫剂，必要时可通过向螺旋输送机内注入泡沫的方式，对土体进行改良，增加渣土的保水性和稳定性。泡沫溶液的组成为泡沫添加剂 3%、水 97%，泡沫组成为 90% ～ 95% 压缩空气和 5% ～ 10% 泡沫溶液混合而成。泡沫的注入量初步设定为 300 ～ 500L/m³，泡沫量根据实际情况调整。

掘进中，若出现刀盘扭矩增大、推进速度降低、推力增大，且出渣温度过高等情况时，可判断已结饼。施工中可主动采取以下措施：加强盾构掘进时的地质预测和出渣管理，密切关注黏性土掘进过程中开挖面地质情况和刀盘的工作状态。结饼时可使用泥饼分散剂浸泡或人工进行清除。

（3）控制推进速度

下穿该段住宅楼的过程中，每 60 ～ 80cm 测量一次盾构机的推进方向，尽可能减少纠偏，杜绝大量值纠偏，正常推进时速度宜控制在 25 ～ 30mm/min 之间，保证出土量、正面土压力及注浆均匀、及时。

（4）加强同步注浆

①选定合适的注浆材料及浆液配比，保证所选浆材配比、强度、耐久性等物理力学指标符合设计要求。

②施工中选派富有经验的工程师负责现场技术指导，根据现场地质情况及时优化注浆

参数,严格控制注浆量及注浆压力。

在盾构推进过程中及时进行同步注浆,及时充填管片与围岩间的空隙,做到真正的同步注浆,从而减少地表的沉降。

根据刀盘开挖直径和管片外径,按下面的经验公式计算出每环管片的注浆量:
$$V=\pi/4 \times K \times L \times (D_{12}-D_{22})$$
注浆量取环形间隙理论体积的 1.5～2 倍,代入相关数据,可得:
$$V=\pi/4 \times (1.5～2) \times 1.5 \times (6.28^2-6^2)$$
$$=6.07～8.10 m^3/环$$

则每环(1.5m)注浆量 Q=6.07～8.10m^3,取 7m^3。

注浆压力等于土压力加上 0.1～0.2MPa,则盾构过房屋段注浆压力暂取 0.23～0.36MPa,实际施工压力还应视地面沉降进行调节和控制。

③控制出渣量。施工中,根据渣土温度、渣土砂石的含量判断所掘地层的岩性,通过调节掘进速度和螺旋输送机的转速来控制出渣量,以保护开挖面地层的稳定。经计算,每环理论出渣量为 46.5m^3/环,土方算上松散系数,盾构推进出渣量控制在 120%～150% 之间,即 55.8～70m^3/环,根据现场情况实际掘进出渣量控制在 60m^3 左右。

④控制好盾构姿态,确保盾尾间隙均匀。

⑤加大盾尾油脂压注量,确保盾尾密封有效,做好螺旋输送机喷涌预防工作。

盾构掘进过程中,参数设置是否合理是盾构施工成败的关键。根据该区间地质、水文特性及覆土厚度等因素,参数控制见表 3-1-1。

下穿建筑物段掘进参数控制表　　　　　表 3-1-1

盾构参数 \ 地质分类	上软下硬		全断面硬岩
	小半断面	大半断面	
掘进模式	土压平衡		敞开式
土仓压力(bar①)	1.4±0.1	1.3±0.1	0.3～0.6
刀盘转速(r/min)	1.4～1.6	1.5～1.8	1.8～2.0
刀盘扭矩(MN·m)	<1.5	<2.0	<2.5
推进速度(mm/min)	5～16	5～18	5～20
推力控制(t)	1000～1300	1000～1500	1000～1500
注浆控制(m^3)	>7		6
出土控制(m^3)	<60		/
纠偏量(mm/环)	<3～5		<3～5
备注	施工参数应根据实际情况进行调整		

注:① 1bar=10^5Pa。

3)刀具管理

根据换刀计划结合现场实际,盾构机下穿建筑物前开仓换刀,确保盾构机在穿越建筑物时刀盘及刀具性能良好。盾构穿越过程中进行了多次开仓换刀,刀具磨损比较严重。通过对刀具磨损情况分析可知,软硬不均地层中掘进时,刀具磨损严重,以偏磨为主,最大磨损量为 15mm;在全断面硬岩中掘进时,刀具多为正常磨损,少量偏磨。

刀具磨损的主要原因为:

(1) 在软岩地层中掘进时，滚刀启动扭矩大，部分滚刀无法转动，导致偏磨；

(2) 上软下硬的半断面岩石中掘进时，刀具撞击力大，尤其在软土向硬岩过渡时，造成刀具掉块；

(3) 刀具在刀盘中位置不同，靠近边缘的刀具线速度较大，靠近中心附近的刀具线速度较小，使得边缘刀具磨损较为严重；

(4) 全断面硬岩掘进时，岩层分布较为均匀，滚刀正常转动，刀具的磨损主要以均匀磨损为主；

(5) 部分滚刀装配密封性较差，渣土进入轴承内，使轴承失效，造成刀具偏磨。

4) 穿越段管片二次加固保护

按照设计要求在房屋穿越地段采用配筋加强型管片，采用钢环板进行管片二次加固，增加其刚度。

钢环板放置在管片正中央，幅宽按1500mm设计（钢板外边缘与管片环缝重叠）；钢环外径为5400mm，内径为5360mm，整环钢环共均分为6块，单块中心角度为60°，材质为Q345，厚度为20mm。

钢板与管片间采用M16不锈钢锚栓连接，单块钢板采用8根锚栓，锚栓施作时应避开管片主筋以及管片接缝。钢板在管片原注浆孔位置留孔φ127，以便特殊注浆需要。M环形钢圈安装完成后，立即进行环形钢板与管片之间的环氧树脂压注填充。考虑到钢板与管片的密贴性和整体传力性，钢环与管片留有一定间隙（平均间隙按照不大于2.5cm控制）。

钢环横剖面布置见图3-1-14，单块钢板大样图和钢环与管片连接见图3-1-15。

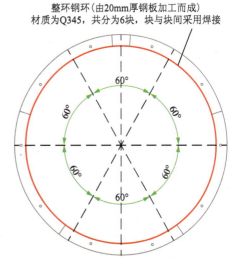

图3-1-14 钢环横剖面布置图

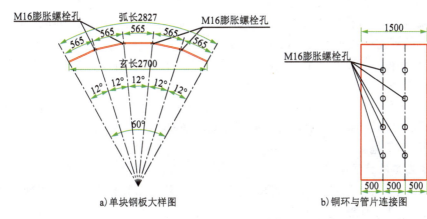

图3-1-15 单块钢板大样图和钢环与管片连接图（尺寸单位：mm）

5) 过建（构）筑物施工监测

(1) 监测方法

盾构隧道过建（构）筑物时，上布沉降测点。采用冲击钻在建（构）筑物处钻孔，安装 L 型钢筋或膨胀螺栓作为沉降测点，采用水准仪和铟钢尺进行水准测量和跟踪测量。

测点间距在 5～10m 之间，布置于建（构）筑物角及柱上，实际的布置示意见图 3-1-16。测点的布设原则是控制建筑物不均匀沉降的发生。监测频率：一般情况下，掘进面前后 <20m 时，1～2d/次；掘进面前后<50m 时，1 次/2d；掘进面前后>50m 时，1 次/1 周；当盾构穿越重要建筑物、地段需要加强的地方可以适当加强监测次数及频率，并根据实际变形情况进行适当的调整。

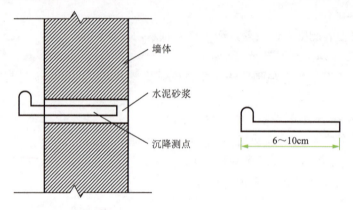

图 3-1-16　建（构）筑物沉降测点布置示意图

（2）监测频率

在盾构穿越前（进入影响范围）为 3 次/d，在穿越过程中估计穿越后 5 环期间监测频率 3～4 次/d，当在施工过程中轨面变形较大或出现异常时，监测频率可根据工程需要随时进行调整，直至进行实时监测。

盾构通过后的地面监测，根据变形点的变形量、变形速率进行回归分析，监测频率也可根据变形速率进行减小，当变形量小于 1mm/d 时减为 2 次/d，当变形量小于 0.5mm/d 时减为 2 次/周及至稳定。

（3）监测精度

本工程按二等监测精度要求进行。

测量仪器定期进行检校，每次工作前检查标尺水泡，仪器气泡，水准仪 i 角不得大于 15″，测站高差观测中误差不大于 0.2mm。

测站的设置视线长度不大于 30m，任意一测站上的视距累计不大于 3.0m。

（4）监测预警

根据同类工程经验，以控制基准的 2/3 作为预警值，实际以管理单位提供数据为准。当监测点达到报警时，立即报警，分析原因并立即采取相应处理措施。

4. 盾构下穿后施工

1）隧道内二次补强注浆

隧道内二次补强注浆及设置双液浆环箍：加工与管片吊装孔相配套的带球阀注浆头，按技术要求进行注浆作业。

盾构机距离每栋房屋 3m 前，利用管片注浆孔（即用管片吊装孔，用钢筋或钢纤打穿管片背侧混凝土）径向注双液浆，根据类似工程经验，左、右线在分别进入每栋房屋前需自盾尾后退 3～5 环连续注 3 环管片，双液浆体积比（水泥浆：水玻璃）为 1:1，每环注射 42.5 级水泥 2t，水玻璃 2t。在该段掘进过程中每隔 5～7 环增设双液浆环箍。

盾尾完全脱离每栋房屋 2 环以后，进入下栋房屋前，停机保压并对位于该段房屋下方的区间隧道进行二次补强注浆，确保管片背衬注浆饱满，控制地表沉降。注浆采用双液浆封环，水泥单液注浆填充，注浆压力控制在 0.2～0.25MPa。

2）地面袖阀管跟踪补偿注浆

地面袖阀管跟踪注浆时，按实际情况确定地面注浆孔位。调整钻机的方向，满足斜孔施工要求，严格控制注浆压力，保证成孔质量。袖阀管套壳料配方由现场试验确定。

盾构穿越房屋后若发现地表或房屋出现异常或变形超标时，洞内注浆不能满足沉降控制要求，在室外地表沉降范围区域内，根据地层、地面情况采取地面袖阀管对房屋基础进行补偿注浆加固。钻孔水平角度可现场调整，以加固基础，控制沉降为准，同时严格控制注浆压力，记录好钻孔位置和调整后的角度等参数。

第四节　小　　结

盾构下穿河、湖过程中，由于在河床下，上覆土体深度可能不足，管片在脱离了盾构之后受到地下水及水泥砂浆浮力的影响上浮，使得隧道偏离轴线。因此，在下穿洪湖过程中采取围堰及筑岛填筑施工技术，既保证了下穿段无水，又提高了隧道埋深，具有很好的效果。

下穿建（构）筑物过程中，考虑到实际施工的复杂性，如地下水影响、地面建筑影响以及施工操作影响等因素，在盾构掘进过程中需对软弱地层及建（构）筑物周边采取合理的加固措施，如有必要，还可对下硬地层进行预处理，以保障施工安全。下穿建筑密集区段时，加强掘进速度、土仓压力、姿态、同步注浆、出渣量等控制，合理选用泡沫剂等进行渣土改良，随盾构掘进合理设置双液浆环箍并及时进行二次补注浆，采用恰当的建筑地基加固等措施，可有效控制地面沉降和建（构）筑物变形，满足安全施工要求。

第二章 盾构法隧道下穿高速铁路施工技术

第一节 工程概况

地铁施工中,由于城市地下空间复杂,受到线路和空间的制约,会遇到很多问题,以复杂地质条件、邻接穿越施工等最为突出。7号线盾构施工过程中,笋岗站—洪湖站区间为交叠隧道,左右线先后下穿广深高速铁路26股轨道,如图3-2-1所示。广深高速铁路在盾构下穿过程中不限行,安全风险高。

图3-2-1 笋洪区间盾构线路与广深高速铁路关系图

本区间下穿广深高速铁路为碎石道床,隧道与铁路交叉角约为80°。广深高速铁路每日开行旅客列车217对,其中城际高速列车96对(含备用线16对),直通车13对,长途旅客列车108对。旅客运输主要由时速200km的新型国产"和谐号"电动车组担当,在客流高峰期平均每10min就有1对"和谐号"高速列车开行。

第二节 施工技术

一、下穿广深高速铁路加固技术

下穿位置左线隧道顶距铁路轨底覆土约22.5m,右线隧道顶距铁路轨底覆土约13.2m,穿越火车轨道区域长度约为200m,需穿越26股轨道,隧道与铁路交角约为80°。右线穿越地层主要为全风化混合岩与强风化混合岩,左线穿越地层主要为强风化混合岩与中风化混合岩。盾构下穿铁路地质纵断面图详见图3-2-2。

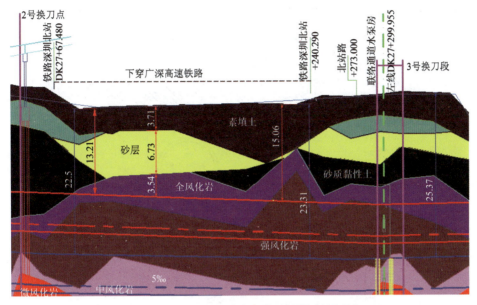

图 3-2-2 笋洪区间盾构下穿铁路地质纵断面图（尺寸单位：m）

由于铁路对轨道沉降控制非常严格，要求地铁区间重叠隧道在下穿铁路盾构掘进中，控制施工引起的地表总沉降小于轨道沉降标准值 10mm。

下穿铁路在设计中采用的加固方法：上线隧道上方铁路路基软弱砂层加固；轨道桩梁扣轨加固；上下隧道间夹层加固；先下后上施工中，在进行上线隧道盾构掘进时，下线隧道采用移动支架对管片进行支持来承担盾构的重量。

1. 软土路基加固

1）加固范围

根据地质补勘报告，在站场下、右线隧道上方局部存在厚达 7m 的砂砾层，砂砾层空隙大，含水量高，为确保盾构安全通过，需在穿越前进行处理。盾构到达站场前，铁路路基上埋设袖阀管，进行预注浆加固，管间距 1m，梅花形布置。注浆采用水泥浆，加固体厚度 3.2~6.4m，宽度 29m，长度约 155m，总共约 4340m²。注浆加固范围如图 3-2-3、图 3-2-4 所示。袖阀管注浆加固施工见图 3-2-5。

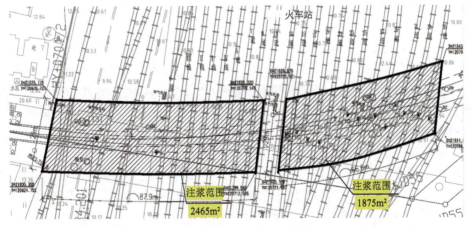

图 3-2-3 注浆加固平面设计图

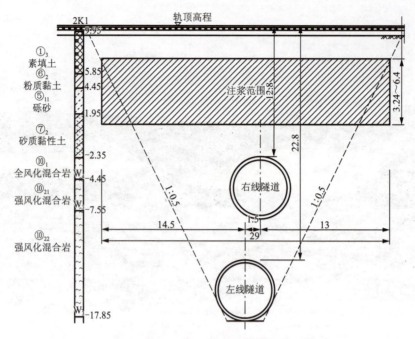

图 3-2-4 注浆加固断面设计图（尺寸单位：m）

图 3-2-5 袖阀管注浆加固施工图

2）袖阀管加固施工技术

（1）施工工艺选择

根据设计，需要加固的范围为 16～9 道区域、11～J1 道区域。根据地质资料，隧道上层覆土有一层较厚的砂砾层，厚 2～7m。加固范围分为长 87.9m 和 66.6m 两段，宽度 29m，深度 6～15m。路基上埋设袖阀管，间距 1～1.5m，梅花形布置，具体钻孔位置可以根据铁路及设备情况调整。按设计及类似工程施工经验，对砂砾层的加固采用袖阀管＋双液浆的注浆工艺，以保证注浆质量。

（2）袖阀管注浆参数

注浆孔采用履带钻机 MDL-135D 跟管成孔，按地质情况计算搭配好袖阀管实管和花管段。花管段套壳料封孔，实管段用 1:0.5 水泥浆封孔，封孔 2d 后下注浆管进行注浆。

根据注浆材料及地质条件，设计要求及施工经验，选用表 3-2-1 所示注浆参数，在施工中坚持先试后作的原则，通过试注浆对各项参数进行修正。

袖阀管注浆参数　　　　　　　　表 3-2-1

分类	项　目	参　　数
成孔	孔距×排距	1.0～1.5m，梅花形布置
	孔径	127mm
	孔深	9.0～12.0m，孔底高程以地面高程、地质资料为准
下袖阀管	套壳料配合比	水泥：黏土：水 =1：0.5：1
	袖阀管长度	顶板部1.5m为实管，其余为花管
	浆液配合比	水泥浆，$W:C$=1:0.5
注浆	扩散半径	1.0m
	浆液配合比	双液浆，水泥：水：水玻璃 =1：0.7：0.02～1：1：0.02
	开环压力	0.3MPa
	注浆压力	水泥+水玻璃：砂层0.5～1.2MPa，黏土层0.6～1.0MPa
	注浆次数	周边孔2次，中央孔2次。遵循先边排后中排、先外围后内部注浆的原则
	注浆速度	双液注浆8～12L/min
	终灌标准	终浆压力达到设计值并继续稳压10min以上，且进浆速度为开始的1/4或注浆量达到设计注浆量的80%，如在注浆过程中出现地表冒浆，可提前停止注浆

2. 铁路线路加固

1）加固原则

为消除线路几何尺寸的变化，保证铁路运输安全：

（1）广深高速铁路正线Ⅰ、Ⅱ、Ⅲ、Ⅳ四条线，采用D24型施工便梁对线路进行架空。

（2）对笋岗站专线进行吊轨加固，长度为25m。

（3）对轨道几何尺寸进行监控检查，并及时保养修复，确保其误差在允许范围内。

2）加固情况

测定轨温，如加固时轨温与无缝线路锁定轨温不符，先对无缝线路进行应力放散，待加固拆除后又重新按锁定轨温放散回来。

为确保既有铁路的营运绝对安全，施工进入铁路区段前先对既有铁路线路进行架空保护，站内共有26股道需要加固防护，同时针对不同股道的重要性采取不同的加固防护措施：

（1）对于正线及影响范围内的站线，拟采用人工挖孔桩与D型便梁对线路进行架空保护，正线Ⅰ、Ⅱ、Ⅲ、Ⅳ四条线与正线两侧5、6、7、9、11五条线共9股道的扣轨加固，主跨采用D24型施工便梁，附跨采用D16型施工便梁；D型梁加固及道岔区的纵横梁加固采用挖孔桩支撑，钢轨束地段采用枕木垛支撑。共9股道采用D型梁加固，单根由D型梁9段D24、18段D16梁组成，如图3-2-6～图3-2-11所示。

扣轨配件根据实际情况加工，横梁与护轨垫板之间加设绝缘橡胶垫，横梁与钢轨之间加设绝缘橡胶垫和三角木。

（2）13道、15道、17道、27道、29道、31道、33道、35道采用钢轨束扣轨，18道、16道、14道、12道、8道、19道、21道、23道、25道、J2道在道岔位置采用纵横梁加固方法，非道岔段采用钢轨束扣轨（详见扣轨平面图3-2-8）。在道岔位置上的混凝土枕需抽换成木枕。

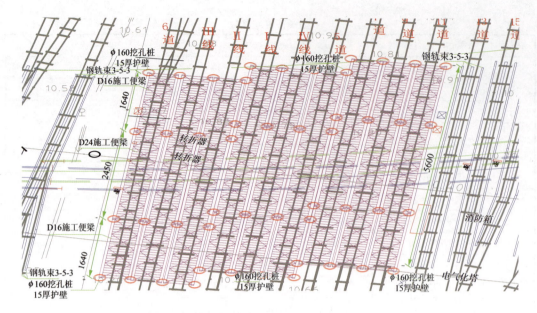

图 3-2-6 铁路线路架空设计平面图（尺寸单位：mm）

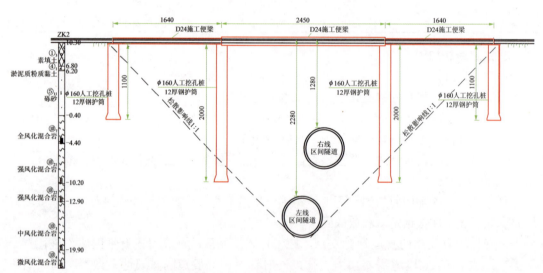

图 3-2-7 铁路线路架空设计横断面图（尺寸单位：mm）

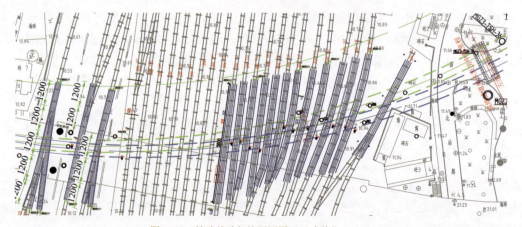

图 3-2-8 铁路线路扣轨平面图（尺寸单位：mm）

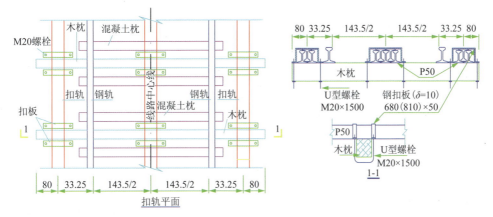

图 3-2-9 铁路线路扣轨细部图（尺寸单位：mm）

图 3-2-10 扣轨施工图

图 3-2-11 正线吊轨施工图

（3）站线吊轨施工步骤：

①扒空道床，方正枕轨，穿插 3.7m 长木油枕，长度为每股道 25m，利用中国铁路广州局集团有限公司批准的封锁点每天安装 2 股道。穿插后轨道上砟、捣固。

②用 P50 轨束梁对线路进行吊轨加固。其中，道心为 3-2 扣，两侧为 2-1 扣。在中国铁路广州局集团有限公司批准的封锁点内进行，每天安装 2 股道。

③将横穿木油枕与纵向轨束梁用 U 形扣件连接。

④注意高程、位置不得侵限。完成后每天对连接螺栓一检，严防松动。

⑤对线路轨道几何尺寸进行检查,每两天一次,对其进行养护、补砟,有计划地进行轨道保养。

3)电气化立柱基础加固施工方法

广深线属准高速铁路,按照《铁路工务安全规则》及《电气化铁路电气安全规则》的有关规定,电气化立柱基础沉降量不得超过规范规定,盾构通过时一旦造成泥水流失,会影响到电气化立柱的安全,因而需要对电气化立柱基础进行加固,如图3-2-12所示。

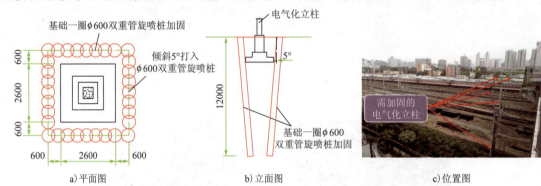

图3-2-12 电气化立柱加固平面图、立面图、位置图(尺寸单位:mm)

本工程共有4根电气化立柱需要进行加固,并采用旋喷桩进行地基加固。因旋喷桩施工容易对浅基础的电气化立柱造成影响,故在施工前应采用斜撑、拉线、加强监测等有效措施对立柱进行预加固。旋喷桩参数如下:

(1)双重管φ600旋喷桩每米水泥用量不少于250kg,水泥水灰比为1:1,采用42.5R级普通硅酸盐水泥。

(2)喷射压力:注浆压力应大于20MPa,浆液流量为60~120L/min,气压不小于0.7MPa,提升速度不大于7~15cm/min。

(3)旋喷桩垂直度允许偏差为1/100。

3. 小净距叠线隧道中间土体加固

小净距叠线隧道施工时夹土体厚度较小,受掘进扰动影响严重,两隧道之间地层承载力不足,上线隧道施工过程中盾构机姿态控制难度加大,易导致出现"栽头"现象。在运营阶段,上洞列车的振动也会对上下洞间所夹土体产生振动,进而引起上下线盾构隧道变形,影响隧道的稳定性,导致管片变形、隧道位移、螺栓松动或受剪等问题。为保证上下重叠盾构隧道施工及运营安全,对上下重叠隧道夹土体进行注浆加固,注浆方式为在管片上预留额外的注浆孔,从注浆孔中插管注浆,浆液采用水泥浆。注浆完成后应预留后续注浆条件,根据监测结果决定是否跟踪注浆。

为保证上下重叠隧道[尤其是小净距(上下重叠夹层土厚度约2m,隧道中心线水平距离0m)]施工及运营安全,对上下隧道重叠区域180°3m范围内土体进行注浆加固,当两隧道外边线距离在0~3m时,采用图3-2-13a)示注浆加固方式;当两隧道外边线距离在3~6m时,采用图3-2-13b)示注浆加固方式。

4. 下线隧道设移动支架

区间下穿洪湖段时,盾构隧道基本为上下重叠隧道。采用"先下后上"的掘进步骤,当上线隧道掘进时,在盾构下方的下线隧道内设置活动支架(支撑台车)支撑盾构管片,以确保下线隧道的安全。支撑范围为盾构机及其前后10m范围。

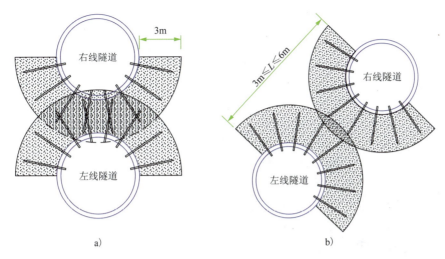

图 3-2-13 叠线隧道中间加固方式

二、下穿广深高速铁路盾构掘进施工技术

1. 盾构施工主要技术参数

1）试验段设置

成功穿越广深高速铁路的关键点之一是控制好盾构掘进时的施工参数：土压力、总推力、注浆量、渣土改良、推进速度、刀盘扭矩和转速、出土量等。为确保穿越火车站施工期间的安全，下穿前设置长度为 60m 的试验段，优化制定最佳控制指标和参考值，下穿阶段参考试验段积累的参数再结合现场的施工状况和测量、监测反馈的数据指导施工。

2）下穿阶段掘进参数设置

下穿建筑物段掘进参数控制见表 3-2-3。

下穿建筑物段掘进参数控制表　　表 3-2-2

盾构参数	左　线	右　线
掘进模式	土压平衡	
土仓压力（bar）	2.0±0.1	1.5±0.1
刀盘转速（r/min）	1.4～1.6	1.5～1.8
刀盘扭矩（MN·m）	<2	<1.5
推进速度（mm/min）	20～30	30～40
推力控制（t）	1200～1600	1000～1500
注浆控制（m³）	>6	
出土控制（m³）	<60	
纠偏量（mm/环）	<3～5	
备注	施工参数应根据实际情况进行调整	

2. 严格控制管片拼装质量

为了提高管片的拼装质量，管片拼装人员采用实名制，每一环管片完成后将拼装手、管片工人员名单张贴到管片上，对拼装质量优秀的班组进行奖励，缺陷较多的班组人员适当采取处罚措施，以此提高拼装人员的工作积极性和责任心。

推进油缸行程在1750mm以上才能进行管片拼装，首先进行盾尾间隙的测量，然后根据油缸行程、测量系统提供的参数和行进轨迹与趋势确定封顶块位置。

管片拼装手在拼装管片之前，应检查管片、止水胶条有无破损情况，如有破损应修复，不能修复的应该更换管片；清理止水胶条上的泥沙等杂物（包括已拼装和待拼装的管片），清理盾尾内沉积的泥沙和污水。

图3-2-14　管片拼装情况

拼装管片时，操作尽量柔和，防止因管片之间剧烈撞击而损坏止水胶条和管片。纵向和环向管片平面平整，不错台。每拼装完一块管片后，及时紧螺栓，在整环拼装完成后要对整环管片的螺栓进行复紧。管片脱出盾尾后，再次进行管片螺栓的复紧。在盾构机接近笋岗火车站站场前，在类似地质的地段做好模拟掘进，调整盾构姿态及掘进参数，精确控制掘进方向，减少纠偏量。

管片拼装情况如图3-2-14所示。

3. 同步注浆及二次补浆措施

穿铁路施工时，对注浆的配比和注浆方式进行调整，缩短浆液的初凝时间，提高初凝强度，将初凝时间控制在6h之内，现场提前做好浆液测试，根据试验和试用结果进行优化。

为保证浆液在管片外充填密实，减小地面沉降，对盾尾后部5环以外的管片进行壁后二次补浆，注浆材料选用水灰比为1:1的纯水泥浆，注浆压力控制在3bar；注浆位置尽量选在管片上半部；视地面监测信息适时采用快凝型浆液。

施工过程中对注浆加强管理，注浆操作是盾构施工中的一个关键工序，为防止土体挤入盾尾空隙，必须严格按照"确保注浆压力，兼顾注浆量"的双重保障原则，注浆量一定要确保在理论计算值的140%～200%。

4. 渣土改良

通过盾构机配置的专用装置向刀盘面、土仓或螺旋输送机内注入添加剂，利用刀盘的旋转搅拌、土仓搅拌装置搅拌或螺旋输送机旋转搅拌使添加剂与土渣混合，主要目的是使切削下来的渣土具有好的流塑性、合适的稠度、较低的透水性和较小的摩阻力，达到理想的工作状况。同时稳定地层，减少刀具及机件磨损，提高掘进速度。

采用的添加剂种类主要是泡沫和膨润土泥浆。

1) 泡沫剂的使用

泡沫溶液的组成：泡沫添加剂3%，水97%。

泡沫组成：90%～95%压缩空气和5%～10%泡沫溶液。

泡沫的注入量按开挖方量计算：300～600L/m³。

2) 膨润土泥浆的使用

配合比为：水:膨润土:粉煤灰:添加剂=4:1:1:0.1，加泥量为5%～20%出土量。注入压力与盾构的土仓压力一致或略高。

5. 盾构操作控制

过铁路区域之前，尽量控制好盾构的轴线，争取在穿越铁路的过程中不纠偏或者少纠偏，尽量做到少超挖。严格控制推进油缸分区油缸行程差及铰接油缸行程差，控制好盾尾间隙。

三、下穿广深高速铁路股道沉降变形监测技术

1. 监测内容与频率

为保证广深高速铁路的运营及施工安全,施工期间需对铁路范围内主要设施进行全方位、自动化实时监测(其中,广深正线Ⅰ、Ⅱ、Ⅲ、Ⅳ采用自动化实时监测,其余采用人工监测),根据监测数据及时调整各项施工参数,实行信息化施工,确保铁路运营安全。

根据现场情况,将盾构区间叠线隧道下穿准高速铁路轨道群施工影响范围分为两个监测区域,其中,J1~23股道为电气化改造施工区域,该区域处于24h开放状态,采用人工监测;21~16股道范围为封闭区域,采用自动化监测。如图3-2-15所示。

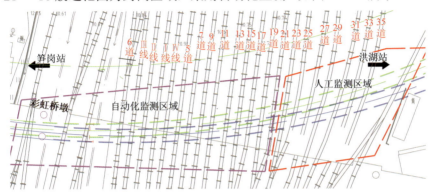

图 3-2-15 现场监测区域划分图

1)监测内容及测点布置要求

(1)轨面及路基沉降测量,26条轨道,每条轨道布置10个监测点,共布置260个;

(2)信号机、转折机沉降监测,共布置19个监测点;

(3)接触网基础沉降监测,每个电气化立柱布置一个沉降观测点和一个倾斜观测点,共布置24个观测点;

(4)轨道几何尺寸(水平、高低、轨距)监测,5条枕木测量一个点,每条线路布置32个点,26条股道共布置464个点。

2)监测频率

监测频率应根据监测数据变化情况、关键施工阶段的施工情况、监测断面距掘进面的距离等情况综合考虑,当监测数值出现较大变化等异常情况时,及时增大监测频率。监测频率见表3-2-3。

监测频率　　　　　　　表3-2-3

监测项目	监测频率		
	掘进面距离测点前后<2D	掘进面距离测点前后<5D	掘进面距离测点前后>5D
轨面及路基沉降测量	广深正线Ⅰ、Ⅱ、Ⅲ、Ⅳ线,1次/趟车;其他线关键时期2次/h,一般情况3次/d,之后1次/d		
轨道几何尺寸(高低、水平、轨距)测量			
站台沉降测量			
道岔、信号机、电气化立柱基础沉降测量			

2. 监测控制值与警戒值

监测项目的控制值与警戒值见表3-2-4。

监测项目的控制值与警戒值　　　　　　　　　　表3-2-4

监测项目	监测精度	监测控制值	警戒值
轨面沉降测量	0.1mm	−10mm	
路基沉降测量	0.1mm	−10mm	
路基隆起测量	0.1mm	+10mm	取控制值的50%
站台沉降测量	1.0mm	−33mm	
接触网基础沉降测量	1.0mm	−33mm	
接触网支柱	两个相邻悬挂点最大高差不超过10mm；偏差不大于2°；支柱顺路方向应直立，斜率不大于±0.2%		

3. 叠线隧道下穿准高速铁路轨道群监测数据

26股道钢轨监测最大值见表3-2-5，线路轨道动态质量容许偏差管理值见表3-2-6。自动化和人工监测部分典型测点时程变化曲线如图3-2-16和图3-2-17所示。

26股道钢轨监测最大值统计表　　　　　　　　　表3-2-5

序号	监测项目	累计变化最大		控制标准（mm）
		测点号	变化量（mm）	
1	铁路路基沉降	G25-9	−11.39	−10
2	信号机	X2-1	−11.01	−33
3	接触网	J4-3	−14.33	−33

线路轨道动态质量容许偏差管理值　　　　　　　表3-2-6

项　目	160 km/h ≥ v_{max} > 120 km/h 正线			
	Ⅰ级	Ⅱ级	Ⅲ级	Ⅳ级
轨距（mm）	+6 / −4	+10 / −7	+15 / −8	+20 / −10
水平（mm）	6	10	14	18
高低（mm）	6	10	15	20
轨向（mm）	5	8	12	16
扭曲（三角坑）（mm）（基线2.4m）	5	8	12	14

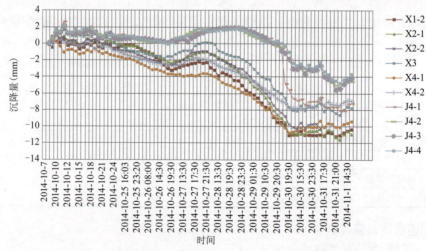

图3-2-16　自动化监测部分典型测点时程变化曲线图

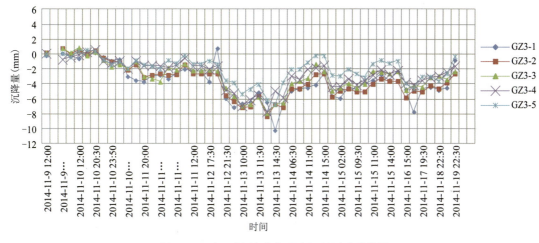

图 3-2-17　人工监测部分典型测点时程变化曲线图

第三节　小　　结

目前国内下穿铁路的地铁隧道较多，但多为普通水平方向平行隧道，而竖向平行的区间叠线（盾构）隧道下穿铁路情况，7号线笋洪区间尚属首次。

盾构下穿广深准高速铁路轨道群，地质条件复杂，隧道穿越黏土地层、砾砂层、粗砂层、卵石层、上软下硬地层、全断面软岩和硬岩交替地层，左线隧道大多在硬岩中穿越，右线隧道大部分也在上软下硬岩层中穿过，铁路设施种类多，属于复杂地质条件和环境条件下地铁盾构区间叠线隧道下穿施工。

施工过程中提出了软土路基加固、铁路线路加固、小净距叠线隧道中间土体加固、自动化监测、掘进参数动态调整等交叠隧道下穿准高速铁路轨道群综合配套技术，有效控制了广深高速铁路站场（含道岔）的路基沉降（最大沉降轨道4mm、地表5.9mm，小于10mm允许值），确保了盾构施工与铁路运营安全。

地铁交叠盾构隧道下穿准高速铁路轨道群施工关键技术科研成果获得省部级二等奖。

第三章 盾构法隧道下穿桥梁与截桩技术

第一节 工程概况

7号线珠光站—龙井站盾构区间穿越平南铁路桥、南坪快速路桥，盾构侧穿桥桩，在桥正下方通过。平南铁路桥为1股道，碎石道床，桥墩基础均为扩大基础，桥梁为预制钢筋混凝土简支T形梁，2个12m跨为钢筋混凝土梁，2个16m跨为先张法预应力梁。桥墩及基础均为C20素混凝土，2号桥墩设置护面钢筋。盾构穿越时重点是减少地层扰动，控制沉降以确保铁路运行的安全。

赤尾站—华强南站区间右线隧道与华强南立交桥桥台桩基交汇，虽然盾构机切削直径1.2m的钢筋混凝土桩基已有先例，但本次盾构截桩是单线连续切削4根桩基，4根桩基均在右线隧道范围内，难度较大，在盾构机施工前如何对现期使用的华强南人行天桥基础加固，确保天桥的稳定性、安全性是施工控制重点。

第二节 盾构法隧道下穿平南铁路施工技术

一、桥梁基础预加固

区间隧道与平南铁路桥（图3-3-1、图3-3-2）桥桩最近下穿段地层从上到下为素填土、砾质黏性土、粉质黏土、全风化花岗岩。隧道覆土厚度7.46～7.7m，距离桥墩最小净距1.4m。

 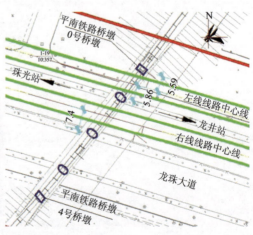

图3-3-1 平南铁路桥

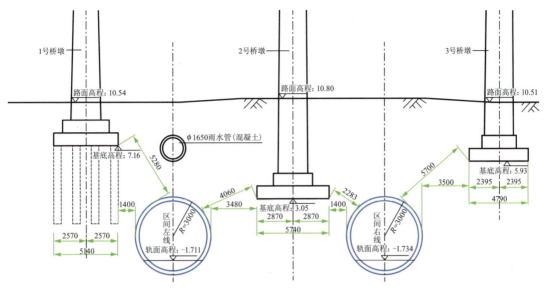

图 3-3-2　珠龙盾构区间侧穿平南铁路桥桥墩图（尺寸单位：mm）

预先对桥墩进行加固处理：为确保盾构隧道穿越时桥桩群的安全，需对隧道穿越桥桩的区域采取注浆预加固措施。在盾构区间与桥桩之间增设钢管桩进行隔离，以提高被加固土体在盾构机通过时的抗侧压力。

在桥基础四周施工 $\phi300$ 微型钢管桩，盾构推进方向间距为 400mm 密排布置，盾构背面间距为 750mm，对桥墩基础周边 2m 范围内进行预注浆，注浆至隧道拱底以下 1m 深度，桥墩基础周边 4m 范围内预先施工注浆管，注浆管深度至隧道拱底以下 1m，根据监测情况确定最终注浆范围及跟踪注浆时机。预加固范围如图 3-3-3 所示。

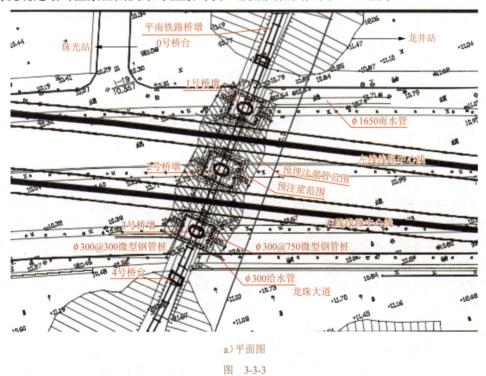

a）平面图

图 3-3-3

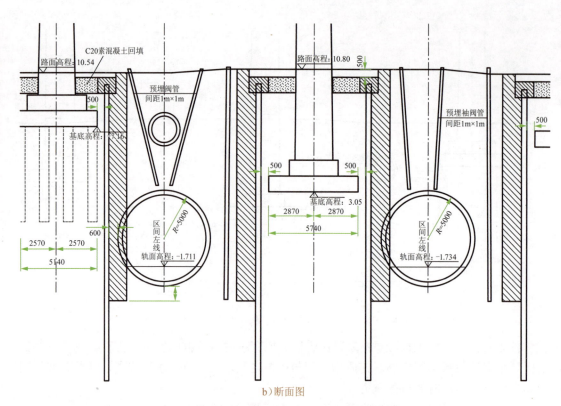

b）断面图

图 3-3-3　平面铁路桥桥墩预加固平面图、断面图（尺寸单位：mm）

二、盾构掘进控制

1）掘进前准备

在盾构机掘进距平南铁路桥 15m 时，全面检修盾构机，彻底解决盾构机存在的一些问题，为盾构机过既有桥梁做好准备。盾构施工耗材及周转材料、常用设备配件、应急物资、地面跟踪注浆设备及材料等准备充分。

测量人员加强测量，至少保证每天三次测量，必要时做到 24h 跟踪监测。晚上安排测量人员值班，负责盾构测量系统和必要的地面监测。

盾构通过平南铁路桥前后 19 环拼装特殊环管片，以增加成型隧道的刚度和稳定性，为更好地进行同步注浆和二次注浆提供便利。

2）掘进线性控制

严格控制盾构姿态。盾构姿态变化不可过大、过频，控制每环纠偏量不大于 10mm（高程、平面），控制盾构变坡不大于 0.1%，以减少盾构施工对地层的扰动，从而尽可能减少地表沉降。

由于盾构隧道边界距平南铁路桥桥墩最近为 1.4m，在掘进过程中，应避免"蛇"形掘进，减少开挖对地层的扰动。加强盾构机操作管理，减少盾构机偏转和横向偏移，防止"蛇"行、超挖发生。掘进姿态严格采用测量组给定的姿态参数进行控制。盾构机及管片纠偏严格遵守"少量多次"的原则。纠偏时限制每次纠偏量，减少纠偏造成的土体损失及管片错台和压坏。

3）掘进参数控制

结合工程地质及下穿平南铁路桥具体情况，下穿平南铁路桥区间盾构掘进采用土压平衡模式，利用土仓内的土压来平衡开挖面的土压及地下水压力，以避免掌子面坍塌、失稳。土仓上部压力不小于 1.0bar，并保持平稳。

掘进参数选择：①刀盘转速设定为 1.4～1.6r/min；②贯入度不大于 30mm；③掘进速度应控制在 45mm/min 左右，掘进过程中应结合土仓压力及出渣情况适当控制掘进速度，以减小对岩体的扰动；④刀盘最大扭矩不超过设定的扭矩 1200kN·m；⑤总推力不大于 1500t。

（1）控制掘进速度

由于掘进速度和排土量的变化，土仓压力也会在地层压力值附近波动，施工中应控制调整掘进速度和排土量的配合，使压力波动控制在最小幅度。在盾构机距离桥梁基础 15m 时降低掘进速度，将掘进速度控制在 20～40mm/min，以保证出土量、正面土压力及注浆均匀、及时。

（2）控制盾构刀盘推力扭矩

当土压力突变时，在分析原因的同时，还应采取填注泡沫的措施改良开挖土体。穿越桥区过程中，加强土体的塑流化改造，使刀盘扭矩不超过 60%。

（3）控制土仓压力及出土量

在通过平南铁路桥时采取土压平衡模式进行掘进，为控制地表沉降设定掘进土仓压力为 1.0bar（根据实际情况可作适当调整）。严格限制出土量，盾构每环的掘进长度 1.5m，掘进每环的原状土理论量为 46.4m³，实际每环运输土方虚方控制在 60m³ 以内，即按理论量的 1.3 倍以下控制，盾构出土时每个土斗标注刻度，使每环出土量均在控制范围内，严禁多出。

（4）控制同步及二次注浆

盾构机施工过程中，为缩短浆液凝结时间，将浆液改为水砂浆，即将原配比中的粉煤灰更换为水泥。注浆压力控制在 0.35～0.4MPa。注浆量根据区间地质情况，取系数为 150%，每环注浆量约为 6m³。施工采用 4 点注浆，设专人操作，在盾尾压力达到设定压力并维持相对稳定后，进行下一环的施工。同步注浆采用双控，以注浆压力控制为主，注浆量控制为辅，平均注浆量达到 6m³/环。穿越桥区段，为确保盾尾密封良好，保证同步注浆效果，盾尾密封油脂加入量增加到平时的 2 倍，保证不漏水、不漏浆。

为了确保盾构通过后不发生后期沉降，则需从管片相应的注浆孔位置进行二次补强注浆，二次注浆采用水泥+改性水玻璃双液浆，浆液凝固时间为 15～25s，最大程度减少了由于浆液凝固时间造成的沉降和浆液损失。

4）地面跟踪注浆准备

盾构掘进通过前确定围挡范围，并报相关部门审批后进行围挡，准备好地面跟踪注浆设备（地质钻机、注浆设备、发电机）及材料（水泥）等，一旦发生沉降速率过快的情况，应立即启动地面跟踪注浆加固措施。

三、监控量测措施

1）洞内监测

平南铁路以及周围地面的沉降是监测重点，对铁路沿线以及周围构筑物均进行系统调查，对洞内衬砌变形情况进行监测，制定专门的施工监测方案，建立完善的监测网络，确保监测成果的准确及高效，为施工提供切实可靠的数据保证。

监测频率：分别在衬砌拼装成环尚未脱出盾尾即无外荷载作用时和衬砌环脱出盾尾承

受外荷作用且能通视时两个阶段进行监测。衬砌环脱出盾尾后 2 次 /d，距盾尾 50m 后 1 次 /2d，100m 后 1 次 / 周，基本稳定后 1 次 / 月。施工时，如有特殊情况则增加监测频率，必要时实行跟踪监测。

2）地表监测

铁路桥和地表沉降为监测重点。采用精密水准测量方法进行监测。在盾构下穿铁路线范围每隔 10m 建立一个监测横断面，为使获得的监测数据具有连续性，沿隧道横向每隔 5m 布设一沉降观测点，每个监测断面至少 9 个监测点。如图 3-3-4 所示。

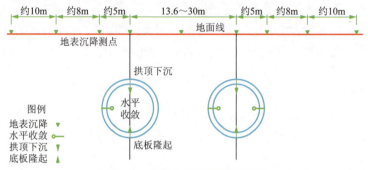

图 3-3-4　隧道上方地面监测断面图

第三节　盾构直接削切大直径钢筋混凝土桩基施工技术

赤尾站—华强南站区间隧道顶部埋深 11.3m，距离最左边桩基距离只有 0.9m。华强南立交桥台桩基采用 $\phi1200$ 冲孔灌注桩，桩基深 22.6m，最大主筋为 $\phi25$，右线盾构下穿桥台有 4 根桩基侵入到隧道范围内，盾构掘进时需要截断桥桩。具体位置关系见图 3-3-5。

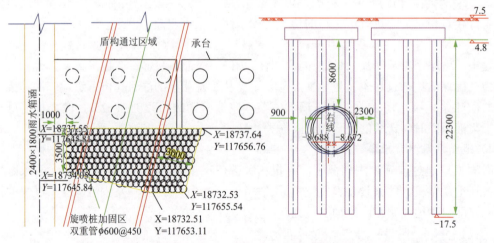

图 3-3-5　隧道与桩基相对位置剖面示意图（尺寸单位：mm）

一、盾构截桩前的加固施工

1）斜孔袖阀管注浆加固

袖阀管注浆主要加固深度控制在隧道底部 2m 范围，并沿隧道右轮廓线以外 3m、隧道左轮廓线以外 2m、隧道顶部轮廓线至基坑地面，桩长按照设计参数确定。详细加固区域见图 3-3-6、图 3-3-7。

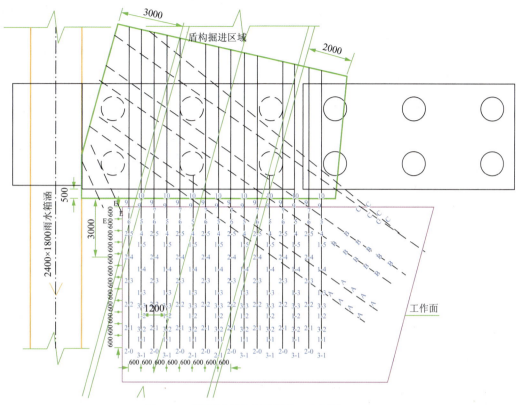

图 3-3-6 袖阀管注浆加固平面图（尺寸单位：mm）

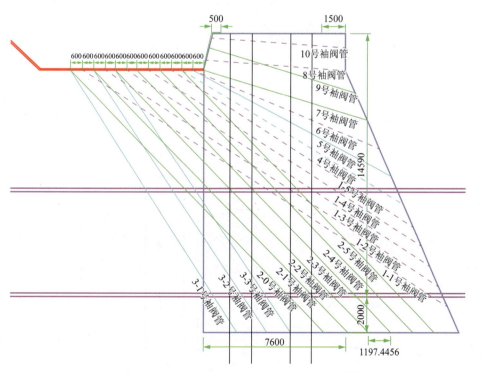

图 3-3-7 袖阀管注浆加固断面图（尺寸单位：mm）

2）高压旋喷桩加固

待地面袖阀管注浆加固完成后，施作垂直方向的旋喷桩加固。旋喷桩成桩直径600mm，桩与桩间咬合150mm，桩长14.59m，如图3-3-8所示。

按照要求，旋喷桩加固至隧道底部以下2m范围内，以地面设计高程3m计算，加固实桩长度14.56m，地面旋喷加固区域共布置225根桩。详细施工区域见图3-3-9和图3-3-10所示。

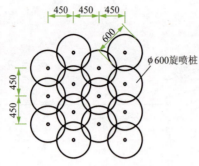

图3-3-8 旋喷桩间距布置图（尺寸单位：mm）

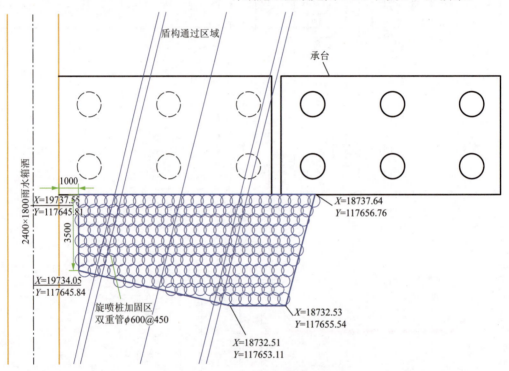

图3-3-9 旋喷桩加固平面图

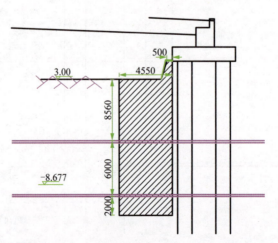

图3-3-10 旋喷桩加固剖面图（尺寸单位：mm）

二、盾构刀盘切割桥台桩基施工控制

1）土压力控制

平衡压力设定是土压平衡盾构施工的关键，维持和调整设定的压力值又是盾构推进操作中的重要环节。施工期间严格控制出土量，减少盾构的超挖和欠挖，根据地面及隧道内监测结果合理调整出土量，并根据数据进行调整，以改善盾构前方土体的坍落或挤密现象，降低地基土横向变形施加于桩基上的横向力。盾构切削时，应以尽可能地减少对周围土体扰动为原则，特别应防止过量沉降和变形。施工中根据沉降监测结果再实时反馈调整土压设定。

根据前期穿越房屋地表及建筑物沉降观测数据，将理论土压力值乘以一定的安全系数，以达到适当提高土仓压力设定值的目的，土压力设定值为 0.17MPa。实际掘进过程中基本保持在 0.16～0.17MPa 范围内。

2）刀盘掘进速度及转速控制

（1）刀盘掘进速度

施工过程中在盾构机推进至距桩基础 30m 左右时放慢掘进速度，掘进速度控制在 20～30mm/min，进入切桩调整准备阶段。在距桩基础 10m 左右时，再次放慢掘进速度至 5～10mm/min，并控制好盾构机姿态以及隧道轴线确保盾构机以良好的姿态进行切桩施工。盾构机贴近桥梁桩基础时，推力控制在 600t 范围内，以 3～5mm/min 的速度进行慢速切磨，以减小对桩体的扰动。穿越施工过程中，在及时分析总结施工参数的同时根据监测的各项数据，确定新的施工参数来指导盾构施工。

（2）刀盘转速

刀盘转速控制对桩的稳定性有着重要影响。若刀盘转速过大，则对桩周土体的扰动程度较大，以致产生较大的水平位移，破坏桥梁的整体稳定性；若刀盘转速过小，则刀盘的贯入度过大，使得扭矩过大，对切桩不利。因此，针对华强南立交桥的实际情况，将刀盘转速控制在 1r/min，并在施工过程中根据监测数据进行相应调整。切削力的大小与桩基切削面相关，桩基切削面较大时，切削力较大，所产生的竖向切削分力也就较大。对于圆截面桩基，刀盘在切桩 1/3～2/3 阶段所对应的切削面较大。刀盘在切桩 1/3～2/3 阶段时，调整刀盘右回转。为了控制盾构回转角，刀盘在切桩 0～1/3 阶段及 2/3～1 阶段时，调整刀盘左回转。

3）盾构推进轴线及姿态控制

严格控制盾构推进轴线，偏差应控制在 ±30mm 内，确保盾构姿态的变化不宜过大、过频，以降低土层的损失和对周围土体的扰动。在盾构机进入穿越区之前，尽量将盾构机的姿态调整至最佳。采用盾构姿态自动测量系统，每 10cm 自动测量 1 次盾构机的姿态偏差，及时将测量数据反馈到轴线控制上，从而保证盾构机平稳地穿越桩基础。

（1）盾构推进轴线控制

在衬砌环脱出盾尾，完成壁后注浆后，在每班推进结束时进行"倒九环"测量，及时调整注浆、推进速度等施工参数。

（2）盾构姿态控制

由于切桩工程的特殊性、复杂性，盾构机穿越立交桥台桩基期间，盾构姿态好坏对切桩能否顺利进行以及盾构能否顺利出洞有着至关重要的作用。盾构姿态测量按照以下要求控制：横向偏差1mm，竖向偏差1mm，俯仰角1′，方位角1′，滚动角1′，切口里程0.01m。

（3）严格控制盾构纠偏量

盾构机操作人员须严格执行指令，谨慎操作，对初始出现的小偏差应及时纠正，尽量避免盾构机走"蛇"形，并控制每次纠偏量不宜过大，以减小对地层的扰动，并为管片良好拼装创造条件。对因轴线走偏须予以纠正时，应采取调整盾构千斤顶组合的措施进行纠偏；在偏离方向相反处，调低该区域千斤顶工作压力，造成两区域千斤顶的行程差，从而达到纠偏的效果。对于盾构机"蛇"形运动的修正，应以长距离慢慢修正为原则，一次纠偏量不宜小于2mm。

4）管片拼装质量控制

管片的拼装质量、成型的好坏，对盾构姿态控制、二次注浆成型、注浆效果以及盾构切桩的姿态都有重要影响。由于管片处在上部断桩与下部残桩之间，随着后期的变化，管片可能会与桩位接触并受力，因此管片的成型质量对保证华强南立交桥的安全稳定有着不可忽视的作用，在施工过程中需加强对管片拼装质量的控制。

管片拼装时尽量用足千斤顶，绝不允许可用千斤顶闲置。在盾构推进结束后回缩的千斤顶应尽可能少，以满足管片拼装需要即可，以减少千斤顶回缩造成盾构机的后退，从而造成对土体扰动。拼装后及时调整千斤顶的顶力，防止盾构姿态发生突变。

三、填仓换刀施工

盾构掘进破桩过程中需要截断大量钢筋，对刀具损害较大，在掘进完一排桩后需要开仓检查更换刀具。因地层中含水较多，为了施工安全，采取填仓再挖仓的方式来检查更换刀具。填仓是向土仓内注入三种强度逐渐增大的惰性水泥浆来封水、稳定掌子面，等强度满足要求后采用人工将仓内砂浆清理出来使仓内具有一定的空间，然后在常压状态下进行刀具更换的施工方法。具体施工方法如下：

1）盾尾管片二次补浆

填仓前先要对管片外部可能存在的渗水通道进行封堵，截断刀盘后方地下水通道，注浆过程注意观察管片状况，避免注浆压力过大损伤管片。二次注浆浆液采用水泥—水玻璃双液浆，采用$1m^3$水泥浆液含有350～400kg的水泥，注浆压力控制小于0.3MPa。

2）土仓内渣土排除

在排渣的同时，向土仓内注入压缩空气，使土仓压力维持在2.0bar左右，保证掌子面的稳定，并避免上下波动过大。出土结束后关闭螺旋输送机后闸门，继续开动螺旋输送机（如螺旋输送机在闸门关闭后无法开启，可临时解除联锁），使螺旋输送机内充满渣土，并向螺旋输送机内注入膨润土液，保证螺旋输送机内渣土的流动性、和易性，防止填仓时水泥浆进入螺旋输送机内。

3）填仓注浆

从土仓隔板10点和11点部位（两寸球阀）向土仓内注入水泥膨润土混合浆。加入膨润土的目的，是使水泥凝结强度不会太高，降低人工破除难度。浆液配合比为水泥：膨润土：水=1：0.2：1，水泥密度为$500kg/m^3$，注浆压力控制在2.5bar左右。在注浆的同时，打开土仓门隔板位置（12点位置，两寸球阀，压气作用时平衡阀）球阀排气，至排气孔排出水泥浆后关闭，最后利用土仓门隔板上面的该球阀注入浆液，直至注满土仓为止。在注浆过程中，土仓上部土压要控制不大于2.5bar，避免压力过高把地面隆起。注浆的过程可以转动刀盘,但浆液开始初凝后不能再转刀盘,刀盘最终停止在预定位置(即使中心刀所处条幅处于水平位置)。

4)清仓换刀

注浆结束后24h,打开土仓门旁边隔板上的球阀,向土仓内通入钢筋,检验泥浆凝结强度。当凝结强度达到要求后,打开仓门,人工用风镐、铁锹破碎土仓内水泥膨润土混合浆体,只清理需换刀位置,切口环及开口部位暂不破除,刀具更换遵循"清一把、拆一把、换一把"的原则。注意开挖面加固情况,对破损位置及时用木板、方木进行支护,有地下水渗出部位要立即做好引排处理。

5)填仓换刀注意事项

盾尾管片二次注浆前,应对盾尾同步注浆管注入膨润土,防止二次注浆液堵塞盾尾同步注浆管。

向仓内注浆接近仓满时,应回缩铰接油缸,使刀盘回收,让浆液顺利到达刀盘前形成保护层,以便更好地支撑开挖面。

换刀完成后,必须将土仓壁上的3个注浆孔及土压传感器清理干净,清理时应注意传感器的保护,电气工程师对土压传感器进行检查,确认土压传感器是否完好。

填仓过程中,主轴承密封油脂每隔1h加注一次。

刀具更换期间,加强对地面及周边建筑物沉降监测,并确保地面与井下通信畅通。

刀具更换过程中,仓内照明要足够,要安排专人负责观察开挖面的变化情况,对松散水泥块要清楚,对渗水点要及时用水泥浆封堵。

刀具更换完转动刀盘前,需要将所有工器具清理出土仓,关好仓门,往土仓内注入膨润土填满土仓。

四、开仓换刀监控量测

1)地面沉降监测频率、控制值和报警值

开仓检查更换刀具时,为了及时准确地了解地表沉降情况,需要在开仓里程地面加密布置地面监测点,详见图3-3-11。设计允许隆起值为10mm,设计允许沉降值为-30mm。单次沉降量达到±2.4mm,为单次报警值,沉降或隆起累计超过控制值(-30/+10mm)的80%为累计报警值。当达到报警值时,立即加大监测频率和范围,并及时分析异常变形原因,以便采取相应措施控制变形。

2)地面建(构)筑物监测频率、控制值和报警值

当盾构机停机工作面距建(构)筑物的距离为$H+B$(隧道埋置深度+隧道高度)时,对建(构)筑物进行变形监测,每天早晚各一次,在盾构机换刀完成通过建(构)筑物后每周一次,直至变形基本稳定。根据现行《建筑地基基础设计规范》(GB 50007—2011)确定的建筑物的最大允许沉降值如下:砖混结构、条形基础的基础倾斜方向两端点的沉降差与其距离的比值是0.004,框架结构、桩基础是$0.002L$(L为相邻桩基的中心距离)。当达到报警值时,立即向项目部汇报,同时

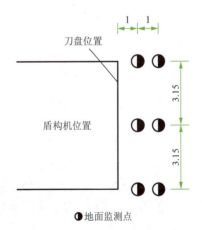

图3-3-11 开仓位置地面监测点布置图
(尺寸单位:mm)

加大监测频率和范围，协助项目部及时分析异常变形原因，以便采取相应措施控制变形。

3）地下管线监测频率、控制值和报警值

对盾构机停机机头前、后 30m 范围内的地下管线进行沉降监测，每天早晚各一次，盾构机机头过去 30m 后范围每周测量一次，测至稳定为止。设计允许隆起值为 10mm，设计允许沉降值为 -20mm。单次沉降达到 ±2.4mm，为单次报警值，沉降或隆起累计超过控制值（-20/+10mm）的 80% 为累计报警值。当最大沉降累计值超出最大警戒值或者单次沉降量超限时及时报警，研究对策，加密测量频率，防止意外突发事件，直至采取有效措施，测至测点完全稳定为止。

4）隧道沉降监测频率、控制值和报警值

正常监测频率为 1 次/d，当环片上浮较大时，加大监测频率，相邻衬砌环测量时重合测量约 10 环，平面和高程测量误差控制在 ±10mm 之内。

第四节 小　　结

一、成果分析

珠光站—龙井站盾构下穿平南铁路桥之前对穿越桥桩区域采取了注浆预加固措施，在盾构区间与桥桩之间增设钢管桩进行隔离，盾构下穿时掘进与注浆联动，同步注浆采取注浆压力和注浆量双重控制，二次注浆及时跟进。盾构过平南铁路桥过程中地表沉降量最大值为 3mm，沉降最大变形速率为 2mm/h；桥墩沉降量最大值为 5mm，沉降最大变形速率为 2.5mm/h。盾构施工过程中桥梁及隧道结构变形均在控制范围内。

赤尾站—华强南站盾构机直接削切大直径钢筋混凝土桩基施工，首先对桩基础进行地面加固保护，目的是在施工过程中不破坏地面建筑物。在加固完成之后，盾构机再削切桩基。在完成第一、二排桩截断后，盾构机停止掘进，进行填仓换刀。因桩基含钢筋量较大，刀具磨损比较严重，经过刀具更换后，顺利地完成盾构掘进截桩施工，最后桩基沉降控制在 3mm 以内，达到了很好的效果。

二、对盾构机掘进截桩的几点建议

（1）参考其他已有切桩施工案例，一般从现有刀具类型中选择贝壳刀或滚刀，并以先行刀的方式进行布置。本区间未加焊贝壳刀，直接采用滚刀进行切桩，虽易破碎混凝土，但较难直接切断钢筋，刀具发生弦磨，损坏严重。贝壳刀其形状如贝壳，刀身粗壮，能以较大的刚度及硬度切削或磨削桩基，因此，建议在今后类似工程中提前对刀盘刀具配置进行优化，在刀盘面板上空位加焊贝壳刀。

（2）由于切桩过程中实际推速波动幅度较大，为减少刀具合金刀刃崩裂以及控制刀盘的实际切深不致过大，建议推速设定值不超过 5mm/min，贯入度不超过 5mm/min，扭矩控制在 1.5MN·m 以下。

（3）刀盘转速宜用中档，建议保持在 1.0～1.2r/min。转速过快则对刀具合金的侧向冲击大；转速过慢则切深大，推力扭矩易较大。

（4）当刀具磨损严重而推力扭矩较大时，应立刻停止掘进，采取措施进仓检查，对受损的刀具及时进行更换，避免更多的刀具损坏和刀盘磨损。

第四章
盾构法隧道孤石地层探测与处理关键技术

第一节　桃深区间孤石钻探结果分布

中国华南沿海城市的花岗岩地层中都不同程度地存在球状风化岩体（孤石）和基岩局部侵入隧道开挖断面的现象，盾构在此类地层中掘进施工，盾构刀具无法有效地破除该高强度岩体，且由于岩体上部或周围存在软弱地层，人工破除操作困难。

在盾构隧道施工过程中，由于孤石的存在导致的主要问题有：

（1）盾构掘进困难并频繁卡刀盘；

（2）盾构姿态难以控制；

（3）刀具磨损非常严重，刀座变形，更换困难；

（4）刀盘磨耗导致刀盘强度和刚度降低，刀盘变形；

（5）刀盘受力不均匀导致主轴承受损或主轴承密封被破坏，刀盘堵塞开口率降低，盾构负载加大；

（6）被刀盘推向隧道侧面的大漂石甚至导致盾构转向，偏离隧道轴线；

（7）掘进振动大，对保护地面建筑物不利。

为避免施工事故，一般采用探测技术对隧道盾构掘进区域内的孤石和基岩进行探测，探明孤石和基岩的具体位置、形状和尺寸后进行预处理，保证盾构的安全顺利通过。

桃深区间孤石钻探结果分布如下：

1）详勘结果

桃深区间详勘布置勘探孔102孔，钻孔编号为MGZ3-TTS-1～102。其中，技术孔56个，鉴别孔43个；波速测试孔5个，抽水试验孔3个，旁压试验孔2个。

通过详查发现本场地下伏基岩为花岗岩，花岗岩残积层和风化岩中普遍存在差异风化现象。勘察过程中揭示：在钻孔MGZ3-TTS-40全风化岩中发育中等风化花岗岩体；在钻孔MGZ3-TTS-24、46强风化岩中发育中等风化花岗岩体；在钻孔MGZ3-TTS-33、60强风化岩中发育微风化花岗岩体。

2）补勘结果

补勘过程中调配4台套XY-1型油压回转钻机进场，根据勘察的目的任务，共布置37个钻孔，通过补充勘察得出本场地下伏基岩为花岗岩，花岗岩残积层和风化岩中普遍存在差异风化现象。

本次补勘过程中揭示：钻孔JMBK-TS-2、2（1）、12、13、15、16、19、20、21、28共9孔发育孤石；根据补勘资料，目前已经查清楚的情况中右线侵入隧道的基岩长度共约100m，主要分布在YK7+080～YK7+120、YK7+470～YK7+530、YK7+590～YK7+620

等里程段内；右线详勘时共 4 孔揭示存在孤石，孤石大部分分布在全～强风化花岗岩中，少数分布在砂质黏性土中。

3）施工揭露

桃深区间部分洞段施工揭示存在球状风化体（孤石），其中左线里程 DK6+988、DK7+138.7、DK7+151.3、DK7+206.3、DK7+225.9、DK7+245.2、DK7+628.2，右线里程 YK6+947.9、YK7+285.4 范围内孤石较为集中，且侵入隧道内，其强度高，对盾构掘进影响大。右线 YK6+890～YK7+060 段基岩凸起与孤石分布情况详见图 3-4-1。

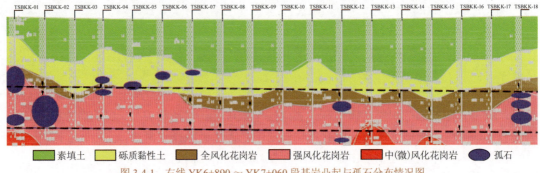

图 3-4-1　右线 YK6+890～YK7+060 段基岩凸起与孤石分布情况图

目前，对孤石和基岩进行探测时，单一的探测方法往往会造成误报率高、准确率低，甚至是漏报的现象，而利用物探技术在地面或井下开展地质构造探测和预报的多种探测方法，实现孤石与基岩精细化探测能够提高探测的准确性。

以下将对采用微动探测技术进行盾构区间孤石探测作一介绍。微动探测基本上可以探测出无孤石的区域，探测出有孤石的区域还需通过钻孔探测验证有无孤石。

第二节　盾构法隧道孤石微动探测技术

一、物探方法优缺点及适应性分析

重力探测法一般用在深度异常场合，对于能否探测到浅部的孤石未见工程实例。探地雷达的探测深度与天线频率及地下水密切相关，在城市复杂电磁环境中存在天线屏蔽问题，因此探地雷达在孤石探测工作中的应用受限。地震反射波 CDP 叠加技术在台山核电海域花岗岩孤石探测中得到了成功应用，但该方法不适宜推广到陆地。多道瞬态瑞雷波法在城市马路中有噪声干扰大的问题，传感器与地面的耦合也不容易克服。大地电磁测深法一般用于探测深部构造，探测孤石未见工程实例，各类孔间 / 孔中 CT 法受到钻孔间距的影响。微动或天然源面波利用城市中车辆等的噪声作为震源，提取的频散曲线可变换为地层的 S 波速度，由于 S 波速度与介质的密度有良好的相关性，特别适合城市环境，是一种很有前景的物探探测方法。

主要物探方法的优缺点及其适应性见表 3-4-1。

近年来，物探方法先后在重大工程建设领域得到了成功应用，取得了显著的社会效益和经济效益，特别是微动探测作为一种全新的"孤石"探测手段，二维微动剖面技术尤其适用于交通繁忙、建筑物密集、各种场源干扰严重的闹市区探测，在城市地铁建设中将有广泛的应用前景。

主要物探方法的优缺点及其适应性　　　　　　　　　表 3-4-1

序号	物探方法	优 点	缺 点
1	重力探测法	利用质量盈余探测孤石，方法简单	无法探测粒径较小的孤石
2	孔间/孔中 CT 法	在地面利用钻孔进行探测，能够避开近地干扰，探测比较准确	对小于 0.5m 的孤石探测困难，探测精度受孔间距影响大，成本较高
3	探地雷达	分辨率高、操作简便，地面限制少，对环境要求低，浅层探测效果好	探测深度受天线频率及地下水限制，在城市复杂电磁环境中不适用
4	地震反射波 CDP 法	反射波的波形记录可推断地下地质体的性质和形态	场地要求高，不宜在陆地实施探测
5	瑞雷波法	实用性和有效性强，浅层孤石探测较准确	需要人工震源、有噪声，对周围环境干扰大
6	微动探测法	对周边环境无破坏，可夜间作业，探测速度快，可在交通繁忙、建筑物密集、钻探难于实施的闹市区进行探测	需要专业的解译，探测精度需要提高

二、孤石微动探测方法与原理

1) 探测原理

地球表面无论何时何地都存在一种天然的微弱震动，称为微动。微动剖面探测是一种基于微动台阵探测的地球物理探测方法，其工作原理可用如图 3-4-2 所示流程图表示。采用类空间自相关法——SPAC 法从微动台阵记录中提取瑞雷波相速度频散曲线，计算视 S 波速度 v_x，再经插值光滑计算获得二维视 S 波速度剖面，视 S 波速度剖面能客观、直观地反映地层岩性变化，是地质解释的基本依据。H/v 曲线是各分量进行傅里叶变换得到频谱，通过水平分量和垂直分量的频谱比值得到，其工作原理可用如图 3-4-3 所示流程图表示，它反映的是地层的波阻抗界面，也是寻找土层分界面的依据之一。

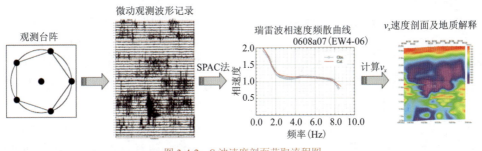

图 3-4-2　S 波速度剖面获取流程图

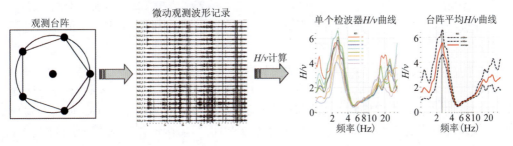

图 3-4-3　H/v 曲线获取流程图

2）仪器及参数

采用 SWS-6 工程地震仪结合三分量检波器完成微动数据采集。该系统由 2Hz 拾震仪（速度型、三分量）和地震仪组成。用一个记录仪同时记录一个台阵 6 个拾振器（摆）的微动数据。拾振器（摆）采用重庆地质仪器厂生产的 CDJ-S2C-2 三分量检波器。

3）仪器一致性测试

在正式微动观测前，必须测试仪器的一致性，以确保观测资料的可靠、有效。将全部仪器放置到同一点处同步记录 10min 左右，由该记录计算各台仪器的功率谱、功率谱之比、相干系数和相位差，以对仪器的一致性作出评价。结果表明，仪器的一致性优于 97%，达到微动探测对仪器一致性的要求。

4）数据采集

数据正式采集之前，对记录仪进行采集参数设置。在仪器放置到位、确保进入正常工作状态后，尽量保持周围环境相对安静，以方便有效记录数据。实际施工时按照设计的观测系统沿测线逐点进行观测，单点每次观测时间为 10～20min，观测结束后将整个台阵移动到下一个勘探点观测。

5）数据采集及处理质量评述

测线沿深圳市南山区交通主干道龙珠大道自西向东前进，测试台阵范围位于龙珠大道中间或道路中间隔离带，所以测试时需进行临时交通布控，白天车辆行人较多，测试时间选择晚上，一般为当天 22:30 至次日 5:30。地表主要为道路的水泥路面，路面较平坦，易于施工，当测点位于道路中间植被隔离带时，按就近原则稍微调整，确保圆形台阵基本位于隧洞顶面上。为了保证原始记录质量，现场对 32 个背景噪声稍大的测点进行复测。本次采集的数据信噪比相对较高，数据处理结果可靠性高，本次微动探测共处理 213 个微动勘探点的实测微动数据，获得 181 条光滑的频散曲线。

三、孤石现场微动探测

1）盾构区间孤石探测方案

桃深区间右线微动探测的观测系统采用五边形阵列，如图 3-4-4 所示，每个圆形阵列由放置于五角形顶点和中心点的 6 个摆及数据采集系统组成，五角形顶点到中心点的距离称为观测半径 R。根据现场场地条件的不同，分别采用了 2m、2.5m 两种不同半径的台阵进行观测。以 5m 点距逐点进行，以形成二维剖面观测。

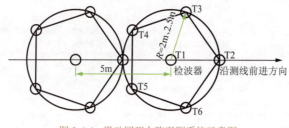

图 3-4-4　微动圆形台阵观测系统示意图

2）孤石探测数据曲线分析

存在孤石时圆形台阵 H/v 曲线的形态特征主要为前台阶型和双峰型，下面就以这两种类型举例说明。

（1）前台阶型（TTS-24、TTS-46）H/v 曲线特征

右线 TTS-24 的 H/v 曲线呈前台阶型，如图 3-4-5 所示。$f_1=4.86Hz$ 及 $f_0=3.89Hz$ 处各出现一个较明显的峰值，推断 $f_1=4.86Hz$ 对应埋深 15.7m 处存在孤石，估算孤石上覆土层的平均剪切波速为 305m/s；推断峰值最大处 $f_0=3.93Hz$ 对应微风化花岗岩顶面埋深 19.8m，估算得到其上覆土层平均剪切波速为 311m/s。

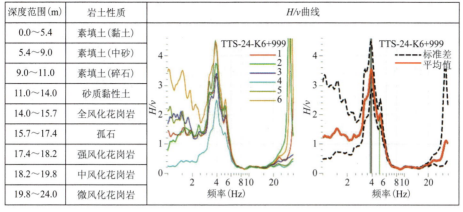

图 3-4-5　TTS-24 钻孔土层分布与对应的 H/v 曲线

右线 TTS-46 的 H/v 曲线呈前台阶型，如图 3-4-6 所示。f_1=4.22Hz 及 f_0=3.47Hz 处各出现一个较明显的峰值，推断峰值 f_1=4.22Hz 对应埋深 16.2m 处存在孤石，估算孤石上覆土层的平均剪切波速为 273m/s；推断峰值最大处 f_0=3.47Hz 对应微风化花岗岩顶面埋深 23.4m，估算得到其上覆土层平均剪切波速为 325m/s。

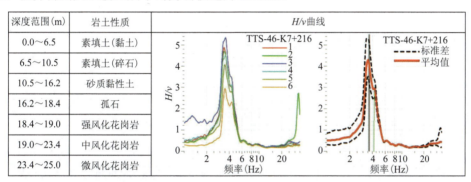

图 3-4-6　TTS-46 钻孔土层分布与对应的 H/v 曲线

TTS-24、TTS-46 两个试验点微动探测的 H/v 曲线特征与阻抗界面的对应关系见表 3-4-2。

H/v 曲线特征与阻抗界面对应关系　　　　表 3-4-2

钻孔号	孤石界面			微风化花岗岩界面		
	埋深（m）	f（Hz）	上覆土层 v（m/s）	埋深（m）	f_0（Hz）	上覆土层 v（m/s）
TTS-24	15.7	4.86	305	19.8	3.93	311
TTS-46	16.2	4.22	273	17.1	3.21	223

（2）双峰型（TTS-40、TTS-60）H/v 曲线特征

TTS-40 的 H/v 曲线形态表现为双峰型，反映存在两个阻抗界面，如图 3-4-7 所示。推断峰值 f_1=4.39Hz 对应埋深 20.5m 处存在孤石，估算孤石上覆土层的平均剪切波速为 358m/s；推断峰值最大处 f_0=3.37Hz 对应微风化花岗岩顶面埋深 30.5m，估算得到其上覆土层平均剪切波速为 411m/s。

TTS-60 的 H/v 曲线形态表现为双峰型，如图 3-4-8 所示。推断峰值 f_1=4.37Hz 对应埋深 17.8m 处存在孤石，估算孤石上覆土层的平均剪切波速为 304m/s，这与钻孔揭露的实际土层情况基本相符；推断峰值最大处 f_0=3.58Hz 对应微风化花岗岩顶面埋深 22.3m，估算得到其上覆土层平均剪切波速为 319m/s。

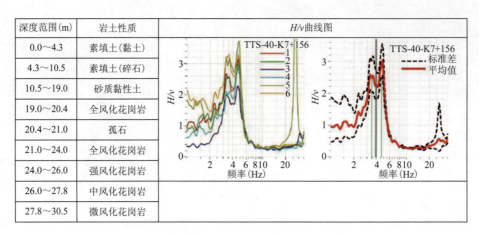

图 3-4-7 TTS-40 钻孔土层分布与对应的 H/v 曲线

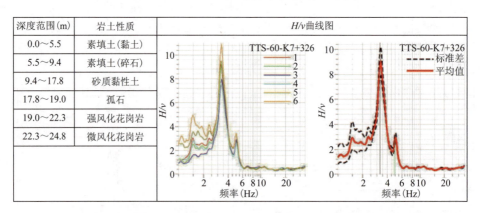

图 3-4-8 TTS-60 钻孔土层分布与对应的 H/v 曲线

TTS-40、TTS-60 两个试验点微动探测的 H/v 曲线特征与阻抗界面的对应关系见表 3-4-3。

H/v 曲线特征与阻抗界面对应关系　　　　　表 3-4-3

钻孔号	孤石界面			微风化花岗岩界面		
	埋深（m）	f（Hz）	上覆土层 v（m/s）	埋深（m）	f_0（Hz）	上覆土层 v（m/s）
TTS-24	20.4	4.39	358	30.5	3.37	411
TTS-46	17.8	4.37	311	22.3	3.58	319

3）存在基岩浅埋时探测数据曲线分析

基岩凸起侵入隧道洞身约 1.0m，对应的 H/v 曲线呈尖单峰形态。峰值对应的频率较大，表明阻抗比大的界面埋深较浅；推断峰值最大处 f_0=4.97Hz 对应中风化花岗岩顶面埋深 16.0m，估算得到其上覆土层平均剪切波速为 318m/s。

测试里程段隧道底板深度为 13.3～19.3m，综合对比分析，当 H/v 曲线主频峰值频率 f_0＞4.5Hz 时就可能存在基岩凸起现象，如图 3-4-9 所示。

4）存在基岩深埋时探测数据曲线分析

TSBKK-41 基岩埋深大于 21.4m，对应的 H/v 曲线呈尖单峰形态。峰值对应的频率较小，表明阻抗比大的界面埋深较大；推断峰值最大处 f_0=3.40Hz 对应埋深 21.5m 以下的基岩顶面，如图 3-4-10 所示。综合分析，当 H/v 曲线主频峰值频率 f_0＜3.8Hz 时，基岩埋深一般超过 20m。

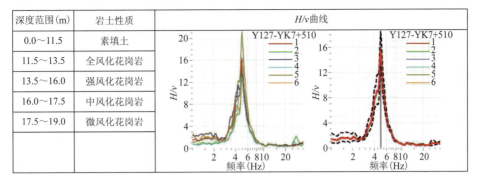

图 3-4-9　S8 钻孔土层分布与对应的 H/v 曲线

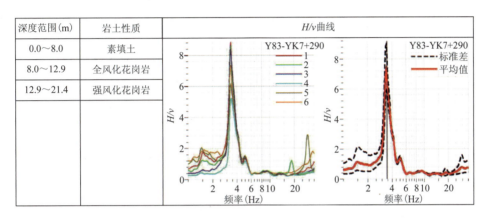

图 3-4-10　TSBKK-41 钻孔土层分布与对应的 H/v 曲线

以上 H/v 曲线的几种形态特征及它们对应的土层分布情况可以为探测成果的分析起到指导作用。

5）形成可视化图表

根据探测曲线波形进行分析，制作 H/v 等值线图（图 3-4-11）与视 S 波速度剖面图（图 3-4-12），将微动探测分析制表，形成结论。

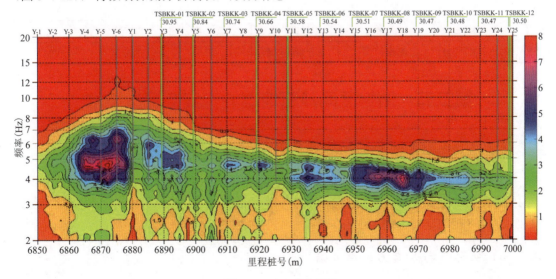

图 3-4-11　H/v 等值线图

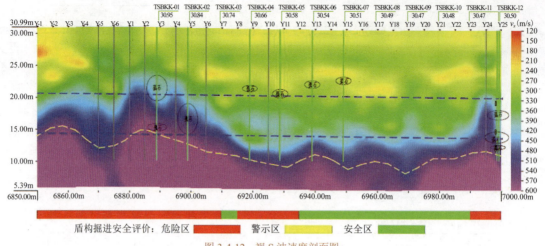

图 3-4-12 视 S 波速度剖面图

隧道底板埋深 16.5～16.9m，顶板埋深 10.2～10.6m。补勘钻孔揭露：洞身顶板上覆土层主要为素填土、砾质黏性土、全风化花岗岩等，洞身范围内岩土层主要为砂质黏性土、全风化花岗岩、强风化花岗岩、中（微）风化花岗岩。下面分段对探测成果进行解释说明。

洞身范围内存在明显高速异常，H/v 曲线多以前台阶或双峰形态呈现，峰值频率高。推断该段基岩埋深浅，局部基岩侵入到洞身底部；在部分地段可能存在孤石或孤石群，可布置验证钻孔（钻孔深度 17m），进一步确认孤石群的分布位置与规模，提供盾构掘进安全评价。由图 3-4-12 可见安全区、警示区、危险区。

形成微动探测分析推断成果，见表 3-4-4。

分析推断成果表　　　　　　　　　　　　　　　表 3-4-4

里 程 段	视 S 波速度剖面特征	H/v 等值线图特征	洞身范围推断结果	盾构安全评价	建议钻孔位置
YK6+850～YK6+910	高速异常规模大	前台阶或双峰	孤石群或基岩凸起	危险区	Y-4、Y-6、Y1、Y2、Y4 及 Y6
YK6+910～YK6+915	无高速异常	后台阶	存在孤石可能性小	安全区	
YK6+915～YK6+935	高速异常	后台阶或双峰	孤石	危险区	Y10
YK6+935～YK6+990	小高速异常	双峰或单峰	存在孤石可能性小	安全区	
YK6+990～YK7+000	高速异常	前台阶或双峰	孤石	危险区	Y24

第三节　盾构区间孤石地层盾构安全掘进技术

一、盾构的刀盘刀具配置

根据桃源村站—深云站盾构区间的地质情况，刀盘开口率为 30%，刀具配置为复合型刀具，配置 8 把中心滚刀、4 把双刃滚刀（18 寸滚刀），20 把单刃滚刀、11 把边缘滚刀，52 把刮刀、8 把边刮刀、1 把超挖刀。

二、未探明孤石与基岩的处理方法

掘进过程中注意观察盾构机掘进的异常情况以及掘进参数的异常变化（例如速度突然

变慢，推力、扭矩突然增大，刀盘振动，盾构机有异响声等），判断是否碰到孤石。

补勘未发现的孤石，采用开仓人工凿除或洞内爆破处理。当盾构机掘进碰到孤石时，将土仓门打开，进入土仓，用风镐将其破碎，或用电锤将其钻出直径 5cm 的炮孔，装入液体炸药（膨胀剂）将其胀破。炮孔的分布位置应保证爆破后碎石的最大粒径不超过盾构机螺旋输送机出土的设计粒径，必要时可从刀盘开口取出大粒径的碎石，然后恢复掘进，掘进时盾构机操作手应注意泡沫剂的使用，必要时向土仓注入膨润土，严格控制渣土改良，避免螺旋输送机被卡住。

三、已探明孤石引孔预裂爆破技术

探明盾构前方孤石分布位置及大小后，开始对其采取相应处治措施：对 RQD 值小于 25% 的孤石或在盾构机刀盘转动时不随之发生转动的孤石，可采取盾构机直接破碎通过；而对 RQD 值大于 25% 的孤石，不能通过盾构机直接破除，采取地面钻孔爆破或冲孔破除。

选择在地面采用钻深孔控制爆破预处理的方式，能够减弱洞内处理空间限制，降低风险。对已探明的孤石，采用地面地质钻垂直打孔，装药爆破，使孤石成为单边长度小于 30cm 的碎块。孤石爆破布孔形式采用矩形或梅花桩形。爆破完成后，进行钻孔取芯检测，查看孤石爆破效果。孤石处理后，采用孔口注入浆液法进行封孔，水灰比不大于 0.5，在封孔过程中严格控制用水量。

对已探明的孤石采用引孔预裂爆破方法进行爆破。钻进过程中遇到孤石时，提钻后查明孤石的产状、大小、形状并依此来制定爆破孔的数量、分布和装药量，利用小口径钻头在孤石上钻出爆破眼，然后在小孔内安放适量的炸药对孤石进行爆破。清除孔内岩块进而达到钻孔顺利穿过孤石的目的。对于垂直高度特别大的巨石可以进行多次爆破直到钻孔穿过巨石。

钻孔爆破具有以下特点：

（1）施工周期短，成本低；

（2）适应范围广，可适应不同埋深的孤石、漂石、滚石；

（3）方便灵活，可根据孤石的形状、大小来具体确定爆破孔的孔径、深度和装药量，对厚度较大的孤石，可实施分层爆破确保钻孔质量；

（4）不适宜用于松散地层中直径相对较小、形状近似圆形、表面光滑的孤石，在小口径钻进此类岩石时，岩石和钻头一起回转，钻进成孔困难。

四、引孔爆破后岩石取芯和盾构出渣验证

爆破后岩体粒径小于 30cm 有利于盾构顺利掘进，因此岩体粒径的大小即可评价爆破效果。通过对爆破前和爆破后的岩体进行钻孔取芯对比，检测爆破对岩体的破碎效果，如图 3-4-13 所示。

图 3-4-13a）中岩芯盒中的岩芯是未爆破前的芯样，岩体比较完整，节理裂隙比较少，图 3-4-13b）中是爆破后所取的岩芯，石体破碎，粒径均小于 30cm，且取芯率很低，两组岩芯在隧道的同一个里程，横向距离相差 2m。从图 3-4-13b）中可以看出，所取岩芯的断面非常不规则，而且岩面非常新鲜，因此可以确定为爆破震动所致。同时，在孤石爆破后盾构掘进过程中未再因孤石而开仓处理，渣块均随螺旋输送机直接排出，通过对出渣粒径

的检查发现爆破后岩石粒径都比较小，孤石爆破效果良好，达到了预期效果，保证了盾构在孤石地层中的安全快速掘进，爆破后盾构螺旋输送机排除的渣样如图 3-4-13c）所示。

a) 岩体破碎前的岩芯　　　　b) 岩体破碎后的岩芯　　　　c) 爆破后出渣

图 3-4-13　岩体破碎效果对比图

五、孤石预爆破地层盾构掘进注浆保压技术

爆破施工时，爆破震动和密集的钻孔造成了原始地层的频繁扰动，势必地层中残留很多空隙和孔洞，对于盾构施工来说，地层漏气漏浆对掌子面稳定非常不利，如果地层漏气漏浆，在土压平衡盾构掘进时掌子面的土压平衡难以建立，造成盾构掘进困难，引起地面沉降过大，甚至是地面坍塌的重大风险。尤其是需要带压进仓更换刀具时，漏气将是最大的安全隐患，所以必须对孤石爆破孔进行回填封堵进行保压。因此，对爆破后的地层进行注浆填充加固是非常有必要的，利用浆液填充地层中的空隙，同时还能提高地层的自稳性。

注浆方法有很多，应根据工程的现场实际情况选择。经过综合考虑，桃深区间采用袖阀管注浆工艺，注浆材料为水泥—水玻璃双液浆。

六、洞内超前注浆后掘进通过

当地表不具备注浆加固或孤石处理的条件时，在洞内对孤石位置准确定位之后，待盾构刀盘抵达孤石区域后停机，通过盾构机前方预留的注浆孔，将准备好的钢花管（在直径 80mm 的钢管上布置梅花形孔，孔径 8mm，纵向间距为 10cm）插入刀盘前方的土体中，并使超前注浆孔的延伸方向与盾构掘进的中轴线方向存在一定角度。注浆加固范围为孤石前方 2~3m，后方 2m，隧道轮廓线外（上、下轮廓线及左右边界）各 2~3m。浆液可根据需要，采用水泥单液浆或水泥—水玻璃双液浆。注浆结束后，可通过调整盾构掘进参数，借助刀盘对加固地层进行切削、破碎孤石，而后顺利通过孤石段。

七、洞内人工或岩石分裂机破除

当掌子面前方地质条件较好时可直接开仓，而地质条件较差时则需提前对地层加固，有必要时需带压进仓。对于小直径孤石，人工可直接破除；强度高、直径大的孤石，则需借助风枪及岩石分裂机等设备凿除。岩石分裂机运用尖劈原理，将分裂器插入岩石钻孔中，利用楔片对岩石产生垂直于岩石孔壁的合力，使岩石发生纵向劈裂，进而使岩石从内部破裂而分离开。

与人工挖孔桩中使用岩石分裂机处理孤石的方法类似，利用风枪在孤石上垂直打钻孔，一般情况下，钻孔深度为 60～90cm，孔间距为 40～60cm，且钻孔深度比楔块插入深度深 10～15cm，待劈裂完成后及时将碎块运出洞外。岩石分裂机分裂孤石的现场实况如图 3-4-14 所示，人工破除孤石的现场实况如图 3-4-15 所示。

图 3-4-14　岩石分裂机分裂孤石的现场实况图　　图 3-4-15　人工破除孤石的现场实况图

八、洞内人工爆破

地面不具备处理条件时，在洞内超前注浆加固刀盘前方土体，确保掌子面稳定的基础上，开仓对孤石进行人工爆破处理。该处理方法的原则：通过打孔装药的弱爆方式，将孤石以大化小，并通过螺旋输送机排出。

为尽量减小爆破对刀盘的影响，采用转动刀盘的方法，将孤石对准刀盘开口位置。为降低爆破所产生的振动对洞内盾构设备及地表建筑物、临近管线的扰动，洞内弱爆技术应严格遵循"浅孔、密眼、小药量、间隔装药"的原则，对于大体积孤石，可分排按顺序依次处理。爆破后及时通风，检查确认安全后方可清渣。

九、静态破碎技术

当孤石所在盾构区间地处居民区或重要建筑设施（电力、通信、天然气管道等），地表不具备处理条件，并且对振动、飞石、有害气体等要求比较严格时，岩石静态破碎技术具有独特的优势。岩石静态破碎技术运用静态破碎剂与水发生反应后产生巨大的径向压力，当压力在孔壁切向的拉应力大于岩石的抗拉强度时，将岩石拉裂破碎。

在对洞内地层加固后，根据孤石的力学性能参数选择合适的静态破碎剂，孤石上垂直钻孔的直径是决定破碎效果的重要因素，钻孔直径一般为 30～50mm，钻孔深度为破碎孤石厚度的 80%～90%，结合孤石岩体的强度及破碎效果设计钻孔的行、排间距，一般为20～50cm。钻孔由临空面外侧向内逐步布设，以利用前排破碎后为后排提供的临空面。钻孔完成后及时清孔，将配置好的破碎剂浆体倒入钻孔，待反应完成后将破碎石块清除。

十、孤石地层盾构刀具换刀技术

盾构在孤石地层掘进过程中刀具磨损严重，此时盾构机的掘进速度将下降，掘进效率降低，需要及时检查、更换刀具。而进仓换刀作业是盾构施工的最大风险之一，如何采取相应措施达到安全进仓，是目前孤石地层下盾构施工急待解决的一个难题。

由于桃深区间隧道大部分为花岗岩全风化地层，遇水易崩解软化，直接常压开仓换刀，则掌子面上部土体无法长期维持稳定，极易发生坍塌，造成地层空洞，最为严重时地面直接发生塌陷，产生极为恶劣的影响。所以优先考虑施工安全，为确保常压开仓换刀掌子面的稳定，防止开仓换刀过程中因刀盘前方及上部土体发生坍塌，必须进行旋喷桩加固。

因此，根据盾构区间的地质情况，预先设计换刀点位置，通过在刀盘前部及上部进行旋喷桩加固地层进行常压换刀是一种理想换刀施工方案。

换刀点加固采用旋喷桩加固，旋喷桩孔径600mm，咬合150mm，加固范围5m×8m×9m。开始施工前，宜做工艺试桩，以标定各项施工参数。旋喷桩采用42.5级普通硅酸盐水泥，水泥浆液的水灰比可取1.0～1.5。要求加固后的土体具有良好的均匀性、自立性、止水性，施工完毕后，应对加固体进行检测，其无侧限抗压强度应大于1.0MPa，渗透系数不大于$1.0×10^{-5}$cm/s，若达不到设计要求，则应急时弥补。

对损坏的刀具进行更换，应遵守"拆一装一"的换刀原则。换刀时各组人员应统一采用"逐臂更换""由外到内"或"由内到外"的换刀顺序。

第四节 小 结

采用微动探测技术能够较好地探测盾构隧道区间的孤石状态，判断"孤石"准确率高达80%，极大地减少了钻探工程量。微动探测技术在交通繁忙、钻探无法实施的地段具有其独特的优势，是一种很有前景的物探方法。但是采用微动探测技术并不能实现孤石的全部识别探测，而且探测准确率与测试人员的解译水平直接相关。建议将微动探测技术与钻孔探测技术相结合，以提高探测的准确率。

最后详细地总结了盾构区间孤石地层处理技术，包括刀盘配置滚刀、未探明和已探明孤石与基岩的处理方法以及孤石地层盾构刀具的换刀技术。孤石处理的主要方法有孤石引孔预裂爆破技术、引孔爆破后岩石取芯和盾构出渣验证、孤石预爆破地层盾构掘进注浆保压技术、洞内超前注浆后掘进通过、洞内人工或岩石分裂机破除、洞内人工爆破、静态破碎技术。

通过现场实践总结，获得了两项中国电力建设集团工法——城市地铁孤石深孔爆破预处理施工工法和紧贴盾构刀盘孤石定向爆破处理施工工法。

第五章 叠线隧道盾构施工技术

第一节 工程概况

城市轨道交通系统主要位于城市道路下方,建设空间有限,尤其部分线路为了避开下穿居民小区或者其他建(构)筑物、减小对既有桥梁的影响、节约投资等,区间隧道不可避免地出现了叠线形式。

7号线叠线隧道较多,有4个区间采用叠线盾构施工,叠线长度1143.63m,其中笋洪区间盾构始发与接收均为叠线隧道。7号线叠线下线隧道大部分为硬岩地层,上线隧道大部分为上软下硬地层。

以7号线笋洪区间叠线隧道盾构施工为例,区间左右线路出洪湖站约854m后,需要下穿长约110m彩虹桥引桥桩基4处,共14根桩(进行桩基托换),到达笋岗站。因洪湖站位于立交桥下,不具备左右线平行设置条件,故在笋洪区间起点及终点分别设置上下重叠盾构隧道。笋洪区间起点叠线长度159.996m,终点叠线长度504.095m,区间叠线盾构隧道平面图如图3-5-1所示。始发端与接收端部位叠线盾构隧道垂直距离约2.34m,见图3-5-2。

图3-5-1 笋洪区间叠线盾构隧道平面图

在下线盾构隧道采用常规支撑系统时,如型钢支架、满堂脚手架、常规支撑台车等,存在搭设及移动支架困难,且上下线隧道不能同时掘进施工等问题,对盾构掘进工期影响较大。因此,叠线盾构隧道施工主要面临的是解决上下隧道同步施工、上线隧道施工时下线隧道结构承载能力、小间距夹层土注浆加固以及叠线始发与接收等问题。

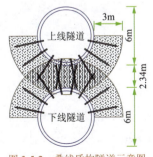

图3-5-2 叠线盾构隧道示意图

第二节 施工技术

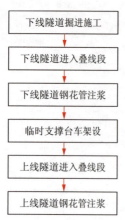

图 3-5-3 叠线隧道施工工艺流程图

一、施工工艺流程

叠线隧道施工工艺流程如图 3-5-3 所示。

二、叠线隧道加强措施

1）衬砌结构加强

由于施工期间和使用阶段受列车震动的影响，上下线隧道的衬砌结构均应做加强处理。考虑到管片模板的成本，盾构管片厚度、宽度均与一般段相同，加大管片配筋量和管片之间的连接螺栓直径（直径由 $\phi24$ 调整为 $\phi27$ 或采用高强度同直径螺栓），以满足管片的各项受力要求。同时，管片采用错缝拼装方式，以增大衬砌的结构刚度。

2）夹层土体加固

小净距叠线隧道盾构施工夹层土体厚度较小，受隧道开挖扰动影响严重，地层承载力不足，上线隧道施工过程中盾构机姿态控制难度加大，易导致盾构机"栽头"现象。并且在运营阶段，上线列车的振动也会对上下线间所夹土体产生震动，进而引起上下线盾构隧道变形，影响隧道的稳定性，导致管片变形、隧道位移、螺栓松动或受剪等问题。为保证上线盾构施工安全，对夹层土体进行注浆加固。

（1）在重叠段隧道管片上预留夹层土体注浆孔，上线隧道经过前预先采用注浆花管对夹层土体进行二次注浆，以提高夹层土体的强度。经加固的土体应有良好的均质性、自立性，其中无侧限抗压强度不小于 1MPa，渗透系数小于 10^{-5}cm/s，注浆完成后应预留后续注浆条件，布孔及注浆范围见图 3-5-4 和图 3-5-5。

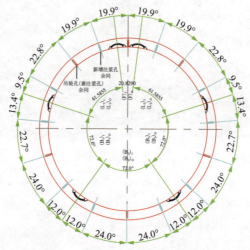

图 3-5-4 叠线隧道管片注浆孔设计图

（2）注浆钢花管与预留注浆孔（即拼装螺栓孔）直径一样，采用规格为 $\phi42$、$L=2.5\text{m}$、$t=3.5\text{mm}$ 的无缝钢管加工制作。杆段需预留 800mm 长的止浆段且无孔洞，顶端加工成锥形，中间每隔 150mm 间距布置梅花形的 $\phi10$ 钻孔。钢花管的长度根据上下线隧道净距现场确定。钢花管加工如图 3-5-6 所示。

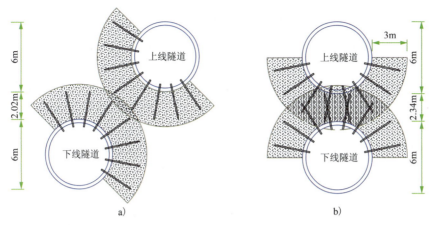

图 3-5-5 夹持土体注浆加固示意图

图 3-5-6 钢花管加工示意图（尺寸单位：mm）

三、下线隧道临时支撑台车加固

为确保下线成型隧道质量和上线隧道盾构掘进施工安全，须对已施工的下线隧道管片结构进行临时支撑加固，并满足以下要求：

（1）抵抗下线管片环缝之间因上洞施工造成的垂直错动产生的剪力。

（2）提高下线隧道纵向刚度，减小下洞垂直弯曲变形。

为此，采取洞内临时支撑台车对下洞衬砌结构进行加固，上线隧道盾构掘进过程中，确保下线隧道安全。在上线盾构机及其前后 10m 范围内对应的下线隧道位置设临时移动台车，随上线盾构机掘进而移动。移动时设专人协调指挥，确保两者同步移动，使盾构机始终处于台车正上方。支撑台车如图 3-5-7、图 3-5-8 所示。

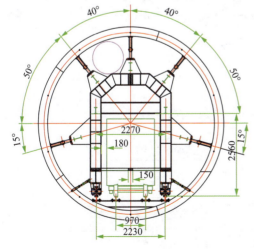

图 3-5-7 叠线盾构隧道支撑台车横断面图（尺寸单位：mm）

图 3-5-8 叠线盾构隧道支撑台车现场图

四、叠线始发施工技术

在保证下线盾构隧道正常施工的前提下，满足上线盾构隧道始发条件的施工技术，主要包括上线始发中板施工技术和叠线隧道盾构同时掘进平行布置出土孔技术。

1）上线始发中板施工技术

笋洪区间上线隧道盾构始发前，需将盾构井处下中板浇筑完成，为上线隧道盾构提供始发平台。为节省工期，特设计了支撑下中板的门字形型钢支架结构，既保证了下线隧道盾构的正常掘进，又保证了下中板的正常施工及安全。同时，该型钢支架也为新浇筑盾构井混凝土板提供了一定支撑力，也可以作为上线隧道盾构始发的一项保证措施。盾构井门字形型钢支架搭设横断面图见图3-5-9。

2）叠线隧道盾构同时掘进平行布置出土孔技术

在下线隧道盾构试掘进100m，拆完负环管片后，便可采用门字形型钢支架支撑下中板。保证上线隧道盾构按工期要求顺利始发。因洪湖站为叠线隧道盾构始发站，根据洪湖站情况及周边环境条件，出土孔采用平行布置，即出土孔预留在距车站端头约85m的位置（位于盾构机整机长度的尾部），车站线路方向对称平行设置，各布置一个，当上线隧道盾构始发后，需要在下线隧道车站底板层设置道岔（装道岔处不得设置上翻梁，需提前与设计单位沟通），解决下线隧道出渣、材料进出通道问题，门机沿垂直于隧道方向布置，具体如图3-5-10、图3-5-11所示。

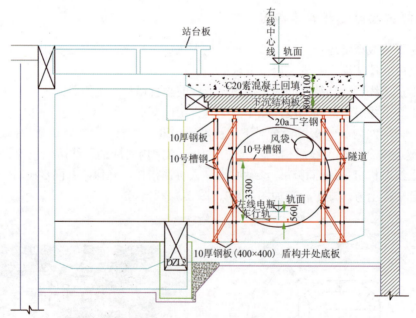

图3-5-9 盾构井门字形型钢支架搭设横断面图（尺寸单位：mm）

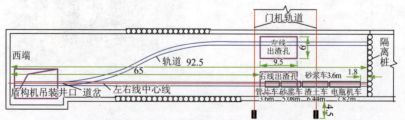

图3-5-10 叠线隧道盾构出土井平行布置预留示意图（尺寸单位：m）

图 3-5-11　叠线隧道道岔及门字形型钢支架布置现场照片

第三节　小　　结

笋洪区间盾构掘进过程中发生"喷涌"，主要采取以下措施进行处理：在管片脱出盾尾后第 3～5 环及时进行二次注浆做止水环箍，采用双液浆；在土仓壁球形连通阀上安装排水带，盾构掘进开始前放出仓内积水，减少仓内水量；采用双闸门式螺旋输送机控制出渣，减少喷涌量；根据地层变化和掘进速度，可注入膨化后的膨润土或聚合物改良渣土；保持"连续、快速"的盾构施工，避免长时间的停机。

根据工程施工现场情况，叠线盾构隧道施工较平行隧道施工复杂，受各种因素干扰多，风险较高，设计从线路规划、选择时就应该考虑尽量减少叠线盾构隧道的设计。另外，叠线盾构隧道对施工管理要求高，必须严格按照图纸要求组织施工，过程加强管理，做好施工监测及数据分析，合理组织施工，确保施工安全。最后，叠线盾构隧道较平行隧道在始发阶段有着严格的工序要求，必须前期做好盾构施工场地规划布置，确保叠线盾构隧道施工顺利开展。

通过现场实践总结，获得了两项工法和两项实用新型专利。工法为叠线盾构隧道自行式支撑架加固施工工法（中国电力建设集团工法）和盾构隧洞叠线段下线支顶加固上线快速掘进施工工法（青海省工法）；实用新型专利为用于盾构叠线隧道夹层土注浆的施工台车和一种用于重叠盾构隧道施工的支撑台车及支撑台车系统。

第六章 盾构到达接收新技术

第一节 综　　述

城市轨道交通工程主要位于城市内部及周边，地面交通、管线、建（构）筑物、绿化较为密集，尤其是城市轨道交通的地下线路部位，地面环境更为复杂，这给盾构到达接收端头加固造成了很大的困难，尤其是在有些富水砂层，注浆加固也很难保证端头加固的效果，这就需要有更好的办法来解决盾构到达的安全问题，7号线在加固困难的接收端头采用了竖井回填土接收和钢套筒接收的新技术。

福民站—皇岗口岸站区间接收竖井处地质复杂，含大量砂卵石、透水性强，施工过程中反复出现涌水、涌砂，通过注浆等措施，未能彻底解决问题，为了保证盾构安全顺利的接收，采用回填土接收技术。八卦岭站—红岭北站、洪湖站—田贝站区间接收处，需要进行旋喷桩加固，因施工占地为交通要道，加固区域管线众多，无法有效进行端头加固，盾构接收风险极高，因此采用了钢套筒接收来确保盾构到达安全。

第二节　回填土接收盾构施工技术

一、施工流程

福皇区间盾构接收竖井开挖段是砂卵石地层，地下水含量丰富，透水性强，经过多次注浆加固依然无法阻断地层中水的来源。为了盾构接收安全，采用了回填土接收盾构施工技术，先将接收竖井施工完成，再分层压实回填到盾构机顶部6m，盾构机接收过程中模拟正常埋深段掘进，待盾构机到位后注浆封堵洞门，再将回填土开挖、吊出盾构机，施工流程见图3-6-1。

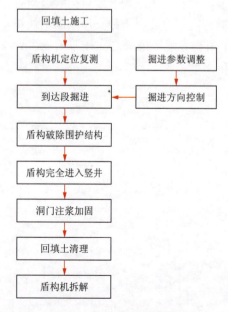

图 3-6-1　盾构接收施工流程图

二、施工技术

待竖井完成底板及侧墙浇筑后，开始进行回填施工。

1）底部砂浆浇筑

竖井接收范围净空为10m×8m，隧道中心线距底板为 3.69m，竖井底部浇筑 M7.5 砂浆，浇筑厚度为 1.5m，至钢环底部以上 0.8m 处，浇筑采用汽车泵回填浇筑，如图 3-6-2 所示。

2）砾质黏性土回填

底部完成砂浆浇筑后，进行砾质黏性土回填，回填至拱顶以上 6m 处，共回填 11.25m，回填过程中每回填 1m，采用蛙式打夯机对土体进行夯实，如图 3-6-3 所示。

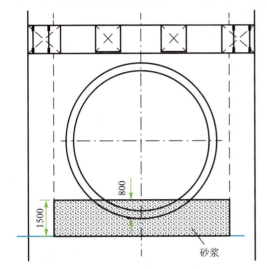

图 3-6-2　底部砂浆浇筑范围（尺寸单位：mm）

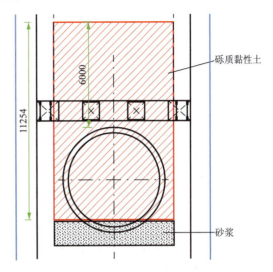

图 3-6-3　砾质黏性土回填范围（尺寸单位：mm）

3）盾构机进洞

盾构机进洞前，对盾构机姿态进行复核，调整各项掘进参数。开始掘进时，因洞门范围内围护结构采用玻璃纤维筋，无须对洞门进行破除。盾构机进入竖井范围后，并且进入竖井另一端洞门钢环，满足了盾构机吊出空间，如图 3-6-4 所示。

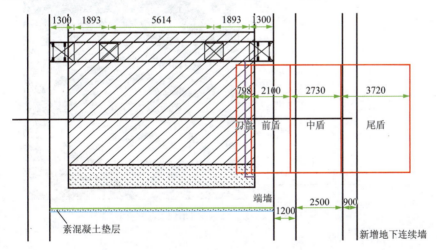

图 3-6-4　盾构机进洞示意图（尺寸单位：mm）

盾构机在到达掘进过程中要密切注意各掘进参数的变化，刀盘掘进围护结构段土仓顶部土压控制为 2.0～2.2bar，刀盘进入回填土体段土仓顶部土压控制为 0.5～0.7bar，推力 1400～1700t，破除围护结构时应适当提高刀盘转速。推进过程中对盾构机姿态进行测量确认，确保盾构机的姿态控制在允许范围内。

盾构机完全进入竖井之后，第一时间注双液浆封堵盾尾与洞门结构位置，注浆量按理论注浆量的150%～200%进行注浆，如图3-6-5所示。

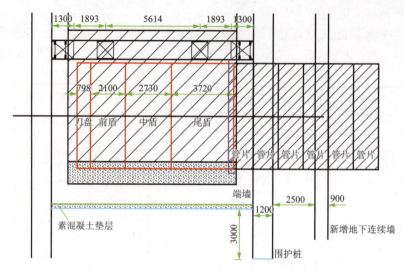

图3-6-5　盾构机完全进入竖井范围（尺寸单位：mm）

针对进洞前10环管片每环做止水环，针对进洞前10～20环管片间隔3环做止水环，确保盾构进洞阶段安全可控。

4）回填土清理

（1）顶部回填土清理

盾构机进入竖井后，再次对盾尾注浆效果进行检查，确认无误后，开始对回填土体进行清理，第四道支撑以上土体采用PC120反铲配合液压抓斗机进行清理，见图3-6-6。

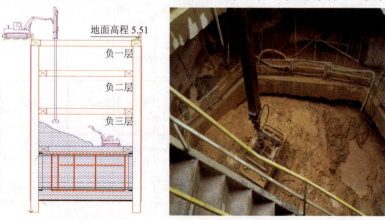

图3-6-6　反铲配合液压抓斗清理顶部回填土

（2）盾体范围内回填土清理

待回填土清理至第四道支撑后，为避免开挖设备对盾体造成损坏，采用人工进行清理，主要将盾体与侧墙之间的土体清理干净，确保满足盾体吊出的条件，见图3-6-7。

5）盾构吊出

待盾构机上方土体清理完成后，对第四道角撑进行割除，确保满足吊出要求。对盾构机进行解体吊出。

6) 二次回填

待首台盾构机完成整体吊出后,对洞通一侧的洞门进行清理,并对洞口进行封堵。封堵采用 3cm 厚钢板覆盖至洞口,洞内采用斜撑固定(图 3-6-8)。完成洞口封堵后重新对竖井进行回填,接收第二台盾构。

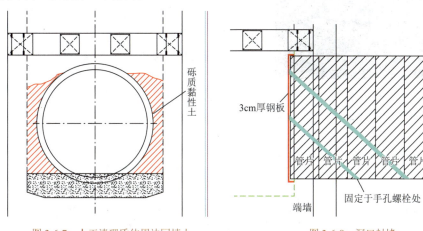

图 3-6-7 人工清理盾体周边回填土　　　　图 3-6-8 洞口封堵

7) 其他

(1) 测量复核

在盾构机进洞前 50 环时,对控制点各进行一次复核测量,并提前调整盾构姿态使得盾构垂直洞门方向进洞。

(2) 同步注浆

加强同步注浆质量,素混凝土墙处做 3 环止水环,素混凝土墙至洞门零环加强二次注浆,地面靠近围护桩加强注浆。

注浆结束后,对 0、1、2 环检查注浆质量,满足要求后,清理回填土至露出零环,用钢板密封洞门,边封边清理至砂浆层。

三、土体回填接收风险应对措施

为了有效应对洞门水土流失及洞门涌水涌砂问题,特采取以下应对措施:

(1) 右线接收端头隧道顶部范围内主要为圆砾层,对接收端头加固处理,提高土体的强度,减少水土流失量。

(2) 盾构机中盾进入加固体后,利用径向注浆孔向盾体外注聚氨酯,聚氨酯与盾体外的地下水反应形成聚合物,填充盾体与加固体之间的空隙,防止加固体外的地下水进入前方。

(3) 盾尾进入加固体后,在已成型的隧道内,利用管片上预留的注浆孔,向管片外侧注入双液浆。

第三节　盾构钢套筒接收施工技术

一、施工流程

盾构钢套筒接收工艺主要基于水土压力平衡原理,以小空间换取大空间,采用密闭

图 3-6-9 盾构钢套筒接收施工

的钢套筒给盾构机模拟了一段地质条件良好的区间隧道,让盾构顺利地从实体隧道进入"虚拟隧道"(钢套筒内部),然后通过背后注浆,切断车站及区间以外的水源,顺利完成区间隧道的施工,再在接收井内将盾构机取出,完成盾构隧道的施工,如图 3-6-9 所示。

盾构钢套筒接收施工主要包括钢套筒的设计、加工、验收出厂、运输、地面分部组装、吊装下井并整体组装、反力架安装、填砂、气密性试验、验收、投入使用、拆卸并吊出、清理工作面并退场。盾构钢套筒接收施工流程见图 3-6-10。

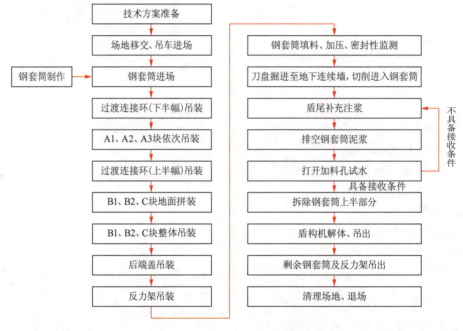

图 3-6-10 盾构钢套筒接收施工流程图

二、施工技术

1)钢套筒设计

钢套筒主体部分总长 10.9m,直径(内径)6.5m,外径 6.84m,总重 111.83t,单件最大重量为 21.05t。套筒共分成三段标准段、一个后端盖(始发型无此项构造)和一个过渡环,每段 3.3m,每段又分为上下两个半圆,见图 3-6-11。

2)盾构钢套筒安装

(1)预埋件安装

钢套筒的固定方式主要有钢套筒与洞门钢环焊接、钢套筒底座与底板预埋钢板

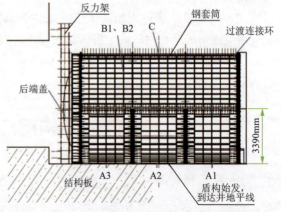

图 3-6-11 钢套筒整体构造图(接收型)

连接、钢套筒与反力架间的千斤顶连接以及底座四周临时增加的锚筋与底板间的连接四种。在主体结构施工阶段，需要在主体结构底板上预埋钢套筒与底板的连接钢板及反力架钢板，根据钢套筒结构尺寸，钢套筒中心至钢套筒基座底部高度为3.39m，在对应高度的平面上预埋钢板，见图3-6-12、图3-6-13。

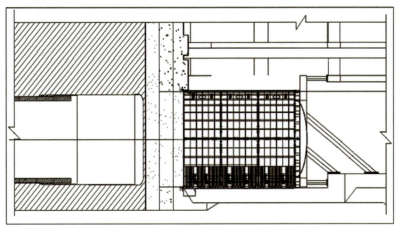

图3-6-12　盾构钢套筒接收总体示意图

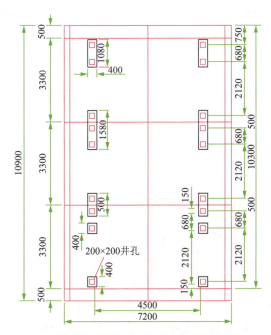

图3-6-13　钢套筒与底板预埋件平面图（尺寸单位：mm）

预埋钢板采用2cm厚钢板，尺寸：1080mm×400mm（2块），1580mm×400mm（2块），900mm×400mm（2块），400mm×400mm（4块）。锚筋采用HRB335 ϕ32钢筋，与钢板的连接采用穿孔焊接，焊接满足规范要求，锚筋锚入底板内部960mm，并布置在底座开孔位置，开孔四个角落各布置一根锚筋。

（2）钢套筒吊装

钢套筒吊装顺序：

过渡连接环（下半幅）吊装下井→过渡连接环（下半幅）与洞门钢环焊接，与底板焊接

→第一节钢套筒（下半幅A1）吊装下井→第一节钢套筒（下半幅A1）与过渡连接环（下半幅）螺栓连接，与底板焊接→第二节钢套筒（下半幅A2）吊装下井→第二节钢套筒（下半幅A2）与第一节钢套筒（下半幅A1）螺栓连接，与底板焊接→第三节钢套筒（下半幅A3）吊装下井→第三节钢套筒（下半幅A3）与第二节钢套筒（下半幅A2）螺栓连接，与底板焊接→过渡连接环（上半幅）吊装下井→过渡连接环（上半幅）与洞门钢环焊接，与过渡连接环（下半幅）焊接→钢套筒B1、B2、C块地面拼装→钢套筒B1、B2、C块整体吊装下井并与下半幅套筒及过渡连接环螺栓连接→后端盖吊装下井→后端盖与钢套筒B1、B2、C块及第三节钢套筒下半幅螺栓连接→反力架吊装下井并安装→吊装完毕、退场。

（3）钢套筒组装

在螺栓紧固前，需要检查确保密封胶条的正确安装，以免影响后期的气密性试验；钢套筒的移动采用2个60t液压千斤顶完成，一端利用型钢顶在基坑底板横梁上，另一端顶在钢套筒的平面位置，依次将下放的各段钢套筒沿隧道中心线向洞门方向平移，直至与前段钢套筒相接，并保持隧道中心线与钢套筒中心线不偏离。

3）洞门破除

在钢套筒回填砂之前，需要完成洞门破除施工，减少盾构机顶推围护结构时间，洞门破除厚度为围护结构厚度的1/2。

4）后端盖安装及检测

洞门破除完毕后，清理碎渣及套筒内部杂物，安装后端盖并进行密封性试验。

后盖板由椭球盖和平面环板组成，椭球盖采用厚钢板冲压加工制作，平面环板采用钢结构组焊而成。后盖板边缘设置法兰，与钢套筒端头法兰采用高强度螺栓连接紧固，内侧与椭圆封板的外侧采用高强度螺栓连接紧固，后盖平面环板与椭球盖外缘内外焊接成整体。

（1）钢套筒圆度

使用前对整体钢套筒的圆度进行检查，必要时由制造厂家进行检查，确保其圆度，避免盾构机进入钢套筒时与钢套筒间距不均，导致盾体与钢套筒碰撞使钢套筒发生位移变形等意外。

（2）钢套筒密封性

钢套筒分多块组成，各组成块之间均须加橡胶垫，并严格控制橡胶垫质量，防止损坏或有漏洞，避免出现漏浆泄压。另外，钢套筒各部件之间的连接均采用螺栓连接，对螺栓连接面也应进行检查，对连接面出现变形或破坏的部位进行修复，避免出现漏洞。连接螺栓是保证各部分连接紧密的重要构件，使用前应确保连接螺栓质量和数量，保证各部分连接的强度。

钢套筒组装完成后，在筒体内加水检查其密封性，筒体中心位置水压为0.3MPa，若在12h内，压力保持在0.28MPa上，则可满足钢套筒接收要求；如果小于0.28MPa，找出泄露部位，检查并修复其密封质量，然后再次进行试压，直至满足试压要求。

（3）钢套筒焊缝

钢套筒由钢板焊接而成，使用前必须全面检查钢套筒各个部位的焊缝，对有损伤的焊缝进行补焊，确保焊缝质量，保证整个钢套筒的整体性。

5）反力架及横撑安装

反力架是用于给钢套筒整体提供反力的装置，反力架紧贴后盖平面板安装，冠球部分不与反力架接触。反力架是一"井"字结构形式，"井"字框架采用500mm的工字钢组焊而成，中间间隔增加钢板筋板。反力架采用左右分半的形式，中间用高强度螺栓连接紧固。

反力架与后盖板相邻的一侧，设置加力顶杆（双向液压锁千斤顶20台），顶杆单独加工制作，顶杆与顶杆撑托配套加工制作，撑托底部是平面，与后盖板的平面相接触，增大了接触面积，而且撑托内部与顶杆可以相对活动。撑托主要用于防止顶杆顶推过程中受力不均匀的情况。

反力架的支撑：反力架上下位均布4根10寸钢管与洞口墙体顶紧，其中能够支撑在侧墙的一侧均布3根10寸钢管与结构侧墙顶紧，另一侧用2根直径500mm钢管做斜支撑。

反力架斜撑安装好以后，需进行压紧螺栓的调整，分别上紧每个压紧螺栓，上紧时要对角上紧，保证后盖的均匀受力。每颗螺栓的压紧力要平均，上紧后用锁紧螺母锁住，这样能保证钢套筒在有水压时洞门环板处连接螺栓不受力。上紧的过程中注意检查各支撑是否松动，各段法兰连接螺栓是否松动。

钢套筒安装完毕，检查确认后，即安装横向支撑。横向支撑采用125H型钢支撑在基坑侧墙结构上，支撑在侧墙的一端要加钢板封盖，保证支撑与侧墙的接触面积。竖向高度要求支撑在距离钢套筒托架底部500mm处。另外，反力架也要安装横向支撑，上下共4根，上部支撑在负三层结构上，避免出现横向位移。

6）钢套筒填料——碎石

为防止盾构机栽头，需要在钢套筒底部约60°圆弧范围内回填碎石，厚度约20cm，碎石粒径10～20mm。

7）钢套筒填料——粗砂

当钢套筒检查完毕后，进行填料（粗砂），主要是填盾构掘进出来的渣土，必要时对土体进行改良，增强土体的流动性。从地面布置一条输送管路至钢套筒上，将填料输送至钢套筒内，地面设置一个漏斗，将填料直接从漏斗通过直径250mm的钢管输送至钢套筒内；若出现填料输送阻塞现象，采用冲水方式，将填料冲刷下去。

也可采用料斗依次将回填料吊装至套筒内。

粗砂回填过程中，边填，边加入适量水，让砂处于自然密实状态。

回填料=3.14×（6.5÷2）²×（10.9+0.9+0.6）=411.3m³，现场需提前做好材料准备。

填料完成后，要对钢套筒的连接进行加压测试，以检查渗漏情况，测试压力不小于盾构土仓的切口压力（土仓1.1～1.2bar，测压不小于3bar可满足要求）。

8）盾构接收及吊出

盾构机完全进入钢套筒内之后，第一时间注双液浆封堵盾尾与洞门结构位置，注浆量按理论注浆量的150%～200%进行注浆。

注浆凝固之后，打开钢套筒上预留的卸压口，测试有无水涌出，然后缓慢降低气仓压力，并观察液位有无上升，如无异常，则将气压降至零后，打开气仓门，观察液位，再打开土仓门，确认无涌水后，打开钢套筒上的填料孔，观察注浆情况，确认后可以拆开钢套筒上半部准备盾构机吊出。

9）钢套筒拆除

钢套筒拆除吊装顺序：反力架拆除并吊出→后端盖拆除并吊出→C、B1、B2块整体拆除并吊出→过渡连接块上半部分拆除并吊出→盾构及拆卸，吊出→A3块拆除并吊出→A2块拆除并吊出→A1块拆除并吊出→过渡连接块下半部分拆除并吊出→场地清理并移交。

拆解流程及步骤与安装工序相反，但起吊设备及要求与安装一致。

10）其他

（1）测量复核

在盾构机进洞前 50 环时，对控制点各进行一次复核测量，并提前调整盾构姿态使得盾构垂直洞门方向进洞。

钢套筒安装完成后，对钢套筒轴线进行复核，确保钢套筒轴线与隧道中心线重合（或偏差满足规范要求）。

（2）管片注浆

①二次注浆

盾构钢套筒接收时，选择在盾构机刀盘位于主体结构与钢套筒连接部位，从管片末 10、11 环开始用环管片上预留的注浆孔对隧道外侧土体注双液浆打封闭环箍，阻止后方的水进入盾尾前方。如果遇到地质条件较差，地下水较为丰富的情况，可以增加注浆环数及注浆深度。

②管片封堵注浆

当盾构机拼装完最后 1 环（到达环）后停止同步注浆，从末 5 环开始用环管片上预留的注浆孔注双液浆打封闭环箍，直至末 5 环全部注浆完成。

（3）施工监测

盾构进入到达段施工前详细了解施工影响范围内的地面建筑物的情况及保护要求。盾构掘进过程中隧道中心线的地面沉降量控制在 +10 ～ -30mm 以内。

盾构到达段沿隧道中心线每 5m 设置一个地表沉降监测点。在距接收井围护结构外侧 20m 处设置一道隧道横向沉降槽监测断面，隧道横向沉降槽监测断面的监测点由线路中心向外由密到疏布置，并按照设计要求在距隧道轴线 20m 以内的建（构）筑物布点监测。

盾构机到达掘进时，每天监测 4 次，并及时将监测数据反馈给推进施工技术人员，以便及时优化推进参数。

第四节 小　　结

始发和到达是盾构施工的重大风险控制点，在无法进行端头加固或者加固效果无法保证的情况下，采用填土或者钢套筒接收原理是创造一个盾构在密闭的环境下到达的条件，很好地解决了盾构到达施工的安全问题。

回填土接收是深圳地区首次采用的盾构到达接收技术，在不需要钢套筒辅助的情况下，只需要将接收竖井回填到盾构机顶部以上 6m 的高度，盾构机掘进模拟正常埋深段，待盾构机到位后再将回填土开挖吊出盾构机，既安全又经济。

盾构到达情形之下的钢套筒辅助，包含施工路径下的多重工艺，化解了特有的地质疑难。钢套筒协同下的辅助接收，规避了盾构到达这一时段中的涌砂及涌水，维持了出洞之时的安全。钢套筒接收特有的方式，具有高度的安全性。

两种盾构到达接收的新技术，适应性广，推广价值高。

第七章 盾构机整体顶推快速过站施工技术

第一节 工程概述

地铁建设中，盾构机在一个区间掘进完成以后，通常需要转运到另一个区间继续施工，此时盾构需要经过拆机、吊出、吊入、组装、调试等环节，时间较长，成本也高。若两个区间相邻，到达和始发分别在车站的两端，可通过盾构空推过站的方法实现盾构机转场。因盾构体积过大，台车行走高度与盾体不一致，部分车站不具备直接空推过站条件，需要将盾体和台车拆分，采用盾体、台车分别过站的方式。

7号线盾构机掘进到达福邻站、华强南站后，采用了盾构机整体移步式行走过站施工技术，利用液压技术使盾构整体抬升及平移，省去盾体与后配套的拆解、二次组装及二次调试施工环节，具有机械化程度高、施工周期短和人员投入少的特点。该技术可使盾构机盾体和台车整机空推过站，减少了盾构过站工序，大大提高了盾构过站的施工效率。

第二节 施工技术

1. 施工准备

1）盾构机到达前准备工作

（1）做好进站前的测量工作

进站段掘进前，应测量隧道基线，确认盾构机的位置，控制洞口段线形。盾构到达前50m，即加强盾构机姿态和隧道线形的测量，及时纠正偏差，确保盾构机顺利地从预留洞口进入车站。

①到站前100m要进行联系测量，并报监理审核，同时应对到站洞门进行测量，以精确确定其位置。

②以50m为起点，结合洞门位置，根据设计线路，制订严格的掘进计划，落实到每一环。

（2）洞门加固

洞门加固指对盾构机进出盾构工作井部位的地层进行加固，提高洞门外土体强度，控制地表沉降，防止端头坍塌，控制水土流失，保障周边建筑物和构筑物的安全，有利于盾构机始发和到达的姿态控制。

（3）到达前姿态调整

盾构到达时处于平曲线，刀盘进入加固区（到站前6环）后按割线掘进，不进行水平方向的姿态调整。

破洞门前，盾构允许偏差为±10mm，仰角允许偏差控制在2mm/m以内，避免出现俯角姿态。同时做好铰接千斤顶的行程控制，避免千斤顶出现最大和最小行程的极限状态。注意盾尾间隙的控制，尽可能保持盾尾间隙均匀等。盾构进入进站段后，首先减少推力，降低推进速度和刀盘转速，控制出土量并时刻监视密封土仓压力值，避免较大的地表隆陷。贯通前5～6环，降低盾构机掘进推力，密切关注盾构机推进系统的推进速度、推进压力及掘进出土情况。

2）盾构机进站前准备工作

盾构过站前，需与车站施工单位进行有关的协调。如人行上下井通道、临时施工用水用电、预埋件安装及临时孔洞预留、施工永久用电（200kV·A）以及有关施工场地交接等。并做好以下准备工作：

（1）安装洞门环板及洞门密封，环板背上耳环穿好钢丝绳并拉紧。

（2）洞门处由盾构机直接破除，并将刀盘缺口推出帘幕板。

（3）按照以下步骤安装接收架：

①清除接收井内的杂物，底板清污。

②在离开洞门约1m处铺一块7.2m×12m×20mm的钢板，并固定。

③在刚铺好的钢板上涂黄油，然后在上面安装接收架（长9260mm×宽4620mm）。接收架的高程位置根据盾构出洞高程确定，安装时应由测量准确定位。在钢板上焊接止推板，防止盾构进入时接收架滑移。

图3-7-1　洞门环板、洞门密封及接收托架安装情况

洞门环板、洞门密封及接收托架安装情况如图3-7-1所示。

3）盾构机破洞

盾构机到达前50m左右，对盾构姿态进行测量复核，使盾构机到达时刀盘中心比线路中心超高30～50mm，防止盾构下沉；到达前6m范围，盾构掘进速度应控制在20mm/min以下，控制上部土仓压力为1.5bar左右。控制好盾构机姿态：在贯通前10环（15m）开始，使用经过多次检核的控制点对每环进行人工姿态测量，将人工姿态测量与自动测量系统测量结果相比较，控制盾构机出洞时的垂直姿态，确保盾构机准确出洞。当盾构机刀盘切口环推出帘幕板时停止掘进，清理场地。按以下要求做好盾构破洞进站施工：

（1）盾构破洞后，调整刀盘的位置，在洞门刀盘底部固定4条短钢轨，保证托住盾体出洞不下沉。

（2）洞门水沟位置底部焊支架，铺设导轨；支架与接收架焊接，导轨和接收架导轨平整过渡。

（3）使用管片安装模式将盾构机往前移动，直至安装完本区间最后一环管片。由于盾体逐渐脱离土体，盾构机安装管片的千斤顶压力在逐渐减小，为保证管片间的压紧密实，每安装完成一环后，应对后三环管片螺栓进行复紧。

4）盾构机进站后准备工作

（1）盾构进站后措施。

盾构机进站后，一般需要安装5～6环管片才能完成区间隧道。同时，随着隧道的贯通，盾构机前方没有了反推力，将会造成管片之间的环缝连接不紧密，容易漏水。在最后几环管片安装时，根据现场实际情况，应采取以下措施：

①在靠近洞口段10环管片的2点、4点、8点、10点位置，用辅助措施拉紧（图3-7-2），将管片拉成一个整体，保证管片间的止水条压缩到位。

②管片安装完毕需用风动扳手拧紧所有螺栓，且在下一环掘进完毕后再次紧固。严格按照操作规程拼装管片，同时避免管片间出现错台。保证管片特别是封顶块的安装质量。

③管片安装前应保证止水条不损坏、不预膨胀，及时清理管片上注浆掉落产生的渣土和砂浆等，管片安装完毕应将注浆塞拧牢固。

④破除洞门后，先清理土仓内和刀盘前方及托架上的渣土。

⑤最后一环管片安装完毕时，盾尾仍有部分处于洞内，采用3m钢轨作为支撑用拼装模式将盾尾推出洞门。

⑥待盾尾离开洞口密封环后，迅速调整洞口铰接压板，采用快速凝固的砂浆注浆，保证洞口的管片衬背注浆迅速凝结。

（2）焊接盾体焊接块和千斤顶支架。在中盾上焊接两个焊接块，用来顶推盾体。

（3）顶推盾体上到接收架。用两台85t的千斤顶同步顶推盾体，直到盾构主机上到接收架上（图3-7-3），这期间需要加垫千斤顶和不断移动千斤顶支架到合适位置。

图3-7-2　靠近洞口段管片拉紧情况

图3-7-3　盾构机主机上到接收架上

（4）拆解管片供给小车并拉出。

（5）铺设洞内轨道，拆解接渣斗和皮带架子。

（6）拆解管线。

（7）拆解连接桥与盾体间的液压和电气线路，做好接头清洁、密封和标识。

（8）尾盾与中盾两侧用型钢焊接，以免尾盾变形。

2. 盾构机过站作业

1）盾构完成接收

（1）调整拼装机的位置，使其移动、定位机构位于正下方；旋转螺旋输送机，使螺旋输送机内部渣土清理干净。

（2）在盾构5节台车上焊接钢结构构件下，移台车轮子。

（3）过站需用的物品：100t液压泵站1套，50t、30t液压千斤顶各1台，30t机械千斤顶2台，25mm冲击钻1把，3t单链倒链、5t倒链各2个。

（4）盾壳两侧下部位置焊接千斤顶支座，见图3-7-4～图3-7-6。根据刀盘52t、前盾

96t、中盾 86t、盾尾 28t，经综合受力分析，将千斤顶支座焊接与前盾、中盾的两侧中心位置。

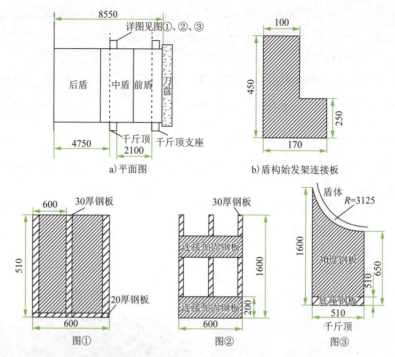

图 3-7-4 盾壳千斤顶支座图（尺寸单位：mm）

图 3-7-5 盾构机支座及千斤顶

图 3-7-6 盾构机向前顶进

（5）利用盾构过站平推千斤顶，将盾体往前移动，直至完全处于接收架上。

（6）根据重心计算，确定盾构机抬升用的千斤顶支座在盾壳上的焊接位置。在盾体外壳焊接防止盾体转动的限位钢板及防止盾体滑动的连接板。

2) 盾体过站

（1）施工过程中，根据盾构机参数，计算出重心点位置，确定顶推千斤顶受力点，利用液压油千斤顶进行"推（平推盾构机）—顶（抬升盾构机和接收架）—拖（拖动轨道、接收架）"的循环操作，使盾构机整体平移过站。盾构过站施工工艺流程见图 3-7-7。

（2）重复"推（平推盾构机）—顶（抬升盾构机和接收架）—拖（拖动轨道、接收架）"的操作，直至将盾构机和接收架移动到端头。

（3）盾构机过站台段的方法与"（1）"所叙述的方法相同，以此实现盾构机不断前进。

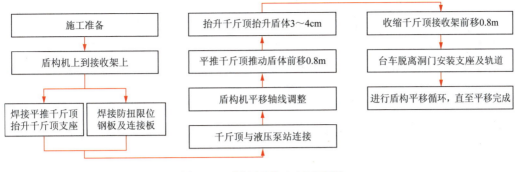

图 3-7-7　盾构过站施工工艺流程图

3）台车过站

（1）重复"推（平推盾构机）—顶（抬升盾构机和接收架）—拖（拖动轨道、接收架）"的方法，将盾构机和接收架前移，到1号台车前轮从洞口出来时，台车上焊接20号工字钢，下移（1120mm）台车轮子。

（2）通过在台车和轮子之间增加工字钢支撑，台车轮子下移，增加台车高度，在车站底板顺延轨道上行走，如图3-7-8所示。

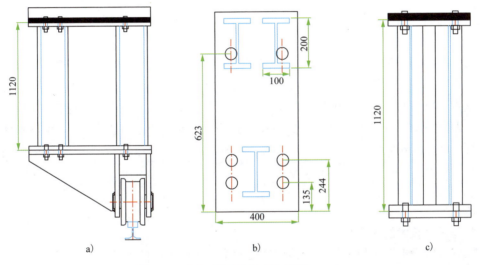

图 3-7-8　台车下移示意图（尺寸单位：mm）

（3）重复"推（平推盾构机）—顶（抬升盾构机和接收架）—拖（拖动轨道、接收架）"的操作，直至将盾构机和接收架移动到距离始发端头大约9m处停下，进行盾构机姿态及轴线调整。盾构机姿态调整完成后，将盾体平移至洞门，准备进行盾构机二次始发。

3. 施工要点

（1）进行盾构机重心点位置计算时，需考虑管片拼装机和螺旋输送机重量对盾构重心点位置的影响。明确主体车站的结构转角对盾构机平移位置的影响，根据平移时的需求提前进行影响部位的凿除或在影响位置底板上加装顶推反力支座，提高工效。

（2）区间贯通前，根据盾构机进洞段推进要求进行推进参数及姿态调整，提前对盾构机的姿态进行复核，确保盾体顺利平移至接收架上。刀盘进站后，利用盾构机上的主推千斤顶，将盾体往前移动，直至盾体完全处于接收架上。盾构机上接收架前，对接收架进行加固，保证盾构机上接收架过程，接收架不发生滑动。

（3）根据实际抬升千斤顶的油缸行程，确定抬升支座的焊接位置，保证油缸的焊接位置满足盾构机及接收架整体抬升 3～4cm 的要求。保证抬升千斤顶支座焊接位置处于同一水平面，保证抬升过程的平稳；盾体外壳焊接防止盾体转动的限位钢板，焊接防止盾构滑动的连接板。将 20mm 钢板焊接在盾体上作为与接收架连接成整体的连接板，连接板与接收架为间隙配合，减小平移过程中的摩擦。

（4）盾构机平移时使用的千斤顶是与自带的液压站进行连接的，连接时需对千斤顶进行分组，前盾上的 2 个抬升千斤顶为一组，中盾上的 2 个抬升千斤顶为一组，2 个平推千斤顶为一组，保证抬升过程中处于联动可控，且盾体平稳抬升。

（5）利用平推千斤顶，推动盾体沿着接收架轨面往前滑动约 0.8m 停下；而后利用抬升千斤顶，将盾体抬离接收架；最后用平推千斤顶回缩拽动接收架前移约 0.8m 停止。收缩抬升千斤顶，使盾构平稳落到接收架上。依照"推（平推盾构机）—顶（抬升盾构机和接收架）—拖（拖动轨道、接收架）"的方法，将盾构机和接收架前移 0.8m，完成盾构机整体平移过站。

（6）盾构机平移过站过程中，不断利用机械式千斤顶，进行盾构平移轴线的调整，使其完全避开前方车站结构转角并留有足够的过站需要的工作空间。

（7）当台车前轮从洞口出来时，利用钢支撑将台车架起，20 号工字钢台车支架将台车车轮下移，同时在车站底板上安装台车过站使用的轨道。所有台车均安装支架，使之达到同步过站的目的。

（8）盾构机整体平移过站过程中可进行盾构机检修工作，提高过站工效，缩短施工工期。

（9）盾构机整体平移过程中，为保证有效恢复盾构机性能，确保下一个盾构区间工程的顺利进行，需对盾构机进行维修保养。检修包括刀具、盾体上的传感器及耐磨格栅的检查与维修，盾尾刷及止浆板的检查与维修，螺旋输送机、管片拼装机、皮带机的检查与维修。对刀盘驱动系统、压缩空气系统、液压系统、水循环系统、电气系统、泡沫系统、注浆系统进行检修和调试。

第三节 小 结

1. 与其他技术的对比分析

（1）与盾构机拆机吊装相比，该过站技术省去了盾构机的拆解、吊装、二次组装及二次调试等施工环节，提高了操作的安全性。

（2）与传统的过站技术相比，该过站技术省去了滚杆、滑动托板、滚轮及卷扬机循环安拆时间及人员、材料投入，降低了施工成本。

（3）本过站关键技术在于盾构机整体过站，无须拆解，降低了施工成本，为盾构机的检修提供了有利的施工条件，提高了工效，缩短了施工周期。

2. 推广价值

根据实际施工研究统计，同等条件下，盾构整体移步式行走过站施工技术较传统过站施工技术节约成本 103.3 万元，且过站采用的顶码、千斤顶等均可回收重复利用，过站速度大幅提高。盾构机每顶推 0.8m 约 15min，每天空推达到 36m（含轨道、管路铺设施工时间）。该工法的推广应用经济效益显著。

该过站技术在 7 号线的成功应用，对项目技术进步的意义重大，为后续盾构整体过站及类似工程提供了宝贵经验，可进行广泛的推广使用。

第八章 盾构分体始发及硬岩空推技术

第一节 工程概况

7号线桃源村站—深云站区间盾构始发车站为深云站，因深云站管线众多，迁改时间长，前期只能通过分段开挖建成长34.4m的始发竖井，为解决始发竖井长度不足的难题，采用了盾构分体始发技术。

桃深区间地质情况变化比较大，在盾构始发端和到达端各有一段全断面高强度硬岩段，分别长60m和98.865m。该段为微风化花岗岩，单轴抗压强度达到了150MPa，不可能直接利用盾构掘进。在保证施工安全及不影响周边环境的前提下，这两段隧道采用了矿山法开挖初期支护、盾构空推拼管片的盾构空推技术。桃深区间盾构施工顺序见图3-8-1。

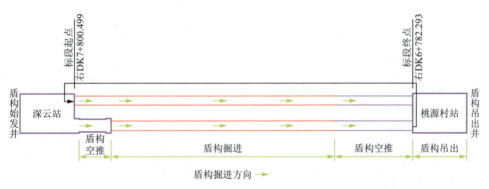

图 3-8-1 桃深区间盾构施工顺序图

第二节 盾构分体始发技术

一、始发方案确定

因盾构始发井长度仅为34.4m，而盾构机总长约84m，无法将盾构机整体吊装下井，故采取了盾构分体始发技术。盾构分体始发是指始发井长度不足而无法整体吊装下井时，先将主机或部分台车吊装下井进行始发的一种方式。具体施工过程为安装好主机后，通过延长管线，将地面上的台车连接到主机上进行调试、始发，掘进一定距离后，把地面的台车再吊装下井并与已下井的部分连接成一个整体。

始发井内仅能放下刀盘+盾体+连接桥+渣车 =10m+12m+9.5m=31.5m，但是1号台车上装有盾构机的操作室及注浆设备。盾构机操作室中有盾构机操作控制台、控制计算机、PLC 自动控制系统、VMT 激光导向系统及螺旋输送机后部出土口监视器，主要掘进及盾构控制系统均在此处，线路密集，系统复杂。从设备改造增加的费用和满足盾构机正常始发的条件下综合考虑，在左线始发时，采用将 1 号台车至刀盘部分下井，2～5 号台车放置在始发井南侧偏后方（图 3-8-2）。

图 3-8-2　桃深区间盾构机 2～5 号台车放置地面情况

盾构机分体始发就必须要对盾构机原设备进行必要的改造和增加部分设备。

1）后配套设备布置及改造

1 号台车与 2 号台车间使用延伸管线进行连接，完成动力、控制信号和耗材的传输。因 1 号台车无皮带驱动装置，需要在 1 号台车尾部加装一个结构架，用于安装皮带驱动装置，同时用来规整布置延伸管线。因空间限制，从 1 号台车断开的分体始发方式列车加挂 2 个渣斗，始发初期如需出渣可以用 1m³ 的小土斗放置在渣斗底盘上，渣斗车也可以用来运送管片，砂浆可通过管路直接放至 1 号台车砂浆罐内，后期随着盾构机推入隧道后，可以增加编组车以提高效率。

从 1 号台车断开后，盾构施工的同步注浆、管片吊运两个工序均可使用盾构自身设备完成，各工序被间断次数和工序间转换次数相对只有盾体下井时大大减小。因此，生产效率将比从主机断开的分体始发方式高出很多。

根据以上原则和始发井长度，在左线始发时，将 1 号台车以前部分下井，2～5 号台车放于始发井南侧，延长连接 1 号与台车之间管线（图 3-8-3），1 号台车与 2 号台车之间采用延长管线进行连接。

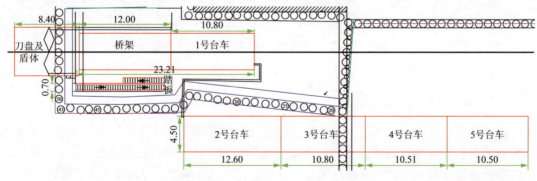

图 3-8-3　分体始发摆放图（尺寸单位：m）

2）管线延长

需要延长管线见表 3-8-1。

盾构分体始发管线延长　　　　　　表 3-8-1

型　号	长度(mm)	连接位置	标　注
2″R35-32	25000	2号台车到1号台车	刀盘
DN100	80000	2号台车到1号台车	回油管
DN100	80000	2号台车到1号台车	泄漏油管
DN50	25000	2号台车到1号台车	内循环水管
DN50	80000	2号台车到1号台车	工业水管
DN50	80000	2号台车到1号台车	压缩空气
1 1/2″R35-24	25000	2号台车到1号台车	螺旋输送机油管
1 1/2″R35-24	80000	2号台车到1号台车	推进油缸油管
1 1/2″R35-24	80000	2号台车到1号台车	安装器油管
30S H29-16	80000	2号台车到1号台车	附属系统油管
16S H31-8	25000	2号台车到1号台车	螺旋输送机油管
16S H31-8	25000	2号台车到1号台车	刀盘刹车油管
12S H31-6	25000	2号台车到1号台车	刀盘
28L 301SN-16	25000	2号台车到1号台车	螺旋输送机冲刷

3）组装前准备工作

（1）盾构安装前，根据设计复核始发井内洞门的平面高程，对复核后的数据请第三方测量队进行复核后，进行始发基座组装。

（2）双轨梁与1号台车间需用长油管连接，管路放置在中板上。

（3）双轨梁不能直接与1号台车相连，所以需要加工临时托架。

（4）为便于区分管线类型，利于排除管线故障，避免二次转接时出现连接错误，需对分体始发的各种管线做好标识。标识采用不同颜色的塑料带制作，并加以说明。

（5）同步注浆管路需准备备用管路，以保证同步注浆管堵塞时可及时更换。

二、盾构分体始发技术

1）运输装车总体方案

因现场盾构件离下井位置有段距离，吊车不能直接起吊下井，需用拖车现场转运至下井吊车能起吊的位置，如图 3-8-4 所示。根据设备的结构，大型设备采用一台 220t 吊车装车，小型设备及构件采用 100t 吊车装车。

图 3-8-4　盾构机入场平面布置图（尺寸单位：m）

2）下井吊装

分体始发的盾构机安装与完整始发安装基本一样，只是在安装的过程中应根据短始发井的空间来考虑设备安装步骤，避免由于设备安装空间不够而造成安装困难。另外，增加的连接管线应与原设备为同一规格型号。

3）盾构始发掘进

盾构始发后将电缆和管路分开放置，在掘进过程中及时延放1号、2号台车之间的连接管线，防止拉断管线现象。左线空推60m后，将2～5号台车吊装下井，与前面台车组装成整体，进入正常掘进模式。

图3-8-5 盾体推入矿山法隧道安装反力架情况

始发掘进要先将盾体推入矿山法隧道，再在后面安装反力架，进行盾构始发掘进，如图3-8-5所示。

盾体移动过程如下：

（1）首先在始发井洞门前定位安装始发托架，再在始发托架上对盾体进行组装，在刀盘上先不安装边缘滚刀和外缘刮刀。

（2）盾体组装完毕后，在始发托架上盾体旁边焊接挡块阻挡盾构机翻转，在始发托架上安装底部一块管片，进行盾构机的前移，刀盘在进矿山法隧道时应精确定位在混凝土导台上，盾构前移直至盾尾进入洞门1000mm左右。

（3）在盾尾后开始对反力架进行定位，并对其安装后，使用盾体上的液压油缸顶到反力架上，给盾体一个向前的动力使其前移，当推进油缸行程$\Delta L=1500$mm时，盾体停止向前移动。

（4）盾体已经全部进入隧道，盾尾离洞门约1000mm，开始安装第0环管片，盾构千斤顶推力维持在300～500t。

（5）第0环安装完毕以后，安装第1环管片，压力保持同上。依此类推，不断前进和安装管片。

（6）刀盘到矿山法隧道的掌子面前，需停下盾构机并对其进行刀具检查，在刀盘上安装边缘滚刀和外缘刮刀，在进入掌子面前需对管片背后填充豆砾石，并进行盾尾注浆。盾构开始掘进就转动刀盘，并调试好盾构机参数。

（7）依次掘进和安装到第40环，初始掘进结束，这时将放置在地面的2～5号台车吊装下井，与前面的1号台车连成一个整体。分体始发掘进结束，盾构开始进入正常掘进。

4）分体始发阶段盾构施工参数的设置

（1）第0～32环，盾构掘进参数设置

盾构机总推力$F=300\sim500$t、刀盘扭矩200～300kN·m、掘进速度小于50mm/min。

（2）32～40环，盾构掘进参数设置

盾构机总推力$F=800\sim1000$t、刀盘扭矩400～500kN·m、刀盘转速1.0～1.5r/min、掘进速度小于30mm/min、盾尾注浆压力1.4～2.0bar。

（3）砂浆配比

砂浆配比列于表3-8-2中。

砂浆配比表 表3-8-2

注浆方式	配比					备注
	水（kg）	水泥（kg）	细砂（kg）	粉煤灰（kg）	膨润土（kg）	
同步注浆	550	150	700	300	55	
补强注浆	100	100				单液

（4）土仓压力控制

空推段可以土仓不保压掘进，如土仓进入豆砾石过多，则可以随时用螺旋输送机出土。

（5）试掘进段施工参数

试掘进段进入土层后以全风化花岗岩、砾质黏性土为主，施工参数暂定如下：

掘进土压：1.2～1.4bar；

刀盘转速：1.0～1.5r/min；

掘进速度：20～40mm/min；

出渣量：控制在60m³/环以内（理论出渣量为46.46m³/环）；

同步注浆量：5.5～7.3m³/环（注浆系数1.3～1.8）；

注浆压力：2.5～3.5bar；

盾构轴线纠偏控制：≤4mm/环；

渣土改良：泡沫剂（每环40～60kg）；

盾尾油脂：约35kg/环；

二次注浆：累计沉降超过15mm，单次沉降超过3mm时启动；

监测：2次/d。

5）施工运输

始发井长度为34m，暗挖长度为60m，盾构机总长为84m（5号台车后部不安装，约79m）。

（1）分体始发初始阶段，因空间限制，始发时1号台车后只有约3m的距离，此时掘进属于空推段，刀盘内没有渣土，也不需要出渣，可以直接往前推进。下井1列电瓶车+1列平板车，用来运输管片和其他材料，如土仓进入豆砾石较多需出渣，则可以用1m³的小土斗放置在平板车上出少量渣。随着1号台车进入隧道，可以用1列电瓶车+1列渣土车+1列砂浆车+1列平板车的列车编制进行运输，如图3-8-6所示。

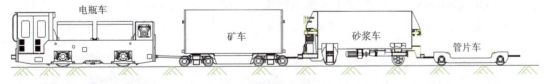

图3-8-6 盾构分体始发段机车编组图

（2）空推完成，刀盘顶至掌子面。将地面台车吊装下井，可用于出渣的空间为16m，可配置1列电瓶车+1列渣土车。必须先在盾构机内存放2环管片，预存一列装满砂浆的罐车，随着盾构机往前推进逐步增加渣土车的数量。

（3）垂直运输

始发阶段的垂直运输分为两个部分，包括施工材料垂直运输和渣土垂直运输，材料垂直运输由16t龙门吊完成，渣土垂直运输由45t龙门吊完成。

第三节　硬岩盾构空推技术

一、总体施工方案

当隧道存在较长距离全断面高强度硬岩、孤石群或上软下硬地层时,盾构掘进困难,可采用先矿山法开挖并施工隧道初期支护、然后再利用盾构空推拼装管片通过矿山法隧道的施工方法。

盾构空推时不需要开挖土体,仅仅随着盾构的前进拼装管片,同时由盾构拼装的管片形成矿山法隧道的二次衬砌,二次衬砌和初期支护之间的孔隙采用粒径 5～10mm 的圆滑豆砾石及砂填充,然后注浆填充碎石间的空隙,最终由豆砾石混凝土和管片共同构成矿山法隧道的二次衬砌。矿山法施工隧道的内径为 6400mm,盾构空推过矿山法隧道施工工艺流程见图 3-8-7。

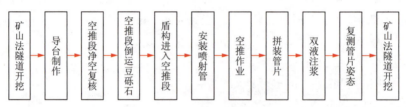

图 3-8-7　盾构空推过矿山法隧道施工工艺流程图

二、混凝土导台施工

在盾构空推过矿山法隧道前,必须完成导台施工并达到盾构空推要求。为保证盾构具有良好的姿态,混凝土导台必须精确施工。根据设计要求,导台平整度控制在 10mm,轴线偏差控制在 20mm 以内,盾构空推施工前混凝土强度应达到设计强度。

导台施工范围在隧道底部 60°范围内,从洞门处开始,钢筋混凝土导台的中心线与隧道中心线重合,直至隧道端墙前方导台结束。导台与端墙之间预留 1m 长的缺口,使盾构机刀盘在缺口处可安装超挖刀,并顺利旋转切入端墙。

导台采用 C30 钢筋混凝土,高度为 150mm,弧长与隧道中心夹角为 60°,导台外径为 3300mm,内径为 3150mm。为了防止盾构机步上导台时混凝土开裂,导台两侧预埋 63mm×63mm×6mm 角钢,弧形平面接暗挖段处布置 1.5m 长钢板,利用弧形导台支持盾体重量以及导向控制。导台结构示意如图 3-8-8 所示,导台钢筋布置示意如图 3-8-9 所示。

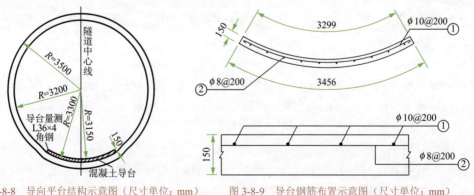

图 3-8-8　导向平台结构示意图(尺寸单位:mm)　　图 3-8-9　导台钢筋布置示意图(尺寸单位:mm)

三、矿山法隧道复核及联系测量

盾构机导台施工完成后,要对隧道的中线、高程及超、欠挖值等方面进行检查验收。

为了确保盾构机能够顺利通过矿山法段,在盾构机正式下井前必须完成联系测量,之后在隧道内每隔 2m 进行一个断面测量,每个断面测点不少于 30 个,以形成矿山法隧道最终测量成果。避免欠挖,确保盾构机空推通过矿山法段。

四、豆砾石回填

盾构机导台施工完成并达到设计强度的 90% 之后,在暗挖空推段隧道 25m 范围内进行豆砾石的回填。

1)豆砾石回填目的

给盾构机提供足够反力,推进千斤顶顶推管片。管片止水条密贴,达到良好的止水效果。在刀盘前方形成密闭土体,让盾构机形成正常推进的土压平衡模式。

2)豆砾石回填方式

导台混凝土强度达到要求后,安排 2 台小型挖土机和 2 台小农用车配合作业。豆砾石运至始发井井口,在始发井井口位置安装一个梭槽,通过梭槽将豆砾石倒至井底。在井口安排 1 台挖土机负责装车,在隧道内安排 1 台挖土机负责堆土作业。

3)豆砾石回填方法

如图 3-8-10 所示,采用人工配合机械进行豆砾石堆积,拟定堆积长度为 25m,小里程端头靠盾构与矿山分界端头 15m 采用全断面堆积,后 10m 采用半断面堆积,堆豆砾石总方量为 700m³ 左右。

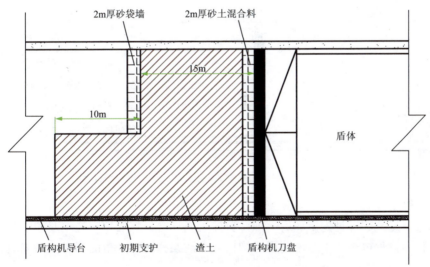

图 3-8-10 隧道断面豆砾石回填示意图

五、盾构隧道与矿山法隧道接口处理

盾构正常掘进段完成,在进入矿山法隧道时,为了确保掌子面土体稳定,防止地下水涌入矿山法隧道,矿山法隧道掌子面完成后,对矿山法隧道与盾构隧道接头 4.5m 范围内采用水平注浆管对土体进行水平注浆加固,提高土体的强度和自立性。另外,在端头墙处设置好洞门预埋件，洞门预埋件必须符合设计要求，且要适当加强，严格控制预埋件尺寸，尤其要控制洞门钢环的曲率，确保盾构机顺利进入空推段。

（1）矿山法隧道开挖完成后，在端头墙位置水平放置玻璃纤维筋格栅并绑扎牢固，掌子面开挖后立即初喷 50mm 厚 C25 混凝土，防止局部坍塌，且要求喷射混凝土与隧道最后 3 榀密排格栅的喷射混凝土同步施工，水平格栅及纤维筋网绑扎好后及时喷射混凝土，隧道两端墙全断面采用 C25 素混凝土封堵，喷射厚度为 200mm。

（2）在矿山法的端墙采用超细水泥—水玻璃双液浆进行注浆加固，注浆长度为 4.5m。

六、盾构掘进

盾构掘进前，拆除盾构机刀盘最外侧的刀具。盾构在导台上推进时采用敞开模式，不转动刀盘，直接往前推进。为防止盾构发生滚动或损坏导台，保证盾构在导台上沿轴线方向前进，先调整左右铰接千斤顶的行程差，使其为零。盾构推进时，主推千斤顶，通过调整推进千斤顶行程差，来满足盾构在曲线段掘进的需要；推进过程中密切注意盾构机刀盘周边与初期支护、成环管片与盾尾间的间隙。推力 300～600t，速度 20～40mm/min。

1）喷射豆砾石与壁后注浆

管片在盾尾拼装完成后，盾构机进行下一环推进，通过推进油缸行程确定在每环管片脱离盾尾前，在管片背后喷射豆砾石及砂填充管片与隧道初期衬砌之间的空隙，如图 3-8-11 所示。

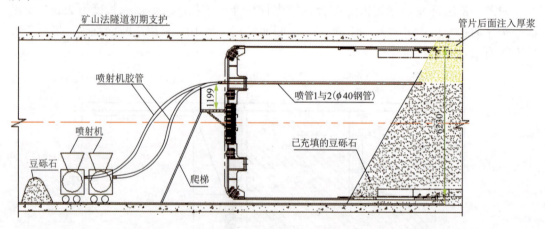

图 3-8-11　矿山法隧道盾构空推豆砾石回填示意图（尺寸单位：mm）

（1）喷射豆砾石

豆砾石填充的顺序是先下部后上部，首先填充导台，然后填充左右两侧，最后填充隧道上部。整环管片填充结束后，利用盾构机 4 个注浆孔进行少量的同步注浆来填充豆砾石间的空隙。

喷射机械采用湿喷机，材料采用 5～8mm 圆滑豆砾石并掺砂。喷射压力为 0.25～0.3MPa，为了防止喷射过程中扬尘，砂石必须先进行洒水湿润。管片背部填充标准按照圆形隧道平均超挖 10cm 考虑，喷射碎石可以填充空隙 70%～80%。每环填充 3.8～4.0m³。

（2）壁后注浆

浆液采用水泥砂浆，将已填充的豆砾石密实固化，使衬砌管片与初期支护之间密贴，提高支护效果。盾尾注浆前，砂石已经占据大部分的空隙，每环注浆量仅需 1.5～2m³。

在注浆过程中加强对盾壳外部及盾尾的观测，发现有浆液外泄，应暂时停止注浆。同步注浆完成后，盾构机继续往前进行下一环推进。

管片背后回填主要由同步注浆来完成。通过同步注浆浆液在管片脱离盾尾时对管片进行支撑，以防管片下沉而产生错台。利用盾构机自身的同步注浆系统压住水泥砂浆，使管片与初期支护及地层间紧密接触，以提高支护效果。

当刀盘前方堆豆砾石不能密封刀盘面时，采取喷射豆砾石和注纯水泥浆来完成管片背后回填，回填材料为豆砾石（粒径为5～10mm）。用高压风将豆砾石从吊装孔喷入，填充管片与初期支护面间的空间，然后进行灌浆，凝结豆砾石，来包围管片并固定管片，同时承受围岩压力和水压力。

2）二次注浆

由于盾构机前方是敞开的，同步注浆效果不佳时，必须对管片进行补充注浆。二次注浆共分三次进行：第一次，在管片脱出盾尾后，通过底部管片吊装孔作为注浆孔注水泥—水玻璃双液浆，以防管片下沉产生错台；第二次，随着盾构机向前掘进，在盾尾后4～5环管片上，通过3点和9点位置的管片吊装孔注入双液浆防止管片侧移；第三次，每隔10环进行一次环向封堵，通过1点、11点位置的管片吊装孔注入双液浆，进行拱顶回填。只有多次注浆才能确保管片后空隙填充密实。

七、管片拼装

1）拼装要求

盾构在初期支护隧道内拼装管片与正常盾构法施工基本相同，只因盾构在初期支护内不能进行大幅的纠偏，故管片选型及确定封顶块拼装位置显得尤为重要。

盾构管片橡胶止水条挤密所需要压力约65t，盾构机总推力可达200t，四组油缸压力均超过65t。由于盾构在无正面土压力的状态下推进，为保证管片止水带的压密防水效果，必须加强连接螺栓的紧固，用高速气动扳手对连接件进行复紧，尤其应加强纵向螺栓（即环间连接螺栓）的复紧工作。并在盾体全部进入土体后，增加盾构机总推力，压紧矿山法隧道内已拼装的管片，并再一次紧固所有的管片螺栓。空推管片拼装纵断面如图3-8-12所示。

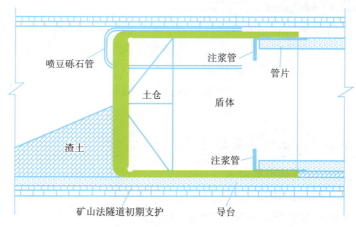

图3-8-12 空推管片拼装纵断面

2）防止管片上浮措施

（1）在盾构机过空推段隔环采用特制钢支复合牙对管片注浆孔进行支撑加固，通过打穿吊装孔，安装700mm长的φ30mm的钢支复合牙，一端顶在矿山法隧道初期支护上，另一端固定在管片吊装孔上（螺杆焊接的丝扣与管片吊装孔预埋件丝扣匹配）。

钢支复合牙：长700mm、φ30圆钢，并在一端焊接与管片吊装孔匹配的螺纹连接头，如图3-8-13所示。

管片脱出盾尾后，在3点、9点以上位置安装钢支复合牙，待管片壁后二次注浆充填密实并达到强度后拆除。

（2）隔环打通隧道断面10点～2点位置处的注浆孔，在打通的管片注浆孔内塞入浆液袋（直径35～40cm，如图3-8-14所示），结合断面测量数据，向浆液袋内注入水泥—水玻璃双液浆形成固结体，将管片与初期支护空隙局部填充，有效抑制管片上浮。

布袋为直径350～400mm的圆球状，采用具有一定强度和弹性的布料加工而成，并留有直径35mm的注浆段，注浆段长度为400mm。

图3-8-13 钢支复合牙

图3-8-14 浆液袋

注浆时机：管片脱出盾尾后即可在10点、2点位置范围内，通过管片注浆孔将布袋塞至管片与初期支护间，并用注浆头将浆液袋注浆段与管片注浆孔严实，并向布袋内加注水泥—水玻璃双液浆，且待注浆机有压力后证明浆液袋已注满，即停止注浆。

双液浆配比：水泥浆水灰比为1：1；水玻璃与水按1：1.5进行稀释，现场根据实际情况调节浆液凝结时间至35～50s。

（3）管片脱出盾尾后即进行浆液袋与钢支复合牙隔环安装，掘进同时进行同步注浆，并对脱出盾尾后的4～6环进行二次注浆。

（4）在管片壁后同步注浆浆液凝固后，为防止渗透到矿山法隧道内的地下水造成管片上浮，在隧道5点～7点位置打通二次注浆孔进行排水，同时进行管片壁后二次注浆，待注浆充填密实并达到强度后封堵二次注浆孔。

（5）跟踪测量管片姿态，及时反馈监测数据，根据管片姿态每日变化趋势，做好管片上浮的控制。

八、盾构离开导台进入土层正常掘进

1）切口环过导台后停机安装刀具

矿山法隧道末端接近封堵墙1m处通过导台掘进结束，切口环过导台后，安装边缘滚刀和边缘刮刀，并再次检查确认盾构机的运行状况。

2）盾构进入土层掘进

盾构到达矿山法隧道与盾构隧道接口掌子面后，应慢速掘进，掘进速度控制在10mm/min以内，严格控制盾构机姿态。每环按照设计方量进行同步注浆，通过管片吊装孔采用水泥—水玻璃双液浆浆液进行二次注浆，确保连续5环全断面注满，以切断后续水源涌入空推段隧道，同时防止地面发生大的沉降。

由于盾体与隧道初期支护之间有一定的空隙，盾体旋转仅受导台的阻力，导致刀盘切削端墙时盾体旋转角度很大。因此需要保持刀盘低速旋转，并不停地改变刀盘转动方向，让其慢慢地切入端墙，防止盾体旋转角度过大。初始掘进参数见表3-8-3。

接口处初始掘进参数表 表3-8-3

编号	项目	参数	适应范围
1	土仓压力	1.0bar	盾体完全进入土体，约10m
2	刀盘转速	0.5/min	
3	刀盘扭矩	80bar	
4	推力	800t	
5	推进速度	20mm/min	

3）二次注浆

在盾体完全进入土体后，矿山法隧道初期支护与管片之间的空隙两端头被完全封闭，因此从空推的第一环开始逐环对所有的管片进行二次注双液浆，通过顶部的管片注浆孔注入，将管片背后间隙再次填充密实。二次注浆结束后，对注浆前后整个隧道的中心高程进行测量和校核。

九、盾构在矿山法隧道内的到达施工

盾构应尽可能平稳、安全地进入矿山法隧道段，降低对地层的二次扰动，保证建（构）筑物的安全。

盾构进入矿山法隧道前50m、30m、15m、10m、5m应分别人工复核盾构所处的方位，复核确认盾构的当前姿态，评估盾构进入隧道时的姿态，拟定盾构进入矿山法隧道的施工轴线、推进坡度的控制值等，须确保盾构在此阶段施工中始终能够按照预定的方案实施，以良好的姿态进入矿山法隧道。

待矿山法隧道按要求回填完成后，盾构机开始在矿山法隧道内的进洞施工，推进速度应控制在15mm/min内，刀盘转速控制在1.6~1.8r/min，总推力减少到800t以内，确保盾构进洞时的旋转值小于±3mm/min，每环按照设计方量进行同步注浆。为确保在盾构到达空推段后纯盾构段隧道地下水不往空推段涌入，通过管片吊装孔采用水泥—水玻璃双液浆进行二次注浆，确保连续5环全断面注满，以切断后续水源涌入刀盘位置。

第四节 小 结

一、技术难点及风险点

盾构始发采用分体始发方式，盾体和1号台车连接桥先下井，掘进60m后剩余台车再下井，其具体难点如下：

（1）吊装时吊车最大作业半径为10m，最大起重量为96t，盾构设备体积大而重，作业半径大，且多个大吨位部件需在地面由运输存放姿态翻转90°再下井，吊装作业施工风

险大、难度高。

（2）始发初始阶段台车后面仅有 3m 的距离可以用来出土和吊运管片，吊装难度较大、效率低。

（3）1 号和 2 号台车间管线做好合理布局，在掘进时及时延伸，防止掘进时拖拉受损是施工中的难点。

矿山法结合盾构空推施工技术能够很好地实现区间隧道施工质量的连续性，保证工程的顺利进行，难点及风险点为：

（1）导台和矿山法隧道尺寸偏差过大时盾构易被卡住，导台施工精度和矿山法隧道尺寸控制要求严格；

（2）空推中的盾构机盾体周边摩擦力较小，盾体极易转动，要采取应对措施；

（3）进洞时，盾构机"低头"易导致导台破损；

（4）空推段管片极易上浮，需要加强管片上浮及侧移的应对措施。

二、创新点

盾构始发站深云站周边条件复杂，车站开挖施工难度大、风险大、变形控制标准要求高。在车站施工范围受管线影响的情况下只能先开挖 34.4m 的竖井作为始发井，通过技术创新，采用了始发段矿山法开挖和盾构分体始发技术，顺利地解决了始发井长度不足的问题，将盾构施工时间提前了 6 个月。

复合地层下盾构空推技术，通过对导台施工精度控制、矿山法隧道内净空尺寸控制、管片背后填充、钢支复合牙支撑及注浆布袋等多种技术创新及综合应用，顺利地解决了盾构姿态控制难、管片易上浮等技术难题，确保了盾构施工安全高效。

其中，钢支复合牙已成功申请实用新型专利技术，"深圳地铁 7 号线复合地层盾构选型及分体始发空推技术"科研成果获得省部级二等奖。实践证明，施工中采用盾构分体始发及空推技术是行之有效的，形成的关键技术与施工工法在复合地层，特别是我国华南地区具有广阔的推广应用前景。

第九章 地铁盾构施工远程智能化管控技术

第一节　管控系统构成

　　7号线盾构施工危险系数高，掘进操控精密，作业人员数量众多，盾构区间总长34km。引入"地铁盾构施工远程智能化信息管理平台"后，盾构设备在施工过程得到高效实时监控：在刀盘转速、扭矩、土压、油压等掘进参数异常时，可及时作出调整；可减少隧道内盾构操控人员、安全巡检人员、监控测量人员的数量，大大节省了人工费用；实时更新井下盾构施工人员的定位信息，当遇到突发事件时，可实现井上井下实时联动快速响应，其经济和社会价值巨大。

　　盾构机施工远程监控系统包括自动测量导向系统、监控信息综合管理系统，具有监测数据远程采集、监控参数设置、数据信息保存和查询、施工故障预测等功能。系统的总体结构图如图3-9-1所示，系统结构可分为三个层次：

　　第一层为数据测量与采集系统，又称为现场层。即将盾构机的施工参数（如密封舱压力、刀盘转速、盾构千斤顶推力、推进速度、螺旋输送机转速等）、盾构机位置信息、拼装管片变形情况等现场参数通过相关传感器设备进行快速采集。

　　第二层为数据处理与传输层。将所采集的数字信号经过既定的传输协议和传输介质传输至上层应用系统。通常，施工现场参数由现场总线传输到现场的采集控制器中，再经过传输协议转换后输送至地面监控中心。

　　第三层为远程监控中心，管控层。综合管理监控数据，并对现场施工提供掘进指导。

　　该技术主要通过设备远程监控技术与计算机网络技术相结合，在盾构施工现场建立状态监测点，采集设备状态参数并传输到总部监控中心，在监控中心对设备状态参数进行分析与管理，并将参数进行网上发布，以指导现场施工。将通过对盾构法施工和在线及远程监控技术及其无线传输网络的比较分析，确定合适的数据传输方式，确保大容量数据的安全可靠传输，使得指挥中心和现场的指令传达和信息反馈可以及时、可靠、安全地到达目的地。这种盾构施工信息传输系统的实现，既能使设备的监控更加灵活方便，应用更加广泛，又能实现资源共享，保证施工效率。

　　主要研究开发步骤及内容如下：

　　首先，根据盾构施工的实际工况，采用了上、下位机类型的控制架构采集盾构机PLC（可编程逻辑控制器）中的数据，由隧道内控制台的服务器作为上位机，盾构机内置的监控PLC作为下位机，通过计算机编程语言（Java）采集盾构机监控PLC中的数据，自动采集的数据存储在工控机中，并通过光纤将这些海量数据传输到地面监控室的服务器上。为了保证对多台盾构机的实时监控，需要对各类型盾构数据格式进行对比分析，确保各项数据解析的正确性，同时需要采用内存读取技术，实现各项数据的实时监控。

其次，通过不同的网络传输方式，完成从隧道内控制台到地面监控室，再到总部控制中心之间及时可靠的数据传输。先实现数据的同步传输，完成隧道内与地面的数据传输。在地面监控室再通过数据传输程序，将数据通过因特网专线传输到总部控制中心的数据库中，实现了施工数据的远程实时传输。系统的数据主要是由传感器传送到监控PLC的各种参数构成，由于数据要求很强的实时性，必须与总部控制中心的数据同步。又因为各盾构机类型的不同，获取的施工数据方式和数据内容都不相同，所以最后将确定一个数据表，将所获得的参数规范化、统一化。

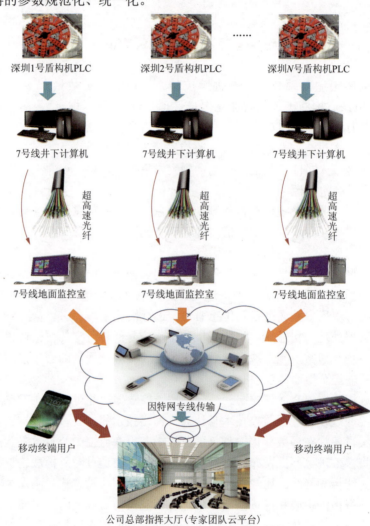

图3-9-1　盾构远程智能化管控系统总体架构图

第二节　盾构机远程监控管控技术

一、盾构机远程监控管控流程

为确保盾构掘进施工的安全，降低不确定性因素的影响，必须在穿越建（构）筑物时进行实时监测。在盾构穿越建（构）筑物过程中，要对盾构推进时的地面和建筑物沉降进行重点监测，根据监测数据不断调整施工参数，以便将盾构施工对周边建（构）筑物的影响降到最小。盾构机远程监控管理拟采取如图 3-9-2 所示的流程。

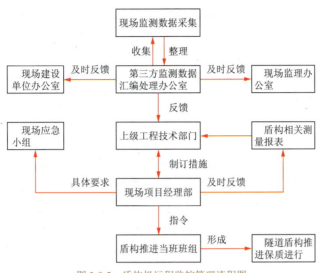

图 3-9-2　盾构机远程监控管理流程图

二、监控量测

1）监控内容及测点布设

结合盾构掘进施工中引起的地面沉降的机理，在盾构穿越建（构）筑物期间开展如下内容的监测：

（1）地表沉降监测

在现场布置平行于隧道轴线的沉降监测点和垂直于隧道轴线的沉降监测点。地表沉降监测点沿隧道轴线纵向地表按 3 环间距布设，地表横向沉陷槽测点每隔 20 环布设一组，每组布设 7 个沉降点，距离隧道轴线分别为 1m、4m、7m。当盾构隧道沿线施工影响范围内地面建（构）筑物多而密，无法按要求布设测点时，则根据具体情况选择巷道或建（构）筑物空地尽可能的布点。

（2）地面建（构）筑物沉降及倾斜监测

在盾构隧道两侧掘进影响范围内的房屋四角及其构筑物周围基础上布设沉降点。在临近隧道轴线的立柱上布设倾斜监测点，监测每个立柱垂直于隧道轴线方向的倾斜情况。

（3）地下管线沉降监测

施工前与各管线单位联系，摸清地下管线的准确位置，并将管线落到具体的地形图上，按管线单位要求进行监测点的埋设，尽量利用管线设施布设直接测点。

（4）隧道结构变形监测

隧道内的沉降监测点在上、下行线穿越建（构）筑群区段每 10 环布设一个断面，每个断面监测布设拱顶沉降、仰拱隆起及洞周水平收敛位移监测共 4 个点。

2）监测频率

为确保施工安全，监测点的布设立足于随时可获得全面信息，监测频率必须根据施工需要跟踪服务，每次测量要注意轻重缓急，在盾构进出洞时要加密监测频率直至跟踪监测。隧道纵向监测范围一般为盾构机头前 20 环、后 30 环。盾构穿越建（构）筑群时，对其影响范围以内的建（构）筑物沉降和倾斜测量 4 次 /d，地表、管线和隧道结构沉降测量 3 次 /d。在整个盾构穿越建（构）筑群的过程中，监测频率可根据工程需要随时调整，以满足现场施工需要。盾构掘进过后需加强对长期沉降的监测，一般每月 3 次，持续 2 个月，并直至测点变形达到相对稳定时为止。

3）监测报警值

地表累计沉降报警值为 -20mm，单次沉降报警值为 ±3mm；

建（构）筑物累计沉降报警值为 ±10mm，单次沉降报警值为 ±2mm；

地下管线的沉降按管线单位要求，刚性管线的累计变形应控制在 +6 ～ -6mm，单次沉降报警值为 ±2mm；

隧道内累计沉降报警值为 ±20mm，单次沉降报警值为 ±3mm。

盾构机远程监控系统以及时、全面、准确地掌握盾构工作面前方实时情况、盾构施工参数、设备运转情况以及综合处理地面地下信息为目的，达到统一监控，集中管理的功能，使得系统具有可靠性、开放性、先进性和可扩展性等特点。具体而言，应该遵守以下技术路线：

（1）系统通常都是工作在比较恶劣的环境中，各种干扰会对系统的正常工作产生影响，所以系统的可靠性放在第一位，以保证施工安全、可靠和稳定地开展。计算机尽可能采用工业控制用计算机，采用高质量的电源，采用各种抗干扰措施，采用多种冗余工作方式等，这些措施可以确保整个计算机系统的高可靠性。

（2）系统设计时做到以人为本，人机界面友好，方便操作、运行，易于维护。对于人机界面可以采用 CRT、LCD 或者是触摸屏，使得操作人员可以对现场各种情况一目了然。系统硬件尽可能按模块化设计，系统软件开发应方便二次开发和通用性，在隧道施工过程中确保硬件和软件运行的顺畅。

（3）计算机网络应该分层次、分功能、分系统，完成统一监控、操作、通信、维护等功能，是一个多系统的集成，包括数据采集、传输网络、数据发布、数据维护等子系统。各分系统与主系统间功能明确，且保持相对独立性，各个分系统均有自诊断功能，以便及时准确地发现异常和故障，并能迅速的报警。

（4）系统必须具有一定的开放性，应尽可能采用通用的软件和硬件。例如，操作系统可以采用 UNIX、LINIJX、Windows，数据库可以采用 SQL SERVER、ORACLE，所采用的组态软件应该提供相应的数据库接口和通信接口，各种硬件尽可能采用通用模块。

（5）系统能够对盾构机上相关设备实施远程监控，使得施工状态数据直接显示，实现数据监测等工作，达到信息化施工目的。

（6）实现盾构施工现场与指挥中心等相关部门的远程通信，正确、及时、有效地传输盾构施工现场的相关信息，创建好相应的管理系统，并将施工数据发布到因特网上，做到施工信息的共享，提高施工效率。

三、现场视频监控系统布设

视频监控系统由前端摄像头、局域网传输系统、后端存储设备、互联网传输系统和监控软件组成，如图 3-9-3 所示。

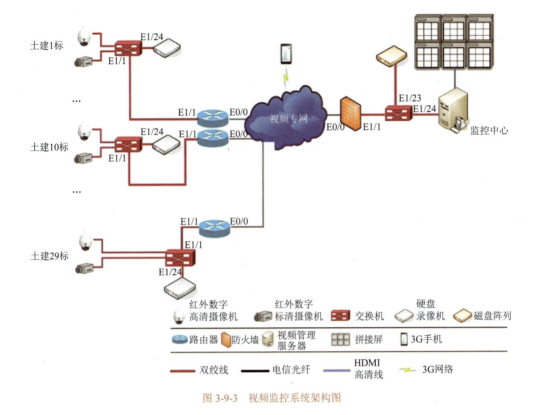

图 3-9-3　视频监控系统架构图

四、门禁管理系统布设

在施工人员进出盾构始发井、暗挖竖井入口处安装的门禁系统，具有对施工现场出入控制、实时监控、保安防盗报警等多种功能，它主要方便内部员工出入，杜绝外来人员随意进出，既方便了内部管理，又提高了内部的安保能力。并可强化管理工地现场务工人员的出入和考勤，各土建标段管理员能够实时掌握施工现场实际人数以及人员进出和出勤情况。并且将进出施工现场人员的数据，实时存储到远程网络服务器中，供安全风险模块调用。

五、地面监控室建设

作业区作为生产综合管理的最前端，其功能以监视、调控、生产管理为主，实现施工区域内的关键生产数据的集中监控以及重要生产设备的监视，根据地铁隧道盾构区间施工生产的要求，实现地上地下联动，能更好地实时观察地下作业情况，实时监控与管理。

第三节　小　　结

（1）继承并发展了国内外盾构施工远程监测的最新成果，在 PLC 数据采集速度、稳定性、网络传输速度上，有明显提升。特别是针对 7 号线使用的德国海瑞克盾构机，进行了 PLC 代码优化。

（2）集成安全风险模块、现场视频、门禁管理、人员定位系统，实现了对监测数据的管理与统计分析、重大风险源管理、安全预警管理，达到可视化的设计效果。

（3）与企业 ERP、项目 PRP 系统数据互联互通，实现对项目进度、成本、安全等规范管理。

"地铁盾构施工远程智能化信息管理平台"的开发与应用，高效实时监控盾构设备的掘进过程，特别是在刀盘转速、扭矩、土压、油压等掘进参数异常时，管理系统可及时作出预警。同时，该系统减少了隧道内盾构操控人员、安全巡检人员、监控测量人员的数量，可以大大节省人工费用。最后，系统实时更新井下盾构施工人员的定位信息，当遇到突发事件时，可实现井上井下实时联动，知道工作面工作人员数量，有助于救援的开展，其经济和社会效益明显。

第十章 上跨既有地铁大断面小间距矩形隧道顶管法施工技术

第一节 工程概况

随着城市地下空间开发技术的日益成熟，地下结构形式趋于多样化，在地下人行通道、地铁站出入口、城市地下道路等工程的设计和施工中，如何提高空间利用率、降低环境影响成为重要考量因素之一。采用矩形顶管能有效提高隧道在狭窄道路或高层建筑间的穿行能力，降低环境影响；矩形断面能节约35%以上的地下空间，大大提高地下空间的利用率。

本工程位于深圳市福田区华强北路与振华路交汇处，由三条平行矩形顶管隧道组成，隧道长41m，断面尺寸6.92m×4.92m，隧道之间净距为2.15m，北端负一层为华新站的站厅层结构，局部兼作顶管的始发井；南端负一层为华强北站的站厅层结构，局部兼作顶管的接收井。三条顶管隧道与下方既有地铁2号线隧道正交，与2号线右线净距离594mm，左线净距离647mm。顶管覆土厚约4m，同时通道上方密布着各种不同埋深、错综复杂的管涵，其中与一条污水混凝土管正交，两者最小净距离仅331mm。

本工程共需标准管节72节，每节长1.5m；非标管节4节，每节长1m，全部采用混凝土预制管节。管节内径6000mm×4000mm，厚450mm，单节重约45t。西侧通道（一号通道）与既有地铁2号线通过两条暗挖通道连接，连接处设置异形钢管节2节，每节长7m。顶管掘进机尺寸为宽6920mm、高5120mm、长5500mm。

本区间范围内上覆第四系人工填土层（Q_4^{ml}）、冲洪积层（Q_4^{al+pl}）、坡积层（Q_3^{dl}）、残积层（Q^{el}），下伏燕山期花岗岩（γ_5^3），顶管掘进施工范围地层主要为中砂、粗砂和少量素填土、砾质黏性土和少量粉质黏土等。

第二节 施工关键技术

矩形顶管横断面面积较大，等效半径均大于1.8m，按圆形顶管的标准判别属于大口径顶管。大断面的特点对顶管轴线控制技术提出很高的要求，同时如何控制地层损失率和对周围土体的扰动也成为关键问题；顶管较大的侧面面积产生较大的摩擦阻力，要求主顶装置提供更大的顶力，且纠偏难度更大。

从本工程位置及规模可以看出，该工程具有大断面、浅覆土、小间距、多孔顶管近接施工的特点，同时周边环境复杂，下穿多条地下管线和繁华街道，以极近间距上跨运营地铁盾构隧道，在工程界实属罕见。

一、顶管施工关键技术

1. 工艺原理

矩形顶管施工是非开挖地下管道或人行通道的新型施工工法,在施工掘进前首先对地面及既有地铁线形进行原始数据采集,以便在后期顶进过程中对其进行实时监测。顶管施工借助于主顶油缸的推力,克服管节与周围土体的阻力,将管节按设计的坡度顶进,并将前方土体通过螺旋输送机输出运走。一节管完成顶入土层之后,再下第二节管继续顶进,以实现非开挖地下隧道的修建。管节铺设过程中,同时进行管壁减阻注浆,以减小管节与周围土体的阻力。顶管总体施工流程如图 3-10-1 所示,顶管机组装就位如图 3-10-2 所示。

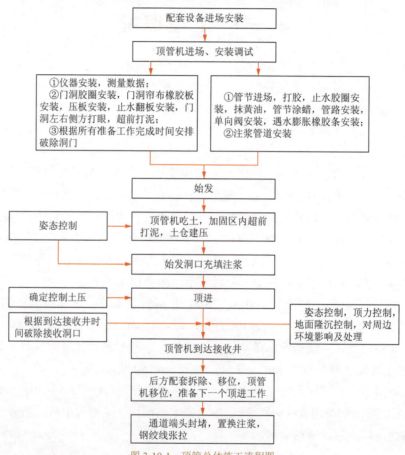

图 3-10-1 顶管总体施工流程图

图 3-10-2 顶管机组装就位

2. 施工优化改进

针对本工程施工特点及难点,做了以下方面的优化改进措施:

(1) JD4900×6900 土压平衡式矩形顶管机主要由切削搅拌系统、动力系统、纠偏及液压系统、渣土输出系统、测量显示系统、电气操作控制系统组成,整机重约 195t。其中,切削系统在设计初即进行了刀盘切削系统的优化,刀盘布置采用了三凸三凹形式,即三凸采用 D2800 刀盘前凸,

D2600刀盘后凹，前后错开一定距离，左右重合部分切削区域，做到最大程度的切削土体，减小切削盲区；采用前凸后凹多刀盘形式，刀盘之间切削反力可以相互抵消，因此对周围土体扰动小，有利于控制地面沉降。同时，6个刀盘后部焊接有不同轴心半径的搅拌棒，以保证切削下来的土体得到充分的搅拌，提高土体改良效果。

（2）考虑到每孔断面尺寸6.92m×4.92m，断面尺寸大极易引起机头背土，加剧对土体扰动、流失和顶管机姿态的控制难度，必须在顶管机顶部加装注浆孔，掌握控制好顶管机上端注浆方法，以改良机头上部土体，避免机头背土现象的发生，从而更加容易地控制地面隆起。

（3）利用主顶油缸将顶铁收回，这样使180t吊机起吊管节与顶铁回收同时进行，有效解决了顶铁回收占用时间过长的问题，进一步提高了工作效率，初步估计节约1h/环。设备改进后，施工工序衔接更加紧凑，人员分工得到了进一步明确，同时有效地避免了各施工机械的闲置，进一步缩短了施工中不可避免的中断时间，并消除了利用180t吊机后撤顶铁可能发生的安全隐患，使施工安全得到了更好的控制。

（4）施工中进一步优化了顶管机控制系统，由原有注浆控制系统、刀盘控制系统、主顶油缸控制系统等整合优化成一个综合控制系统，由多个控制台改进优化成一个工作台，使得顶管机在顶进过程中及时将各种信息全面而准确地反馈在一个工作台，操作人员及时准确下达操作指令，有效地避免了控制延时，进一步提高了控制的及时性和准确性。

3. 顶管掘进关键技术

1）端头加固

为了确保顶管的施工安全，需对始发及接收端隧道上、下土体进行加固处理。加固形式采用双重管高压旋喷桩，桩径600mm、间距450mm。顶管始发端头加固区平面尺寸为长31.65m、宽3.2m，顶管隧道左线单根桩长10.963m，右线单根桩长10.887m；顶管接收端头加固区平面尺寸为长33m、宽3.65m，顶管隧道左线单根桩长10.928m，右线单根桩长16.031m。顶管底板位于砾质黏性土层，加固深度为底板底下2m；顶管底板位于砂层，加固深度为穿透砂层进入砾质黏性土层1m。

2）洞门破除施工

洞门围护结构地下连续墙凿除前应先打水平探孔，探孔均匀分布在顶管范围内，探孔深度2m，上、中、下均匀分布9个水平探孔，以确认并检查地下连续墙的隔水效果。若发生透水现象，需采用补注浆等封堵措施加固，以确保始发安全。补注浆时密切关注地面及周围注浆孔情况，若地面出现冒浆应立即停止注浆。

洞门破除采用人工风镐凿除、膨胀剂静态爆破，将洞门分成上、中、下三部分，分内外两层依次破除，即先破除第一层钢筋网片和50cm的素混凝土，顶管机向前顶推至洞门50cm处时再将第二层钢筋网片割除，割除后迅速将顶管机顶推至掌子面，防止洞门坍塌。

3）顶管掘进施工参数计算

（1）掘进参数

顶管始发段隧道埋深为3.7m，此段应采用浅埋计算方式，即Rankine土压力理论计算法。计算土压力取值为：$\sigma_a < \sigma_1 \leqslant \sigma_0 < \sigma_p$（$\sigma_a$为主动土压力，$\sigma_1$为施工土压力，$\sigma_0$为静止土压力，$\sigma_p$为被动土压力）。

①静止土压力σ_0计算

静止土压力为处于静止的弹性平衡状态下的原状天然土体的土压力，也就是没有受到顶管施工扰动时的土压力。在深度 z 处，在竖直面的主应力，即静止土压力为：

$$\sigma_0 = K_0 \gamma z$$

式中：K_0——静止土压力系数；

γ——土的重度（平均值）（kN/m^3）；

z——计算点深度（m）。

静止土压力系数 K_0 的数值可通过室内或原位静止侧压力试验测定，也可通过公式计算确定。相比较，试验测定数据更为准确，故计算时常采用试验提供的数据。查阅区间详勘地质报告岩土物理力学指标设计参议值表知，$K_0=0.42$，$\gamma=19.87kN/m^3$。

$$\sigma_0 = K_0 \gamma (z_1+0.5h) = 0.42 \times 19.87 \times (3.7+0.5\times 4.9) = 51 kPa$$

式中：h——顶管机高度（m）。

②主动土压力 σ_a 计算

顶管推力偏小时，土体处于向下滑动的极限平衡状态。此时，土体内的竖直应力 σ_z 相当于大主应力 σ_{a1}，水平应力 σ_a 相当于小主应力 σ_{a2}。水平应力 σ_a 为维持刀盘前方的土体不向下滑移所需的最小土压力，即土体的主动土压力为：

$$\sigma_a = \sigma_z \tan^2(45°-\varphi/2) + c\tan(45°-\varphi/2) = 19.87\times(3.7+0.5\times 4.9)\times 0.198 = 0.24 kPa$$

式中：σ_z——深度 z 处的地层自重应力；

c——土的黏聚力，查表 $c=0$；

φ——地层内摩擦角，$\varphi=42°$。

计算土压力 σ_1 取值范围为静止土压力与主动土压力之间：$0.24\sim 0.51 kPa$。

σ 调整范围为 $0.10\sim 0.20 kPa$，$\sigma_{初步设定}=\sigma_{水平侧向力}+\sigma_{调整}=0.34\sim 0.71 kPa$。

由于理论和实践存在差异，施工过程中需根据实际参数并结合监测数据及时进行调整。

顶管推进顶力计算：

$$F = F_1 + F_2$$

式中：F——总顶力（kN）；

F_1——管道与土层的摩阻力（kN），$F_1=(a+b)\times 2L'f$；

L'——管道顶进长度（41m）；

f——管道外壁与土的平均摩阻力，取 $7\sim 12 kN/m^2$；

F_2——顶管机的迎面阻力（kN），$F_2=a\times b\sigma_p$；

σ_p——初步设定的压力值。

$$F_1 = (6.93+4.93)\times 2\times 41\times (7\sim 12) = 6807.64\sim 10670.24 kN$$

$$F_2 = 6.93\times 4.93\times 71 = 3610.55 kN$$

$$F = 3610.55 + 10670.24 = 15280.78 kN$$

施工中，考虑一些外加的不利因素，实际顶进的最大推力在 25000kN 以下。

（2）出土方式及出土量控制

本工程出土顺序：顶管机机头→螺旋输送机→斗车→运至洞门→履带吊至集土坑→拉运至渣土场。

采用 1 台斗车，每台斗车容量为 $3m^3$；斗车由洞门处的 5t 卷扬机牵引，斗车在矩形管片底安装的 I10 工字钢轨道上来回滑行。集土坑的泥土由 PC220 挖掘机直接装入渣土车运往弃土场。螺旋输送机及土仓闸门见图 3-10-3，机头排泥进入渣土斗见图 3-10-4。

一节管节的理论出土量为 $53m^3$，在顶进过程中，应尽量精确地统计出每节的出土量，力争使之与理论出土量保持一致，确保正面土体的相对稳定，减少地面沉降量。顶管工程中，管内的出泥量要与顶进的取泥量相一致。出泥量大于顶进取泥量，地面会沉降；出泥量小于顶进取泥量，地面会隆起。这都会造成管道周围的土体扰动，只有控制出泥量与顶进取泥量相一致，才不会影响管道周围的土体稳定，从而维护地面不受影响，而要做到出泥量与取泥量一致的关键，是严格控制土体切削掌握的尺度，防止超量出泥。

图3-10-3　螺旋输送机及土仓闸门

图3-10-4　机头排泥进入渣土斗

（3）掘进模式选择

根据始发段的地质情况，选择土压平衡掘进模式。该模式的核心是保持合理的土仓压力，从而维持开挖面的稳定和控制地面沉降。控制土仓压力的方法主要有两种：在保持推进速度不变的情况下，调节螺旋输送机的转速或闸门开度，螺旋输送机转速减小或闸门开度减小均能达到增大土仓压力的效果；在保持螺旋输送机的转速或闸门开度不变的情况下，增大顶管机的推进速度，亦可达到增大土仓压力的目的。两种控制方法可根据实际情况灵活选用。

4）顶管机进洞

顶管机进洞的施工步骤：设备下井安装，设备调试→凿除洞门→安装止水装置→顶管机头至洞圈内，切削加固土→机头切削原状土→提高正面土压力至理论计算值，正常顶进。顶进前需做好设备检查，并记录好顶管机状态参数。

混凝土管节吊装下井，开始始发推进，顶管机顶推至切削刀盘嵌入土体中停止推进，进行超前注泥填充土体与顶管机之间的空隙，注泥量按理论计算值1.05倍考虑（约4.5m³）。超前注泥完毕后，停机保压24h进行土体静压试验，取得推进施工经验值。

（1）顶进速度

初始阶段为端头加固区，加固后的土质较硬，顶进速度不宜过快，一般控制在10mm/min左右，正常施工阶段可控制在20～30mm/min。顶管机顶进过程中需密切关注压力表的变化，参照土体静压试验经验值，根据其实际土压力调节顶进速度、螺旋输送机转速，以确保其土压平衡，防止地面出现明显沉降或隆起。

（2）土体改良

渣土改良就是通过顶管机配置的专用装置向刀盘面、土仓或螺旋输送机内注入添加剂，利用刀盘的旋转搅拌、土仓搅拌装置搅拌或螺旋输送机旋转搅拌使添加剂与土渣混合，其主要目的就是要使顶管切削下来的渣土具有好的流塑性、合适的稠度、较低的透水性和较小的摩阻力，以确保在不同地质条件下采用不同掘进模式掘进时都可达到理想的工作状况。添加剂主要有聚丙烯酰胺和膨润土。

聚丙烯酰胺的功效主要在于分离或中和黏性土中的阴阳离子，降低其吸附性能，从而起到改善渣土的流动性、润滑刀具等作用。根据试验确定选用0.1%阴离子聚丙烯酰胺溶

图 3-10-5　现场渣土图

液,按土体质量的 5% 添加达到的效果最佳。按聚丙烯酰胺:水 =1:1000 提前拌制,在顶管机顶进过程中可有效地改良土体;顶进的同时根据不同的地质土壤情况在顶管机前端加注适量的土体改良剂聚丙烯酰胺溶液,改良后的土体以呈类似牙膏状从螺旋输送机出口处挤出为佳,如图 3-10-5 所示。

（3）加注触变泥浆

为了减少土体与管节间摩阻力,在管节外壁压注触变泥浆,使管节四周形成一圈泥浆套以达到减摩效果。在施工期间要求泥浆不失水,不沉淀,不固结,以达到减小土体的摩阻力效果。混凝土管节进入土体中后,开始一边顶进一边加注泥浆,按 3 倍扩散系数计算理论注浆量为 1.42 m³/m,每环注浆量约为 2.13m³,注浆压力保持在 0.02～0.05MPa。

（4）压浆施工要点

①压浆应专人负责,保证触变泥浆的稳定,在施工期间不失水,不固结,不沉淀。

②严格按压浆操作规程进行,在顶进时应及时压注触变泥浆,以充填顶进时所形成的建筑空隙,并在管节四周形成一泥浆套,减少顶进阻力和地表沉降。

③压浆时必须遵循"先压后顶、随顶随压、及时补浆"的原则。

④压浆顺序:地面拌浆→启动压浆泵→总管阀门打开→管节阀门打开→送浆（顶进开始）→管节阀门关闭（顶进停止）→总管阀门关闭→井内快速接头拆开→下管节→接 2 寸总管→循环复始。

为了保证减阻注浆效果,总注浆量应取理论值的 3～5 倍（扩散系数为 3～5 倍）。管节减阻压浆量的计算:(4.92+6.92)×2×0.02×3=1.42m³/m,经计算,本工程减摩注浆泥浆理论方量为 1.42×123=174m³。采取组织管理措施以加强触变泥浆的控制,统一指挥,专人负责触变泥浆的制备、压注、监测,随时检查触变泥浆情况,把压力控制在合适范围内,以减少顶进阻力。

5）顶管机出洞

接收井洞门在顶管机顶到位前将其第一层钢筋网片割除并破除 50cm 厚素混凝土,剩余最后一层钢筋网片在顶管机低速顶至前刀盘刚接触到混凝土时将其割除,顶管机进入接收井。

（1）接收井准备

进洞前,先对洞门位置进行测量确认,根据实际高程安装顶管机接收基座（接收架）,配备封洞门钢板、补充注浆等材料。

（2）顶管机位置姿态的复核测量

当顶管机头逐渐靠近接收井时,应适当加强测量的频率和精度,减小轴线偏差,以确保顶管能正确进洞。

顶管贯通前的测量是复核顶管所处的方位、确认顶管状态、评估顶管进洞时的姿态和拟定顶管进洞的施工轴线及施工方案等的重要依据,能保证顶管机在此阶段施工中始终按预定的方案实施,以良好的姿态进洞,准确无误地落到接收井的基座上。

（3）各施工参数的调整

在顶管机距接收井 6m 时,开始停止机头的压浆,并在以后的顶进中压浆位置逐渐后移,保证顶管在进洞前有 6m 左右的完好土体,避免在进洞过程中减摩泥浆的大量流失而造成管节周边摩阻力骤然上升。

在顶管机切口进入接收井加固区后应适当减小顶进速度，加大出土量，逐渐减小顶进时机头正面土压力，以保证顶管机设备的完好和洞口处结构的稳定。

（4）顶管出洞

当顶管机刀盘切口距接收井地下连续墙10cm左右时，顶管停止顶进，开始凿除洞门。顶管机应迅速、连续顶进管节，尽快缩短顶管机进洞时间。进洞后，马上用钢板将管节与洞圈焊成一个整体，并用浆液填充管节和洞圈的间隙，减少水土流失。

6）泥浆置换注浆

顶管机头吊出接收井后，马上将两头洞门与管节间的间隙钢板封堵，然后在管节预留注浆孔的上部注浆，浆液自上而下从管节底部溢出，对溢出的泥浆进行集中处理。

洞门封堵结束后，为控制地面洞口区域的沉降，补充水泥浆以防止水土流失，必须对洞口空隙进行填充，拟采用注泥泵注入拌制泥浆。浆液置换示意如图3-10-6所示。

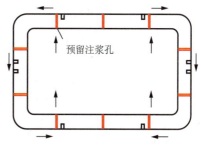

图3-10-6 浆液置换示意图

4. 防水施工关键技术

（1）接口是顶管工程的关键部位，保证做好接口部分是顶管防水成败的关键，故对组成接口的每一部分都必须严格遵守有关规程的要求。

（2）管节与管节之间采用中等硬度的木制材料作为衬垫，以缓冲混凝土之间的应力，板接口处以企口方式相接，板厚为20mm。粘贴前注意清理管节的基面，管节下井或拼装时发现有脱落的立即进行返工，确保整个环面衬垫的平整性、完好性。

（3）顶管施工结束，管节间的缝隙采用单组分聚硫密封膏填充，同时在其缝隙加注环氧树脂。

5. 钢管节侧向开口施工关键技术

在整个1号顶管隧道贯通后、钢管节开洞前，对底板、侧墙及顶板进行浇筑，待混凝土强度达到要求再进行锚索张拉。内衬混凝土浇筑，由于模板支撑体系采用满堂脚手架，人员、机械设备施作空间非常有限，钢管节焊接区域内钢板格密集，无法按照正常浇筑工序进行施工。拟在底板、侧墙及顶板内采用氧气乙炔割除部分钢板格形成断面尺寸为30cm×30cm的沟槽（图3-10-7），在沟槽位置内预埋$\phi 120$的泵管，一长一短交替呈纵向水平安置，用转接头将预埋泵管导向模板外侧并留置有泵管接口，在模板上固定附壁式振捣器，泵入混凝土时边浇筑边进行振捣。

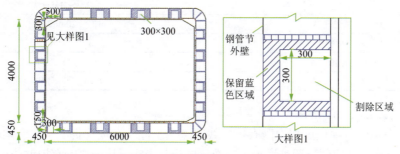

图3-10-7 钢管节预埋泵管钢板格割除示意图（尺寸单位：mm）

钢管节外壁预留有注浆孔，以便在顶管施工完成后进行背后注浆填充钢管节与土体之间的空隙。在钢管节内侧对应的孔位处焊接直径为42mm，厚度为3.5mm，长度为600mm的钢管，单面侧墙上沿纵向水平布置2排，每排钢管间距为1m，距离钢管节上、下外壁垂直距离均为1.1m；底板及顶板各沿横向水平布置3排，排间距1m，中间排横向错开500mm，每排钢管间距为2m。

钢管节侧向开洞做暗挖通道，实现与2号线的换乘，钢管节顶到位及后浇混凝土达到强度后割除此洞口。在洞门切除前，在距切除洞门横向0.5m处沿轴线方向布置3根工字钢支撑，第一根钢支撑布置于切除洞门中心处，其余两根分别布置于第一根钢支撑左右两边1.5m位置处。切割原则上按从上到下依次切除。施工要点如下：

（1）顶管开洞时间应在三条通道都贯通后且顶管通道下的袖阀管注浆完成并达到强度后进行，以防止注浆加固及固结引起的通道变形对开洞处防水的影响。

（2）开洞前应通过预留的注浆管对通道之间500mm的地层进行注浆，然后在与开洞管节位置及两侧各3m范围的管节内进行可靠支撑，然后可以分块进行破除预留的洞口，并架设型钢初期支护，及时喷注素混凝土封闭，若期间发现涌水量过大，则应对周边预留孔补充注浆，或在附近位置重新钻孔注浆。

（3）对于5m开洞尚需施工中临时隔壁情况，整个初期支护封闭后应及时施作二次衬砌结构，二次衬砌施工时应注意防水的施工质量。

（4）洞口割除后其割除边线用C30砂浆抹面，洞口底部及两侧抹面厚度8mm，洞口顶面抹面厚度20mm。

二、上跨既有地铁线路施工关键技术

根据2号线隧道结构特点、上穿隧道地质条件以及与顶管隧道的位置关系等因素，并结合顶管机性能，在不同的工况条件下采取不同的顶进措施，防止既有线路可能因其上方土体受扰动引起的上浮，其控制值20mm，预警值10mm。

1）顶进参数

根据顶管上穿既有地铁2号线各项参数的收集、整理与分析，顶管机在上穿既有地铁2号线阶段的合理参数列于表3-10-1中。

上穿既有地铁2号线顶管施工技术控制参数统计表　　　表3-10-1

分项	控制参数
土压	1.5～1.8bar
总推力	850～1650t
刀盘电流	60～80A
刀盘转速（频率）	25～45Hz
掘进速度	10～20mm/min
螺旋输送机转速（频率）	8～14r/min
出渣量	51～53m³/环
注浆压力	0.03～0.05MPa

2）防止既有线上浮措施

为防止在顶管机顶进过程中既有地铁线路产生上浮，在顶管机上穿既有地铁线路过程中及上穿后，在其相应的位置处增加一定数量的混凝土配重块。在既有地铁线路6m范围内增加 8 个配重块，平均每延米增加配重约 32t，加上混凝土管节自身重量每延米 27.3t，合计每延米重 59.3t，有效填补了开挖土体的重量 59.3t，进一步防止既有线路可能产生上浮。同时，在整条通道贯通后采用锚索张拉、孔道灌浆的方法将管节连接成一个统一的整体，以解决配重块撤除后既有地铁 2 号线可能产生的上浮。管节内混凝土配重布置见图 3-10-8。

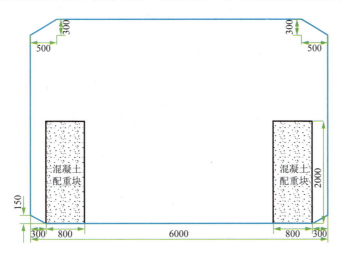

图 3-10-8 管节内混凝土配重布置图（尺寸单位：mm）

3）预应力张拉、压浆施工

由于顶管段在平面上与 2 号线存在交叉，且每条隧道施工时对已经施工完毕的隧道可能产生侧向不平衡推力，故需要对每条顶管隧道进行纵向刚度加强，施工时采用后张法预应力钢绞线将管节纵向锚在一起。预应力钢绞线采用抗拉强度标准值 f_{pk}=1860MPa，张拉控制应力 1395MPa，公称直径 d=15.2mm 的低松弛高强度钢绞线，5 束编成一根，每条顶管上共计 12 根。管道采用钢管抽芯成型，在管道两端设置阴阳榫头，以方便定位。

4）自动化监测控制

为了保证上跨既有地铁线路的绝对安全，在既有地铁隧道内布置了监测点。每个断面变形监测在通道底板中心附近布设一个沉降监测点，中腰位置左右各布设一个水平位移收敛测点，隧道顶板底板各布设一个沉降监测点，即每个监测断面布设 4 个监测点，实行 24h 不间断自动化监测。

顶管隧道施工期间，既有地铁 2 号线自动化监测累计最大沉降 3.2mm（图 3-10-9），满足设计及规范要求，既有地铁 2 号线运营正常。

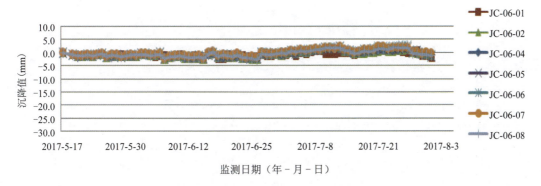

图 3-10-9 既有地铁 2 号线自动化监测曲线图

第三节 小 结

本章主要介绍上跨既有地铁大断面小间距矩形隧道顶管法施工技术，包括顶管施工工艺原理、施工优化与改进、顶管掘进技术、防水施工技术、钢管节侧向开口施工技术、上跨既有地铁线路施工技术。

由于大断面矩形顶管相关的研究工作尚处于起步阶段，顶管施工的环境效应缺乏系统性研究，周边土体应力场和位移场、周边构筑物的受力变形机理缺乏针对性研究。本工程的顺利实施，获得了3项省部级工法，包括地下通道大截面矩形顶管法施工测量工法、多肋板半封闭顶管钢管节混凝土浇筑施工工法、上跨地铁运营线的浅覆土大断面矩形顶管施工工法，为后续矩形顶管施工受影响的城市道路、地下管线、地铁隧道的保护积累了施工经验。

第四篇

矿山法隧道施工技术创新

第一章 富水软弱地层矿山法隧道下穿陈旧建筑物沉降控制技术

第一节 工程概况

在城市轨道交通建设过程中往往会遇到富水软弱地层情况,尽管目前隧道施工技术不断发展,但由于施工区域地质情况多变、周围环境复杂,常常下穿密集建筑物等,若施工不慎,往往会引起地表沉陷以及周围土体发生过大变形,甚至导致邻近建筑的开裂破坏。

一、工程简介

7 号线工程西丽站—茶光站区间主要位于深圳市南山区沙河西路下方,区间右线长 437.839m、左线长 434.694m,所处场地为冲洪积平原地貌,地形较平坦,地面高程为 11.78～14.10m。两侧较近的建筑物有留仙宾馆、海龙珠加油站、众望楼、西丽楼、星光就业市场、西丽宾馆、西丽法庭、上沙河大厦等。道路两侧存在密集的电力、电信、雨水、上水、污水、燃气、路灯等地下管线管道,地下管线管道的走向与道路平行,局部斜交。

5 号线、7 号线联络线起点里程为 5 号线端预留接口 LIDK0+070.150,终点为联络线单洞接双连拱断面交界处 LIDK0+381.957,长度 311.807m,北接 5 号线留西区间,南接 7 号线西茶区间,下穿壮丽商厦、西丽幼儿园和留仙宾馆三栋建筑物,并近距离侧穿 5 号线西丽站风道,埋深 12～16.5m,见图 4-1-1。

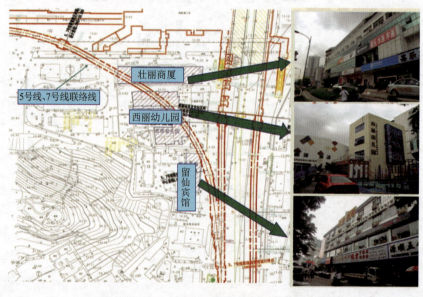

图 4-1-1 5 号线、7 号线联络线下穿建筑物平面位置图

隧道下穿的壮丽商厦和留仙宾馆为浅基础建筑物，西丽幼儿园基础为长16m、φ480的沉管灌注桩，灌注桩上部6m配筋，下部侵入隧道中部。5号线、7号线联络线与下穿建筑物的关系见表4-1-1。

建筑物与隧道关系表　　　　表4-1-1

序号	建（构）筑物	与线路关系	层数	结构类型	基础类型及尺寸	基底与隧道净距/隧道埋深
1	西丽幼儿园	正下穿	2～4层	框架	φ480沉管灌注桩，桩顶6m为配筋段，单桩承载力特征值为550kN	桩基侵入隧道3～5m
2	壮丽商厦	正下穿西南部	4～5层	框架	浅基础	约16m

二、工程地质概况

西茶区间所处地区地质构造主要表现为加里东期的区域动热变质作用和燕山期花岗岩岩浆侵入作用，混合花岗岩、花岗片麻在风化作用下形成残积层，上部主要为冲洪积的淤泥质粉质黏土、黏性土层和砂层，地表为人工素填土，局部地表有杂填土。

5号线、7号线联络线隧道基本穿越粉质黏土，全、强、中、微风化花岗片麻岩层，主要穿越粉质黏土和全风化花岗片麻岩，局部穿越强、中、微风化花岗片麻岩。

三、设计方案

本区间正线敷设于繁忙的沙河西路下，地下管线密集，且区间联络线在建筑物下穿行，不宜采用明挖法施工。对于盾构法，由于区间长度较短，区间右线与5号线、7号线联络线相接，区间隧道存在不规则的喇叭口断面，区间穿越地层地质条件复杂，且区间隧道大部分段落位于全断面硬岩内，无法采用盾构法施工。因此采用矿山法施工，在采取一定辅助措施后，可以保证隧道的施工安全。

西茶区间和5号线、7号线联络线矿山法隧道穿越不同地层，下穿沙河西路、留仙宾馆、西丽幼儿园、壮丽商厦三栋建筑物以及多处市政管线，控制路面、建筑物及管线的沉降是本工程的重点及难点。矿山法隧道设计以无水施工开挖为前提，由于正线隧道并行主干道路，5号线、7号线联络线下穿老旧建筑物，无法采取地层降水措施，故采取以下辅助措施控制地表及建筑物沉降，并保证隧道在无水条件下开挖，确保施工过程的安全开挖。

第二节　富水砂层深孔注浆地层加固技术

西茶区间左线DK2+741～DK2+923段、右线DK2+764～DK2+910段隧道拱顶及全断面穿越淤泥质粉质黏土、粉质黏土、砂层及断层处，采用全断面注浆止水加固措施，保证隧道的安全开挖。

一、深孔注浆参数

全注浆加固范围为隧道开挖轮廓线外3m，注浆孔布置由工作面向开挖方向呈辐射状，钻孔均匀布置成圆形圈，保证注浆充分，不留死角，浆液扩散半径1.5m，注浆孔按

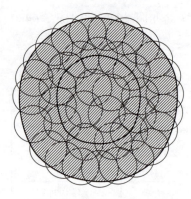

图 4-1-2 注浆加固范围断面图

打设深度 15m、孔眼间距 0.5m 布置，施工时开挖 12m，留 3m 止浆盘，作为下环施工的止浆墙。注浆孔打设沿隧道断面前进方向外插角 4°～34°，施工钻进时遇到孤石要适当调整间距和外插角。全断面注浆孔位布置图见图 4-1-2 和图 4-1-3。

二、深孔注浆材料及配比

注浆材料采用水泥—水玻璃双液浆，浆液浓度应根据隧道围岩条件加以调整，设计初，拟为水泥浆：水玻璃 =1：(0.6～1.0)（体积比）；水泥采用普通硅酸盐，强度等级不小于 P.O42.5，水泥浆水灰比 0.8：1～1：1；水玻璃模数 2.6～2.8，水玻璃浓度 30%～40%，双液凝固时间控制在 30s～2min。

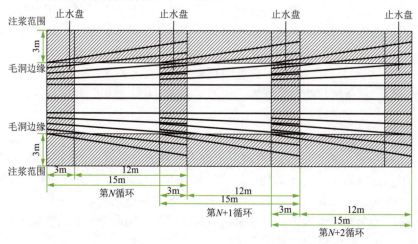

图 4-1-3 注浆加固范围剖面图

三、深孔注浆工艺

全断面注浆堵水工艺流程如图 4-1-4 所示。

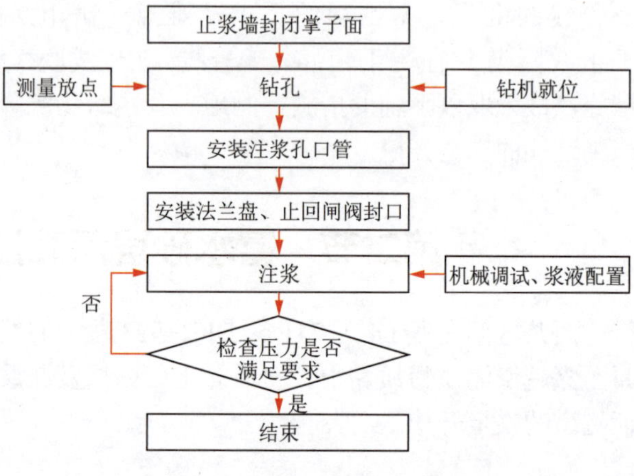

1）设置止浆墙

为了便于钻孔布置注浆管和防止注浆时浆液从前方掌子面渗出，注浆时必须设置止浆墙对前方临空掌子面进行封闭。止浆墙设置可以采用 20cm 的喷射混凝土，也可以在围岩稳定性差的部位，打设锚杆，充分利用加固围岩做止浆墙。

2）钻孔

图 4-1-4 全断面注浆堵水工艺流程图

为确保注浆堵水顺利进行，保证注浆质量和注浆效果，在钻孔前先在止浆墙上预设注浆孔口管或在止浆墙施工完成后重新钻孔布设注浆孔口管，注浆孔口管宜布置成伞状，按设计好的位置和角度钻孔预埋,同时在孔口管上安设高压闸阀。

施工钻孔在掌子面范围内进行布设,根据浆液扩散范围确定其角度及长度。钻孔分上下台阶,总计钻孔数39个,其中上台阶排孔21个,下台阶排孔18个。

待止浆墙强度达到设计强度的70%,孔口管与止浆墙连接牢固,并检查止浆墙及周边范围无渗漏水时方可进行钻孔。

钻进成孔:第一个钻孔施工时,要慢速运转,掌握地层对钻机的影响情况,以确定在该地层条件下的钻进参数。密切观察钻屑或溢水出水情况,出现大量溢水出水时,应立即停钻,分析原因后再进行施工。钻孔时,安排专业工程师值班,及时对岩层、岩性以及孔内各种情况进行详细记录。特别是对钻孔穿越破碎带和溶蚀空腔进行详细记录,以便为注浆浆液及方案的确定提供依据。钻出较大的水,无法继续钻进时,应停止钻孔,安装闸阀,进行关水,测量涌水量和水压力,然后进行注浆。

施工顺序:在钻孔施工过程中,先进行内圈钻孔施工,后进行外圈孔钻孔施工,间隔钻孔。

3)确定注浆参数

注浆参数的确定主要取决于注浆的目的、围岩特性及注浆方式,大量注浆前先在施工现场做单孔或群孔压注试验,根据试验结果来确定注浆压力、注浆速度、注浆量及注浆间歇时间等,主要视地层情况而定,并可做适当的调整。

岩石地层注浆压力宜比静水压力大0.5~1.5MPa;当静水压力较大时,宜为静水压力的2~3倍;注浆泵的压力应达到设计压力的1.3~1.5倍。

浆液的注入量是指单孔注入量,假设浆液在地层中均匀扩散,其为:

$$Q=\pi R^2 L n \alpha \eta$$

式中:Q——单孔注浆量(m³);

R——浆液扩散半径(m),取2.5m;

L——注浆孔长(m);

n——地层的裂隙(%),取2%~4%;

α——浆液在岩石裂隙中的充填系数,视岩石情况取0.3~0.9;

η——浆液消耗率,取1.1。

结合西茶区间大里程富水砂层地层特性,设定注浆参数见表4-1-2。

注 浆 参 数 表   表4-1-2

类型	序号	参数名称	设定参数
前进式深孔注浆	1	注浆扩散半径	1~1.5m
	2	注浆终压	0.5~1.5MPa
	3	注浆速度	10~100L/min
	4	前进式分段注浆长度	2~3m
	5	水灰比	$W:C=0.8:1~1:1$

4)配制浆液

配制浆液时采用经鉴定准确的计量工具,按照经试验确定的设计配方配料。配制浆液时严格按照配制顺序将注浆材料逐一加入,均匀搅拌,搅拌顺序一般为水、水泥、外加剂及其他材料。搅拌时注意控制搅拌时间,使用普通搅拌机时一般不小于3min,使用高速搅拌机时一般不小于3s,搅拌时间大于4h的浆液应该废弃。任何季节注浆浆液的温度应保持在 5～40℃之间。浆液搅拌成型后应该取样检查其凝结时间是否符合设计要求，以便对浆液进行分析、评价。另外，配制的浆液应在规定的时间内用完。

5）注浆

在每次进行注浆前，均应对该钻孔的水压、水量进行测定，以便于选定浆液类型和终止注浆压力。出水量通常采用桶装法测定，水压采用关闭高压闸阀并在止回阀位置安装一高压水表进行测定。注浆时按照顺序施作：从注浆段从两边到中间，间隔跳孔，逐渐加密，以达到挤密加固的目的。

开始注浆后，随时控制好注浆压力（测量水压 0.5～1.5MPa）。注浆压力表安装在注浆泵靠出浆管上，记录压力摆动的平均值，压力波动范围不大于灌浆压力的 20%。在压力突然迅速增加时，应立即停机，以防破管伤人。准确测量吸浆量以此判断是否改变水灰比，监测浆液性能（相对密度、含灰量等），适时调整浆液性能，使浆液性能保持在最佳状态。

为防止注入浆液过早堵塞浆液渗透通道及过多的浆液向要求的帷幕范围以外扩散，通常灌浆浆液浓度遵循由稀到浓的原则逐级改变，在注浆量达到预期数量后注入浓浆对外渗通道予以封堵。但对注浆孔周围有裂隙水渗流部位，浆液采取由浓到稀或先双液后单液的方式进行注浆，使先注入的浆液与地下水一道流动，在流动通道中凝固，堵塞地下水外排通道，然后换注稀浆或单液浆，使浆液沿注浆孔内出水通道压入（必须精确掌握浆液转换模式的转换时间，过早会导致对出水通道封堵无效，过迟则会堵塞后续浆液的压入通道）。

6）注浆结束标准

单孔注浆压力逐渐升高至设计终压并继续注浆 10min 以上，且注浆量不小于设计注浆量的 80%，进浆速度为初始进浆速度的 1/4，检查孔涌水量小于 0.2L/min，可结束本孔注浆。全段注浆结束标准是所有注浆孔均符合单孔结束条件，注浆后隧道预测涌水量小于 $1m^3/(d·m)$，可结束本段注浆。

7）注浆效果检查

注浆结束后，必须在分析资料的基础上进行注浆效果检查，可采取钻孔取芯法对注浆效果进行检查；或进行压（抽）水试验，当检查孔的吸水量大于 1.0L/(min·m) 时，必须进行补充注浆；或采取连续测流量的方法，当所测流量小于设计涌水量时，则注浆效果满足要求。

现场开挖面，注浆后浆脉明显，开挖面稳定、无明显水渍，满足施工要求，如图 4-1-5 所示。

图 4-1-5　全断面注浆效果图

第三节 建筑物基础袖阀管注浆加固技术

一、袖阀管注浆范围

5号线、7号线联络线开挖施工期间,为保证建筑物的安全,采用主动注浆的方式对隧道上方建筑物进行加固,从地面在基础下方布置斜向袖阀管注浆,浆液采用水泥浆。于建筑物轮廓外布置两排斜向袖阀管对建筑物进行注浆加固,钻孔同排间距1m,两排袖阀管距基础边的距离根据基础深度确定,采用梅花桩布置,注浆深度为基底以下3m,注浆范围为建筑物外轮廓3m内。地表袖阀管注浆范围如图4-1-6所示。

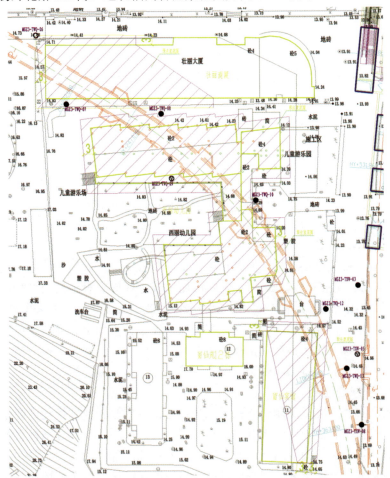

图4-1-6 地表袖阀管注浆范围图

二、袖阀管注浆加固参数

(1)注浆管采用$\phi 50\times 5mm$柔性塑胶管。
(2)袖阀管套壳料采用膨润土现场配置。
(3)注浆材料采用P.O42.5级普通硅酸盐水泥,水灰比为$1:0.75\sim 1:1$。
(4)注浆压力控制在$0.5\sim 0.8MPa$,三次,每次持续$10\sim 20min$。
(5)注浆顺序:先基础两边后中间,隔孔交替注浆。

三、袖阀管注浆工艺

袖阀管注浆工艺流程见图 4-1-7。

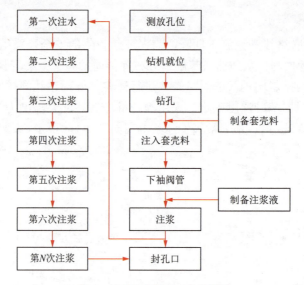

图 4-1-7 袖阀管注浆工艺流程图

1）放线定位

先用全站仪测放每排两边的最外边两点的坐标点，再通过这些坐标点，采用拉线和卷尺量测的方法定出两点中间其他钻孔孔位。定出孔位后，用油漆标注。

2）钻机就位及钻孔

孔位确定后，钻机进场就位，应使钻机底部平整稳固，在开钻前利用吊锤钻头和钻孔的垂直度进行检测，并在钻进 2m 时及以后每加一节钻杆均需对钻机调平校正，要求钻孔的倾斜度≤1%。在钻进的过程中，由于要穿透路面或混凝土块，一般采用金刚钻头。

施工采用两序法，地质钻一次造孔泥浆护壁，灌浆自下而上施灌，先单序孔，后双序孔，以免串孔或串浆。如遇转折孔，孔距要做适当调整，以确保转折孔与邻孔之间的紧密连接。钻机采用泥浆护壁造孔，孔深按设计要求进行。

3）制备、置换套壳料

套壳料采用膨润土现场配制。成孔后立即通过钻杆用套壳料置换孔内泥浆，方法是将通过循环泥浆的管接到挤压式注浆机上，在注浆压力的作用下，通过钻杆将孔内泥浆置换成套壳料。套壳料在压力的作用下，通过钻杆进入钻孔底部，随着套壳料的进入，泥浆从地面孔口置换出来，置换出来的泥浆通过钻孔口的泥浆沟排到泥浆循环池。在发现排出的泥浆中含有套壳料时，停止置换。

4）安装袖阀管

袖阀管采用 φ50×5mm 柔性塑胶管，分段长度 1m。在套壳料置换完成后要立即插入袖阀管。袖阀管插入前根据深度进行连接，在插入时相邻两节袖阀管用长度为 20cm 的套管连接，采用胶合剂将袖阀管和连接套管粘牢。第一节袖阀管安装好堵头，再对管中注入清水，目的是减小袖阀管的弯曲值。袖阀管每节连接好后，依次下放到钻孔中，直到孔底，下放时尽量保证袖阀管的中心与钻孔中心重合。

根据注浆要求，在注浆管部位下 B 型管，非注浆部位下 A 型注浆管。将注浆管下入注浆管孔中，要确保注浆管下到孔底，上部要高出地面20cm，利用注满水的注浆管的重力作用，使注浆管不会浮起，最后在注浆管上部盖上盖，以防止杂物进入注浆管，影响注浆作业质量。

5）制浆

待套壳料具有一定的强度后（时间不得少于24h），方可进行注浆施工。制浆材料采用P.O42.5级普通硅酸盐水泥，水灰比为1:1，水玻璃掺量为3%。

6）注浆

注浆应先注外围、后注中部，以达到一序外围成墙、二序内部压密的目的。外围适当提高注浆压力。

注浆过程中主要通过听声音、看压力、看注浆量（有前面灌浆现场施工性试验取得参考数据）来判断注浆的实施效果。

注浆中应密切注意注浆压力的变化。每段注浆时，压力表应出现两次峰值，在注浆刚开始，出现第一次峰值，持续的时间很短；随后压力逐渐下降在一定范围内相对平稳，持续时间在1min左右，压力表出现第二次峰值，当出现第二次峰值后，将注浆内管上提进行下一段注浆。压力表出现第一次峰值是因套壳料引起，当套壳料被挤碎，这个峰值很快下降；随着浆液的注入，地层中间的空隙被填充，注浆压力也逐渐增大，达到第二次峰值。

结束标准：保持注浆压力（1.0～2.0MPa）下，注入量＜1～2L/min，并稳压20min，即可结束注浆。在注浆过程中，应观察相邻注浆孔的返水、排水、冒浆情况，若周围有浆液冒出，说明注浆效果好。做注浆记录，包括注浆压力、注浆量、水泥用量等。

7）封孔

在压密注浆结束后，采用闷盖将孔口封闭并保护好，以便重复使用。

第四节　水平旋喷桩超前加固技术

5号线、7号线联络线下穿建筑物段采用以水平旋喷为主的超前地层加固方案，即留仙宾馆下穿硬岩段采取"管棚支护＋半断面注浆加固"方案，并于通过硬岩段后进行"水平旋喷桩＋全断面注浆"的加固方案。施工前，洞外对下穿西丽幼儿园、壮丽商厦段隧道上地表一定范围内进行袖阀管注浆加固，洞内在隧道拱部180°范围施工ϕ600@400mm单排水平旋喷桩，全断面注浆加固至开挖轮廓线外3m；然后采用上下台阶法"短进尺"开挖，初期支护采用I20的型钢钢架，同时采用超前小导管加强支护。

单排水平旋喷及断面注浆范围见图4-1-8，纵断面见图4-1-9。

一、水平旋喷原理

采用水平定向钻机打设水平孔，钻进至设计深度后，拨出钻杆，且同时通过水平钻机、钻杆、喷嘴以大于35MPa的压力把配制好的浆液喷射到土体内，借助流体的冲击力切削土层，使喷流射程内土体遭受破坏，与此同时，钻杆一边以一定的速度（20r/min）旋转，一边低速（15～30cm/min）徐徐外拔，使土体与水泥浆充分搅拌混合，胶结硬化后形成直径比较均匀，具有一定强度（0.5～8.0MPa）的桩体，从而使地层得到加固。当旋喷桩相互咬接后，便以同心圆形式在隧道拱顶及周边形成封闭的水平旋喷帷幕体，水平旋喷桩具有梁效应和土体改良加强效应，能够起到防流沙、抗滑移、防渗透的作用，保证隧道掘进安全。

二、水平旋喷桩施工参数

（1）旋喷浆液材料：采用 P.O42.5R 水泥，水灰比为 1∶1；水泥用量为 350kg/m；注浆压力不小于 35MPa。

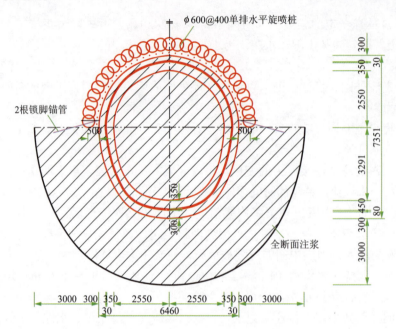

图 4-1-8　单排水平旋喷及断面注浆范围示意图（尺寸单位：mm）

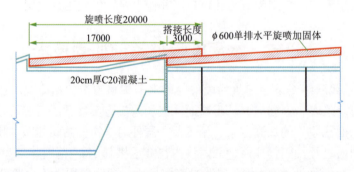

图 4-1-9　单排水平旋喷纵断面示意图（尺寸单位：mm）

（2）钻孔及旋喷：按照"先两边、后中间"的顺序进行旋喷施工，环向每次间隔 1 个，孔位从下到上，左、右交替进行，跳跃式成桩，保证两边强度平衡。钻机定位调整角度、方位，对准孔位，孔位误差控制在 ±50mm 以内。开孔时慢进，钻至 1m 后，按正常速度钻至设计深度；当浆液从喷嘴喷出并达设计压力后开始旋喷，桩前端原地旋喷不少于 30s。采用复喷工艺，即退 1 次，进 1 次，再退 1 次，共计 3 次旋喷操作，以保证桩径和桩间咬合。桩前端旋喷时加大压力或降低喷嘴的旋转提升速度，当旋喷至孔口 0.5m 时停止，并立即退出钻杆，进行封孔作业，必要时采取低压补注浆。

（3）水平旋喷桩检验标准：采用钻孔取芯的方法，每循环对不少于 4% 的帷幕桩体抽芯，对整体帷幕质量进行直观检测，取 14d 桩体强度来验证帷幕效果，帷幕桩体芯样 28d 抗压强度不小于 4MPa。

三、水平旋喷施工工艺

1) 测放桩位

测量放线定桩位，在隧道两侧测量放线定出两个同一里程点、隧道轴线，并在掌子面测量标出隧道开挖轮廓线，测量定出桩位，用钢筋做好桩位标志，并编好每个桩号。

2) 安装钻机

（1）平整工作平台，铺设轨道，安装立柱。场地要求平整，并挖设排水沟。要求如下：

①钢垫板规格：长 × 宽 =250mm×250mm；高强螺栓直径：16mm；钢垫板与基础固定要牢，强度要高。

②H型钢轨找平误差＜3mm。

③底盘对角线找方误差 ±3mm。

④斜拉筋需绷紧，交叉拉力基本相等。

⑤四柱对角误差 ±5mm。

⑥升降系统：卡瓦等上紧，加强整体性。

⑦所有螺母必须拧紧，发现溢扣者必须换掉。

（2）油泵、高压泵安装：要求场地平整，场地硬化，高压泵安装平稳，管路安装摆放整齐。

3) 钻进

（1）开孔并安装孔口管：

①开孔器开孔，初始开孔角度1%。采用 $\phi 130$ 钻头钻进，钻进深度为1.60m。

②退出钻具，准备安装孔口管。

③将一根 $\phi 127$、长0.8m的孔口管埋入已开好的孔内，作为孔口管，孔口管外露0.30m。

④在掌子面植 $\phi 12$ 钢筋4根，钢筋用锚固剂固结，将钢筋与孔口管焊接牢固，加固孔口管；

⑤安装法兰盘和球阀。

（2）配制循环浆液：用膨润土配制循环浆液。

（3）钻孔打设：

为确保钻孔质量，应首先打设1～2个探孔，查明地层变化情况及地层对钻孔角度的影响，然后根据探孔情况确定旋喷桩钻孔的打设角度。

①检查确定孔口管安装牢固后，调整钻机，对好孔位；

②将旋喷钻头及第一根钻杆送入孔口管内；

③安装密封装置；

④打开循环液排出口（循环液采用膨润土、聚丙烯及火碱制作的泥浆）；

⑤开始钻进，进孔角度按探孔确定的角度开始钻进，直到钻至设计深度；

⑥通过观察循环液压力变化，检查喷嘴是否堵住；

⑦钻进过程中要保持循环液压力1.0～2.0MPa，防止在钻进过程中，砂石堵住喷嘴。

4) 制定浆液

按要求配比配制水泥浆，浆液搅拌必须均匀。在制浆过程中应随时测量浆液相对密度，每孔高喷灌浆结束后要统计该孔的材料用量。浆液用高速搅拌机搅制，拌制浆液必须连续均匀，搅拌时间不小于3min，一次搅拌使用时间亦控制在4h以内。

5）高压旋喷

（1）进行高压喷浆前应检查高压注浆泵，查看泵压读数是否达到设计要求（35～40MPa），泵压达到设计要求时才能开始喷浆。

（2）喷浆前应检查钻杆接头处是否漏气，如漏气，则应将钻杆退回，查出漏气位置重新密封，或更换钻具；喷嘴是否堵住，喷嘴如堵死，则应将钻杆全部退回进行疏通，疏通后重新下管到设计深度后再进行旋喷。

（3）在孔底高压喷浆时应停留一定时间，然后再缓慢外拔钻杆，同时高压喷浆。

（4）在高压喷浆时，应安排专人观察泵压变化，一旦发现泵压过低时应及时通知机台停止喷浆，查明原因后再恢复高压喷浆。

（5）当钻杆拔至孔口 0.50m 时停止注浆，关闭浆液通道，再缓慢拔出钻杆，进行封孔作业。

（6）每根高压旋喷钻杆拔出后应立即用清水高压冲洗干净，避免残留浆液凝固，避免下次旋喷时残留颗粒物堵喷嘴。

（7）喷浆参数：浆液要求水：水泥为 1:1；注浆压力为 35～40MPa。

6）封孔

（1）喷浆至孔口掌子面 0.5m 时，应停止喷浆。

（2）卸下孔口管最外端的密封装置，关闭循环液排出口。

（3）快速拔出钻杆和钻头，关闭大球阀。

（4）高压旋喷注浆完成后应在循环液排出口处安装压力表，然后用 250 泵补注浆，注浆压力控制在 0.8～1.0MPa。

（5）补注浆完成 48h 后方能卸下大球阀。

7）清洗管道及设备

每根桩施工完毕后都应用清水高压冲洗管道及设备，确保管道内不留残渣，再移至下一桩位。

8）钻机移位进行下一桩

钻机移到下一孔位，应核查相邻桩的成桩时间，后施工的桩必须在相邻桩成桩时间超过初凝时间后，前一根桩浆液达到一定强度时才能开钻，确保相邻桩相互咬合，因此移至下一孔位时应跳过 1～3 根后再施作较合适。

四、水平旋喷桩施工效果

开挖后，拱部 180° 范围内旋喷桩明显咬合，并形成拱部支撑面。采用单管法水平旋喷桩，在全风化花岗岩、砾质黏土地层中进行施工，施工参数为浆液压力 36MPa，旋转速度 12r/min，拔杆速度 15cm/min，水泥消耗 370kg/m。水平旋喷能相互咬合，成桩直径 550～650mm，满足水平旋喷桩的成桩质量。试验段水平旋喷桩水泥土芯样 15d 龄期的最大抗压强度为 9MPa，最小抗压强度为 6.8MPa，平均强度为 7.5MPa，15d 的芯样抗压强度满足设计技术要求的 28d 的 4.0MPa 要求。水平旋喷桩+注浆开挖面效果见图 4-1-10。

图 4-1-10　水平旋喷桩+注浆开挖面效果图

第五节　建筑物沉降控制其他技术措施

联络线隧道开挖至里程 LIDK0+237，隧道开挖方向右边墙进入壮丽大厦；当隧道开挖至 LIDK0+229 时，壮丽大厦监测点 JDB19（-67.2mm）、JDB20（-77.2mm）、JDB21（-94.7mm）、JDB21-1（-95.1mm）累计沉降量超控制值 30mm，单次沉降速率超过 3mm，且壮丽商厦建筑外墙面砖装饰及内部隔墙有细裂缝产生；现场停止施工。随后召开的"监测数据超限专家咨询会"，专家给出意见：

（1）调查建筑物的上部结构形式及梁柱结构目前状态，为论证建筑物安全及洞内采取施工措施提供依据。

（2）目前建筑物外墙出现裂缝处应加强巡查并做好防护。

（3）补充建筑结构柱的沉降和倾斜的监测。

根据专家意见，采取了以下主要措施。

一、掌子面封闭

主要步骤：上导掌子面封闭→上导临时支撑安装→上导地面喷射混凝土封闭→下导注浆→下导开挖 4m→下导掌子面封闭→下导临时支撑安装。

1）上导掌子面封闭方案

对上导采取 I20a 工字钢 @500mm 连接拱脚，喷射混凝土形成封闭成环稳定结构，并在中心位置设置 I20a 工字钢 @500mm 竖向支撑，同时采取挂网喷射 300mm 厚 C25 混凝土封闭掌子面，见图 4-1-11。

2）安装临时支撑

（1）测量放样：根据现场实际情况，放样确定上导横向支撑设置位置；临时横支撑以当前未扰动面为宜，并按现场实际测设设置横支撑的长度。

（2）采用风镐凿除连接位置初期支护混凝土。

（3）临时横支撑加工及安装，见图 4-1-12。按现场放样的长度加工临时横支撑，加工注意与初期支护拱架连接处斜切的角度，注意按现场放样进行编号；临时横支撑与初期支护拱架间采取焊接连接。

图 4-1-11　掌子面封闭后照片　　图 4-1-12　现场临时横支撑、竖向支撑加固照片

（4）竖向支撑放样及加工。根据现场实际情况及高度，进行竖向临时支撑放样；加工时，注意按现场放样进行编号。

（5）凿除竖向支撑与初期支护拱架连接处混凝土。

(6）竖向支撑安装，竖向临时支撑与临时水平支撑、竖向临时支撑与初期支护拱架均采用焊接连接。横向I20a支撑与初期支护钢拱架采用焊接。

3）封闭上导地面

喷射300mm厚C25混凝土封闭上导地面。

4）上导补充注浆

采用水泥—水玻璃双液浆对上导掌子面、地面进行补充注浆加固。

5）封闭下导掌子面

将上下台阶距离保持到5m；然后，采用挂网喷射300mm厚C25混凝土封闭下导掌子面。

二、临时仰拱更换

在下穿壮丽商厦过程中，考虑到隧道为下坡，仰拱开挖时，后方水量向仰拱汇集浸泡土体易造成土体软化。为此，在实际施工中，采取在边墙开挖时增设一道临时仰拱，在施作边拱时同时施作仰拱，形成快速封闭初期支护。

在更换临时仰拱前，为确保更换仰拱时，开挖土体稳定，进行临时仰拱面以下3m注浆；更换后仰拱下部3～5m范围的土体补充注浆。

主要步骤：临时仰拱注浆→每循环3榀（1.5m）拆除临时仰拱→开挖至设计位置（约1.5m）→安装初期支护仰拱→喷射混凝土→仰拱底部地基加固注浆。

1）临时仰拱注浆

为减小拆除临时仰拱时土体沉降，对临时仰拱下5m范围采用水泥—水玻璃双液浆进行地层注浆加固，注浆孔纵向间距2.0m，环向间距2.1m，梅花形布置，根据开挖效果可适当调整注浆孔位布置。注浆孔布设见图4-1-13。

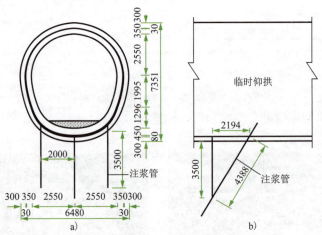

图4-1-13 注浆孔布设示意图（尺寸单位：mm）

（1）注浆材料：采用水泥—水玻璃双液浆，水玻璃模数2.6～2.8，浓度30%～40%。注浆采用水泥浆：水玻璃=1:（0.6～1.0）（体积比）；水泥浆水灰比=0.8:1～1:1（质量比）。

（2）注浆范围：临时仰拱下5m范围内。

（3）注浆压力：根据水文地质及工程地质条件暂定为0.8MPa，现场实施过程中根据各段埋深、地质情况及注浆效果进行调整。

（4）注浆量：按所需充填岩溶孔隙的体积或压密封闭的覆盖岩层的孔隙体积进行控制，浆液体积应与充填或压密体积对应。

2）临时仰拱拆除

喷射混凝土凿除施工采用风镐破除，挖掘机清理外运的方式。先凿除左右侧钢拱架连接点，对连接点位置进行割除，割除位置在临时支撑上，严禁影响到初期支护拱架；然后凿除连接处混凝土，对其余喷射混凝土采取分别破除后，采用挖掘机挖运装车。

临时仰拱拆除施工顺序：凿碎喷射混凝土→分割临时支撑与初期支护拱架连接点→拆除临时钢支撑并运走→处理初期支护表面杂物。

拆除注意事项：

（1）做好拆除过程中的监控量测工作，随时监测初期支护的稳定性。

（2）格栅拆除过程中，量测人员发现拱顶下沉异常时，应暂停拆除施工，并适当采取加固措施。

（3）拆除施工时，严禁采用挖掘机、装载机机械直接破坏方式拆除钢架，以防止因机械碰撞造成隧道初期支护体系变形失稳。

（4）做好在拆除过程中的安全防护工作，拆除过程中，严禁施工人员、机具设备通过，防止坠物伤人。

（5）临时支撑拆过程中，应将初期支护表面的钢筋头、型钢头等杂物清理干净，为二次衬砌防水施工创造条件。

（6）临时仰拱拆除后应对拆除部位补喷C25混凝土找平，保证初期支护面圆顺平整。

3）仰拱开挖

临时仰拱拆除完毕进行仰拱开挖施工，采用人工配合挖掘机械开挖，开挖每循环进尺1.5m，开挖完成后及时架设钢拱架挂网喷混凝土封闭掌子面。

仰拱部位的基坑开挖后在施工各支护结构前，必须测量基底高程、几何尺寸等，检查其是否符合设计要求，严禁超挖。

在施工仰拱支护前，必须清除干净基坑中的虚渣、杂物、积水等。

4）安装初期支护仰拱及封闭

开挖完成后，快速安装初期支护仰拱，喷射混凝土封闭成环。

5）仰拱底部地基加固处理

因所处地层为全风化花岗片麻岩，遇水极易软化崩解；为确保地层具有足够的承载力，对施作完成的仰拱，进行仰拱底部地基加固处理。

采用硫铝酸盐水泥进行注浆加固。

加固范围为仰拱下3～5m的地层。

注浆管伸入仰拱下垂直距离3.5m，按打设角度60°考虑，单根注浆管长度4.388m。

三、地表补充注浆加固

由于房屋存在一定的下沉趋势，需对房屋基础采取补充注浆加固。

1）原加固情况

原针对基础底部下9m的位置进行加固，南侧设置注浆孔21个，西侧设置注浆孔12个，北侧设置注浆孔4个，共设置37个注浆孔（详见图4-1-14）。注浆使用水泥共355t，共注水泥—水玻璃双液浆约950m^3。

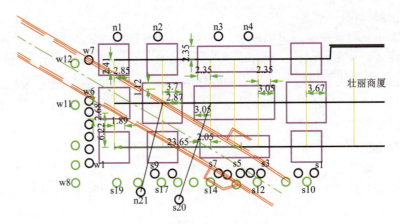

图 4-1-14 原注浆孔位布设图（尺寸单位：m）

（1）注浆材料：采用水泥—水玻璃双液浆，水玻璃模数 2.6～2.8，浓度 30%～40%。注浆采用水泥浆：水玻璃 =1:1（体积比），水泥浆水灰比 =1:1（质量比）。

（2）注浆范围：基础下方 9m 范围内。

（3）注浆压力：根据水文地质及工程地质条件暂定为 0.8MPa，现场实施过程中根据各段埋深、地质情况及注浆效果进行调整。

（4）注浆量：按所需充填岩溶孔隙的体积或压密封闭的覆盖岩层的孔隙体积进行控制，浆液体积应与充填或压密体积对应。

2）地表补充注浆加固

为了确保建筑物基础下注浆效果，对现场进行了详细调查（地坪高差），并预先进行布孔模拟，确定布孔的位置及打设的角度、深度，并严格按照设计的点位进行施工。

针对基础底部下 9m 的位置进行加固，南侧设置注浆孔 16 个，西侧设置注浆孔 5 个，北侧设置注浆孔 9 个，共设置 30 个注浆孔（详见图 4-1-15）。

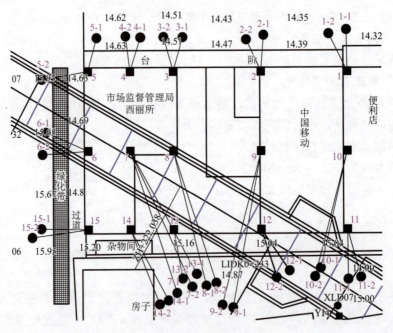

图 4-1-15 补充注浆孔位布置图

第六节 小 结

5号线、7号线联络线通过提前对隧道上方建筑物基础采用袖阀管注浆加固，洞内采用单排水平旋喷桩+全断面注浆加固辅助措施，成功解决了矿山法隧道复杂地层下穿陈旧建筑物的施工难题。隧道采用台阶法开挖，水平旋喷桩、注浆及开挖施工过程中，房屋主体承重部分无明显裂纹及差异沉降，西丽幼儿园处于安全可控状态。

壮丽商厦下穿施工段经采取补强措施后，沉降总体可控，主体结构柱、墙无明显裂缝；部分装饰墙、隔墙裂缝及局部地面隆起，主要是因地面、洞内注浆加固引起的。

第二章 超大断面隧道群矿山法施工技术

第一节 工程概况

隧道工程施工由于施工作业空间狭窄，施工作业面积较小，施工作业机械没有工作空间，因而工程施工难度较大。按照国际隧道协会（ITA）定义的隧道的横断面积的大小划分标准，大于100m²的为超大断面隧道。由于隧道断面面积较大，因而工程施工规模也更大，施工技术相对较为复杂，施工工序烦琐，施工质量影响因素较多，因而对于施工项目管理也提出了更高的要求。因此，完善大断面隧道工程施工流程管理，提高隧道工程施工工艺水平，确保工程施工质量，已经成为隧道工程施工管理的重要内容，这也是确保大断面隧道顺利建设竣工的关键措施。

第二节 施工技术

一、超大断面非对称连拱隧道施工关键技术

1. 工程简介

深安区间左右线DK8+248.279～DK8+357.151段为超大断面双线隧道，该段位于丘陵山地，隧道埋深16～29m，设计开挖工法由中洞法转换为中隔壁法（CD法），转换截面里程为DK8+273.912，如图4-2-1所示。

2. 工程地质概况

该段位于丘陵山地，按岩体的时代成因及其工程特征，本段的地层分为2层5亚层，各地层分布如图4-2-2和图4-2-3所示。

1）残积层（Q^{el}）

⑦$_1$砾质黏性土：褐黄夹棕红色，硬塑～坚硬，含较多石英颗粒，由花岗岩风化残积形成，土质粗糙，遇水易崩解。

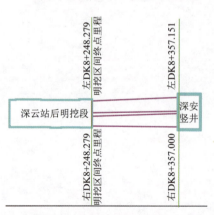

图4-2-1 区间大断面隧道平面示意图

2）燕山期花岗岩（γ_5^3）

灰白、肉红、黄褐色，中～粗粒结构，块状构造，主要矿物成分为石英、长石及暗色矿物。本次钻探揭露按风化程度可分为⑧$_1$全风化花岗岩、⑧$_2$强风化花岗岩、⑧$_3$中等风化花岗岩和⑧$_4$微风化花岗岩4个亚层，分述如下：

⑧₁ 全风化花岗岩：岩体呈坚硬土状，手捏易散，遇水易崩解。

⑧₂ 强风化花岗岩：岩体呈土夹砂砾、碎块状，浸水崩解，风化裂隙很发育。

⑧₃ 中等风化花岗岩：中粗粒结构，块状构造，岩体呈块状～碎块状，风化裂隙发育。

⑧₄ 微风化花岗岩：中粗粒结构，块状构造，岩体呈块状，有少量风化裂隙，岩质坚硬。

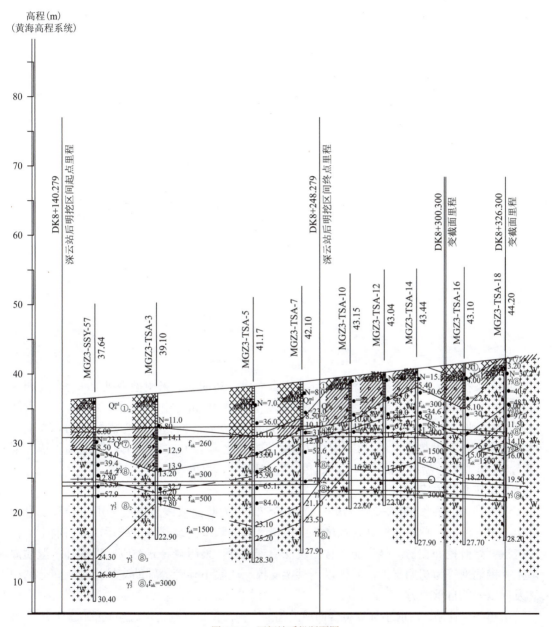

图 4-2-2　区间地质纵断面图

3. 设计方案

由于停车场、车辆段出入线和正线在此交汇，线间距较近，设计采用非对称连拱隧道形式，如图 4-2-4 所示。

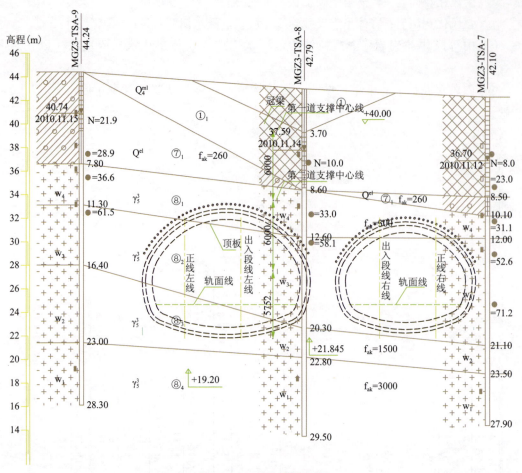

图 4-2-3 区间地质横剖面图

超前支护由超前大管棚、超前小导管组合而成。初期支护采用型钢拱架+系统锚杆+钢筋网喷射混凝土，具体参数为：I22型钢钢架，间距0.5m，相邻钢架采用HRBϕ22钢筋连接；钢筋网采用HPB300的钢筋焊接成200mm×200mm网格；系统锚杆采用ϕ25中空锚杆，锚杆设置钢垫板，锚杆内压注的水泥浆配合比为1：(0.3～0.4)，隧道锁脚锚杆采用ϕ25砂浆锚杆；喷射混凝土为C25、P6早强混凝土，厚度30cm。

4. 施工总体方案

深安区间左右线 DK8+248.279～DK8+357.151 大断面双线隧道段采用中导洞法进行施工。中导洞部分超前开挖并现场浇筑中隔墙，待中隔墙浇筑基本完成后，左右洞上下台阶依次开始开挖和支护。隧道施工按新奥法原理进行，采用复合式衬砌，以锚杆+湿喷混凝土+钢筋网等为初期支护，并辅以钢拱架支撑、注浆小导管等辅助支护措施，充分调动和发挥围岩的自承能力。

由超前大管棚、超前小导管组合而成的超前支护，使拱顶预先形成加固的保护环，改善围岩物理力学性能。隧道开挖中进行了爆破优化，采用光面爆破技术可以有效控制爆破震动的叠加，减少对周边围岩的扰动。开挖采用中导洞法，能降低对围岩的扰动，提高稳定性。

5. 施工流程

超大断面非对称连拱隧道的施工流程如图 4-2-5 所示。

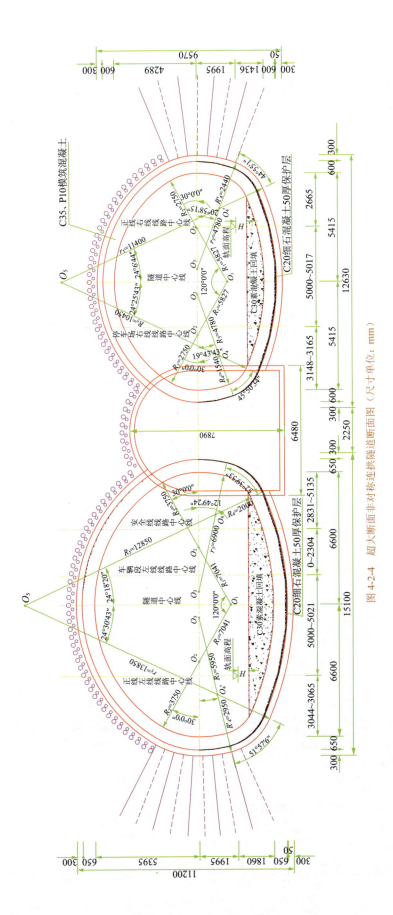

图 4-2-4 超大断面非对称连拱隧道断面图（尺寸单位：mm）

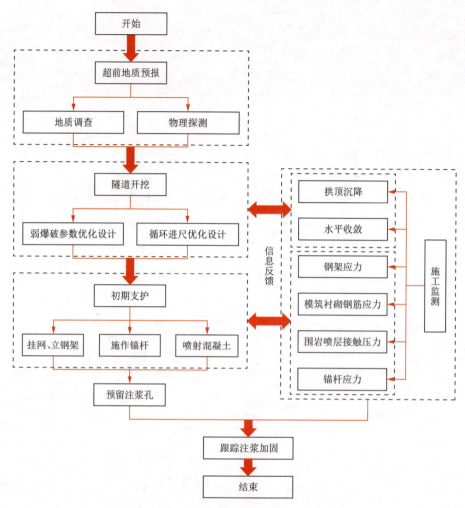

图 4-2-5 超大断面非对称连拱隧道施工流程图

6. 超前支护

1）管棚

（1）管棚设计

在管棚设计中要充分考虑地质、周边环境及隧道开挖断面、埋深、开挖方法等，来决定大管棚的配置、形状、施工范围及大管棚的间距和断面。

管棚棚管采用热轧无缝钢管，钢管导向管做成尖形，承压端焊上钢箍，管口预留止浆段，相邻注浆孔呈梅花形布置。

双连拱隧道洞口设计都有长管棚超前支护，长管棚设计参数：

导管规格：外径 108mm，壁厚 6mm；

管距：环向间距 40cm；

倾角：外插角 1°～2°；

注浆材料：P.O42.5 级硅酸盐水泥，水灰比 1:1 的水泥浆；

设置范围：拱部 120°范围。

（2）施工流程

大管棚施工流程见图 4-2-6。

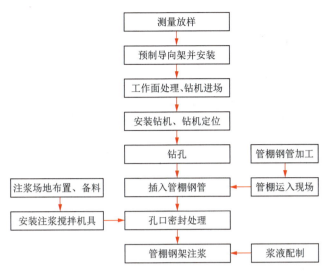

图 4-2-6 大管棚施工流程图

（3）操作要点

①导向架施工

混凝土格栅钢架作为长管棚的导向架，在开挖廓线以外拱部 120° 范围内施作。格栅钢架上设置 $\phi 127$ 导向管，定位管棚钢管的位置和外插角。孔口管作为管棚的导向管，它安设的平面位置、倾角、外插角的准确度直接影响管棚的质量。用经纬仪以坐标法在格栅钢架上定出其平面位置，用水准尺配合坡度板设定孔口管的倾角，用前后差距法设定孔口管的外插角。孔口管应牢固焊接在格栅钢架上，防止浇筑混凝土时产生位移。

②搭设钻孔平台，安装钻机

钻孔平台用钢管脚手架搭设，并一次性搭好，钻孔由 1~2 台钻机由高孔位向低孔位进行。平台支撑于稳固的地基上，脚手架连接要牢固、稳定，防止在施钻时钻机产生不均匀下沉、摆动、位移而影响钻孔质量。

钻机定位：钻机要求与已设定好的孔口管方向平行，必须精确核定钻机位置。用经纬仪、挂线、钻杆导向相结合的方法，反复调整，确保钻机钻杆轴线与孔口管轴线相吻合。

③钻孔

钻机开钻时，应低速低压，待成孔 10m 后可根据地质情况逐渐调整钻速及风压。钻进过程中经常用测斜仪测定其位置，并根据钻机钻进的状态判断成孔质量，及时处理钻进过程中出现的事故。钻进过程中确保动力器、扶正器、合金钻头按同心圆钻进。认真做好钻进过程的原始记录，及时对孔口岩屑进行地质判断、描述，作为洞身开挖时的地质预测预报参考资料，从而指导洞身开挖。

④清孔

用地质岩芯钻杆配合钻头进行反复扫孔，清除浮渣，确保孔径、孔深符合要求，防止堵孔。用高压风从孔底向孔口清理钻渣。用经纬仪、测斜仪等检测孔深、倾角、外插角。

⑤安装管棚钢管

管头焊成圆锥形，便于入孔。棚管顶进采用挖掘机和管棚机钻进相结合的工艺，即先钻大于棚管直径的引导孔，然后用挖掘机在人工配合下顶进钢管。接长钢管应满足受力要求，相邻钢管的接头应前后错开。

⑥注浆

注浆准备：管棚安装完成后，旋上孔口阀，连接注浆管路。利用注浆泵先压水检查管路是否漏水，设备状态是否正常，而后再做压水试验，以冲洗岩石裂隙，扩大浆液通路，增加浆液充塞的密实性，核实岩石的渗透性。

浆液配置：在注浆前由试验确定浆液配比、注浆压力等注浆参数。浆液配比选择要考虑岩石裂隙情况以及浆液扩散半径，现场通过试验确定。配置浆液时，要注意加料顺序和速度，防止浆液结块。

注浆施工：清孔后，按由下至上的顺序施工，浆液先稀后浓，注浆量先大后小，如果遇到串浆或者跑浆则隔孔灌压。

结束标准：采用注浆压力和注浆量双控的方式，注浆量达到单管注浆量设计值，注浆压力达到设计给定的压力值，停止注浆。

2）超前小导管

（1）超前小导管设计

超前小导管前端加工成锥形，以便插打，并防止浆液前冲。隧道超前小导管长为3.5m，$\phi42$，对隧道洞顶150°范围进行超前小导管加固，环向间距0.4m，纵向间距2.4m。中间部位钻$\phi10$注浆孔，呈梅花形布置（防止注浆出现死角），间距为15mm，尾部1m范围内不钻孔以防漏浆，末端焊$\phi6$环形箍筋，以防打设小导管时端部开裂，影响注浆管连接。钻孔外插角7°~15°，可根据实际情况调整。小导管插入后应外露一定长度，以便连接注浆管，并用塑胶泥将导管周围孔隙封堵密实。

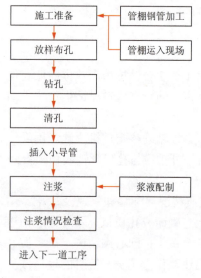

图4-2-7 超前小导管施工流程图

（2）施工流程

超前小导管施工流程见图4-2-7。

（3）操作要点

施工要点可归纳为如下几点：

①注浆材料

本工程优先选用单液水泥浆；对于有水的强渗透地层，则宜选用水泥—水玻璃双液浆，以控制注浆范围。注浆材料的配比应根据地层情况和胶凝时间要求，并经过试验而定，一般对于水泥浆液，水灰比可采用0.5:1~1:1。

②注浆

注浆前先冲洗管内沉积物，由下至上顺序进行。单孔注浆压力达到设计要求值，持续注浆10min且进浆速度为开始进浆速度的1/4或进浆量达到设计进浆量的80%及以上时注浆方可结束。注浆施工中认真填写注浆记录，随时分析和改进作业，并注意观察施工支护工作面的状态。注浆参数应根据注浆试验结果及现场情况调整。

③注浆异常现象处理

串浆时及时堵塞串浆孔；泵压突然升高时，可能发生堵管，应停机检查；进浆量很大，压力长时间不升高，应重新调整浆液浓度及配合比，缩短胶凝时间。

7. 爆破设计

施工过程中采用多布孔、少装药、弱爆破的线形微震爆破技术和光面爆破技术，爆破炸药采用低爆速、抗水性好的2号岩石乳化炸药，药卷直径按照掏槽眼为$\phi 35$、辅助眼为$\phi 32$，光面爆破周边眼为$\phi 25$设计，最小抵抗线取60cm，周边眼间距为45cm。掏槽眼采取斜眼掏槽，间距30～50cm，其他炮眼间距为60～70cm。炮眼深度根据开挖循环进尺加深10%～15%，掏槽眼深度较其他炮眼超深10%，线装药系数控制在0.4kg/m以内，多分段，减少单线最大装药量，控制在3.5kg以内。增大相邻段起爆时间间隔，以此控制爆破应力波的叠加、爆破振动速度和振动频率，减弱对围岩的损伤。详细爆破参数见表4-2-1。

爆破参数表 表4-2-1

参数项	参数设置
钻孔直径 d	42mm
最小抵抗线 W	60cm
光面爆破周边眼间距 a_1	45cm
辅助眼和掏槽眼间距 a_2	$(1.0 \sim 1.2)W$
炮眼排距 b	W
炮眼深度 L	$H+h$ 单循环进尺 $H=0.6$m，炮眼超深 $h=(0.1\sim0.15)H$
单位炸药消耗量 q	1.6 kg/m³
单眼装药量 Q	$0.33\times e\times q\times a\times b\times L$ 式中，e 为炸药换算系数（kg），取为1.0kg

为了达到良好的破岩和光面爆破效果，实际中，周边眼单眼装药量减弱为4/5，掏槽眼和底板眼加强装药量至1.2倍，辅助眼为1.0倍。

爆破器材选用：采用塑料导爆管非电毫秒雷管起爆系统，毫秒雷管采用特定的26段等差（50ms）毫秒雷管，引爆采用电雷管。炸药采用2号岩石乳化炸药，选用$\phi 25$、$\phi 32$、$\phi 35$三种规格。其中，$\phi 25$为周边眼专用光爆药卷，$\phi 35$为掏槽眼专用药卷，$\phi 32$为辅助眼专用药卷。

8. 开挖及支护

结合当地的工程地质条件，采用中导洞施工法。中导洞施工法就是首先在连接左右线隧道的中隔墙处贯通一条小断面导洞，并施工中隔墙，然后再开挖左右线正洞的施工方法。其施工流程如图4-2-8所示。

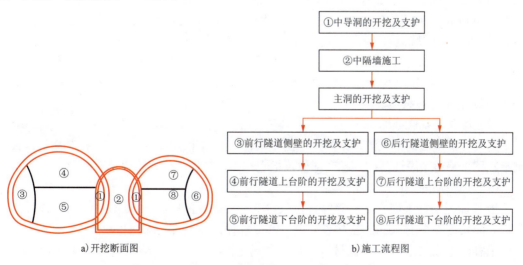

图4-2-8　中导洞法开挖断面及施工流程图

1）中导洞的开挖及支护

（1）支护

中导洞设计采用间距为 0.6m 的 I18 工字钢，$\phi 8$ 钢筋网网格 200mm×200mm 及喷射 C25 混凝土为初期临时支护，拱顶采用 $\phi 25$、$L=4m$ 中空锚杆在拱墙顶部 200°范围内按照 0.8m（环向）×0.6m（径向）布设。隧道锁脚锚杆采用 $\phi 25$ 砂浆锚杆，锚杆长度 $L=3.5m$。中隔墙形态具体如图 4-2-9 所示。

（2）开挖

图 4-2-9 中导洞断面形态示意图

中导洞系整个隧道开挖的关键，既决定着洞身开挖的方向，又是对洞身岩层情况的先行探察，可以为主洞开挖积累资料和摸索情况，指导主洞施工。为了防止洞口坍塌、顺利进洞，采用短进尺、挖掘机进行中导洞的开挖，每次进尺控制在 0.6m（钢拱架间距），中导洞开挖，采用全断面法。

2）中隔墙施工

中隔墙是整个连拱隧道结构稳定的关键，是连拱隧道最重要的结构体。它对围岩的支撑稳定具有非常重要的作用。中隔墙完工后，在左右洞施工过程中，受到压、拉、弯、扭、剪应力的作用，并承载着隧道拱部的荷载。隧道建成后，中隔墙还承担着从两侧传递来的部分荷载。因此，对中隔墙施工必须引起高度重视，特别需注意施工质量。中导洞贯通后，立即开始中隔墙施工，其施工流程如图 4-2-10 所示。

（1）材料选用

中隔墙混凝土采用硅酸盐水泥，水泥强度等级不低于 32.5R，粗骨料采用坚硬耐久的碎石。混凝土中的石子最大粒径不宜大于 31.5mm，水泥用量不少于 360kg/m³（无外掺料），水灰比大于 0.55。集料级配采用连续级配。按质量计含泥量不大于 1%，泥块含量不大于 0.25%。细集料采用坚硬、耐久的粗砂，细度模数大于 2.5，含水率控制在 5%～7%。砂中小于 0.075mm 的颗粒不大于 20%。含泥量不大于 3%，泥块含量不大于 1%。中隔墙混凝土采用液体防水剂。在使用防水剂前，做水泥的相容性试验及水泥净浆凝结效果试验，严格控制掺量，并要求其抗渗强度等级不小于 P8。拌和用水的水质符合工程用水的有关标准，水中不应含有影响水泥正常凝结与硬化的有害杂质。

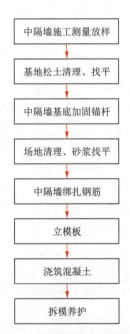

图 4-2-10 中隔墙施工流程图

（2）中隔墙基底处理

把中导洞基底的松土清理出洞外。测量放样，放出中隔墙基础宽度和控制高程，根据测量数据，平整中隔墙基础，超高部位，把土挖走，超挖部位，采用片石回填。

（3）地基加固锚杆施工

地基加固锚杆采用 $\phi 22$ 砂浆锚杆，长度为 300cm，间距为 100cm×100cm；锚杆伸入隔墙底的长度不小于 30cm；应按设计要求截取杆体，并整直、除锈和除油。

锚杆注浆安装前须先做好材料、机具和场地准备工作，注浆材料使用 42.5 级普通硅酸盐水泥，粒径小于 2.5mm 的砂子，并须过筛，胶骨比 1:0.5～1:1，水灰比 0.38～

0.45，砂浆强度等级不小于M20。砂浆锚杆作业程序是：先注浆，后放锚杆。具体操作是：先将水注入牛角泵内，并倒入少量砂浆，初压水和稀浆湿润管路，然后再将已调好的砂浆倒入泵内。将注浆管插至锚杆眼底，将泵盖压紧密封，一切就绪后，慢慢打开阀门开始注浆。在气压推动下，将砂浆不断压入眼底，注浆管跟着缓缓退出眼孔，并始终保持注浆管口埋在砂浆内，以免砂浆中出现空洞，将注浆管全部抽出后，立即把锚杆插入眼孔，然后用木楔堵塞眼口，防止砂浆流失。锚杆孔中必须注满砂浆，发现不满须拨出锚杆重新注浆。注浆管不准对人放置，以防止高压喷出物射击伤人。砂浆应随用随拌，在初凝前全部用完。使用掺速凝剂砂浆时，一次拌制砂浆数量不应多于3个孔，以免时间过长，使砂浆在泵、管中凝结。锚注完成后，应及时清洗，整理注浆用具，除掉砂浆凝聚物，为下次使用创造好条件。锚杆伸入中隔墙的长度不小于30cm。

(4) 模板制作

为保证中隔墙模板有足够的强度刚度和混凝土的外观质量，采用大块钢模板进行中隔墙施工。钢模板必须具有足够的强度、刚度和稳定性。中隔墙模板7.2m一组。

(5) 钢筋绑扎

到场的钢筋经检验合格后，即可按设计要求进行钢筋加工。钢筋加工前，清除钢筋表面的锈斑，钢筋应平直，无局部折曲，成盘的钢筋和弯曲的钢筋均应调直，各种钢筋下料尺寸符合设计及规范要求。中隔墙钢筋统一在加工场加工，半成品分类堆放，挂牌标示清楚。拱顶锚杆、基底锚杆与中隔墙钢筋按设计要求连接牢固，形成一体；为保证浇注混凝土时钢筋保护层厚度，且必须保证在混凝土表面看不到垫块痕迹，因此可采用塑料保护层垫块或钢筋骨架外侧绑扎特殊造型的同级混凝土垫块，以增加混凝土表面的美观性。钢筋连接采用电弧焊搭接，搭接长度不小于$10d$（d为钢筋直径），焊缝厚度不小于$0.35d$，焊缝宽度不小于$0.7d$，且不小于10mm。电弧焊接用焊条满足规范要求，钢筋接头所在截面按规范要求错开布置，同一截面钢筋接头不得超过该截面钢筋总数的50%。箍筋施工要与主筋紧密连接，不得松动，箍筋与主筋连接处采用铁丝绑紧或采用点焊焊牢。中隔墙钢筋骨架成型后尺寸和间距等符合设计与规范要求。在安装模板前，对已安装好的钢筋会同监理单位进行检查并签证，并对中隔墙预埋件进行确认。

(6) 模板安装

中隔墙混凝土施工每7.2m一组，采用大块钢模拼装而成，用槽钢和角钢作为加劲肋，保证模板有足够的强度和刚度。因中导洞断面较小，施工难度较大，施工采用小型台车，纵向滑模施工。在中隔墙基础两侧用方木和工字钢搭设移动滑道，长度不小于16m，可以保证台车纵向行走7.5m。在滑道上拼装模板，因场地狭小，只能用倒链人工组装。模板安装加固用槽钢和黑铁管支撑在中导洞初期支护上，外撑为主，内拉为辅。模板中线、高程、尺寸和平整度等经检验合格后才可进行下道工序。墙身混凝土浇筑时，受力较大，模板支撑必须牢固，应使泵送系统支撑与模板支撑系统分离。

(7) 混凝土浇筑

中隔墙混凝土在搅拌站按批复的配合比集中拌和，采用搅拌运输车运输。中隔墙混凝土灌注由洞口向洞内方向进行，全部采用泵送混凝土，必须保证输送混凝土的泵能连续工作，输送管管线宜直，接头应严密，防止混入空气，产生阻塞。浇筑混凝土时，主要使用附着式平板振捣器振捣，插入式振捣器辅助振捣，保证混凝土振捣密实。每一处振动完毕后应边振动边徐徐提出振捣器，避免振捣器碰撞模板、钢筋及其他预埋件。施工缝是中隔墙受力的薄弱面,每次拆模后均必须凿毛处理,连接钢筋应严格按要求焊接牢固。拱脚浇筑时,应使混凝土充满所有角落,并应充分进行捣固密实。拱顶处混凝土必须到位,且必须振捣密实,不留空隙,必要时注浆处理,以防拱顶漏水。

(8) 拆模养生

中隔墙拆除模板后,立即跟进养护。可采用洒水养护或包裹塑料薄膜养护,养护时间不少于 14d。

3) 主洞开挖及支护

(1) 挂网立钢架

①型钢拱架施工

型钢钢架安装工艺见图 4-2-11。

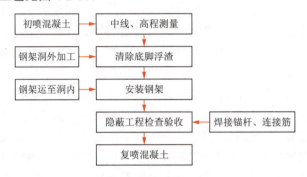

图 4-2-11 型钢钢架安装工艺图

②操作要点

a. 双连拱隧道钢架支护设计为 I22a 型钢拱架,每榀钢拱架间距为 0.6m,为全断面支护。隧道各部开挖完成初喷混凝土后,分单元及时安装钢架,采用定位锚杆、径向锚杆以及锁脚锚杆固定,钢架之间铺挂钢筋网,然后复喷混凝土至设计厚度。

b. 加工场地用混凝土硬化,精确抹平,按设计放出加工大样。钢架弯制结合隧道开挖方法采用型钢弯制机按照隧道断面曲率分节进行弯制,弯制完成后,先在加工场地上进行试拼。各节钢架拼装,要求尺寸准确,弧形圆顺,要求沿隧道周边轮廓误差不大于 3cm;型钢钢架平放时,平面翘曲小于 2cm。

c. 钢架安装前清除基底虚渣及杂物。本工程格栅钢拱架严格按设计位置安装,钢架之间及时用钢筋纵向连接,钢架须垂直隧道中心线,隧道横向竖直平面内,垂直度允许误差为 ±2°,确保安装后垂直。钢架拼装可在开挖面以外进行,各节钢架间以螺栓连接,连接板密贴。钢架底脚置于牢固的基础上。钢架尽量密贴围岩并与锚杆焊接牢固,钢架之间按设计设置纵向连接筋连接。每榀钢架拱架架设完后,要进行质量评定,评定合格后方能进行喷混凝土作业。

d. 挖法施工时,钢拱架拱脚打设锁脚锚杆或锁脚锚管。下半部开挖后钢架及时落底接长,封闭成环。钢架与喷混凝土形成一体,钢架与围岩间的间隙用喷混凝土充填密实;钢架全部喷射混凝土覆盖,保护层厚度满足设计要求。

e. 机械开挖时,为防止挖掘机等大型机械碰撞、冲击已支护好的钢架,造成钢架损坏,开挖时,要委派专人对开挖作业进行指挥,严格限制机械作业界限,以防止碰撞、冲击钢架。

（2）钢筋网片施工

①施工流程

钢筋网片施工流程见图 4-2-12。

图 4-2-12　钢筋网片施工流程图

②操作要点

a. 钢筋网片采用 HPB300 的钢筋焊接成 200mm×200mm 网格，在钢筋加工场内集中加工。先用钢筋调直机把钢筋调直，再截成钢筋条，钢筋网片尺寸根据拱架间距和网片之间的搭接长度综合考虑确定。钢筋焊接前要先将钢筋表面的油渍、漆污、水泥浆和用锤敲击能剥落的浮皮、铁锈等清除干净；加工完毕后的钢筋网片应平整，钢筋表面无削弱钢筋截面的伤痕。制作成型的钢筋网片必须轻抬轻放，避免摔地产生变形。钢筋网片成品应远离加工场地，堆放在指定的成品堆放场地上。存放和运输过程中要避免潮湿的环境，防止钢筋锈蚀、污染和变形。

b. 人工铺设钢筋网片，安装时搭接长度 1～2 个网格，贴近岩面铺设并与锚杆和钢架焊接牢固。按照设计图纸要求，钢筋网片焊接在钢架靠近岩面一侧或内外双层布置，以确保整体结构受力。

c. 钢筋网片要与锚杆、钢架或其他固定件连接牢固，保证喷射混凝土时不晃动。喷混凝土时，减小喷头至受喷面距离和控制风压，以减少钢筋网片振动，降低回弹。钢筋网片要有 3～5cm 的保护层。

（3）中空注浆锚杆施工

①施工工艺

本段系统锚杆采用带排气装置的 $\phi25$ 中空锚杆。锚杆长度 $L=4.0m$，在拱墙顶部 120°范围内按照 0.8m（环向）×0.6m（径向）布设。中空注浆锚杆施工流程见图 4-2-13。

②操作要点

a. 施工前检查锚杆类型、规格、质量及其性能是否与设计相符。根据锚杆类型、规格及围岩情况准备钻孔机具。

b. 锚杆钻孔利用开挖台阶搭设简易台架施钻，按照设计间距布孔；钻孔方向尽可能垂直结构面或初喷混凝土表面；锚杆孔比杆径大 15mm，深度误差不得大于 ±50mm；成孔后采用高压风清孔。

c. 钻孔完成后，用高压风吹净孔内岩屑；将锚头与锚杆端头组合后送入孔内，直达孔底；固定好排气管，将止浆塞穿入锚杆末端与孔口齐平并与杆体紧固；锚杆末端戴上垫板，然后拧紧螺母；采用锚杆专用注浆泵向中空锚杆内压注水泥浆，水泥浆的配合比为 1:（0.3～0.4），注浆压力为 1.2MPa，水泥浆随拌随用。

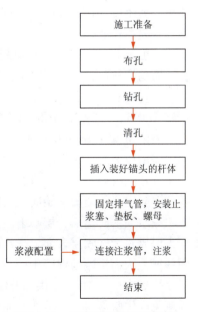

图 4-2-13　中空注浆锚杆施工流程图

(4) 喷射混凝土设计与施工

①喷射混凝土设计

隧道初期支护喷射混凝土设计强度等级为C25。喷射混凝土配合比的设计应满足：强度符合设计要求，不发生管路堵塞，能向上喷射至设计厚度。

②喷射混凝土施工

隧道初期支护喷射混凝土采用湿喷工艺。喷射混凝土在洞外拌和站集中拌和，由混凝土搅拌运输车运至洞内，采用湿喷机喷射作业。在隧道开挖完成后，先喷射4cm厚混凝土封闭岩面，然后架立钢架、挂钢筋网、打设锚杆，对初喷岩面进行清理后复喷至设计厚度。

③喷射前准备

a. 喷射前应对受喷岩面进行处理。一般岩面可用高压风吹净受喷岩面的浮尘、岩屑，以提高喷射混凝土的附着力。

b. 设置控制喷射混凝土厚度的标志，一般采用埋设钢筋头做标志，亦可在喷射时插入长度比设计厚度大5cm的铁丝，每1～2m设一根，作为施工控制用。

c. 检查机具设备和风、水、电等管线路，湿喷机就位，并试运转。

d. 选用的空压机应满足喷射机工作风压和耗风量的要求，高压风进入喷射机前必须进行油水分离。

e. 输料管应能承受0.8MPa以上的压力，并应有良好的耐磨性能。

f. 保证作业区内具有良好通风和照明条件。

④混凝土搅拌、运输

湿喷混凝土搅拌采取全自动计量强制式搅拌机，施工配料严格按配合比进行操作，速凝剂在喷射机喂料时加入。运输采用混凝土运输罐车，随运随拌。喷射混凝土时，多台运输车应交替运料，以满足湿喷混凝土的供应。在运输过程中，要防止混凝土离析、水泥浆流失、坍落度变化以及产生初凝等现象。

⑤喷射作业

喷射操作流程为：打开速凝剂辅助风→缓慢打开主风阀→启动速凝剂计量泵、主电机、振动器→向料斗加混凝土→打开喷嘴开始喷射混凝土。

喷射混凝土作业应采用分段、分片、分层依次进行，喷射顺序应自下而上，分段长度不宜大于6m。喷射时先将低洼处大致喷平，再自下而上顺序分层、往复喷射。

喷射混凝土分段施工时，上次喷混凝土应预留斜面，斜面宽度为200～300mm，斜面上需用压力水冲洗润湿后再行喷射混凝土。

分片喷射要自下而上进行，并先喷钢架与壁面间混凝土，再喷两钢架之间混凝土。边墙喷混凝土应从墙脚开始向上喷射，以减少喷射混凝土的回弹量。

分层喷射时，后一层喷射应在前一层混凝土终凝后进行，若终凝1h后再进行喷射时，应先用风水清洗喷层表面。一次喷混凝土的厚度以喷射混凝土不滑移、不坠落为度，既不能因厚度太大而影响喷混凝土的黏结力，也不能因太薄而增加回弹量。边墙一次喷射混凝土厚度控制在7～10cm，拱部控制在5～6cm，并保持喷层厚度均匀。顶部喷射混凝土时，为避免产生堕落现象，两次间隔时间宜为2～4h。

喷射速度要适当，以利于混凝土的压实。风压过大，喷射速度增大，回弹增加；风压过小，喷射速度过小，压实力小，影响喷混凝土强度。因此在开机后要注意观察风压，起始风压达到0.5MPa后，才能开始操作，并据喷嘴出料情况调整风压。一般工作风压：边墙 0.3～0.5MPa，拱部 0.4～0.65MPa。

喷射时使喷嘴与受喷面间保持适当距离，宜为 1.5～2.0m，喷射角度尽可能接近 90°，以获得最大压实和最小回弹。喷嘴应连续、缓慢作横向环行移动，一圈压半圈，喷射手所画的环形圈，横向 40～60cm，高 15～20cm；若受喷面被钢架、钢筋网片覆盖，则可将喷嘴稍加偏斜，但不宜小于 70°。如果喷嘴与受喷面的角度太小，会形成混凝土物料在受喷面上的滚动，产生出凹凸不平的波形喷面，增加回弹量，影响喷混凝土的质量。

⑥养护

喷射混凝土终凝 2h 后，应进行养护。养护时间不小于 14d。当气温低于 +5℃时，不得洒水养护。

（5）主洞开挖

为保证隧道的开挖安全，连拱隧道两侧正洞的施工需错开一定的距离（图 4-2-14），从而形成对中隔墙的偏压，如处理不当极易因中隔墙的偏移而造成塌方事故。隧道的开挖使岩体原有的平衡状态被打破，围岩应力进行重新分布，围岩发生变形，以达到新的平衡状态。如果连拱隧道左右正洞的开挖错开距离较短，势必引起两侧洞室围岩应力、变形的叠加，危及隧道的施工安全。连拱隧道左右正洞开挖的错开距离，应达到 20～40m，并在超前洞室的围岩变形基本稳定后方可进行滞后洞室的施工。

图 4-2-14　深安区间双连拱隧道施工现场照片

二、超大断面不等跨小间距隧道施工关键技术

小间距隧道是介于普通隧道和连拱隧道之间的一种隧道结构形式，基于岩体力学角度来考虑，充分利用隧道的自承、自稳能力，通过围岩加固措施使隧道修筑达到合理和经济的目的。

1. 工程概况

深云车辆段出入线位于深圳市南山区桃源街道深云村，左线起始于深云站—安托山站区间左线 DK8+188.185，起讫里程为左 SDK0+000.000～左 SDK2+191.225，长 2191.225m；右线起始于深云站—安托山站区间右线 DK9+613.709，起讫里程为 SDK0+000.000～SDK1+949.718，长 1949.718m。其中，由于停车场、车辆段出入线和正线在交汇处线间距较近，设计采用了超大断面不等跨小间距隧道形式，如图 4-2-15 和图 4-2-16 所示。

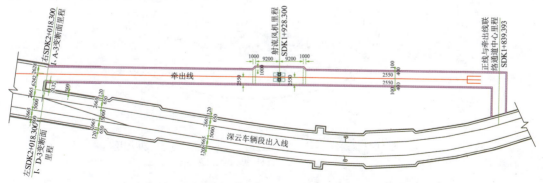

图 4-2-15　超大断面不等跨小间距隧道平面位置示意图（尺寸单位：mm）

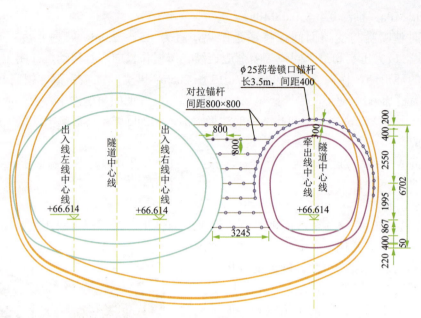

图 4-2-16 超大断面不等跨小间距隧道断面关系图（尺寸单位：mm）

2. 工程地质概况

本场地主要为中等风化花岗片麻岩和微风化花岗片麻岩，岩体较完整，岩体基本质量等级为Ⅱ级。

3. 设计方案

正线断面开挖跨度达 11.87m，开挖高度达 8.854m，开挖断面 105m²，如图 4-2-17 所示。支护参数为：ϕ25 药卷锚杆，间排距 1.2m×1.2m，长 3.5m；挂 ϕ8@200mm×200mm 单层全断面钢筋网，立格栅拱架间距 1.0m；喷 C25、P6 混凝土，厚 30cm。

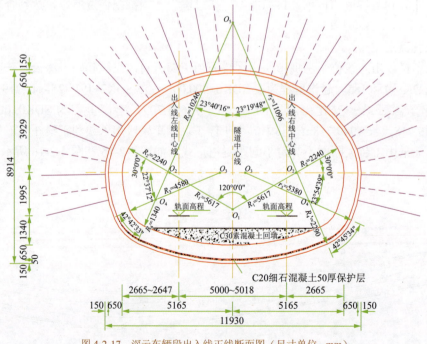

图 4-2-17 深云车辆段出入线正线断面图（尺寸单位：mm）

牵出线断面为单线断面，开挖断面39.4m²，如图4-2-18所示。支护参数为：φ25药卷锚杆，间排距1.2m×1.0m，长3m；挂φ8@200mm×200mm单层全断面钢筋网，立格栅拱架间距1.0m；喷C25、P6混凝土，厚22cm。

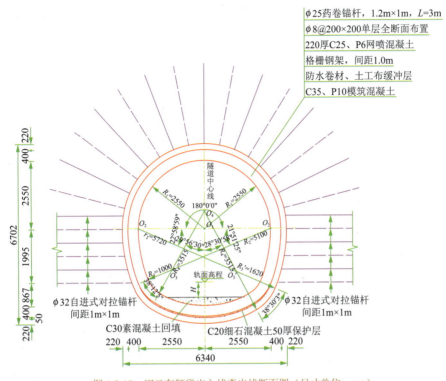

图4-2-18 深云车辆段出入线牵出线断面图（尺寸单位：mm）

4. 施工总体方案

此段以新奥法的基本原理为依据，采用台阶法和全断面法施工，以"短开挖、快封闭、强支护、勤量测"为指导：两隧道根据地质情况分先后施工，先施工围岩较好的一侧，按同工序保持一定距离平行施工，将开挖面合理划分单元，自上而下实施有序分部开挖；喷、锚、网、钢格栅联合初期支护，随挖随护，紧跟工作面；先开挖的一侧隧道边墙，开挖后即对两隧道中岩墙用水平全长注浆锚杆作预加固；初期支护体系、中岩墙与围岩共同组成承荷体系，协同变形—承荷，充分发挥围岩自身承载能力；建立监控量测体系，实施信息化管理，保证施工过程处于受控状态；根据时间—空间效应原则及量测信息实施混凝土衬砌。

5. 施工流程

超大断面小间距隧道施工流程如图4-2-19所示。

6. 爆破设计

隧道采用爆破开挖时，为确保中岩墙围岩的完整，降低爆破对周围岩体及环境的影响，应采用控制爆破技术。

在上半断面开挖中主要解决爆破震动对周围环境的影响，在下半断面的开挖中主要考虑确保中岩墙围岩的稳定和完整，以及控制后行隧道对先行隧道边墙初期支护的影响。

控制爆破震动主要采用控制装药量和分段微差爆破技术予以实施。根据现行《爆破安全规范》（GB 6722—2014）规定，爆破震动强度由速度衡量，爆破时在测点处产生的振动速度与装药量、爆源与测点之间的距离及振动波传播路径的地质条件有关，一般按下式进行计算，得出的振动速度应小于安全控制值。

$$v = K\left(\frac{Q^{\frac{1}{3}}}{R}\right)^{\alpha}$$

式中：v——振动速度（cm/s）；

Q——最大一段装药量（kg）；

R——测点与爆源之间的距离（m）；

K、α——与地形、地质条件有关的系数，可根据经验选取，最好在现场用实测数据进行回归分析后得出。

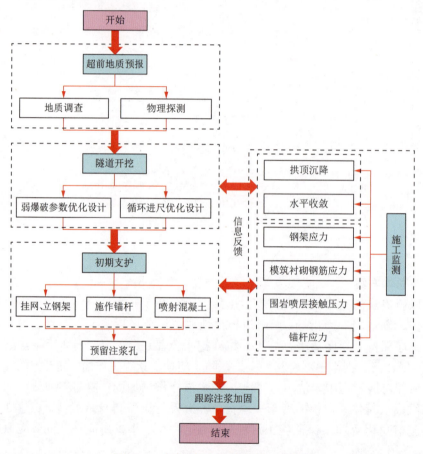

图 4-2-19　超大断面小间距隧道施工流程图

开挖爆破均应采用光面爆破，钻爆作业中应检测围岩爆破扰动深度、爆破震动对周边及中间岩柱的破坏程度，对爆破震动加以控制，以利于中间岩柱的稳定。

1）爆破参数

爆破参数见表 4-2-2。

爆 破 参 数 表　　　　　　　　表 4-2-2

参数项	参数设置
钻孔直径 d	42mm
最小抵抗线 W	60cm

续上表

参数项	参数设置
光面爆破周边眼间距 a_1	50cm
辅助眼和掏槽眼间距 a_2	$(1.0\sim1.2)W$
炮眼排距 b	W
炮眼深度 L	$H+h$ 单循环进尺 $H=0.6$m，炮眼超深 $h=(0.1\sim0.15)H$
单位炸药消耗量 q	1.6 kg/m³
单眼装药量 Q	$0.33\times e\times q\times a\times b\times L$ 式中，e 为炸药换算系数（kg），取为 1.0kg

小间距隧道采用控制爆破技术开挖技术要点：

（1）为保证中岩墙的稳定与安全，采用中槽先进，两侧预留光爆层的作业方法。

（2）中槽靠中岩墙一侧采用防震带（预裂带）降低爆破对中岩墙和先行隧道边墙初期支护的振动影响。

（3）预留光爆层主爆孔的爆破应尽量为光爆孔创造临空面，这样有利于保证光爆效果和控制围岩的爆破松弛厚度。

（4）平行隧道中一隧道开挖爆破时在另一隧道边墙初期支护上引起的振动速度控制在 1.5cm/s 以下。

（5）采用微差爆破技术，考虑到爆破震动波形叠加作用的影响，时差可采用 100ms。

2）炮眼设计

先行隧道采用台阶法，炮眼设计图如图 4-2-20、图 4-2-21 所示，后行隧道炮眼设计如图 4-2-22 所示。

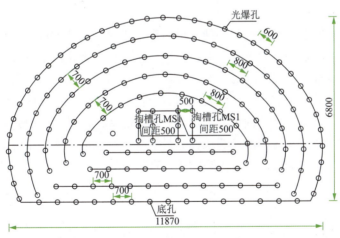

图 4-2-20　上台阶爆破设计图（尺寸单位：mm）

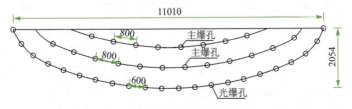

图 4-2-21　下台阶爆破设计图（尺寸单位：mm）

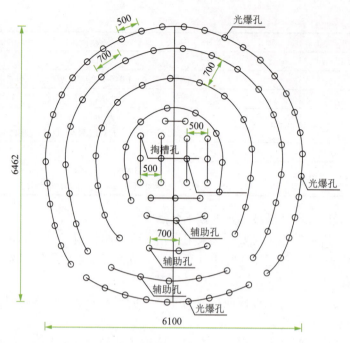

图 4-2-22 全断面爆破设计图（尺寸单位：mm）

7. 开挖及支护

先分部开挖围岩较好一侧的先行隧道，滞后一定距离再分部开挖另一侧隧道。先行隧道开挖、初期支护及仰拱每个工序均要先于后行隧道一定距离，后行隧道初期支护及仰拱完成后，再进行先行和后行隧道内层模筑混凝土衬砌施工。

1）中岩墙加固技术

两隧道中岩墙的加固则是整个小间距隧道建造成功的关键。目前，小间距隧道中岩墙加固技术主要有大吨位预应力锚杆、对拉锚杆、小导管注浆和水平贯通锚杆等方法。在隧道中岩墙的加固过程中，必须考虑作业空间和作业时间的限制。在常用的加固方法中，注浆加固是比较合理的一种加固方法。其原因主要在于注浆加固与预应力锚杆加固相比，其工艺相对较为简单。但注浆加固中岩墙也有其自身的缺点，最主要的就是注浆效果很大程度上取决于岩体的裂隙发育程度和连通性。另外，与对拉锚杆加固相比，其质量较难控制和检验。一般来说，注浆加固适用于裂隙较发育，而岩石块体较小的岩体，而预应力锚杆加固则适用于块体较大的岩体。结合岩土工程地质条件，常采用注浆支护和预应力锚杆加固相结合的方式。

（1）注浆支护

注浆支护施工特点：

①小导管注浆前，应对开挖面及 5m 范围内的坑道喷射厚为 5～10cm 的混凝土封闭。

②注浆压力应为 0.5～1.0MPa，必要时可在孔口处设置止浆塞。止浆塞应能承受规定的最大注浆压力或水压。注浆过程中应根据地质情况、注浆目的等控制注浆压力。注浆后至开挖前的时间间隔，视浆液种类宜为 4～8h。开挖时应保留 1.5～2.0m 的止浆墙，防止下一次注浆时孔口跑浆。注浆结束标准，是指某个注浆孔注浆达到如下的注浆效果时，即为结束该孔注浆的标准：注浆压力逐步升高，当达到设计终压并继续注浆 10min 以上；

有一定注入量，与设计注入量大致接近。

③注浆机具设备应性能良好，操作应简便，并应满足使用要求。

④注浆效果探查。所谓注浆效果，是指浆液在中岩墙中的实际分布状态与设计的预定注入范围的吻合程度及注浆后复合土质参数的提高状况。超前小导管预注浆的目的是为了提高中岩墙的承载力，可考虑采用荷载试验（钻孔）及声波探测仪探查中岩墙实际注浆效果，测定承载力 P，估算变形模量、黏聚力、内摩擦角、相对密度、弹性波速度等。如未达到要求，则应进行补注浆。

（2）中岩墙预应力锚杆施工

①为保证中岩墙的稳定及安全，在中岩墙起拱线以上设预应力锚杆，锚杆用 $\phi 32$ 钢筋按设计预应力锚固。

②预应力锚杆采用后张法施工。在后行隧道上半断面按设计位置钻孔打穿岩体，凿除杆体两端混凝土弧线部分，使垫板与混凝土面密贴，张拉端设在后行隧道内，锚固端设在先行隧道内；由后行隧道上半断面送入杆体，将锚固端的垫板与杆体焊接，并用喷射混凝土封闭孔口；用注浆机沿杆体向孔内注浆，注浆后用锚杆拉拔器立即张拉至设计预加拉力，用扭矩扳手双螺母锁定，并用喷射混凝土封闭孔口。

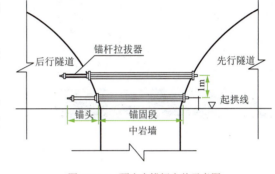

图 4-2-23 预应力锚杆安装示意图

预应力锚杆安装如图 4-2-23 所示。

2）挂网

（1）施工流程

钢筋网片施工流程如图 4-2-24 所示。

图 4-2-24 钢筋网片施工流程图

（2）操作要点

①钢筋网片采用 HPB300 的钢筋焊接成 200mm×200mm 网格。挂网使用的钢筋须经试验检测合格，使用前进行除锈，在洞外钢筋加工厂区制作成钢筋网片，保证环向和纵向钢筋间距均匀，位置准确。

②人工铺设钢筋网片，安装时搭接长度 1～2 个网格，贴近岩面铺设并与锚杆和钢架焊接牢固。按照设计图纸要求，钢筋网片焊接在钢架靠近岩面一侧或内外双层布置，以确保整体结构受力。

③钢筋网片要与锚杆、钢架或其他固定件连接牢固，保证喷射混凝土时不晃动。喷混凝土时，减小喷头至受喷面距离和控制风压，以减少钢筋网片振动，降低回弹。钢筋网片要有 3～5cm 的保护层。

现场施工照片如图 4-2-25 和图 4-2-26 所示。

图 4-2-25　大断面隧道初期支护完工照片

图 4-2-26　小间距隧道衬砌完工照片

图 4-2-27　安托山停车场出入线（面向大里程）

三、超大断面浅埋偏压隧道施工关键技术

1. 工程简介

安托山停车场出入线位于深圳市福田区。其中，出入线 ADK1+470.494～ADK1+550.494 段为单洞三线隧道，开挖跨度达 17.33m，开挖高度达 13.5m，毛洞开挖面积超过 187m²。隧道围岩为 Ⅱ 级围岩，隧道最小埋深不足 2.5m，且隧道左右边壁埋深相差超过 15m，属于严重偏压，如图 4-2-27 和图 4-2-28 所示。

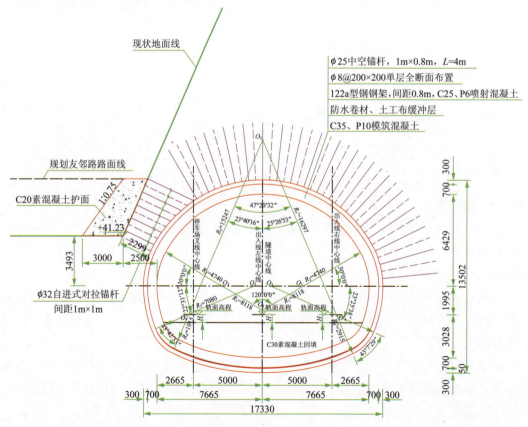
图 4-2-28　浅埋偏压隧道断面图（尺寸单位：mm）

2. 工程地质概况

本场地范围内上覆第四系人工堆积层（Q_4^{ml}）、冲洪积层（Q_4^{al+pl}）、残积层（Q^{el}），下伏燕山期花岗岩（γ_5^3）。主要地层概述如下：

（1）第四系：人工堆积素填土，粉质黏土、残积砾质黏性土。

（2）燕山期花岗岩：主要成分为石英、长石、云母。中粗粒结构，块状构造。按风化程度可分为全风化岩、强风化岩、中等风化岩、微风化岩。

3. 设计方案

该段单洞三线隧道支护参数：$\phi25$ 中空锚杆，1m×0.8m，L=4m，$\phi8$@200mm×200mm 单层全断面布置，I22a 型钢钢架，间距 0.8m，0.3m 厚 C25、P6 喷射混凝土。在浅埋地段设置 3m 厚 C20 素混凝土挡墙作为护面和反压体。浅层处设 $\phi32$ 自进式对拉锚杆，间距 1m×1m，如图 4-2-29 所示。

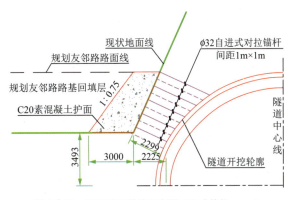

图 4-2-29 浅层处理措施示意图（尺寸单位：mm）

4. 施工总体方案

该工法的施工流程如图 4-2-30 所示。

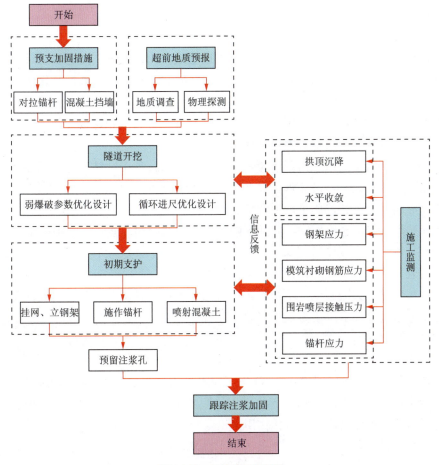

图 4-2-30 工法施工流程图

5. 预支加固技术

1) 对拉锚杆

（1）施工工艺

在对拉锚杆设计中充分考虑了地质、周边环境、隧道开挖断面、埋深以及开挖方法等因素，特别是针对浅埋、偏压条件下，确定了拉锚杆的配置、间距以及施工范围。

对拉锚杆设计参数：采用 $\phi32$ 自进式对拉锚杆，锚杆布置间距 $1.0m \times 1.0m$，锚杆灌浆料采用纯水泥浆或 $1:1$ 水泥砂浆，水灰比为 $0.4 \sim 0.5$。若采用水泥砂浆，砂子粒径应不大于 $1.0mm$，并通过试验确定。

（2）施工流程

对拉锚杆施工流程如图 4-2-31 所示。

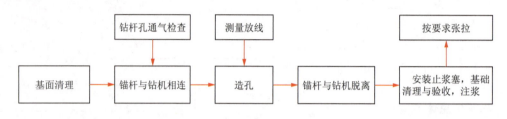

图 4-2-31 对拉锚杆施工流程图

（3）操作要点

①自进式锚杆采用气腿钻或潜孔钻机钻进。

②在钻进过程中，要保证锚杆及钻头水孔的畅通。为此，需要注意水从钻孔中流出的情况，如发现水孔有堵塞的迹象，则将锚杆后撤 50cm 左右，经反复扫孔使水畅通，然后慢慢进尺，直至达到设计深度。

③锚杆钻进至设计深度后，用水和空气洗孔，方可将钻机和连接套卸下，并及时在锚杆两端头安装垫板及螺母，临时固定杆体。

④在确认达到施工图纸或监理人指示的钻孔要求后，从中空钻杆中进行注浆锚固。为了保证注浆不停顿地进行，注浆前应认真检查注浆泵的状态是否良好，配件是否齐全；检查制浆的原材料是否备齐，质量是否合格。

⑤水泥浆严格按配合比配制，并随配随用，以免浆液在注浆管、泵中凝结。

⑥注浆过程中若出现堵管现象，则应及时清理锚杆、注浆软管和注浆泵；如果当时注浆泵的压力表显示有压，则应先卸压后拆接头进行处理。

⑦注浆后，在砂浆凝固前，不得敲击、碰撞和拉拔锚杆。浆体强度达设计要求后，可上紧螺母，并按设计要求用扭力扳手张拉。

2) 混凝土挡墙

（1）施工工艺

在隧道左侧浅埋处浇筑混凝土，首先可为对拉锚杆提供锚固点；其次起到反压作用，在一定程度上平衡隧道右侧因地形变化产生的侧向压力；最后作为护面，保护出露的围岩地层不再受自然侵蚀作用，减弱风化作用。

混凝土挡墙设计参数：使用 C20 素混凝土浇筑，底部宽 3m，按照 $1:0.75$ 放坡，背部紧贴原有地面。

（2）施工流程

混凝土挡墙施工流程如图 4-2-32 所示。

图 4-2-32　混凝土挡墙施工流程图

（3）操作要点

①模板安装

模板采用胶合木模板，禁止使用有缺角、破损的模板。保证混凝土结构和构件各部分设计形状尺寸和相互间位置正确；具有足够的强度、刚度和稳定性，能承受新浇筑混凝土的重力侧压力及施工中可能产生的各项负荷。模板的接缝不得漏浆；在浇筑混凝土前，木模板应浇水湿润，但模板内不应有积水，模板与混凝土的接触面应清理干净并涂刷脱膜剂，但不得影响模板结构性能。模板使用后应按规定修整保存。模板之间粘贴双面不干胶带，以减小模板缝防止漏浆，以保证混凝土面的观感质量。

②混凝土浇筑

混凝土应分层进行浇筑，不得随意留置施工缝。混凝土浇筑应连续进行。当因故间歇时，其间歇时间应小于前层混凝土的初凝时间或能重塑的时间。在浇筑混凝土过程中或浇筑完成时，如混凝土表面泌水较多，须在不扰动已浇筑混凝土的条件下，采取措施减少泌水。自高处向模板内倾卸混凝土时，为防止混凝土离析，一般应满足下列要求：从高处直接倾卸时，混凝土倾落高度不宜超过 2m，以不发生离析为度。

混凝土浇筑过程中，应随时对混凝土进行振捣并使其均匀密实。振捣宜采用插入式振捣器垂直点振。混凝土振捣过程中，应避免重复振捣，防止过振。应加强检查模板支撑的稳定性和接缝的密合情况，防止在振捣混凝土过程中产生漏浆。混凝土振捣完成后，应及时修整、抹平混凝土裸露面，待定浆后再抹第二遍并压光。抹面时严禁洒水，并应防止过度操作影响表层混凝土质量。尤其要注意施工抹面工序的质量保证。

③混凝土养护

混凝土养护期间，应重点加强混凝土的湿度和温度控制，及时对混凝土暴露面进行洒水养护，并保持暴露面持续湿润，直至混凝土终凝为止。混凝土带模养护期间，应采取带模包裹、浇水。通过喷淋洒水措施进行保湿、潮湿养护，保证模板接缝处不至于失水干燥。为了保证顺利拆模，可在混凝土浇筑 24~48h 后略微松开模板，并继续浇水养护至拆模后。

6. 隧道开挖

1）爆破参数优化

隧道开挖必须尽可能减轻对围岩的扰动，充分发挥围岩的自承能力。钻爆作业是保证开挖断面轮廓平整准确、减少超欠挖、降低爆破振动强度、维护围岩自承能力的关键。施工中，采用线形微震爆破新技术和光面爆破技术进行爆破作业，根据围岩情况，及时修正爆破参数，以达到最佳爆破效果，形成整齐准确的开挖断面。

（1）爆破设计

施工过程中采用多布孔、少装药、弱爆破的线形微震爆破技术和光面爆破技术，爆破炸药采用低爆速、抗水性好的 2 号岩石乳化炸药，药卷直径按照掏槽眼为 $\phi35$、辅助眼为 $\phi32$、光面爆破周边眼为 $\phi25$ 设计，最小抵抗线取 60cm，周边眼间距为 60cm。掏槽眼采取 3 个中空眼直筒掏槽眼的布置方式，最小间距 20cm，其他炮眼间距为 70～100cm。炮眼深度根据开挖循环进尺加深 10%～15%，掏槽眼深度较其他炮眼超深 10%，线装药系数控制在 0.4kg/m 以内，多分段，减少单线最大装药量，控制为 3.5kg 以内。增大相邻段起爆时间间隔，以此控制爆破应力波的叠加、爆破振动速度和振动频率，减弱对围岩的损伤。详细爆破参数见表 4-2-3。

详细爆破参数   表 4-2-3

参数项	参数设置
钻孔直径 d	42mm
最小抵抗线 W	80cm
光面爆破周边眼间距 a_1	60cm
辅助眼和掏槽眼间距 a_2	$(1.0～1.2)W$
炮眼排距 b	W
炮眼深度 L	$H+h$ 单循环进尺 $H=2.0$m，炮眼超深 $h=(0.1～0.15)H$
单位炸药消耗量 q	≤ 1.6 kg/m^3
单眼装药量 Q	$0.33\times e\times q\times a\times b\times L$ 式中，e 为炸药换算系数（kg），取为 1.0kg

为了达到良好的破岩和光面爆破效果，实际中，周边眼单眼装药量减弱为 4/5，掏槽眼和底板眼加强装药量至 1.2 倍，辅助眼为 1.0 倍。

爆破器材选用：采用塑料导爆管非电毫秒雷管起爆系统，毫秒雷管采用特定的 26 段等差（50ms）毫秒雷管，引爆采用电雷管。炸药采用 2 号岩石乳化炸药，选用 $\phi25$、$\phi32$、$\phi35$ 三种规格，其中 $\phi25$ 为周边眼专用光爆药卷，$\phi35$ 为掏槽眼专用药卷，$\phi32$ 为辅助眼专用药卷。

隧道开挖采用双侧壁法开挖，Ⅱ级围岩花岗岩地层，属于硬质岩体，采用线形微震爆破新技术和光面爆破技术进行弱爆破开挖。爆破的设计方案中，右侧壁与左侧壁以隧道中心线为基准对称布置，具体方案如下：

①左侧壁上层光面爆破设计

左侧壁上层埋深浅，采用弱爆破设计，设置 3 个中空眼的三眼直筒掏槽布置，辅助眼、底板眼以及周边眼均采用直眼掏槽。具体爆破网络如图 4-2-33 所示，其中图中 110cm×110cm 方框为掏槽眼布置，见图 4-2-34。掏槽眼、辅助眼、底板眼、周边眼的装药结构如图 4-2-35 所示，爆破设计参数见表 4-2-4。

②左侧壁下层光面爆破设计

下层爆破采用光面爆破设计，辅助眼采用直眼掏槽，光面爆破周边眼略微向外张开布置，外插角为 2°～3°。充分利用上部开挖后形成的大型水平临空面，采用分层爆破方式布置辅助眼，同时采用光面爆破技术，周边眼间距取为 60cm。爆破设计参数见表 4-2-5。

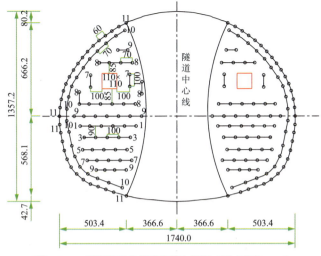

图 4-2-33 两侧壁开挖爆破炮眼布置图（尺寸单位：cm）

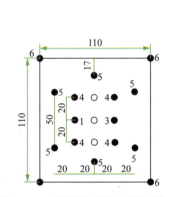

图 4-2-34 掏槽眼布置图（尺寸单位：cm）

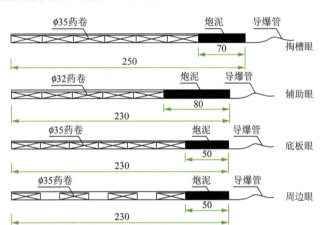

图 4-2-35 炮眼装药结构图（尺寸单位：cm）

左侧壁上层开挖爆破设计参数 表 4-2-4

雷管段别	炮眼名称	炮眼数目	炮眼深度(m)	单孔装药量(kg)	单段药量(kg)	药卷直径(mm)
1	掏槽眼	1	2.5	1.1	1.1	35
2	掏槽眼	1	2.5	1.1	1.1	35
3	掏槽眼	4	2.5	1.1	4.4	35
4	掏槽眼	6	2.5	1.1	6.6	35
5	掏槽眼	4	2.5	1.1	4.4	35
6	辅助眼	4	2.3	0.9	3.6	32
7	辅助眼	13	2.3	0.9	11.7	32
8	辅助眼	9	2.3	0.9	8.1	35
9	辅助眼	10	2.3	0.9	9	32
10	周边眼	16	2.3	0.7	11.2	35
合计		62	—	—	61.2	—
循环进尺2m，总钻孔量145.8m，开挖量47.88m³，炸药单耗1.28kg/m³						

③中洞上层光面爆破设计

隧道中洞上层采用弱爆破设计，因两侧具有临空面，采用底部侧向水平拉槽和拱部光面爆破。底部侧向水平拉槽采用分层分段进行，炮孔深度2.5m，辅助眼以及周边眼均采用直眼掏槽。具体爆破网络如图4-2-36所示，爆破设计参数见表4-2-6。

左侧壁下层开挖爆破设计参数　　　　　　　　　　　　　　表4-2-5

雷管段别	炮眼名称	炮眼数目	炮眼深度（m）	单孔装药量（kg）	单段药量（kg）	药卷直径（mm）
1	辅助眼	6	2.3	0.9	5.4	32
3	辅助眼	5	2.3	0.9	4.5	32
5	辅助眼	5	2.3	0.9	4.5	32
7	辅助眼	5	2.3	0.9	4.5	32
9	辅助眼	4	2.3	0.9	3.6	32
10	辅助眼	9	2.3	0.9	8.1	32
11	周边眼	13	2.3	0.7	9.1	35
合计		47	—	—	39.7	—
循环进尺2m，总钻孔量108.1m，开挖量43.95m³，炸药单耗0.90kg/m³						

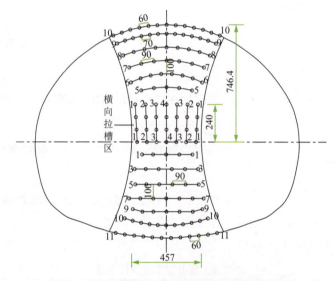

图4-2-36　中洞开挖爆破炮眼布置图（尺寸单位：cm）

中洞上层开挖爆破设计参数　　　　　　　　　　　　　　表4-2-6

雷管段别	炮眼名称	炮眼数目	炮眼深度（m）	单孔装药量（kg）	单段药量（kg）	药卷直径（mm）
1	掏槽眼	8	2.5	1.1	8.8	35
2	掏槽眼	8	2.5	1.1	8.8	35
3	掏槽眼	8	2.5	1.1	8.8	35
4	掏槽眼	4	2.5	1.1	4.4	35
5	辅助眼	5	2.3	0.9	4.5	32
6	辅助眼	8	2.3	0.9	7.2	32
7	辅助眼	7	2.3	0.9	6.3	32
8	辅助眼	9	2.3	0.9	8.1	32
9	辅助眼	13	2.3	0.9	11.7	35
10	周边眼	13	2.3	0.7	9.1	35
合计		83	—	—	77.7	—
循环进尺2m，总钻孔量196.5m，开挖量81.84m³，炸药单耗0.95kg/m³						

④中洞下层光面爆破设计

中洞下层爆破采用光面爆破设计,辅助眼采用直眼掏槽,光面爆破周边眼略微向外张开布置,外插角为2°～3°。充分利用两侧壁以及上部开挖后形成的大型水平临空面,采用分层爆破方式布置辅助眼,同时采用光面爆破技术,周边眼间距取为60cm。爆破设计参数见表4-2-7。

中洞下层开挖爆破设计参数　　　　　　表4-2-7

雷管段别	炮眼名称	炮眼数目	炮眼深度(m)	单孔装药量(kg)	单段药量(kg)	药卷直径(mm)
1	辅助眼	5	2.3	0.9	4.5	32
3	辅助眼	6	2.3	0.9	5.4	32
5	辅助眼	6	2.3	0.9	5.4	32
7	辅助眼	6	2.3	0.9	5.4	32
9	辅助眼	7	2.2	0.9	6.3	32
10	辅助眼	11	2.3	0.9	9.9	32
11	周边眼	12	2.3	0.7	8.4	35
合计		53	—	—	45.3	—

循环进尺2m,总钻孔量121.9m,开挖量67.62m^3,炸药单耗0.67kg/m^3

根据岩层节理裂隙发育程度、岩性软硬情况,修正眼距、用药量,特别是周边眼;根据爆破后石渣的块度修正参数。石渣块度小,说明辅助眼布置偏密;石渣块度大,说明炮眼偏少,用药量过大。根据爆破振动速度监测情况,调整单段起爆炸药量及雷管段数;根据开挖面凹凸情况,修正钻孔深度,眼底基本落在同一断面上。

(2)施工流程

爆破施工流程如图4-2-37所示。

(3)操作要点

爆破作业必须按照爆破设计进行测量、钻孔、装药、堵塞、接线和引爆。

①测量:每一循环都由测量技术人员在掌子面标出开挖轮廓和炮孔位置,并在洞内拱顶及两侧起拱线处安装3台激光指向仪。钻孔前绘出开挖断面中线、水平线和断面轮廓线,控制拱顶、起拱线位置并根据爆破设计标示出炮孔位置,经检查符合设计要求后才可钻孔。

②钻孔:钻孔用YT28钻机,并按以下要求钻孔:a.按照炮眼布置图正确对孔和钻进;b.掏槽眼比其他眼深20cm,对孔误差不大于3cm,并保持平行;c.掏槽眼眼口间距误差和眼底间距误差不大于5cm;d.周边眼位置在设计断面轮廓线上,其环向误差不大于5cm,眼底不超出开挖面轮廓线

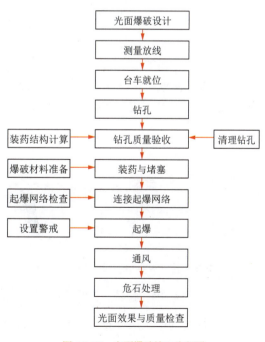

图4-2-37 光面爆破施工流程图

10cm，孔深误差小于 10cm；e.开挖面凹凸较大时，按实际情况，调整炮眼深度，力求所有炮眼（除掏槽眼外）眼底在同一垂直面上；f.钻孔完毕，按炮眼布置图进行检查，有不符合要求的炮眼重钻，经检查合格后，才能装药起爆。

③装药：装药前先用高压风将孔中岩土碎屑吹净，并用炮棍检查孔内是否有堵塞物，装药分片分组，严格按爆破参数表及炮孔布置图规定的单孔装药量装药，雷管段别"对号入座"。

④堵塞：光面爆破孔孔口堵塞长度不小于 20cm，掏槽孔不装药部分全堵满，其余掘进孔堵塞长度大于抵抗线的 80%。炮泥使用 2/3 砂和 1/3 黄土制作并使用水炮泥。

装药和堵塞工作按有关安全规程执行，以确保安全。

⑤接起爆网路：采用塑料导爆管传爆雷管复式网路。连线时，导爆管不打结、不拉细；连接的每簇雷管个数基本相同且不超过 20 个。传爆雷管用黑胶布缠好。网路连好后由专人检查验收，无误后方可起爆。

爆破网路连接、检查及起爆，按照爆破设计要求执行。

2）循环进尺优化

（1）施工工艺

开挖部分示意图如图 4-2-38 所示，其中 1-3-5-7-9-11 为开挖顺序，Ⅱ-Ⅳ-Ⅵ-Ⅷ-Ⅹ-Ⅻ为初期支护施工顺序，13 与ⅩⅣ为二次衬砌。

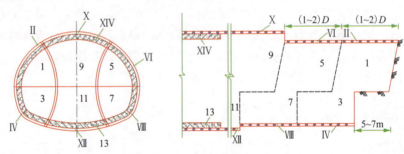

图 4-2-38 开挖示意图

开挖工序分述如下：

①进行左侧壁上层开挖，开挖进尺 2m，如图 4-2-39 所示。

②进行左侧壁下层开挖，开挖进尺 2m 且滞后左侧壁上层 3～4 个循环，如图 4-2-40 所示。

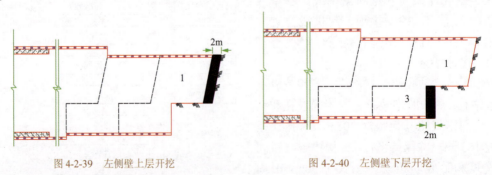

图 4-2-39 左侧壁上层开挖　　　　图 4-2-40 左侧壁下层开挖

③进行右侧壁上层开挖，开挖进尺 2m 且滞后左侧壁上层 1～2 倍洞跨，如图 4-2-41 所示。

④进行右侧壁下层开挖，开挖进尺2m且滞后右侧壁上层3～4个循环，如图4-2-42所示。

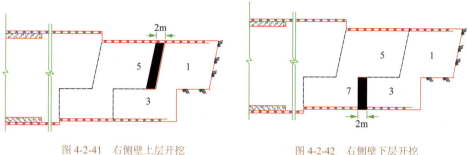

图4-2-41　右侧壁上层开挖　　　　　图4-2-42　右侧壁下层开挖

⑤进行中洞上层开挖，开挖进尺2m且滞后右侧壁上层1～2倍洞跨，如图4-2-43所示。

⑥进行中洞下层开挖，开挖进尺2m且滞后中洞上层3～4个循环，如图4-2-44所示。

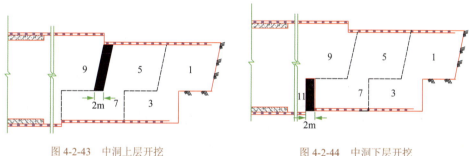

图4-2-43　中洞上层开挖　　　　　图4-2-44　中洞下层开挖

为控制隧道变形、维持其稳定，需要在每一层开挖后及时架设钢架及钢筋网、喷射混凝土等进行初期支护，保证支护快速封闭成环。对于双侧壁的临时支护，其施工同隧道初期支护一致，在开挖中洞岩石前再将临时支护拆除，临时支护一次拆除长度不能大于10m。在需要打设中空锚杆和锁脚锚杆的部位进行相应的施工操作。

（2）施工流程

隧道属于超大断面开挖，因此采用双侧壁法来保证施工安全，又由于处于偏压状态，所以要求从隧道左侧浅埋的部分开挖，具体的开挖过程如图4-2-45所示。

（3）操作要点

①在隧道整个偏压段开挖的过程中，拱顶左侧埋深浅，是控制的重点和难点。在施工过程中，相比中洞和右侧壁，左侧开挖进尺必须进行严格控制，依据实际监测信息随时调整，保证该部的稳定。

②初期支护和两侧壁的临时支护必须紧随隧道开挖而进行，保证支护结构快速封闭成环，增大支护强度，以控制隧道围岩变形。

③两侧壁与中洞的下层开挖滞后上层3～4个循环进尺，不宜相距太近或太远，同时右侧壁开挖滞后左侧壁1～2倍洞跨，中洞开挖滞后右侧壁1～2倍洞跨。

④加强隧道开挖各部的监控量测，一旦出现过大变形必须及时采取相应的应急保护措施。

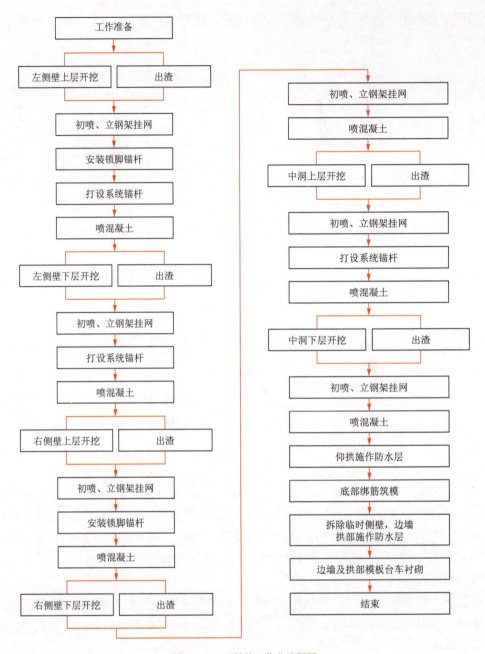

图 4-2-45 开挖施工作业流程图

⑤在需要打设中空锚杆和锁脚锚杆的部位按照相应的要求严格执行，进一步加强支护强度。

四、隧道洞群下穿北环大道施工关键技术

1. 工程概况

深安区间地铁正线、安托山停车场出入线、深云车辆段出入线共 6 条隧道在这里相互连通、缠绕，分分合合，形成形式复杂、四通八达的隧道洞群。地质条件复杂多变，施工条件各不相同，工法繁多。

北环大道是深圳市较早建成的一条城市快速主干道,于2011年6月完成改造升级。道路全程全立交、全封闭,双向8车道,呈东西走向,全长19.5km,是深圳市东西向重要干道,每日车流量巨大。

7号线深安区间正线及停车场出入线共5次下穿北环大道:停车场出入线左、右线分别在左ADK1+101.0～ADK1+163(长61m)、右DK0+654.62Z～ADK0+719.00(长65m)处各下穿1次,深安区间正线分别在左DK9+388.00～DK9+430.00(长42m)、右DK9+387.00～DK9+343.00(长44m)及安托山停车场出入线与深云车辆段出入线共线隧道即ADK0+261.00～ADK0+303.00(长42m)处下穿3次。

深安区间正线隧道为单洞单线隧道,中间的安托山停车场出入线与深云车辆段共线隧道为单洞双线隧道,如图4-2-46所示。

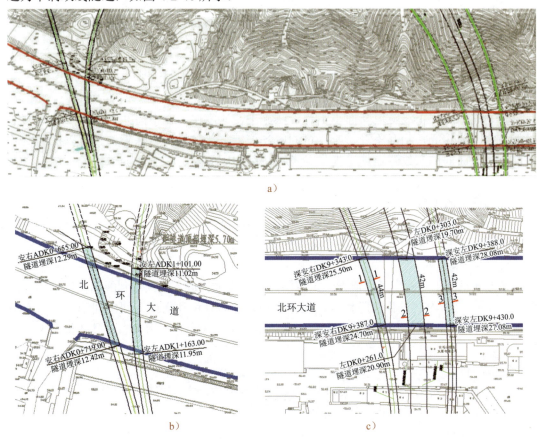

图4-2-46 洞群下穿北环大道平面图

由于北环大道是深圳交通干道,不允许详勘布钻孔,其围岩分级仅根据两端钻孔资料进行推测。根据施工现场实际情况,地表以下堆积层中含有较多填石,土层松散,部分岩面破碎,部分区域路面下方存在淤泥等不良地质或者空洞,如图4-2-47所示。

2. 总体施工方案

根据隧道平面位置关系和施工进度,综合考虑,确定总体施工方案如下:

(1)将全部5条下穿隧道分两部分,均为从南侧向北侧施工。西段安托山停车场出入线隧道下穿段先行施工;

(2)西段安托山停车场出入线两条隧道相距8m,小于2倍洞径。其右线隧道距离深云站方向开挖面最近,能在通过北环大道后迅速完成贯通,实现隧道全段支护成环封闭,有利于工程进度和围岩稳定,采用台阶法先施工。待右线贯通后,左线隧道参考右线隧道地质状况,结合超前地质预报情况,经超前小导管和超前半断面深孔注浆加固地层后,采用台阶法开挖,下穿通过北环大道。

a)   b)

图 4-2-47 洞内地质情况图

(3)左、右线正线隧道断面小,台阶法施工,速度快。在中间共线隧道不开挖的情况下,距离为 38m,相互不受影响,可同时先施工,总体进度有保障,且可以探明地质情况,为大断面的共线隧道施工提供参考。待深安区间左、右正线隧道完成下穿后,采用中隔壁法施工共线隧道。

3. 超前地质预报

在隧道施工前,首先进行地质超前预报,明确隧道前方地质情况。由于只能在洞内进行超前地质预报,为确保预报准确和施工安全,采取了以下三种方式。

1)红外探水法

该方法可用于判断掌子面前方一定范围内有无含水构造,能预测到隧洞外围空间及掘进前方 30m 范围内是否存在隐伏水体或含水构造,而且可利用施工间歇期测试,基本不占用施工时间。但这种方法只能确定有无水,至于水量大小、赋水形态、具体位置没有定量解释。

2)超前地质钻孔

利用水平地质钻,钻 10～15m 孔,探查前方地质,方法直观,但是钻孔数量受限,否则会造成地下水富集,影响开挖安全。

3)浅孔超前地质钻孔

在隧道拱顶、拱肩及起拱线位置对应布孔,每个断面布置 5 个超前探孔,采用手风钻钻设,孔深 5m,探查前方地质,方法直观,但是探查范围太短,需要频繁施作。

在综合判断隧道前方地质情况的前提下,再进行下一步施工。

4. 隧道半断面深孔注浆

开挖前对隧道上半断面开挖轮廓线内和开挖轮廓线外 3m 范围土层进行注浆加固,注浆每 3m 一个循环,止浆墙厚度大于 2.0m,注浆工作面封堵初始注浆段采用 15cm 厚喷混凝土止浆墙,后序注浆段预留 2.0m 已注段作为止浆岩盘。注浆管采用 $\phi 52$ PVC 管,上半洞布置 3 排注浆孔,排间距 0.8m×0.8m,梅花形布置,如图 4-2-48 所示。注浆浆液采用水泥—水玻璃双液浆,注浆压力根据试验确定。

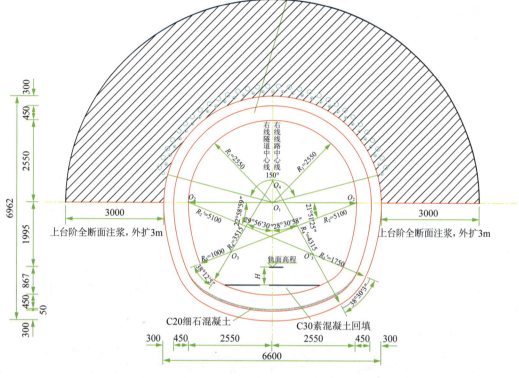

图 4-2-48　超前注浆示意图（尺寸单位：mm）

第三节　小　　结

　　7号线深云站—安托山站区间隧道、安托山停车场出入线、深云车辆段出入线在深圳市南山区与福田区分界处交汇，6条隧道在这里相互连通、缠绕，分分合合，形成形式复杂、四通八达的隧道群。隧道洞群共设计有44种断面，单洞最小断面33m^2，单洞最大断面282m^2。地质条件复杂多变，施工条件各不相同，有浅埋隧道埋深仅6m，有大断面偏压隧道与地面距离最薄处仅150cm，有单洞隧道两隧洞间距小到30cm，有单洞变双洞，有双洞变单洞，有双洞变三洞再变双洞。施工工法有全断面法、台阶法、CD法、CRD法、中导洞法等，工法繁多。本章主要讲述了超大断面非对称连拱隧道、不等跨小间距隧道和浅埋偏压隧道以及隧道洞群下穿北环大道施工关键技术。

　　1）超大断面非对称连拱隧道

　　深安区间左右线DK8+248.279～DK8+357.151大断面双线隧道段采用中导洞法进行施工。中导洞部分超前开挖并现场浇筑中隔墙，待中隔墙浇筑基本完成后，左右洞上下台阶依次开始开挖和支护。隧道施工按新奥法原理进行，采用复合式衬砌，以锚杆+湿喷混凝土+钢筋网等为初期支护，并辅以钢拱架支撑、注浆小导管等支护措施，充分调动和发挥围岩的自承能力。超前支护由超前大管棚、超前小导管组合而成。该超前支护组合方法，使拱顶预先形成加固的保护环，改善围岩物理力学性能。隧道开挖中进行了爆破优化，采用光面爆破技术可以有效控制爆破震动的叠加，减少对周边围岩的扰动。开挖采用中导洞法能降低对围岩的扰动，提高稳定性。连拱隧道左右正洞开挖的错开距离应达到20～40m，并保证超前洞室的围岩变形基本稳定后方可进行滞后洞室的施工。

2）超大断面不等跨小间距隧道

采用台阶法和全断面法施工。两隧道根据地质情况分先后施工，先施工围岩较好的一侧，按同工序保持一定距离平行施工，将开挖面合理划分单元，自上而下实施有序分部开挖；喷、锚、网、钢格栅联合初期支护随挖随护，紧跟工作面；先开挖的一侧隧道边墙开挖后即对两隧道中岩墙用水平全长注浆锚杆作预加固；初期支护体系、中岩墙与围岩共同组成承荷体系，协同变形—承荷，充分发挥围岩自身承载能力；建立监控量测体系，实施信息化管理，保证施工过程处于受控状态；根据时间—空间效应原则及量测信息实施混凝土衬砌。

3）超大断面浅埋偏压隧道

采用双侧壁法来保证施工安全，要求从隧道左侧浅埋的部分开挖，在隧道整个偏压段开挖的过程中，拱顶左侧埋深浅，是控制的重点和难点，采用预应力锚杆和挡土墙进行加固。在施工过程中，初期支护和两侧壁的临时支护必须紧随隧道开挖而进行，保证支护结构快速封闭成环，增大支护强度，以控制隧道围岩变形。两侧壁与中洞的下层开挖滞后上层3～4个循环进尺，不宜相距太近或太远，同时右侧壁开挖滞后左侧壁1～2倍洞跨，中洞开挖滞后右侧壁1～2倍洞跨。

4）隧道洞群下穿北环大道

7号线深安区间正线及停车场出入线共5次下穿北环大道，将全部5条下穿隧道分两部分，均为从南侧向北侧施工。西段安托山停车场出入线两条隧道相距8m，小于2倍洞径，采用台阶法先行施工贯通，实现隧道全段支护成环封闭。左线隧道参考右线隧道地质状况，结合超前地质预报情况，经超前小导管和超前半断面深孔注浆加固地层后，采用台阶法开挖，下穿通过北环大道。东段深安区间正线隧道为单洞单线隧道，位列左右，中间的安托山停车场出入线与深云车辆段共线隧道为单洞双线隧道，隧道间距为12m。左右线采用台阶法先行施工，速度快，总体进度有保障，且可以探明地质情况，为大断面的共线隧道施工提供参考。待深安区间左、右正线隧道完成下穿后，采用中隔壁法施工共线隧道。

依托超大断面隧道群施工关键技术，荣获中国电力建设集团有限公司科学技术奖和中国铁道学会铁道科技奖各一项。

第三章 平顶直墙零距离下穿既有地铁车站矿山法施工技术

第一节 工程概况

由于交通规划的多变性以及城市的快速发展，前期城市轨道交通建设中没有预留新线的接线，或者预留工程的标准和条件不够，必然造成新建线路在既有线路附近施工的实际问题，产生车站及区间隧道相互下穿的工程问题。所有这些问题，直接关系到既有轨道交通的结构、线路安全，将影响既有线的正常运营和在建工程的施工安全、工期和工程造价，对我国城市轨道交通的快速建设和发展提出了严峻的挑战。

一、工程简介

7号线工程皇岗村站—福民站区间线路位于福田区福民路上，下穿既有地铁4号线福民站段位于福民路与金田路交叉口，路面车辆行人较多，地铁车站客流量大，周边建筑与下穿隧道距离较近，主要有福田区妇幼保健院（距离20m）、福民佳园（距离44m）、皇安大厦（距离40m）、知本大厦（距离35m），如图4-3-1所示。

皇福区间隧洞零距离下穿4号线福民站，下穿段右线长28.059m，左线长28.877m，断面形式为矩形，宽6.6m，高7.885m；左右线隧道平行布置，净距为8.9m；隧道轴线与4号线福民站轴线呈75°夹角。新建车站地下连续墙与既有福民站地下连续墙之间的距离仅为3.0m。皇福区间下穿4号线福民站段位置关系平面见图4-3-2，纵断面见图4-3-3。

图4-3-1 区间周边环境平面示意图

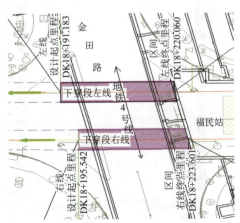

图4-3-2 皇福区间下穿4号线福民站段位置关系平面图

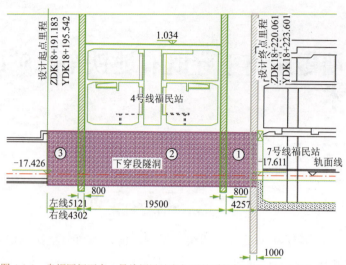

图 4-3-3 皇福区间下穿 4 号线福民站段位置关系纵剖面图（尺寸单位：mm）

二、工程地质概况

工程所在地区所处的地貌单元为海冲积平原，场地为现状道路，地势平坦，地面高程为 4.96～5.30m。车站地面高程基本为 5.20m，有效站台中心处轨道面高程为 -17.784m，顶板覆土为 3.7m。整个车站设 0.2% 纵坡，呈西高东低。本站范围内上覆第四系全新统人工堆积层（Q_4^{ml}）、海积层（Q_4^{m}）、冲洪积层（Q_4^{al+pl}）、花岗岩残积层（Q^{el}），下伏燕山期花岗岩（γ_5^3）。下穿 4 号线隧道断面内地质为全～强风化花岗岩及砾质黏性土，地质相对较均匀，地下水位埋深 1.80～4.20m，水位高程 1.10～3.36m。

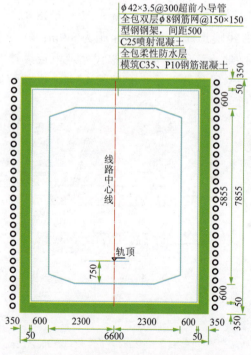

图 4-3-4 下穿段断面示意图（尺寸单位：mm）

三、设计方案

4 号线福民站为地下两层车站，围护结构采用地下连续墙支护，地下连续墙与内衬墙作叠合式结构，地下连续墙厚 800mm，内衬墙厚 400mm，底板厚 900mm；下穿段隧道采用紧贴 4 号线底板的"全断面注浆+CRD 平顶直墙暗挖"的设计方案，开挖前对隧道间及隧道外轮廓 3m 范围土体进行超前深孔注浆加固，并对侧壁进行超前小导管补注浆加固。

下穿段需穿越 7 号线、4 号线车站围护结构（共 3 道地下连续墙），初期支护采用型钢钢架+全包双层 φ8 钢筋网 @150mm×150mm+喷射 350mm 厚 C25 早强混凝土，二次衬砌采用全包柔性防水层+600mm 厚模筑 C35、P10 钢筋混凝土，如图 4-3-4 所示。

第二节 施工技术

新建区间隧道距离既有建筑物车站较近，近乎"零距离"下穿，隧道施工工序多、结构烦琐，受力情况复杂；同时，既有地铁车站沉降变形要求标准较高，对新建区间隧道加固处理措施要求严格。隧道埋深较浅，开挖部分为全～强风化花岗岩及砾质黏性土，对围岩变形控制要求较高，周边环境复杂，建筑物密集，对于下穿区间隧道施工难度极大。

一、隧道下穿运营地铁车站全断面深孔注浆技术

1）注浆范围

隧道开挖前，通过掌子面和已开挖完成隧洞侧边对隧道前地铁4号线下方土体进行超前注浆加固。加固范围为隧道间及两侧开挖轮廓线各外扩3m，底板向下延伸3m，纵向加固长度9m，如图4-3-5所示。

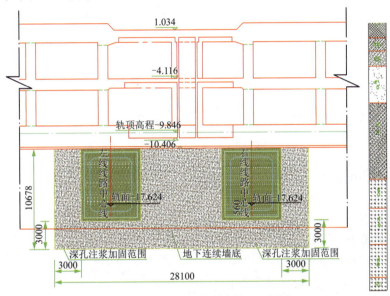

图4-3-5 下穿段注浆加固范围断面图（尺寸单位：mm）

2）注浆要求

加固后的土体应具有良好的均匀性和自立性，其无侧限抗压强度为1.0～1.2MPa，渗透系数不大于1.0×10^{-6}cm/s。

3）注浆参数

（1）注浆浆液

浆液采用磨细水泥+水玻璃双液浆，水泥—水玻璃双液浆体积比为水泥浆：水玻璃浆=1:0.8，水泥浆的水灰比=0.8:1～1:1。注浆材料的配合比应根据地层情况和胶凝时间要求，并经过试验确定，一般情况下：

①采用水泥浆液时，水灰比可采用0.8:1～1:1，若需缩短凝结时间，则可加入氯盐、三乙醇胺速凝剂。

②采用水泥—水玻璃双液浆时，水泥浆的水灰比可采用0.8:1～1:1；水玻璃浓度为25～30°Bé，水泥浆与水玻璃的体积比宜为1:1～1:0.8。

③如遇地下水较大时，另加入化学材料（磷酸+水玻璃浆液），以加快凝结速度。

注浆施工时，浆液类型的选择原则是根据岩溶水赋存情况和涌水量大小而确定。以上几种注浆材料各有所长，在注浆堵水过程中可配合使用。

（2）注浆压力

注浆压力暂拟不大于 0.8MPa，而距离 4 号线车站底板 2m 范围内注浆压力适当减小，控制在 0.6MPa 以内，防止压力过大导致结构上浮，其下部土体可适当增大注浆压力，但不应过大而导致既有结构上浮。注浆最优压力应根据试验确定。

（3）注浆量

注浆范围内土质为砾质黏性土、全～强风化花岗岩。根据以往类似工程经验和理论计算，参考注入率 65%。根据现场实际地质情况，注浆流失量较大，预估损失率为 20%。理论注浆量计算：

①单管注浆量

$$Q=\pi R^2 Ln\alpha\beta$$

式中：R——扩散半径（m），浆液压力 0.6～0.8MPa 时，取扩散半径为 0.4m；

L——注浆管长度（m）；

n——地层孔隙率；

α——地层填充系数，取 0.8；

β——浆液消耗系数，取 1.1。

单孔注浆量 $Q=3.14\times 0.4^2\times 9\times 0.47\times 0.8\times 1.1=1.59\text{m}^3$。

②注浆加固土体量

$$Q=AL n\alpha\beta$$

式中：A——加固土体面积（m²）；

L——加固土体长度、深度（m）；

α——地层填充系数，取 0.8；

β——浆液消耗系数，取 1.1；

n——地层孔隙率。

不同岩层的孔隙率列于表 4-3-1 中。

孔隙比与孔隙率表　　　　　表 4-3-1

岩 性	孔隙比 e	孔隙率 n
砾质黏性土	1.001	0.5
全风化花岗岩	0.893	0.47
强风化花岗岩	0.757	0.43
平均值	0.884	0.47

加固土体注浆量 $Q=ALn\alpha\beta=134.4\times 9\times 0.47\times 0.8\times 1.1=500\text{m}^3$。

（4）注浆纵向长度

注浆纵向长 9m，开挖时预留 2m 施作下一环止浆墙。

4）注浆工艺

注浆采用渗透性注浆工艺，注浆时在不改变地层组织的情况下，将土层颗粒间存在的水强迫挤出，使颗粒间的空隙充满浆液并使其固结，达到改良土层性状的目的。其注浆特性是使该土层黏聚力、内摩擦角增大，从而使地层黏结强度及密实度增加，起到加固作用；颗粒间隙中充满了不流动而且固结的浆液后，使土层透水性降低，形成相对隔水层。

注浆工艺流程为：按配比调配好水泥浆、水玻璃→通过吸浆管进入双液注浆泵→在孔口混合成双液浆→通过孔口管进行注浆，如图4-3-6所示。

9m超前注浆方法：通过隧道掌子面向前方按设计角度用手持式钻机打9m深孔，拔出钻杆后立即安装φ20注浆钢管，与注浆系统连接完成后即可开始注浆，浆液从注浆管端头单点向外扩散，最终把不小于9m长段浆液扩散半径范围内土体渗透充填挤密，从而达到改良加固土体并具有止水效果的作用，如图4-3-7所示。

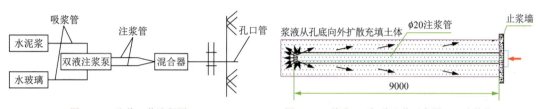

图4-3-6 注浆工艺流程图　　　图4-3-7 单孔9m超前注浆示意图（尺寸单位：mm）

注浆孔在开始部位的掌子面按矩形布置，布置顺序为由外到内，孔距300～450mm，排距300～450mm，最大外插角约37°，纵向共分5段施工，见图4-3-8、图4-3-9。

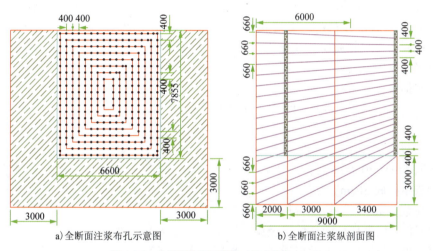

a) 全断面注浆布孔示意图　　　b) 全断面注浆纵剖面图

图4-3-8 全断面注浆示意图（尺寸单位：mm）

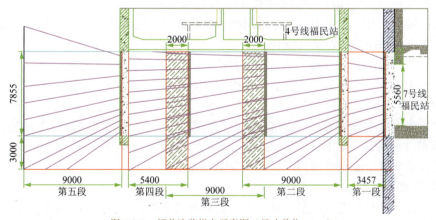

图4-3-9 超前注浆纵向示意图（尺寸单位：mm）

5）注浆顺序

注浆顺序：由东往西，由外圈向内圈，从上至下间隔钻孔注浆。

6）注浆施工方法

（1）施工准备

平整掌子面，规范核心土，布设注浆平台，钻机、注浆机、注浆管、水泥浆液和水玻璃就位。

（2）封闭掌子面

掌子面按 1m×1m 梅花形布置，打设长 2m 的 DN42 小导管，挂 150mm×150mm 的 $\phi 8$ 网片，喷 200mm 厚 C25 早强混凝土封闭，下台阶上部也需打设小导管挂网片喷混凝土封闭。

（3）测量定位孔

按施工设计图纸要求定位出注浆孔的位置，测量放线采用全站仪坐标法定位，定好孔位后做好标识，并注意保护。

（4）钻机就位

钻机采用轻便的手持式电钻，按指定位置就位，开孔时采用人工定位。

（5）钻进成孔

注浆孔开孔 $\phi 40$，第一孔施工时，要慢速运转，掌握地层对钻机的影响情况，以确定在该地层条件下的钻进系数。密切观察溢水出水情况，出现大量溢水出水时，应立即停钻，分析原因后再进行施工。每钻进一段，检查一段，及时纠偏，孔底位置应小于 30cm。钻孔和注浆顺序由外向内，同一圈孔间隔施工。

（6）回抽钻杆

钻孔到位后，采用人工回抽钻杆，抽杆时严格控制提升幅度，每步不大于 10～20cm，均匀回抽。

（7）安装注浆管

注浆管为 DN20 无缝钢管，分节长度 3～6m，采用人工安装，接头采用丝扣连接，注浆管端头距孔底 30cm。

（8）注浆参数

凝固时间：根据现场地质情况及施工情况，确定凝固时间，为速凝注浆。

注浆速度：与地层孔隙及连通情况、地层密实度有关。

注浆结束标准：单孔注浆终压达到 0.8MPa，吸浆量很少或不吸浆时，可结束本孔注浆。压力持续不上升，流量不减少，采用间歇注浆。每一注浆孔完成后，封堵注浆孔。

（9）跳 2 孔钻下一孔，循环操作

在上一孔注浆的同时，隔 2 孔再次进行钻机定位，钻孔操作，依次循环。当隔孔均注浆完成，土体加固强度达到设计值后，才能进行隔孔间的钻孔注浆操作，直至注浆完成。

7）左右线间土体注浆加固

下穿段先进行右线施工，当右线隧道开挖初期支护完成后，可通过右线对左右线间土体进行超前注浆加固，加固范围长 8.9m，注浆孔钻孔深 9m，间排距 800mm，梅花形布置，注浆参数与掌子面注浆相同，如图 4-3-10 所示。

8）注浆效果检查方法

注浆结束后，必须进行注浆效果检查，检查方法主要有分析法和钻孔取芯法。

（1）分析法

对注浆记录进行整理分析，以每孔注浆压力是否达到注浆终压，注浆过程中是否发生漏浆、串浆等现象，判定注浆效果。

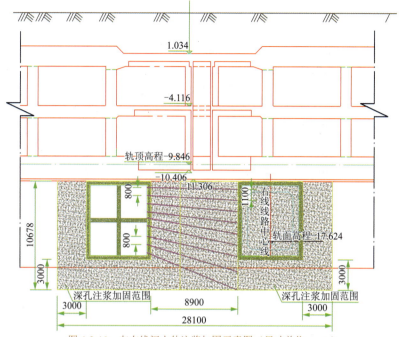

图 4-3-10 左右线间土体注浆加固示意图（尺寸单位：mm）

（2）钻孔取芯法

现场主要采用钻孔取芯的方法检测注浆效果。钻孔采用地质钻机，根据规范要求检查孔数量不少于注浆孔数量的 3%～5%，且每地段不少于 1 个检查孔。根据下穿段隧道的开挖步序，每步序取检查孔 2 个，一个断面共取 8 个检查孔。检查孔取芯长度与每环开挖长度相同（9m 段注浆钻孔深 7m）。钻孔取芯布置如图 4-3-11 所示。

①无侧限抗压强度检测

通过钻孔，从注浆体内取出原状样品，送试验室进行无侧限抗压强度检测，并出具试验检测报告。设计要求加固后的土体无侧限抗压强度为 1.0～1.2MPa。

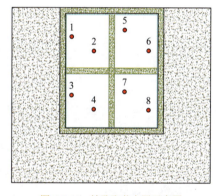

图 4-3-11 钻孔取芯布置示意图

②渗透系数检测

检查孔钻孔时适当控制上仰角度在 1°～2° 内，能反映渗水渗流情况；通过检查孔可直观反映是否存在渗漏现象，若有渗漏则现场测出渗水量，根据渗水量可通过经验计算公式算出掌子面前方开挖范围土体的渗透系数：

$$k=\frac{Q}{S \times t}$$

式中：k——渗透系数（cm/s）；

S——渗水面积（m^2），为隧道开挖轮廓周长 × 注浆段开挖长度；

t——渗水时间（s），一般为 24h（86400s）；

Q——24h 现场实测渗水量（m^3）。

设计要求渗透系数不大于 $1.0×10^{-6}$cm/s。

若检验结果不满足设计要求，则增加一倍检查孔对注浆段进行二次检测，通过二次检测可初步判断注浆范围的薄弱部位,重点针对薄弱部位进行二次补强注浆。二次注浆孔间排距800mm,注浆方式与超前注浆相同,二次补强注浆完成后再次进行注浆效果检查,直至检验结果满足要求方可进行下一步序施工。

9) 注浆引起车站底板隆起的处理措施

根据第一段全断面注浆施工过程中4号线车站自动化监测数据分析,车站底板有明显的隆起现象,为避免车站隆起控制值超控制值,采取了以下措施,确保车站正常运营。

(1) 优化全断面注浆参数

全断面注浆参数优化主要是对注浆孔间排距、孔深进行调整,根据右线第一环现场注浆情况,全断面注浆孔间排距调整为40～80cm,注浆孔深度3～9m,根据检查孔情况对渗水量大区域补孔加强注浆,可确保土体加固效果,注浆压力可根据监测数据情况动态调整,为防止4号线车站隆起,注浆压力尽量控制在0.8MPa以内。全断面注浆布孔示意图和纵剖面图见图4-3-12。

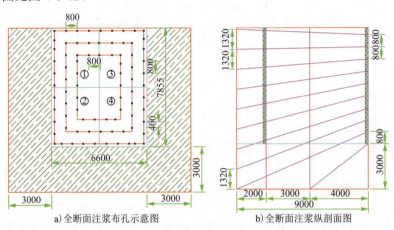

图4-3-12 全断面注浆布孔示意图和纵剖面图(尺寸单位:mm)

(2) 打设引水孔

在上断面注浆期间,在下断面打设3个引水孔,孔深6m,孔口设置闸阀。根据自动化监测数据分析,车站底板发生明显隆起时,打开引水孔,适量引排一部分地下水,控制车站底板隆起量。

(3) 采取间隔注浆

图4-3-13 超前注浆加固效果图

根据自动化监测数据分析,车站底板发生明显隆起时,暂停注浆,待已注浆液凝固收缩后,再进行后续注浆,通过少量多次注浆,控制浆液的扩散范围,防止车站底板隆起。

10) 注浆效果

全断面深孔注浆和工作面注浆相结合可以全面改良隧道岩土体,使得施工对既有车站结构的影响大大降低,是控制变形的根本。超前注浆加固效果见图4-3-13。

二、皇福区间下穿福民车站施工技术

1) 施工总体部署

根据皇福区间隧道施工总体筹划安排,下穿4号线福民站段从7号线福民站西端工作井进洞施工，以7号线福民站1号预留出土孔为主要通道进行施工布置，如图4-3-14所示。

为尽量减少对4号线车站的影响，下穿段隧道施工应先右洞贯通后再开挖左洞。

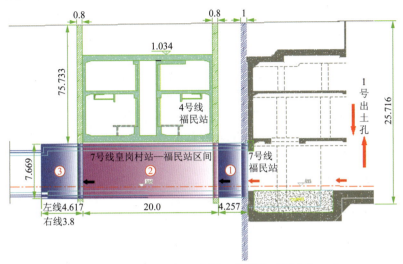

图4-3-14　皇福区间下穿段隧道施工布置图（尺寸单位：m）

下穿段地层超前加固采用磨细水泥+水玻璃双液浆，加固范围为隧道间及轮廓线外3m，注浆段长6m，每段开挖长度4m，预留2m止浆段，注浆通过试验确定最优施工参数，确保地层加固质量。下穿段隧道为矩形断面，采用CRD四步法暗挖施工，开挖初期支护每环步距为50cm。初期支护由超前小导管+型钢格栅+喷射混凝土组成，隧道开挖采用人工及小型机械配合，垂直运输采用福民站现有16t门机抓斗或汽车吊配合，初期支护型钢钢架在场外加工区制作，通过提升设备垂直运输及小型车辆水平运输至作业面，采用人工安装钢架、钢筋网片、喷射混凝土作业。

2）总体施工方案

通过7号线福民站西端预留1号出土孔进入下穿段施工，下穿段共分三步进行，①步为4号线与7号线福民站段，②步为正式下穿既有4号线段，③步为4号线与区间标准断面衔接段。正式下穿施工前，先对①步进行全断面注浆试验，对注浆压力、注浆量等参数进行优化，为后续下穿段做准备。

下穿段隧洞采用CRD四步暗挖法进行施工，右线全部二次衬砌施工完成后，开始进行左线隧道的施工。CRD四步法每步间隔距离4m；开挖初期支护完成后再进行二次衬砌施工。区间下穿段开挖过程中应结合监测数据和风险分析以及实际应用的施工参数，指导另一条隧道下穿施工。隧道施工方向为从东向西。

按照"快速掘进、工序紧凑平行、地质预报准确、措施有力及时、员工组织精干、机具配备精良、安全优质高效"的原则进行总体施工部署。在施工安排中充分满足现场的施工需要，同时做好协调工作保证现场施工顺利进行。

下穿段隧道下穿砾质黏性土、全~强风化花岗岩，施工中制定地质预测、预报和监控量测计划，纳入施工工序。在施工中根据地质预测、预报及监控量测信息实施动态管理，根据预报、量测结果采取相应的处理措施，制定可靠的处理方案和技术措施。发现围岩级别与地下水状态与设计不符时，及时提出设计变更，确保施工安全和不留隐患。

施工中严格按照"管超前、严注浆、短进尺、弱爆破、强支护、勤量测、早封闭"的方针进行施工和管理。为保证地层与初期支护之间密实,在初期支护完成后,及时进行初期支护背后回填注浆,确保结构安全和施工质量。根据监测数据情况,隧道开挖初期支护完成后及时施工二次衬砌结构。

出渣采用无轨运输、人工配合小型机械装运,出土孔垂直提升。

3）下穿段隧道施工步序

CRD法开挖按先左上下断面、后右上下断面施工顺序进行,掌子面应前后错开3～5m的距离。施工应确保少水或无水作业,初期支护必须严格遵循"管超前、严注浆、强支护、短进尺、勤量测、早封闭"的施工原则,做到随挖随支。施工时应加强监控量测,并及时反馈信息,以根据实际情况修正设计参数,确保施工安全。初期支护成环达到强度要求后要及时对初期支护背后注浆回填。

下穿段隧道施工步序见表4-3-2。

下穿段隧道施工步序表

表4-3-2

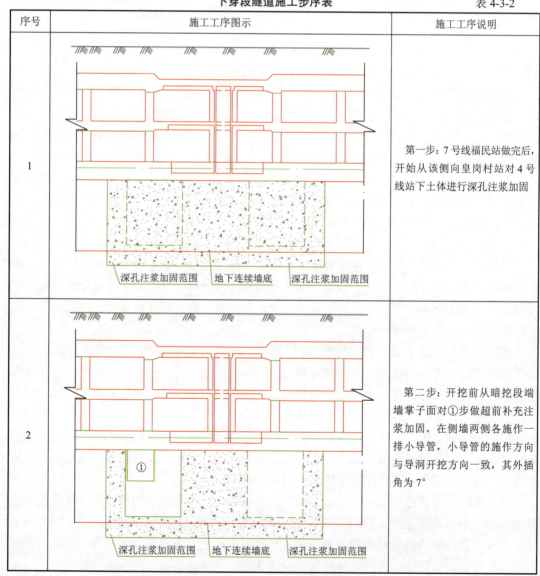

序号	施工工序图示	施工工序说明
1		第一步：7号线福民站做完后,开始从该侧向皇岗村站对4号线站下土体进行深孔注浆加固
2		第二步：开挖前从暗挖段端墙掌子面对①步做超前补充注浆加固。在侧墙两侧各施作一排小导管,小导管的施作方向与导洞开挖方向一致,其外插角为7°

续上表

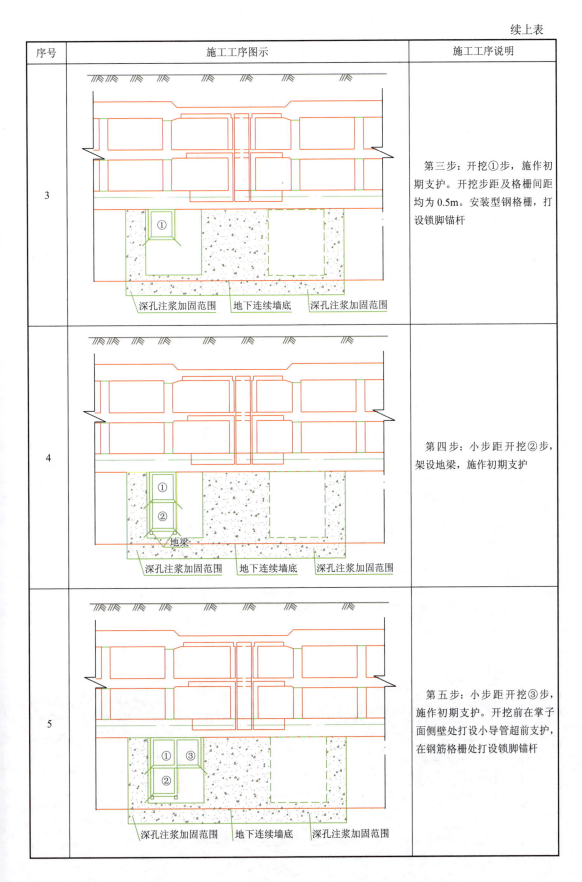

序号	施工工序图示	施工工序说明
3		第三步：开挖①步，施作初期支护。开挖步距及格栅间距均为0.5m。安装型钢格栅，打设锁脚锚杆
4		第四步：小步距开挖②步，架设地梁，施作初期支护
5		第五步：小步距开挖③步，施作初期支护。开挖前在掌子面侧壁处打设小导管超前支护，在钢筋格栅处打设锁脚锚杆

续上表

序号	施工工序图示	施工工序说明
6		第六步：小步距开挖④步，架设地梁，施作初期支护
7		第七步：在监测应力允许的情况下，小步距分段拆除临时仰拱（纵向一次性拆除长度不超过4m），施作①、②步防水层、底板、侧墙、顶板二次衬砌结构
8		第八步：架设中立柱换撑，拆除中立柱，施作③、④步防水层、底板、侧墙、顶板二次衬砌结构

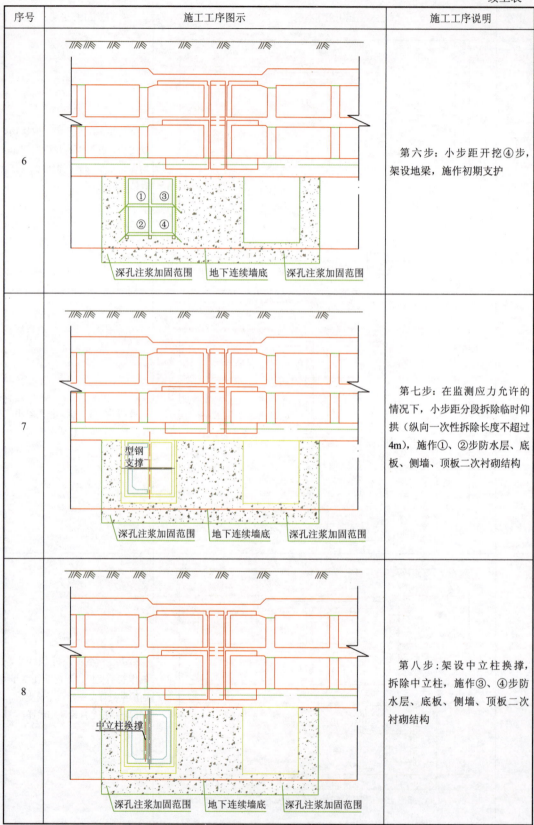

序号	施工工序图示	施工工序说明
9	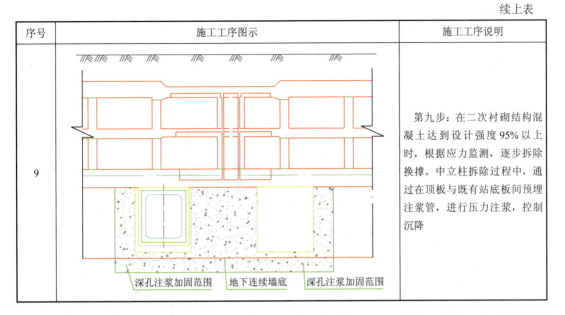	第九步：在二次衬砌结构混凝土达到设计强度95%以上时，根据应力监测，逐步拆除换撑。中立柱拆除过程中，通过在顶板与既有站底板间预埋注浆管，进行压力注浆，控制沉降

下穿段右线隧道施工顺序：从7号线福民站（由东向西）开挖①、②步，从皇福区间正线隧道（由西向东）开挖③步。下穿段右线隧道施工顺序如图4-3-15所示。

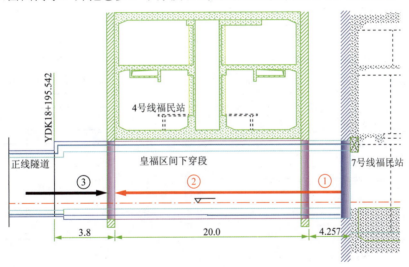

图4-3-15 下穿段右线隧道施工顺序示意图（尺寸单位：m）

下穿段左线隧道施工顺序：从两端向中间开挖，其中一头在进行注浆加固时，另一端需封闭掌子面停止施工，最后剩余1倍洞径（6m）从7号线福民站（由东向西）单向开挖。如图4-3-16所示。

总体施工顺序：先右后左，左线4号线车站地下连续墙外可预先施工，待右线①、②步开挖贯通后，进行左线隧道正式下穿施工，施工方向从两端向中间。施工过程中注意不允许左线和右线同步注浆，要求将车站底板抬升的数据降到最低；一旦临时支护形成，就应该进行初期支护背后补充注浆，注浆压力控制在0.1MPa，必须将初期支护背后与土体之间的空隙填满；整个施工过程中严格按设计要求进行监控量测并及时报告数据，根据监测数据指导现场施工，如图4-3-17所示。

4）施工流程

下穿段隧道施工流程如图 4-3-18 所示。

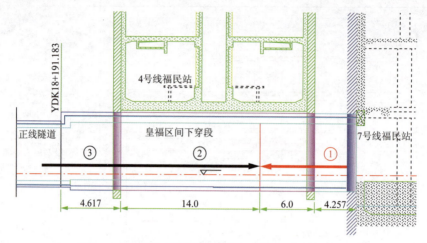

图 4-3-16　下穿段左线隧道施工顺序示意图（尺寸单位：m）

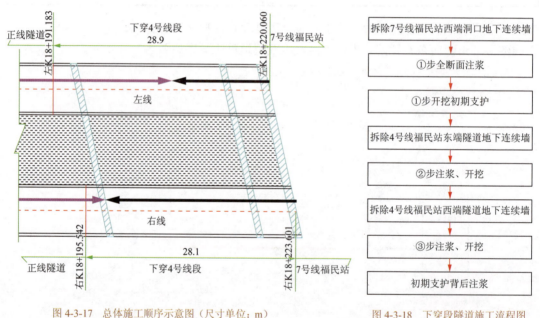

图 4-3-17　总体施工顺序示意图（尺寸单位：m）　　　　图 4-3-18　下穿段隧道施工流程图

5）地下连续墙拆除

（1）拆除顺序

7号线福民站地下连续墙厚度为 1000mm，4号线福民站地下连续墙厚度为 800mm；为确保隧道口结构安全，减小对既有4号线运营影响，隧道口地下连续墙拆除顺序按 CRD 四步法开挖顺序分步拆除，即按①→②→③→④顺序拆除，每步拆除尺寸如图 4-3-19 所示。拆除分两期进行施工，一期先拆除掌子面预留止浆墙 200mm 范围，待注浆完成质量验收合格后再进行二期剩余墙体拆除。

（2）拆除方法

轮廓尺寸周边采用电钻造孔，钻孔参数为 φ80@60mm，孔深 700mm（墙厚 800mm），避免打穿地下连续墙造成地下水的渗漏；待周边轮廓孔施工完成，隧道范围墙体与地下连续墙整体分离后,再进行内部一期拆除;内部拆除主要采用手风钻打导孔,风镐破除,为保持剩余200mm地下连续墙体的完整性,一期拆除预留100mm保护层,即用风镐先拆除500mm厚,再用凿毛机或人工钢钎修凿保护层;二期拆除采用风镐拆除,拆除残渣水平运输通过出土孔吊出外运。

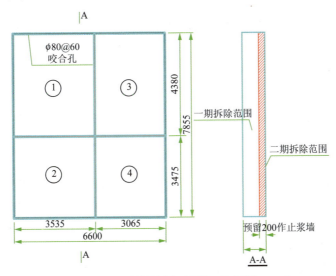

图4-3-19 地下连续墙拆除示意图(尺寸单位:mm)

电钻造孔时为静钻状态,无振动影响;手风钻及风镐具有一定的振动,但相比大型机具破除振动影响较小,地下连续墙拆除时提前与地铁运营人员联系,若振动影响车站运营,则将拆除时间调整到晚上停运时段施工(23:00~6:30)。同时预备好切割队伍,根据进度需求采用切割或钻孔方式拆除4号线地下连续墙。

地下连续墙拆除时,距离地面2m以上需搭设操作平台,采用落地式脚手架搭设,间排距1.5m,竖向步距1.5m,每3m设置一道斜撑,斜撑支点必须牢固可靠。作业平台采用5cm厚木板铺设牢固,周边按要求设置安全防护栏杆,确保施工安全。

(3)拆除安全措施

①脚手架搭设应稳定、牢固,满足脚手架搭设相关规范要求。施工层及临边必须设兜。

②架子上不准有任何活动材料,如扣件、活动钢管、钢筋,一旦发现应及时清除。避免高空坠物损伤人员、设备。

③脚手架搭设人员必须是经过按现行国家标准《特种作业人员安全技术考核管理规则》(GB 5036—1985)考核合格的专业架子工,必须持有特种工上岗证、劳动合同、人身保险,并且年满18岁,两眼视力均不低于1.0,无色盲,无听觉障碍,无高血压、心脏病、癫痫、眩晕和突发性昏厥等疾病,无妨害登高架设作业的其他疾病和生理缺陷。

④工作人员应责任心强,工作认真负责,熟悉本作业的安全技术操作规程。严禁酒后作业和作业中玩笑戏闹。

⑤明确使用个人防护用品和采取安全防护措施。进入施工现场,工作人员必须戴好安全帽,在无可靠防护2m以上处作业必须系好安全带,使用工具要放在工具套内。安全带应高挂低用(架子工除外),注意防止摆动碰撞,不准将绳打结使用,也不准将钩直接挂在安全绳上使用,应挂在连接环上使用,要选择在牢固构件上悬挂。

⑥工作人员必须经过培训教育、考试、体检合格和持证上岗,任何人不得安排未经培

⑦地下连续墙拆除时应设置安全警戒,由专职安全人员负责现场指挥,拆除施工作业范围内,严禁人员出入、逗留,无关人员不得进入施工现场。

⑧钻孔检验开挖掌子面无水后方可进行全部地下连续墙拆除作业。

三、下穿段初期支护临时支护拆除

1) 临时支护拆除前提条件

(1) 隧道仰拱初期支护格栅钢架封闭成环,初期支护按施工图要求施工完成;

(2) 隧道初期支护背后注浆施工完毕并达到凝期要求;

(3) 隧道沉降、收敛变形趋于稳定;

(4) 隧道初期支护验收通过,具备二次衬砌施工条件。

2) 临时支护拆除施工前准备

(1) 待小间距隧道初期支护成环后,监测单位按3m间距设置监测断面,每个监测断面布置5个监测点,顶拱1个、两侧边墙各2个。采集初始值,用于监测隧道初期支护成环后隧道沉降、收敛变形情况,以指导临时支护拆除施工。初期支护验收后,拆除临时支护过程中施工监测单位每天将监测数据报至工程部、技术部。

(2) 临时支护拆除前,需对隧道积水进行截排,将洞内积水抽排至洞外,并在洞口修筑截排水设施,避免外部水漫流至隧道内。

(3) 安全管控参数,见表4-3-3。

安全管控参数表　　　　　　　　　　　　　　　　表4-3-3

管控阶段	中隔壁拆除过程中位移量(mm)	中隔壁拆除后位移量(mm)
安全	3	6
注意	6	12
危险	12	24

3) 临时支护拆除方案

(1) 隧道临时支护按照二次衬砌施工顺序跳块拆除,拆除中隔壁需搭设脚手架从顶部至底部分段拆除。首次拆除前,由监测单位对拆除部位进行监测初始值采集,先破除中隔壁喷射混凝土,将1.5m范围内中隔壁顶部割除20cm缺口。对该段隧道进行拱顶沉降监测,如隧道顶拱无明显沉降变形,可将该段中隔壁由上至下全部拆除,可将首段拆除长度加大至3m范围。如发现隧道顶拱变形过大,则应及时将割除部位的钢架接长焊接。

(2) 中隔壁拆除应根据现场施工资源配置情况,逐榀从上至下拆除,每榀钢架应合理分段拆除,单段长度不宜超过3m。且单段拆除后,需间隔3榀,并根据监测情况,稳定后再进行下段拆除。

(3) 隧道底板混凝土应紧跟临时中隔壁板拆除施工,拆除一段浇筑一段,避免因仰拱浇筑滞后,导致隧道沉降过大。

(4) 拆除过程中应加强监测,预先准备5~10根ϕ159钢管(钢管长度应足够支顶拱顶钢架),如发现中隔墙已拆除而隧道监测数据异常,则应及时利用钢管支顶。

临时支撑分段拆除见图4-3-20、图4-3-21。

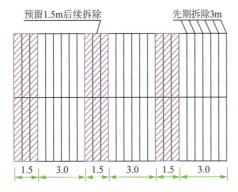

图 4-3-20 临时支撑分段拆除示意图（尺寸单位：mm）　　图 4-3-21 现场临时支撑分段拆除图

四、自动化监测技术

既有 4 号线福民站周边的施工以及既有线本身的运营是一个动态过程，与之有关的稳定和环境影响也在动态变化中。因此，在施工过程中，必须对既有线路进行三维空间全方位、全过程的监测。一方面，有助于快速回馈施工信息，以便及时发现问题并采用最优的工程对策，为工程决策、设计修改、工程施工和工程质量管理提供第一手的监测资料和依据；另一方面，对既有线路的保护具有重要的意义。根据监测结果，发现可能发生危险的先兆，判断既有线以及工程施工的安全性，以便提前采取必要的工程措施，防止工程破坏事故和环境事故的发生，保证工程顺利进行；以监测结果指导现场施工，确定和优化施工方案，进行信息化施工；检验工程勘察数据的可靠性，验证设计理论和设计参数；对本工程施工技术方法进行适用性评价，积累工程经验，为类似工程提供基础数据支持和参考。

1）监测项目

为保证既有 4 号线车站运营安全和皇福区间开挖、支护结构的稳定，本次监控内容共分两部分。第一部分对既有 4 号线福民站采取自动化和人工监测两种手段进行，主要监测对象、项目、精度及频率见表 4-3-4，人工检查内容见表 4-3-5。第二部分对区间上方地表及区间结构进行监测，监测项目见表 4-3-6。

既有站内现场监测对象、项目、精度及频率　　表 4-3-4

序号	类别	监测对象	监测项目	监测精度	监测频率
1	周边环境	4号线福民站	远程自动化监测	道床结构竖向变形、差异变形监测	小于 0.5% F.S	自动化监测系统采集数据频率为 1 次 0～30min
2			人工静态监测	隧道结构竖向变形、差异变形监测	0.3mm	静态监测项目施工期每天进行 1 次，施工结束后根据变形情况进行适当调整，特殊情况应增大监测频率
3				道床结构竖向变形、差异变形监测	0.3mm	
4				隧道结构变形开合度监测	0.3mm	
5				隧道几何形位检查	1.0mm	
6				无缝线路钢轨位移监测	0.3mm	

既有站内人工检查内容　　　　　　　　表 4-3-5

类 别	人工检查对象及内容
周边环境	4 号线福民站： （1）结构开裂、剥落、数量、走向及剥落体大小、发生位置、发展趋势。 （2）结构渗水：包括渗透水量、发生位置、发展趋势等。 （3）道床接股开裂、深度、数量、走向、发生位置、发展趋势。 （4）变形缝开合和错台：包括变形缝发热扩展和闭合大小、变形缝处结构有无错开、位置、发展趋势等。 （5）隧道内管线渗、漏水，检查井内积水等情况

皇福区间隧道监测项目　　　　　　　　表 4-3-6

观测名称	方法及工具	纵向测点布置	量测频率（距开挖、浇筑后的时间）				备注	建议控制指标
			1～7d	7～15d	15～30d	30d 后		
地层及支护情况观察	现场观察及地质描述	每循环开挖工序后进行						
地表沉陷（包括建筑物）	精密水准仪		2次/d	1次/d	1次/2d	1次/3d	拆撑时频率适当加密	
顶部下沉	精密水准仪	每次开挖后立即进行	2次/d	1次/d	1次/2d		拆撑时频率适当加密	最大值3mm
净空收敛	收敛仪	每循环开挖工序后进行，通过后每5m保留一个测点	2次/d	1次/d	1次/2d		拆撑时频率适当加密	最大值10mm
地下水位	水位计、水位管	不少于4个	1次/d	1次/d	1次/2d	1次/2～3d		
格栅内力	钢筋计、频率仪	型钢格栅、钢筋格栅各不少于7个断面	2次/d	1次/d	1次/2d	1次/2～3d	拆撑时频率适当加密	
围岩压力	压力盒	不少于7个断面	2次/d	1次/d	1次/2d	1次/2～3d		

2）监测点布置

（1）既有运营地铁车站监测点布置

根据本项目现场条件，结合相关规范及设计要求，在 4 号线福民站受 7 号线福民站施工影响区域左右线 SSK1+593～SSK1+673 里程范围内进行自动化监测，上下行线共布置 22 个监测断面，分别是上行线 11 个（R1～R11），下行线 11 个（L1～L11）。具体监测布置详见图 4-3-22、图 4-3-23，监测断面布置说明如下：

①上行线：施工危险段 YSSK1+623～YSSK1+643 里程范围内每 5m 布置 1 个监测断面，共布置 5 个；在施工危险段两端各延伸 30m 并按 10m 布置 1 个监测断面，共布置 6 个监测断面。则上行线共布置监测断面 11 个。上行线监测断面由小里程至大里程方向编号为 R1～R11。

②下行线：施工危险段 ZSSK1+623～ZSSK1+643 里程范围内每 5m 布置 1 个监测断面，共布置 5 个；在施工危险段两端各延伸 30m 并按 10m 布置 1 个监测断面，共布置 6 个监测断面。则下行线共布置监测断面 11 个。下行线监测断面由小里程至大里程方向编号为 L1～L15。

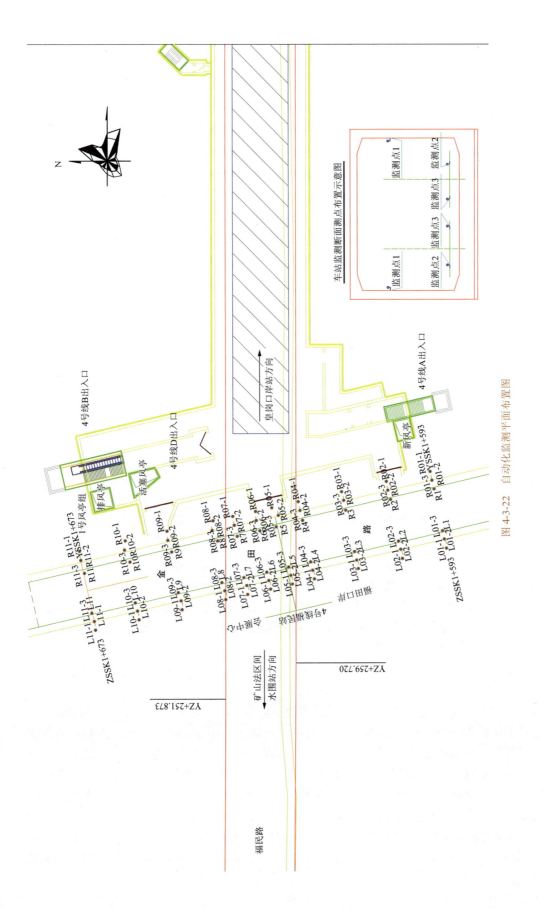

图 4-3-22 自动化监测平面布置图

监测点布置情况如下：地铁4号线福民站受拟建车站施工影响区域自动化监测断面均布置在既有线车站范围内，根据现场实际情况，同时保证各监测点不侵入建筑限界，车站内每个断面布置监测点3个，分别是侧壁1个、道床2个。

为保障测量精度，在施工影响监测范围之外设置3个以上基准点，严格控制测站与观测点的距离，测站点和监测点的垂直角小于10°，直线距离控制在150m以内。

测点埋设在设计监测位置处用电钻钻孔，然后打入膨胀螺栓，再将棱镜固定在膨胀螺栓上，并对准测站方向。布设监测点严格注意避免设备侵入限界。人工监测与自动化监测均采用同一监测点标志。

（2）区间隧道施工监测点布置

隧道施工监测项目包含地层及支护情况观察、地表沉降、顶拱下沉、净空收敛、地下水位、格栅内力、围岩压力。监测点布置剖面如图4-3-24所示。

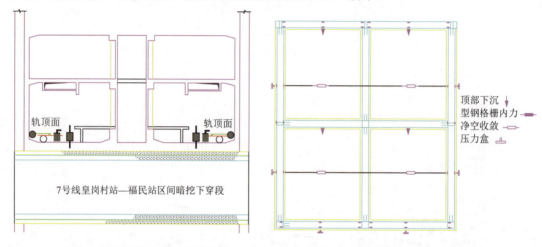

图4-3-23　自动化监测布点剖面图　　　图4-3-24　隧道施工监测点布置剖面图

3）监测结果分析

根据2014年7月～2015年9月自动化监测数据，对福民站结构变形进行研究分析。如图4-3-25所示可知，监控测点沿4号线福民站延伸方向布置，其中L4～L8与R4～R8测点位于7号线下穿福民车站段，L4～L5与R4～R5位于下穿隧道右线上方，L7～L8与R7～R8位于下穿隧道左线上方，L6、R6位于双线隧道中心线上，其余测点位于下穿段外侧。

（1）7号线右线施工监测数据分析

根据施工安排，施工采用先右后左的顺序，右线开挖由东向西进行至地下连续墙处，再从对向开挖。因此根据开挖顺序，首先对测点L4～L5与R4～R5进行分析，根据监测数据，做测点L4～L5与R4～R5高程累计变化曲线，如图4-3-25所示。从图4-3-25a）中可以看出，R4～R5测点从2015年1月左右开始出现明显的隆起现象，各测点高程变化趋势相同，且R4-1、R5-1测点隆起量近乎相同，明显小于其余各测点。由测点布置可知，R4-1、R5-1为拱腰处测点，其余4测点为道轨处测点，可知距下穿隧道较近测点隆起量较大，可能与注浆压力控制不合理有关。随下穿施工进行隆起量逐渐平稳降低，是由于开挖造成结构下沉与隆起相抵消，沉降发育平稳。

图4-3-25b）为L4～L5监测点高程变化情况，其数值显著变化发生在2015年2月左右，滞后R4～R5监测点1个月左右，这与由东向西的施工顺序是相符的。L4～L5测

点中，拱腰处测点 L4-1、L5-1，随施工进行发生沉降，沉降发育速度较为平稳，3～4 月期间沉降发展速度过快，沉降最大值达到 13mm。L4～L5 中其余监测点在施工进行至该断面时突然发生较大隆起，且隆起测点均位于道轨处，距离注浆加固区域较近，推测与注浆控制有关。随施工进行，L4-2、L4-3、L5-2、L5-3 测点高程注浆降低，隆起下降，且下降趋势与 L4-1、L5-1 测点沉降趋势基本相同，故同样可认为这是由于开挖造成结构下沉与隆起相抵消造成的。

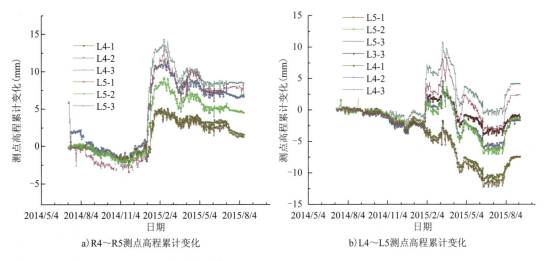

图 4-3-25　7 号线下穿段右线隧道上方车站监测点高程变化图

（2）7 号线左线施工监测数据分析

下穿段左线施工在右线由东向西施工至地下连续墙处开始，其顺序为从两端向中间开挖，其中一头在进行注浆加固时，另一端需封闭掌子面停止施工。图 4-3-26 为下穿段左线高程累计变化曲线。对比图 4-3-26a)、b) 两图，R7～R8 各测点于 2015 年 1 月开始产生一定隆起，可能由于此时开始进行注浆加固造成，2 月份之后测点开始产生下沉，可能是由于左线开始施工的原因，此时右线隧道由东向西开挖至地下连续墙，与施工顺序计划相符；L7～L8 测点 2015 年 2 月开始产生轻微沉降，可能是受右线隧道开挖影响，因为此时右线开挖至南北向同

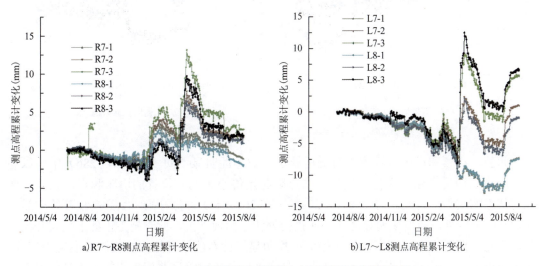

图 4-3-26　7 号线下穿段左线隧道上方车站监测点高程变化图

一地下连续墙位置。R7～R8 与 L7～L8 监测点中道床处测点均在 4 月左右产生显著隆起，隆起发育迅速，最大隆起量 13mm 以上，可能此时左线开始正式注浆加固施工，随后进行双向开挖工作，测点高程迅速下降，高程累计变化稳定在 -5～5mm。随后左线由西向东继续进行注浆加固与开挖，由于距离相对较远，L7～L8 监测点产生轻微隆起，抬升量约为 5mm。

对比图 4-3-26b）与图 4-3-25b）两图，可以发现，2015 年 5 月起 L 侧测点高程变化趋势几乎相同，但左线测点变化幅度相对更大，进一步对比双线隧道中线位置 L 侧测点 5 月份高程变化，如图 4-3-27 所示，其趋势依旧相同，变化幅度介于两者之间，可以认为这一变化趋势均是由于左线施工造成，受影响大小与其距离成反比。

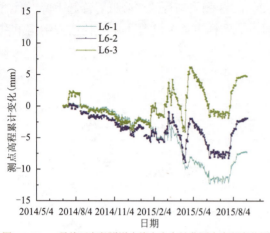

图 4-3-27　7 号线下穿段隧道中线上方车站监测点高程变化图

（3）隧道施工影响与测点位置关系

通过研究右线隧道外延方向各测点监测数据，研究不同测点位置受施工影响的情况。从图 4-3-28 中容易看出，图 a）与图 b）均具有相同规律，测点距离隧道越近，其高程变化趋势与隧道上方测点更加接近，对于 L1 与 R1 测点，其高程变化发育较为缓和，高程变化幅度在 5mm 之内，随测点距隧道距离缩小，其高程变化幅度更加明显，在 L3 与 R3 测点处，测点高程变化幅度可达 15mm 以上，且发育趋势更加明显，具有隧道上方车站测点的发育特点。

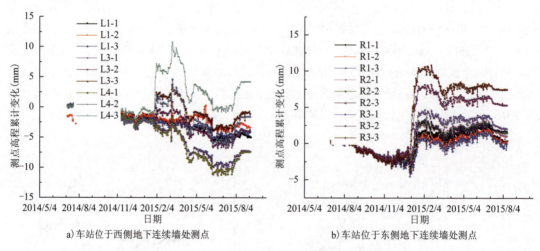

a）车站位于西侧地下连续墙处测点　　　　b）车站位于东侧地下连续墙处测点

图 4-3-28　右线隧道外延方向各测点高程变化图

此外，拱腰和道床位置测点对隧道施工的敏感性明显不同。由图 4-3-28b）中可以看出，随测点距隧道距离变化，拱腰处测点隆起始终小于同一位置的道床测点，且距离变化对其影响较小，与此同时，图 4-3-28a）中在 2015 年 1 月份开始，测点高程开始明显变化，其中道床处测点发生明显隆起，而拱腰处测点出现下沉，此时施工正处于注浆开挖阶段，随测点距隧道距离缩短，这一趋势更加明显，针对注浆开挖，拱腰测点表现为沉降，道床测点表现为隆起。因此，可以认为，隧道道床位置对于注浆施工相较于拱腰位置更加敏感，往往产生更大的隆起，与此相对，拱腰位置对于开挖施工可能造成的沉降更加敏感，往往在拱腰位置产生更大的沉降。

五、回填及补偿注浆

1）初期支护背后回填注浆

背后回填注浆以初期支护与围岩的密贴为原则，浆液采用水泥浆液，注浆压力0.3～0.5MPa，注浆量根据地层及现场情况确定。

初期支护施作时顶部预埋$\phi42$钢花管，环向间距2～3m，纵向间距3m，顶部150°范围布置，每步初期支护完成后及时进行填充注浆，全环封闭后应进行二次补注浆。

2）二次衬砌回填注浆及补充注浆

（1）预埋注浆管

隧道边顶二次衬砌施工时预埋回填注浆管，如图4-3-29所示。注浆管采用DN42钢管，间排距2m，梅花形布置。

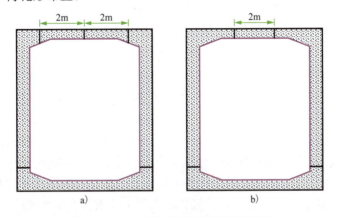

图4-3-29 二次衬砌背后注浆管预埋示意图

（2）回填及补偿注浆方法

采用水泥—水玻璃双液浆时，水泥浆水灰比采用0.8∶1～1∶1；水玻璃浓度为26～35°Bé，水泥浆—水玻璃的体积比为1∶1。

注浆结束标准以压力为主要控制标准，注浆压力为0.5～1.0MPa，注浆施工过程已跟踪监测结果进行压力控制和调整。

通过回填补偿注浆与实时监控相结合的方式对既有车站的沉降进行控制，补偿注浆孔和抬升注浆孔孔位布置如图4-3-30所示。

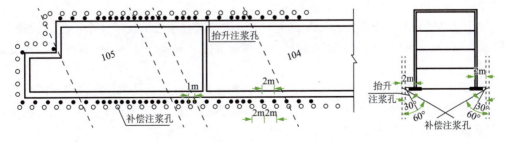

图4-3-30 补偿注浆孔和抬升注浆孔孔位布置图

主要依据监测数据，实现信息化施工，沉降位置通过钻孔注浆使其恢复。实际施工过程中既有车站底板东侧沉降、西侧隆起，通过补偿注浆可使沉降部位抬升，如图4-3-31所示。

图4-3-31　下穿段隧道衬砌完工照片

第三节　小　　结

新建区间隧道距离既有建筑物车站较近，近乎"零距离"下穿，隧道施工工序多、结构烦琐，受力情况复杂；同时，既有地铁车站沉降变形要求标准较高，对新建区间隧道加固处理措施要求严格。隧道埋深较浅，开挖部分为全～强风化花岗岩及砾质黏性土，对围岩变形控制要求较高，周边环境复杂，建筑物密集，对于下穿区间隧道施工难度极大。

1）复杂地质条件下土体注浆加固施工是保证下穿运营地铁车站施工成功的关键

（1）通过工艺试验对注浆参数进行优化。采用土体改良注浆加固技术，可以全面改良隧道岩土体，有效控制既有车站结构整体变形，保证隧道安全施工，这是控制变形的根本。

（2）回填及补偿注浆可以在施工过程中对变形影响进行一定程度的调节，是控制变形的有效手段。

2）严格遵循CRD直墙暗挖施工原则是安全进行下穿运营车站施工的保障

（1）矿山法隧道零距离下穿地铁运营车站，首次采用土体改良后的CRD直墙暗挖技术，包括地下连续墙拆除、全断面注浆加固及下穿段开挖初期支护。开挖支护加固过程中，支撑钢架安装应及时进行并保证与既有车站结构底板密贴牢固，及时有效的支护是控制变形的关键；回填及补偿注浆可以在施工过程中对变形影响进行一定程度的调节，是控制变形的有效手段，可保证地下车站工程质量。

（2）矿山法隧道零距离下穿地铁运营车站隧道二次衬砌施工技术体系，分三段施工，包括防水、钢筋、模板、混凝土施工及回填注浆，并建立质量保证体系，保证了新建隧道工程质量。

（3）矿山法隧道零距离下穿地铁运营车站临时支撑拆除施工技术，在隧道沉降、收敛变形趋于稳定时进行临时支撑拆除，确定临时支撑拆除时机，以确保新建隧道工程质量及严格保证既有营运车站变形在控制指标之内。

"复杂环境小间距双线隧道零距离下穿既有运营车站施工关键技术研究"获得中国水利水电第十四工程局有限公司科学技术进步一等奖。

第四章 上软下硬地层矿山法隧道下穿高速公路施工技术

第一节 工程概况

随着城市的发展，地面建筑日益密集，地面空间的利用率趋于饱和。为避开地面建筑物进行新线选址日趋困难。新建地铁区间隧道工程穿越既有地面线的概率也越来越大。无论采用哪种工艺施工，都会引起周围地层的移动。地层移动一方面在地表引起不均匀沉降，另一方面也直接引起既有结构物的变位。面对日趋增多的地铁隧道穿越工程，如何确保其穿越既有地面线的行车安全及正常运营和既有结构物的稳定，成为目前地铁隧道施工近距离穿越工程中亟待解决的问题，特别是对于以路基为基础的高速公路、城市快车道等重要交通枢纽，对穿越工程所产生的变形影响极为敏感。

一、工程简介

7号线安托山站—农林站区间线路走向主要为南北走向转东西走向。线路平面为考虑避让鸿新花园、建业小区住宅楼等建筑物，区间至安托山站线间距逐渐拉大，穿过深圳市政沥青联合加工厂用地，然后旁经鸿新花园后穿过侨香路继续往南，第一次穿过广深高速公路后以400m曲线半径往东第二次下穿广深高速公路，之后拐入建业三街，在农林路以东接入农林站。如图4-4-1所示。

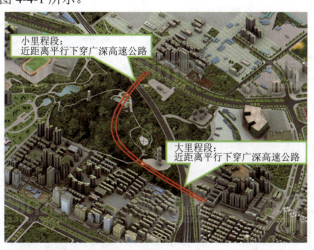

图4-4-1 安农区间下穿广深高速公路平面示意图

安托山站—农林站区间隧道下穿广深高速公路段采取矿山法施工，下穿情况汇总详见表4-4-1。

安托山站—农林站区间隧道下穿广深高速公路汇总表　　　表 4-4-1

位置	里　　程	长度（m）	围岩级别	埋深	施工方法
左线	DK10+763.009～DK10+830.390	67.381	Ⅴ、Ⅳ	约 20m	台阶法
右线	DK10+751.884～DK10+811.004	59.12	Ⅲ、Ⅳ、Ⅴ	约 20m	全断面法
左线	DK11+105.387～DK11+214.776	109.389	Ⅱ、Ⅲ	约 20m	台阶法
右线	DK11+153.549～DK11+257.956	104.407	Ⅳ、Ⅴ	约 21m	台阶法

二、工程地质概况

安农区间下穿广深高速公路区域场地位于深圳市福田区，本地区地势起伏较大，地面高程为 12.45～54.36m。该段下穿区域主要为第四系全新统人工填筑土、砾（砂）质黏性土，下伏基岩为燕山期花岗岩。区间隧道埋深较大，穿越地层多为强～微风化岩。地下水位埋深 1.90～16.50m，水位高程 6.09～43.56m，水位变幅 0.5～2.0m。

下穿广深高速公路地层及环境的基本特点为：原状残积土为厚达 16～20m 的沙质土及杂填土、高速公路填土路基及路面结构，隧道洞身上部是残积土（局部是回填土），下部是岩石，并且富含水。图 4-4-2 给出了典型下穿广深高速公路隧道掌子面围岩情况。

图 4-4-2　下穿广深高速公路典型隧道掌子面围岩情况

三、设计方案

安农区间下穿广深高速公路地段的支护参数如下。

1）超前支护

开挖前，采用 $\phi 42$ 超前小导管对隧道拱顶进行超前加固处理，超前小导管长 3.0m，环向间距 0.3m，2 榀 1 打，外插角 10°～20°，每环 30 根，注浆压力为 0.5～1MPa。

2）初期支护

（1）型钢钢架：I22 工字钢拱架，纵向间距 0.5m。

（2）$\phi 22$ 砂浆锚杆，边墙设置，间距 1m×1m，梅花形布置，$L=3.0$m。

（3）钢筋网：全断面设置 $\phi 8@20cm×20cm$ 双层钢筋网，初喷 4cm 厚混凝土，挂钢架网。

（4）喷射混凝土：C25 早强混凝土，厚 30cm，全断面支护。

第二节　施工技术

广深高速公路路基为人工填土，其下部直至隧道围岩顶部之间，基本为第四系全新冲积岩和第四系上更新统坡积层，该区域岩土体的工程物理特性偏弱，遇水易软化且变形大，从而造成隧道施工时易出现围岩变形大、地表易破坏等地质灾害，应在隧道施工过程中加强监测与预报工作；同时，该区域岩土体的透水性强，隧道开挖致使原有地下水平衡状态被打破，对隧道安全产生极大隐患，应在隧道施工过程中加强隧道衬砌防排水处理。

一、地质物探

为了确保安农区间下穿广深高速公路地段施工的安全顺利进行以及经济合理,采用地质雷达进行了超前探测,如图4-4-3所示。

地质雷达由地面上的发射天线T将高频电磁波(主频为$10^6 \sim 10^9$Hz)以宽频带短脉冲形式送入地下,经地下目标体或不同电磁性质的介质分界面反射后返回地面,为另一接收天线R所接收,而其余电磁能量则穿过界面继续向下传播,在更深的界面上继续反射和折射,直至电磁能量被地下介质全部吸收。

设发射天线T与接收天线R的中点为记录点,则测线上各测点的接收天线所接收的反射

图4-4-3 地质雷达

波均记录在各自记录点的下方,从而形成雷达剖面。在雷达剖面上,横坐标为测点点位,纵坐标为双程走时,各点的反射均以波的形式被记录下来。波形的正、负峰分别以黑、白色表示,或以灰色或彩色表示。这样,同相轴、等灰度或等色线即可直观地表示地下反射界面的形态及深度变化。地质雷达工作原理如图4-4-4所示。

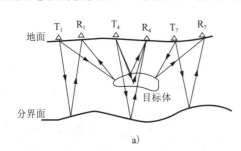
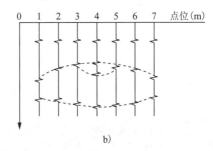

图4-4-4 地质雷达工作原理示意图

1)探测测线布置

探测测线布置如图4-4-5所示。探测采用点测法进行,每10cm采集一道数据。由于隧道内布设有电缆线、预留构件等,可能对地质雷达探测结果造成一定的干扰。

2)探测结果分析

(1)安农区间小里程掌子面地质预报

如图4-4-6所示给出了安农区间DK10+598~DK10+568物探结果图。由图可知:

图4-4-5 地质雷达探测测线布置示意图

①在掌子面前方深度3~30m处存在部分较弱的信号反射区,此反射带信号频率较低,信号振幅不均匀,同轴不连续。结合隧道地质调查,初步判断此区段内围岩完整性较差,岩石可能比较破碎。注意隧洞两侧及拱顶施工,破碎的可能性较大,有可能存在基岩裂隙水。

②在掌子面前方深度3~12m处存在部分较弱的信号反射区,此反射带信号频率较低,信号振幅不均匀,同轴不连续。结合隧道地质调查,初步判断此区段内围岩完整性较差,出现岩体较大程度破碎的可能性大。12~30m处信号有部分缺失,且连续性较差,说明此处围岩稳定性很差,或者有基岩裂隙水存在。注意隧洞两侧及拱顶施工,破碎的可

能性较大，有可能存在基岩裂隙水。

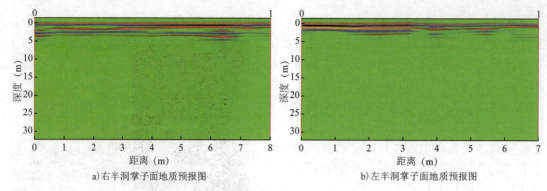

a) 右半洞掌子面地质预报图　　　　　　　b) 左半洞掌子面地质预报图

图 4-4-6　安农区间小里程掌子面地质预报图

（2）安农区间大里程掌子面地质预报

如图 4-4-7 所示给出了安农区间 DK11+310～DK11+340 物探结果图。由图可知：

①在掌子面前方 5～12m 处存在部分较强的信号反射区，此反射带信号频率较低，信号振幅不均匀，同相轴不连续。结合隧道地质调查，初步判断此区段内围岩完整性很差，围岩破碎可能性较大，可能存在基岩裂隙水。掌子面 12～28m 处同向轴部分缺失，判断此处岩石十分破碎，可能存在基岩裂隙水。其中，拱顶岩石破碎的可能性较大。

②在掌子面前方 3～13m 处存在部分较强的信号反射区，此反射带信号频率较低，信号振幅不均匀，同相轴不连续。结合隧道地质调查，初步判断此区段内围岩完整性较差，围岩破碎可能性较大，或者可能存在基岩裂隙水。掌子面 13～30m 处同向轴部分缺失，判断此处岩石十分破碎，可能存在基岩裂隙水。其中，拱顶岩石破碎的可能性较大。

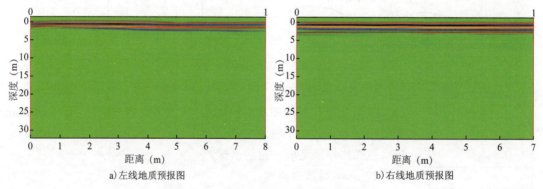

a) 左线地质预报图　　　　　　　　　　b) 右线地质预报图

图 4-4-7　安农区间大里程掌子面地质预报图

二、上软下硬地层地铁隧道注浆加固技术

1）全断面注浆

（1）工艺原理

全断面注浆，即通过在指定位置，由钻孔埋设的注浆钢管，用低流量的高压注浆泵将水泥—改性水玻璃双液浆注入预定的土层中。注浆过程中水泥—改性水玻璃双液浆不进入土体孔隙，而是沿裂隙前进，当达到凝固时间时浆液转化为固体，堵塞来水裂隙，同时有效防止浆液在压力下沿裂隙进一步向远方流失。

通过调整钻孔深度和凝固时间可以将注入的浆液控制在目标范围内，然后不断压入浆液，劈裂挤密周围松散或软弱土层，形成交叉网状凝固体，增强土的密实度和压缩模量，提高围岩承载能力，既减少开挖时的工况变形沉降量，又减少裂隙水进入隧道的渗流量，从而减少周边地层由于失水造成的沉降、位移量，最终确保地面及隧道周边建（构）筑物的安全。

（2）工法特点

①采用水泥—改性水玻璃双液浆作为注浆材料。其具有速凝性能，可以调节时间，在瞬间内能起到强化和加固作用。通过劈裂挤压地层，将隧道及周边范围内地层水疏干，达到"快速加固地层，提高其自稳能力，并堵水防止附近地层因失水导致沉降变形"的目的。该注浆材料具有凝固时间短、可注性好、无环境污染等特点。

②一次注浆加固段长达12m。

③采用一次性钻头，跟管钻进成孔，上下分层，前后分段。

④施工设备配套简单，钻机尺寸小，方便洞内施工，钻孔角度、方位可轻松调节，易操作。

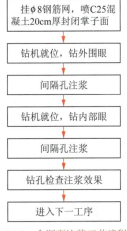

图 4-4-8　全断面注浆工艺流程图

（3）工艺流程

全断面注浆工艺主要包括7步，具体流程如图4-4-8所示。

（4）施工步骤

①挂φ8钢筋网，喷C25混凝土20cm厚封闭掌子面，起止浆墙作用，见图4-4-9。

②钻机就位，钻孔外围眼。按照图4-4-10示设计孔位、角度施作注浆孔，孔位呈辐射状，钻孔布置成圆形圈，孔位布置见图4-4-10。

图 4-4-9　掌子面挂网

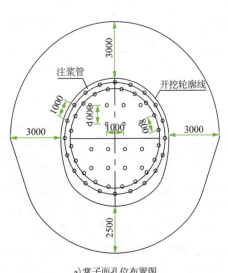

a）掌子面孔位布置图

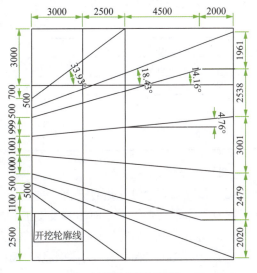

b）长管注浆钻孔剖面图

图 4-4-10　全断面注浆孔孔位布置图（尺寸单位：mm）

钻机就位：钻机按指定位置就位，并在技术人员指导下，调整钻杆的垂直度。对准孔位后，钻机不得移位。

定孔位：对准孔位，根据不同角度钻进，要求孔位偏差不大于2cm，入射角度偏差不大于1°。

钻进成孔：第一个孔施工时，要慢速运转，掌握地层对钻机的影响情况，以确定在该地层条件下的钻进参数。密切观察溢水出水情况，出现大量溢水出水情况时，应立即停钻，分析原因后再进行施工。

③注浆顺序，先进行外围孔注浆，后内侧孔；同一圈孔间隔施工。注浆参数列于表4-4-2中。

注浆控制参数表　　　　表4-4-2

参数名称	参数值	参数名称	参数值
注浆钻孔开孔直径（mm）	40	注浆速度（L/min）	30～50
注浆钢管直径（mm）	20	注浆压力（MPa）	0.5～2.0

注意：严格控制注浆压力，同时密切关注注浆量，当压力突然上升或溢浆时，应立即停止注浆，查明原因后采取调整注浆参数或移位注下一孔位等措施重新注浆。

（5）材料及配比

注浆材料选用水泥—改性水玻璃双液浆，其每立方配合比见表4-4-3。

浆液配合表　　　　表4-4-3

A液	B液
硅酸钠250L（水玻璃） 水250L	水泥200kg、DHP剂4.6kg GOX剂4.2kg、XPM剂4.4kg 水300kg

材料要求：水玻璃原材料应选用45°Bé；模数≥2.8，配合比中的水玻璃浆为30°Bé。

（6）机具设备

本工法所采用的主要施工机械、设备、工具、仪器等见表4-4-4。

主要机具设备表　　　　表4-4-4

序号	机械设备	型号	数量	备注
1	钻孔设备	AUX-60矿用钻机	2	
2	注浆设备	SYB50型液压注浆泵	4	
3	造浆设备	SS-400搅拌式储浆桶	4	
4	注浆管	内径20mm，壁厚5mm的无缝钢管	若干	钻孔时作为钻杆

2）洞内加强措施

施工中按照上下台阶法进行开挖，并预留核心土，见图4-4-11。施工期间遵循地铁隧道施工的基本原则，采用了超前注浆及支护，严格控制开挖进尺，施工工序衔接紧密，支护施作、封闭及时等。另外，该隧道富水特点，可从以下几方面加强施工及管理：

（1）掌子面做好排水，安置小型水泵，及时将渗水排走，防止积水软化掌子面，浸泡拱脚、仰拱。

（2）下台阶的开挖和封闭应在上半断面初期支护基本稳定后进行，或采取其他有效措施确保初期支护体系的稳定性，例如扩大拱脚、打拱脚锚杆、加强纵向连接等，使上部初期支护与围岩形成完整体系；又如，采用单侧落底或双侧交错落底，避免上部初期支护两侧拱脚同时悬空。

a）

b）

图 4-4-11　隧道开挖现场照片

（3）量测工作必须及时，以观察拱顶、拱脚和边墙中部位移值，当发现速率增大时，应立即进行底（仰）拱封闭。

下穿高速公路施工时，在原设计支护参数下增加临时竖撑和临时横撑，并增加拱部一排超前小导管。在靠近房屋一侧增加背后径向注浆管 6 根，呈扇形布置，进行注浆加固。同时对已成环初期支护进行背后注浆，以减少隧道二次沉降，避免施工期间洞内失水过多，引起的地表沉降增大。测试结果分析及该隧道实践成功，充分证明洞内加强措施是有效的。

3）效果评价

从施工现场隧道掘进时岩层的富水情况不难看出，采用全断面双液注浆后，全风化花岗岩残积土中的裂隙被浆液堵死，有效实现了加固围岩和防水的目的，明显减小了建筑物及地层沉降，提高了掌子面的稳定性，方便了现场施工，注浆效果如图 4-4-12 所示。

a）

b）

图 4-4-12　全断面注浆后掌子面情况

三、超前支护与初期加固技术

1）超前小导管施工

在开挖前，沿开挖面的拱部外周插入钢管，压注浆液，待浆液硬化后，拱部周围岩体就形成了有一定厚度的加固圈的超前支护施工。施工流程见图 4-4-13。

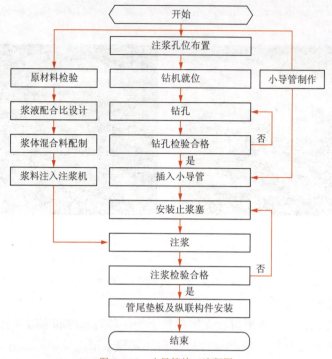

图 4-4-13 小导管施工流程图

图 4-4-14 超前小导管现场施工照片

主要工艺说明及要求：

小导管前端加工成尖锥状，管壁上出浆孔位置及大小按设计要求进行加工。并按照设计要求在开挖面上准确画出本循环需设的小导管的位置。

采用风钻进行钻孔，超前小导管外插角严格按照设计要求施作，尾部与钢架焊接在一起，超前小导管与线路中线方向大致平行，如图 4-4-14 所示。

钢管由专用顶头顶进，顶进钻孔长度不小于管长的 90%，钢管顶进时，注意保护管口不受损变形，以便与注浆管路连接；注浆前导管孔口先检查是否达到密闭标准，以防漏浆；钢管尾端外露足够长度，并与钢支撑焊接在一起。

采用注浆机压力注浆，浆液根据设计要求进行配制，注浆压力为 0.5～1.0MPa，按单管达到设计要求注浆量作为结束标准。注浆结束后，将管口封堵，以防浆液倒流管外。

2）锚杆施工

准备工作：检查锚杆类型、规格、质量及其性能是否与设计相符。根据锚杆类型、规格及围岩情况准备钻孔机具。

钻孔：锚杆钻孔采用手风钻钻孔，孔眼间距、深度和布置符合设计参数的要求，其方向垂直于岩层层面。钻孔完成后，用高压风水洗孔。

锚杆安装：安装前，先将"药卷"在水中浸泡，浸泡时间按说明书确定，不能浸泡过久，保证在初凝前使用完毕。安装时，用锚杆的杆体将药卷匀速地顶入锚杆安装孔，边顶边转动杆体，使药卷在杆体周围均匀密实，但不可过搅。安装好后，用楔块将锚杆固定好。

3）钢架施工

格栅钢架安装流程见图 4-4-15。

钢架按设计预先在洞外钢构件场地加工成型。钢架加工焊接不得有假焊，焊缝表面不得有裂纹、焊瘤等缺陷。每榀钢架加工完成后放在水泥地面上试拼，钢架在初喷混凝土后及时架设。

钢架安装前清除基底虚渣及杂物。钢架安装允许偏差：钢架间距、横向位置和高程与设计位置的偏差不超过 ±5cm，垂直度误差为 ±2°，施工图纸有要求时按图纸要求执行。钢架底脚置于牢固的基础上。钢架尽量密贴围岩并与锚杆焊接牢固，钢架之间按设计设置纵向连接筋连接。

分部开挖法施工时，钢架拱脚打设锁脚锚杆或锁脚锚管。下半部开挖后钢架及时落底接长，封闭成环。钢架与喷混凝土形成一体，钢架与围岩间的间隙用喷混凝土充填密实；钢架全部喷射混凝土覆盖，保护层厚度满足设计要求。

4）钢筋网施工

挂网使用的钢筋须经试验检测合格，使用前进行除锈，在洞外钢筋加工厂区制作成钢筋网片，然后用汽车运输到工作面，机械配合人工安装，安装时搭接长度 1~2 个网格。

人工铺设钢筋网，贴近岩面铺设并与锚杆和钢架焊接牢固。

喷混凝土时，减小喷头至受喷面距离和控制风压，以减少钢筋网振动，降低回弹。钢筋网喷混凝土内外保护层厚度须符合设计要求。

5）混凝土喷射

喷射混凝土通过自卸汽车直接向洞内送料，采用潮喷工艺施工。喷射混凝土施工程序详见图 4-4-16。

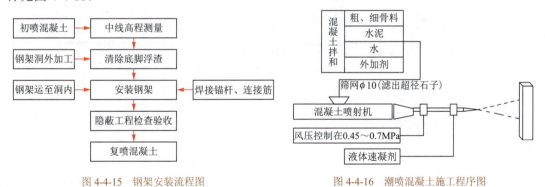

图 4-4-15 钢架安装流程图　　图 4-4-16 潮喷混凝土施工程序图

原材料要求：

砂选用颗粒坚硬、干净的中、粗砂，符合国家二级筛分标准，细度模数应大于 2.5，含水率控制在 5%~7%，含泥量不大于 3%；碎石选用坚硬耐久、最大粒径不大于 15mm 的碎石，含泥量不大于 1%；水泥用 42.5R 级普通硅酸盐水泥；使用的外加剂根据设计要求确定。

速凝剂等外加剂选择质量优良、性能稳定的产品。速凝剂在使用前，要做与水泥的相容性试验及水泥净浆凝结效果试验。

施工方法：

为保证喷射混凝土的厚度和质量,喷射混凝土分两次完成,即初喷和复喷。

初喷在刷帮、找顶后进行,喷射混凝土厚度4～5cm,及早快速封闭围岩,开挖后由人工在渣堆上喷护。

复喷是在初喷混凝土层加固后的围岩保护下,完成立拱架、挂网、锚杆工序等作业后进行的。

喷射混凝土分段、分片、分层进行,由下向上,从无水、少水向有水、多水地段集中。施喷时喷头与受喷面基本垂直,距离保持1.5～2.0m,并根据喷射效果适时调整。设钢架时,钢架与岩面之间的间隙用喷射混凝土充填密实,喷射顺序先下后上对称进行,先喷钢架与围岩之间空隙,后喷钢架之间,钢架应被喷射混凝土覆盖,保护层不得小于4cm或符合设计要求。喷前先找平受喷面的凹处,再将喷头呈螺旋形缓慢均匀移动,每圈压前面半圈,绕圈直径约30cm,力求喷出的混凝土层面平顺光滑。一次喷射厚度控制在5～8cm,每段长度不超过6m,喷射回弹物不得重新用作喷射混凝土材料。新喷射的混凝土按规定洒水养生。

四、隧道开挖工艺

1) 全断面施工工法

全断面开挖法是按设计断面将隧道一次开挖成型,再施作支护和衬砌的隧道开挖方法,施工工序如图4-4-17所示,施工流程如图4-4-18所示。

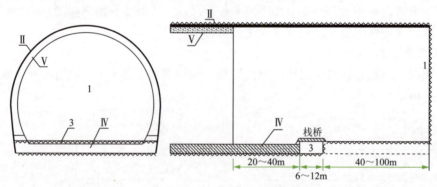

图4-4-17 全断面法施工工序示意图

注:1-全断面开挖;Ⅱ-初期支护;3-隧道底部开挖(捡底);Ⅳ-底板(仰拱)浇筑;Ⅴ-拱墙二次衬砌

(1)劳动力组织

按18h一个循环,进尺3m,6h一班,每循环分三班制交接班,超出法定时间的工人轮休。

开挖班:司钻工4人,爆破工6人,台车保养维修1人,计11人,三班共33人。

出渣运输班:挖装机司机1人,综合工4人,电瓶车司机3人,调车4人,充电1人,计13人,三班共39人。

(2)钻爆作业

钻爆作业必须按照爆破设计进行钻孔、装药、接线和引爆。钻孔前应绘出开挖断面中线、水平和断面轮廓,并根据爆破设计标出炮眼位置,经检查符合设计要求后方可钻孔。钻孔应符合下列要求:

①掏槽眼：深度、角度按设计施工，眼口排距、行距误差均不得大于5cm。

②辅助眼：深度、角度按设计施工，眼口排距、行距误差均不得大于10cm。

③周边眼：开眼位置在设计断面轮廓线上，允许轮廓线调整，其误差不得大于5cm；炮眼方向可以3°～5°斜率外插，眼底不超出开挖断面轮廓线10cm，最大不超过15cm。

④内圈炮眼至周边眼的排距误差不大于5cm，炮眼深度超过2.5m时，内圈炮眼与周边眼用相同的斜率钻孔。

⑤钻孔完毕，按炮眼布置图进行检查并做好记录，有不符合要求的炮眼应重钻，经检查合格后才可装药起爆。装药前应将炮眼内泥浆、石粉吹洗干净。所有装药的炮眼均应堵塞炮泥，周边眼的堵塞长度不宜小于20cm。

（3）通风

隧道采用混合式通风系统，配备6台28kW轴流式风机，根据隧道施工进度，逐渐串联增加，当一组风机向前移动，另一组风机的管路即相应接长，始终保持两组管道相邻端交错不小于20～30m。通风管采用φ800软管，其安装应做到平顺、接头严密、弯管半径不小于风管直径的3倍。

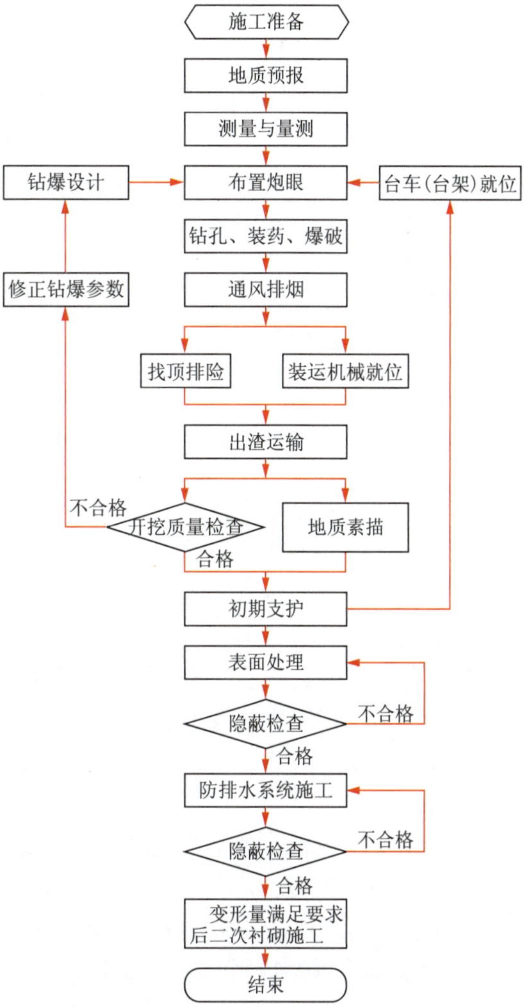

图4-4-18 全断面法施工流程图

（4）锚喷施工

锚喷作业必须在光面爆破符合要求的基础上进行。

①材料选择：水泥优先选用普通硅酸盐水泥，其强度等级不低于32.5，砂采用坚固耐久的中粗砂，细度模数大于2.5，且泥土杂物含量不大于3%，含泥量不大于5%，云母含量不超过2%，硫化物与硫酸盐（折算为SO_3）含量不大于1%（质量），有机物含量用比色法试验，颜色不深于标准色。

石子采用坚固耐久的碎石或卵石，粒径不大于15mm，用前应过筛，其饱和极限抗压强度与混凝土设计抗压强度之比，碎石不小于200%，卵石软弱颗粒含量不大于5%。

碎石、卵石中针状颗粒含量不大于15%，卵石中泥土、杂物含量不大于1%。

硫化物和硫酸盐（折算为SO_3）含量不大于1%，石粉含量不大于2%，有机物含量用比色法试验，颜色不深于标准色。（以上有害物质含量均以质量计）。

②外加剂：速凝剂、减水剂、早强剂。速凝剂应使用液体速凝剂。

③喷射混凝土配合比设计原则：

选择喷射混凝土的配合比，既要考虑混凝土强度和其他物理力学性能的要求，又要考虑施工工艺的要求。一般要求强度大于C20，与围岩的黏结力，Ⅰ、Ⅱ类围岩不低于0.8MPa，Ⅲ类围岩不低于0.5MPa。

质量配合比：水泥：（砂+石）= 1/4～1/4.5；水灰比0.4～0.45；含砂率：45%～55%；水泥用量350～420kg/m³。

设计步骤：

a. 确定骨料的最大粒径和砂率；

b. 确定水泥用量；

c. 确定水灰比及用水量；

d. 确定砂、石用量；

e. 试喷；

f. 调整、确定施工配合比。

（5）出渣

出渣时间在整个隧道作业循环中所占的比例较大，是施工中的关键环节，因此出渣设备必须配足，并留有充分的余地。根据这个原则，隧道每个口配电瓶车3台，梭矿4台，风动装渣机2台。同时应储备足够的易损配件。

（6）混凝土洞身衬砌

每个隧道口采用3台500L强制式搅拌机或1套25m³/h混凝土搅拌站拌和混凝土，轨行式运输车运送混凝土，隧道各配备2套自制轨行式衬砌台车，插入式振捣器。出口段采用自制轨行式墙拱式衬砌平台车，洞外设拌和站，由有轨运输车运输，吊斗入模灌筑，插入式振捣器振捣。

无论是液压模板台车泵送混凝土还是简易衬砌平台车吊斗提升浇筑混凝土都必须对称分层浇筑，每层厚度都不超过振捣器长的1.25倍，振捣密实又不超振。整体式衬砌不留施工平缝；纵向工作缝都必须竖直，相邻段浇筑时，对已浇混凝土端头凿毛冲洗干净，先铺2cm厚的同等砂浆后再浇筑混凝土。

液压模板台车和简易衬砌平台车都应准确对位，支撑牢固，保证刚度，浇筑中不变形，不走移。落模后及时养护，养护时间不少于14d。

液压模板台车衬砌劳动组织：班长1人，台车落模5人，混凝土泵1人，移输料管2人，捣固2人，立端头作背后防水处理3人，搅拌机操作人员1人，搅拌上料4人，每班共19人，两班制作业共38人。

简易模板平台衬砌劳动组织：班长1人，落模立模4人，提升卷扬机1人，平台底摘挂钩1人，捣固2人，混凝土接料摊铺5人，搅拌机操作人员2人，上料5人，每班共21人，两班制作业共42人。

2）台阶法开挖

下穿广深高速公路隧道Ⅲ级围岩段采用台阶法施工，每台阶进尺不超过1m。

台阶开挖是先开挖上半断面，待开挖至一定长度后同时开挖下半断面，上、下半断面同时并进的施工工艺。其中，台阶长度必须根据隧道断面跨度、围岩地质条件、初期支护形成闭合断面的时间要求及上部施工所需空间大小等因素来确定。主要分为施工测量、多功能台架就位、钻孔、装药、起爆、通风、出渣、支护八个步骤。

（1）施工准备

编制施工工艺设计、工序质量控制设计和作业指导书；确定卸渣场的位置和范围，汽车运输道路的引入和其他运输设施的布置；施工用风、用水和用电设施布置。

隧道施工用风采用固定空压机供风，空压机最大功率应能满足同时工作的各种风动机具的最大用风量和足够风压的要求。固定式空压机站应设在洞口附近，并靠近变电站，当有多个洞口需集中供风时，可选在适中位置，但应靠近用风量较大的洞口。空压机站应有具体的防水、降温和保温措施。隧道工作面风压不应小于 0.5MPa，高压风管的直径应根据最大送风量、风管长度、闸阀等条件计算确定。高压风管及接头装置的材质必须符合相关标准规定。高压风管应敷设平顺，接头严密，不漏风。在洞外地段，当风管长度大于 100m 且温度变化较大时宜安装伸缩器，靠近空压机 150m 以内，风管的法兰盘接头宜用石棉衬垫；长度大于 1000m 时，应在高压风管最低处设置油水分离器，定时放出管中的积油和水；洞内高压风管应敷设在电缆电线相对的一侧，风管的前端至开挖面距离宜保持 30~40cm，并用分风器（可自制）连接高压软风管。各种闸阀在安装前应拆开清洗，阀门应进行水压强度试验，合格后方可使用。高压风管在安装前应进行检查，当有裂纹、创伤、凹陷等现象不得使用，管内不得保留有残余物和其他脏物。高压风管使用应有专人负责检查、养护。

隧道施工供水方案的选择及设备的配置：①水源的水量应能满足工程和生活用水的需要。有高山自然水源时，应蓄水利用。水池高度应通过计算，并能满足洞内最大水压的要求。②水池的容量应计算并有一定的储备量，满足洞内外集中用水的需要。③采用机械抽水站供水时，应有备用的抽水机。④工程和生活用水使用前必须经过水质鉴定。同时，隧道工作面的水压不应小于 0.3MPa，水管的直径应根据最大供水量、管路长度、弯头、闸阀等条件计算确定。而高压水管的安装和使用应满足：①管路应敷设平顺，接头严密，不漏水。②水池的总输出管路上必须安装总闸阀，主管路上每隔 300~500m 应分装闸阀。③洞内水管前端至开挖面宜保持 30m 距离，并用高压软管连接分水器。洞内软管的长度，一般情况下不宜大于 50m。④洞内水管管路应敷设在电缆、电线相对的一侧，不得妨碍运输；当与水沟同侧时，不得影响排水。⑤钢管在安装前应进行检查，有裂纹、创伤、凹陷等现象时不得使用，管内不得保留有残余物和其他赃物。⑥管路使用中应有专人负责、养护。冬期应注意管道保温。

施工用电应进行施工用电量设计，并采用三级配电二级保护方式。隧道供电电压应符合下列要求：①长大隧道施工，电源采用 10kV 供电，经过变压后对用电设备供电。②低压供电采用 380V/220V 三相五线系统。③照明电压，作业地段宜 36V，成洞和不作业地段可采用 220V。④低压线路末端的电压降不得大于 10%。其中，变压器容量应按电气设备用电总容量确定。当单台电动设备容量超过变压器容量 1/3 时，应适当考虑增加起动附加容量。洞外变电站宜设在靠近负荷集中地点和设在电源来线一侧，沿海地区工程，应考虑防雷击和防飓风措施。变电站电源线当需跨越施工地区时，其最低点距人行道和运输线路的最小高度应满足：电压 35kV 时 7.0m，10kV 时 7.0m，400V 时 6.0m。洞内供电线路布置和安装应符合：①成洞地段固定的电线路，应用绝缘良好的塑料导线架设。施工地段的临时电线路，宜采用橡套电缆。竖井、斜井宜使用铠装电缆。②照明和动力电线路安装在同一侧时，必须分层架设。电线悬挂高度应满足：400V 以下不小于 2.5m，10kV 不小于 3.5m。③涌水隧道的电动排水设备，瓦斯隧道的通风设备以及斜井、竖井内的电气装置应采用双回路输电，并有可靠的切换装置和防爆措施。④36V 低压变压器应设在安全、干燥处，机壳接地，输电线路长度不得大于 100m。⑤动力干线上的每一支线，必须装设开关及保险装置。严禁在动力线路上加挂照明设施。

（2）施工机械配置

机械设备配置见表4-4-5。

机械设备配置表　　　　　　　　表4-4-5

序号	名称	技术条件	数量（台/套）
1	气腿式凿岩机	YT-28	30
2	轴流式通风机		2
3	装载机	侧卸式	4
4	挖掘机	PC200-3	2
5	电动空压机	4L-20/8	2
6	自卸汽车	1～5m	6

（3）施工工序

台阶法开挖工序如图4-4-19所示。

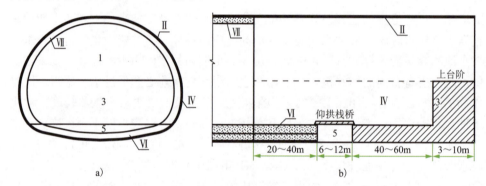

图4-4-19　台阶法开挖工序示意图

注：1-上部开挖；Ⅱ-上部初期支护；3-下部开挖；Ⅳ-下部初期支护；5-底部开挖（捡底）；Ⅵ-仰拱及混凝土填充；Ⅶ-二次衬砌

当拱部围岩条件发生较大变化时，可适当延长或缩短台阶长度，确保开挖、支护质量及施工安全。上台阶的底部位置应根据地质情况确定，一般情况下，可在起拱线及以下。上台阶使用钢架时，可采用扩大拱脚和施作锁脚锚杆等措施，防止拱部下沉变形。下台阶应在喷射混凝土达到施工图标示强度70%以上时开挖。当岩体不稳定时，应合理缩短进尺，先施工边墙初期支护，后开挖中间土体，左右错开或先拉中槽后挖边墙，并及时施工仰拱。应解决好上下部的施工干扰问题。下部施工应减少对上部围岩、支护及衬砌的扰动和破坏。工艺改进：在软弱围岩中采用台阶法施工时，可以考虑与预留核心土、挖中槽等方法相结合。在上台阶开挖时，预留核心土，以便快速完成拱部开挖，及时施作初期支护。在下部台阶开挖时，先拉中槽，扩大作业面，为两侧快速开挖和支护创造条件。台阶法施工每班劳动力组织见表4-4-6，施工现场如图4-4-20所示。

图4-4-20　上下台阶施工现场图

台阶法施工每班劳动力组织表　　　　　　　　　表 4-4-6

工序名称＼工种名称	找顶工	测量工	修钻工	钻爆工	电工	司机	班长	合计
台阶开挖	2	5	2	25	2	8	1	45

（4）施工注意事项

①在上部断面初期支护基本稳定后，才能进行中部断面开挖。

②要认真加固拱脚，保证拱脚位于原状土上。若拱脚所处岩石破碎及软弱，则宜加临时长钢垫板。

③下半面边墙开挖必须单侧落底，避免上部断面两侧拱脚同时悬空。

④仰拱开挖前，宜架设临时横撑顶紧两侧墙脚，防止边墙内挤，待仰拱混凝土达到混凝土强度 70% 才能拆除。

⑤量测工作必须及时，以观察拱顶、拱脚和边墙中部的位移值，当发现速率增大时，应立即采取相应措施加固。

⑥隧道两侧的沟槽及铺底部分应和下台阶一次开挖成型。

3）爆破施工控制

采用线形微震爆破新技术和光面爆破技术进行爆破作业，根据围岩情况，及时修正爆破参数，以达到最佳爆破效果，形成整齐准确的开挖断面。

（1）钻爆设计

①爆破设计原则

a. 炮孔布置要便于机械钻孔；

b. 尽量提高炸药能量利用率，以减少炸药用量；

c. 减少对围岩的破坏，采用光面爆破，控制好开挖轮廓；

d. 控制好起爆顺序，提高爆破效果；

e. 在保证安全的前提下，尽可能提高掘进速度，缩短工期。

②爆破器材选用

a. 采用塑料导爆管非电毫秒雷管起爆系统，毫秒雷管采用特定的 26 段等差（50ms）毫秒雷管，引爆采用电雷管。

b. 炸药采用 $\phi 32$ 乳化炸药。

③掏槽形式

Ⅲ级围岩爆破采用斜孔掏槽。

④装药结构及堵塞方式

掘进眼、内圈眼、底板眼采用连续装药结构方式，周边眼采用间隔装药方式。所有装药炮眼均采用炮泥堵塞，堵塞长度不小于 20cm。

⑤爆破设计优化

根据岩层节理裂隙发育程度、岩性软硬情况，修正眼距、用药量，特别是周边眼，根据爆破后石渣的块度修正参数。石渣块度小，说明辅助眼布置偏密；石渣块度大，说明炮眼偏少，用药量过大。

根据爆破振动速度监测，调整单段起爆炸药量及雷管段数；根据开挖面凹凸情况，修正钻孔深度，眼底基本上落在同一断面上。

（2）钻爆作业

施工时按照爆破设计进行钻孔、装药、连线和引爆。

①测量

每一循环都由测量技术人员在掌子面标出开挖轮廓和炮孔位置，并在洞内拱顶及两侧起拱线处安装3台激光指向仪。

②钻孔

钻孔用YT28钻机，并按以下要求钻孔：

a. 按照炮眼布置图正确对孔和钻进；

b. 掏槽眼比其他眼深20cm，对孔误差不大于3cm，并保持平行；

c. 掘进眼对孔误差不大于5cm；

d. 周边眼位置在设计断面轮廓线上，其环向误差不大于5cm，眼底不超出开挖面轮廓线10cm，孔深误差小于10cm；

e. 开挖面凹凸较大时，按实际情况调整炮眼深度，力求所有炮眼（除掏槽眼外）的眼底在同一垂直面上；

f. 钻孔完毕，按炮眼布置图进行检查，有不符合要求的炮眼重钻，经检查合格后，才能装药起爆。

③装药

装药前先用高压风将孔中岩粉吹净，并用炮棍检查孔内是否有堵塞物。装药分片分组，严格按爆破参数表及炮孔布置图规定的单孔装药量装药，雷管段别"对号入座"。

④堵塞

光面爆破孔孔口堵塞长度不小于20cm，掏槽孔不装药部分全堵满，其余掘进孔堵塞长度大于抵抗线的80%。装药和堵塞工作按有关安全规程执行，以确保安全。

⑤接起爆网路

采用塑料导爆管传爆雷管复式网路，电雷管起爆。连线时，导爆管不打结、不拉细；连接的每簇雷管个数基本相同且不超过20个。传爆雷管用黑胶布缠好。网路连好后由专人检查验收，无误后方可起爆。

爆破网路连接、检查及起爆，按照爆破设计要求执行。

（3）光面爆破

①光面爆破施工流程

本隧道周边采用光面爆破，光面爆破施工流程如图4-4-21所示。

②光面爆破参数

周边眼采用φ25小直径光爆药卷，其爆破参数见表4-4-7。爆破炮孔布置如图4-4-22所示。

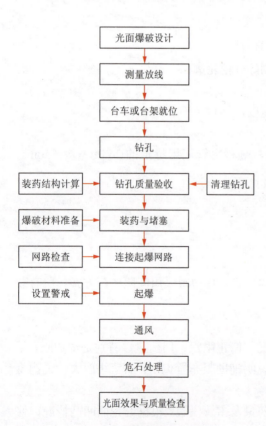

图4-4-21 光面爆破施工流程图

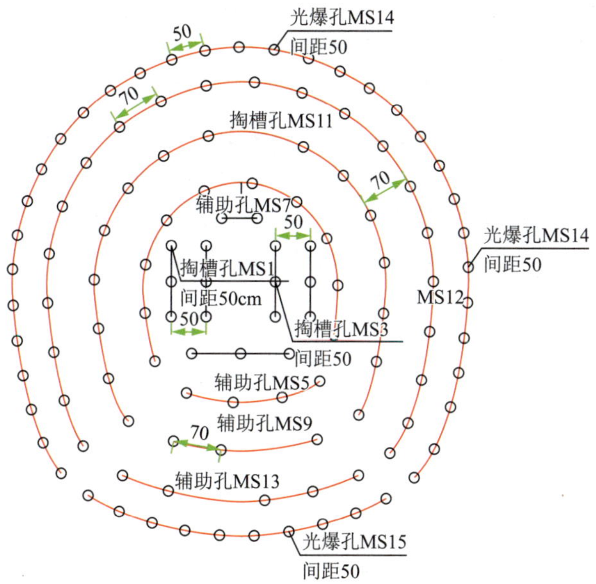

图 4-4-22　爆破炮孔布置图（尺寸单位：cm）

光面爆破参数表　　　　　　　　　　　　　　　　　表 4-4-7

参数 岩石种类	饱和单轴抗压极限强度 R_b（MPa）	装药不耦合系数 D	周边眼间距 E（cm）	周边眼最小抵抗线 W（cm）	相对距 E/W	周边眼装药集中度 q（kg/m）
硬岩	>60	1.25～1.5	55～70	70～85	0.8～1.0	0.30～0.35
中硬岩	30～60	1.5～2.00	45～60	60～75	0.8～1.0	0.20～0.30
软岩	≤30	2.00～2.50	30～50	40～60	0.5～0.8	0.07～0.15

第三节　小　　结

广深高速公路路基为人工填土，其下部直至隧道围岩顶部之间，基本为第四系全新冲积岩和第四系上更新统坡积层，该区域岩土体的工程物理特性偏弱，遇水易软化且变形大，从而造成隧道施工时易出现围岩变形大、地表易破坏等地质灾害，应在隧道施工过程中加强监测与预报工作；同时，该区域岩土体的透水性强，导致上软下硬地层矿山法地铁隧道近距离平行下穿广深高速公路施工难度大。

（1）超前加固措施（超前小导管和预注浆等）能够有效地改善隧道下穿区域上部软弱地层围岩的稳定性，调节软弱地层围岩自身强度达到设计开挖标准，能够满足台阶法和全断面法爆破施工要求，开挖过程围岩变形在允许变形值区间内。

（2）针对上软下硬特殊地层要求，通过改善上部岩体强度要求，以满足在变形控制允许范围内，完成上下台阶、全断面等不同开挖工法的施工需要，并合理布置钢拱架间距与锚杆支护措施，及时施作仰拱，完成隧道全断面闭合，以此保证隧道施工时最大限度地减小对围岩和地表的扰动，整个支护体系合理安全且工作有效，不仅提高了隧道开挖工作进程，而且降低了相邻近距离隧道变形叠加影响。

（3）及时施作隧道仰拱，保证隧道完全闭合，确保隧道整体结构在上软下硬特殊地层中的稳定性，防止上部软弱地层对隧道拱顶和拱肩的压剪破坏。

（4）从施工现场隧道掘进时岩层的富水情况不难看出，采用全断面双液注浆后，全风化花岗岩残积土中的裂隙被浆液堵死，有效实现了防水的目的，明显减小了建筑物及地层沉降，提高了掌子面稳定性，方便了现场施工。同时，采取全断面注浆之后，地层沉降大大减小，广深高速公路绝对沉降值在 26mm 之内，保证了高速公路安全及正常运营。

依托本工程，总结出了浅埋淤泥地层地铁隧道下穿城市干道施工工法，并获批为中国电力建设集团工法。

第五章 扩挖隧道冻结法加固技术

第一节 工程概况

冻结法最早用于俄国金矿开采,后由德国工程师将其用于煤矿矿井建设并获得专利技术,现在已广泛应用于地铁、深基坑、矿井建设等工程,解决了富水软弱地层地下工程施工技术难题。

一、工程简介

7号线福邻站位于深圳市福田区皇岗口岸接驳停车场东南侧,车站北端设置单渡线,道岔及转辙机安装范围建筑限界需加宽,正常情况下上述界限加宽采用明挖法施工即可,但是暗挖段地面有两层球场及边检小区人行、车行道,无条件采用常规地面加固方法,加之隧道的地质构造与地层岩性变化复杂,稳定性差,导水性强,且工程靠近福田河,开挖风险大,常规加固方法难以保证加固效果。为保证施工安全,运用水平冻结法加固地层,如图4-5-1所示。

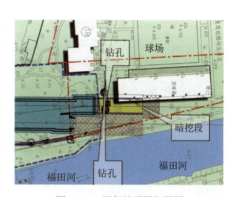

图 4-5-1 福邻站平面位置图

二、工程地质概况

根据工程地质剖面图(图4-5-2),渡线段隧道地面高程为4.45m,施工范围内地层主要为①$_5$杂填土、⑤$_5$粉质黏土⑤$_{10}$粗砂、⑦$_1$砾质黏性土、⑧$_1$全风化花岗岩、⑧$_2$强风化花岗岩。渡线段隧道主要位于强风化花岗岩中,隧道底高程-21.148m,地下水位高程3.47~-1.18m。

三、设计方案

由于总体工期限制的要求,无法采用"冻结加固—冻土掘支—结构构筑"的一次性施工方法,为此,该段隧道先采取冻

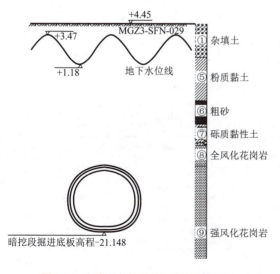

图 4-5-2 福邻站扩挖隧道位置地质剖面图

结加固盾构出洞、后持续冻结加固矿山法扩挖施工的总体施工方案，即：首先在端头井内采用水平冻结法加固地层，使盾构安全出洞后，继续全长冻结，使扩挖段外围（包括前端）风化岩冻结，形成强度高、封闭性好的冻结壁，然后在冻结壁的保护下进行扩挖段的开挖和结构施工。

扩挖段隧道呈马蹄形断面（图4-5-3），长19.88m，净尺寸为高6.1 m×宽6.1 m，开挖断面达到高7.4m×宽7.4 m，双层支护结构，初期支护为钢支架+喷射混凝土支护，厚度250mm，二次衬砌采用现浇钢筋混凝土，厚度400mm。

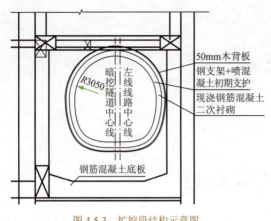

图4-5-3 扩挖段结构示意图

第二节 加固技术

洞门处隧道满堂冻结，冻结深度9m，隧道外围采用双圈全深水平冻结管冻结。洞门处隧道冻结30d满足盾构进洞要求后，盾构从左线北端进洞推进；盾构到达赤尾站前45d左右开始全深冻结。盾构到达赤尾站后，从里向外，按照拆除一环管片、扩挖隧道、架设钢支架的循环顺序将扩挖段隧道全部扩挖完成，在隧道初期支护完成后再凿除全部地下连续墙，然后先一次浇筑隧道腰线以下部分，再浇筑拱部部分。

一、施工流程

暗挖段隧道冻结加固和暗挖施工流程如图4-5-4所示。

图4-5-4 施工流程图

二、冻结法加固技术

1）准备工作

提前供电到施工场地附近,并清理端头井及施工场地,保证施工通行顺畅。铺设两根水管至端头井边上,用于冻结孔打钻供水、排污和冻结时的供、排水。在端头井中安装流量 40m³/h 潜水泵 1 台、流量 40m³/h 排污泵 1 台。在冻结站安装两台 7.5kW 轴流风机,用于机房通风。在端头井安装冻结孔施工升降平台。沿端头井北面地下连续墙从下到上搭建宽 1m 左右的脚手架操作平台。施工设备进场,合理安排施工设备运抵安装地点的时间顺序。移交施工坐标点和冻结孔放样定位。制冷机组安装见图 4-5-5,冷却塔安装见图 4-5-6。

图 4-5-5　制冷机组安装图　　　　　　图 4-5-6　冷却塔安装图

2）施工技术要求

冻结孔最大允许偏斜 300mm,隧道外围冻结孔最大允许间距 1.4m,冻结孔有效深度（冻结管循环盐水段长度）不小于冻结孔设计深度,不大于设计深度 0.5m。冻结管耐压不低于 0.8MPa,并且不低于冻结作业面盐水压力的 1.5 倍,接头抗拉强度不低于母管的 80%。施工冻结孔时的土体流失量不得大于冻结孔体积,否则应及时进行注浆控制地层沉降。打垂直孔时,根据地面施工场地的情况,适当调整垂直孔的钻进角度。

3）钻孔测量放样

开孔孔位放样基准：以暗挖隧道的竖直中线为基准十字线按设计进行冻结孔孔位放样。然后按照距离用钢卷尺丈量确定孔口孔位中心点,并用红油漆标出孔位中心十字线。最后采用钻孔定向方法：按照实测的左线隧道线路中心线,根据设计冻结孔与中心线的相对距离,用作图方法在端头井南侧地下连续墙上确定暗挖段隧道中心线和冻结孔的后视点,然后采用拉线法（在孔口与后视点之间拉线）确定钻进方向。钻孔倾角设定用精密地质罗盘复核。

4）地下连续墙开孔

在地下连续墙上采用二次开孔工艺开孔（图 4-5-7b）,其工艺流程与技术要求见图 4-5-7。

按前述钻孔测量放样方法给出开孔孔位。用 $\phi12$ 膨胀螺栓在地下连续墙上固定开孔钻机,用水平尺和精密地质罗盘确定钻进方位。开孔取芯直径为 132mm,取芯深度为 250～280mm。在钻孔中安装孔口管,孔口管用 $\phi133\times6mm\times420mm$ 无缝钢管加工,孔口管头部设 250mm 长的鱼鳞扣,安装时在鱼鳞扣外面缠绕麻丝,近管口焊接旁通管。孔口管插入地下连续墙深度 230～280mm。在孔口管周围安装固定用 3 个 $\phi12$ 的种植钢筋,

并用 ϕ12 钢筋焊接孔口管与钢筋，连接控制阀门（Dg125 球阀），然后改用 ϕ112 取芯钻头钻透地下连续墙。退出取芯钻机，关闭控制阀门。如孔口管与混凝土之间渗水，用针眼法注环氧树脂封堵。

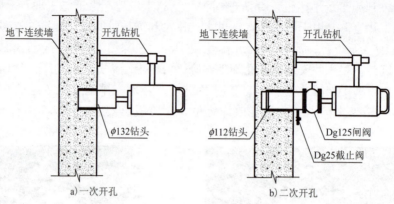

图 4-5-7 钻孔开孔示意图

5）冻结孔钻进施工

冻结孔施工顺序为：水平冻结孔（由下而上施工）→竖直冻结孔→测温孔→泄压孔。

全部冻结孔、泄压孔都采用钻进法施工，ϕ108×8mm 测温孔采用钻进法施工，ϕ32×3mm 长 3m 短测温孔采用人工夯管夯进。冻结孔位布置见图 4-5-8。其施工工序及要求为：

（1）垂直孔钻进时，若由于场地原因无法按照设计位置布置孔位，则其钻进角度应做适当的调整，确保调整后的钻孔在暗挖段位置与设计位置一致。右侧一排竖向的水平孔施工前应明确设计位置与已施工的垂直孔之间的距离，防止钻进时破坏水平孔。

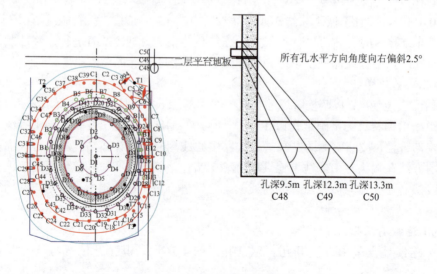

图 4-5-8 冻结孔位布置图

（2）用拉线法调整冻结管和水平钻机的方位，使冻结管和水平钻机在设计冻结孔轨迹上。并用精密地质罗盘复核冻结管倾角。

（3）在现场进行冻结管配管，记录各节管材长度并依次编号，累计长度以大于冻结孔深度 0.5～0.8m 为宜。前端的每节冻结管长度应尽量长，并且必须顺直。

（4）在黏性土层钻进时采用清水作洗井液，在砂土层钻进时采用黏土或膨润土泥浆作洗井液，泥浆相对密度 1.15～1.20。并采用 KBY-50/70 注浆泵进行洗井液循环。

（5）通过孔口管旁通循环洗井液时，要求控制旁通阀门，使洗井液回液量与泵入量基本一致。尽量采取干钻法，即尽量减少洗井液，并关闭孔口管回水阀门。

（6）开始钻进时，应使用高速小钻压钻进，钻杆方向要上仰约 0.5°。

（7）钻进 10m 后，要反复校核冻结管方向，调整钻机位置，用经纬仪灯光测斜无问题后方可继续钻进。

（8）连接冻结管时，关闭孔口管旁通阀门。

（9）逐节钻入冻结管。焊接冻结管时用 0.5～8m 靠尺检查确保顺直，焊缝要饱满并用角磨机打磨与管壁齐平。

（10）用测杆复核钻入的冻结管达到设计深度。然后通过孔口管旁通进行压浆封水。注浆采用水泥—水玻璃双液浆，水泥浆与水玻璃溶液体积比 1:1，其中水泥浆水灰比 0.6:0.8，水玻璃溶液采用 35～40°Bé 水玻璃加 1～2 倍体积的水稀释，浆液初凝时间控制在 1～2min。注浆压力不大于 0.5MPa，每孔压浆量为 60～100L。

（11）移走钻机。待注浆浆液终凝后拆除孔口止水装置和控制阀，焊接孔口管与冻结管的间隙。

（12）进行冻结管打压试漏，试漏压力控制在 0.8～1.0MPa。压力稳定 30min 无变化者为试漏合格。

（13）试漏合格后，在冻结管内下入供液管。记录每节供液管的长度，核对下入供液管长度与冻结管长度一致无误。

（14）用同上方法安装测温管、泄压管。在泄压管位置安装孔口管，在管口位置安装量程为 1.6MPa 的水压表和阀门，然后在泄压孔内冲水确保泄压孔畅通。

6）冻结系统设计

（1）冻结系统调试

按照设备使用说明书的要求进行冷冻机组充氟和加油。首先进行制冷系统的检漏和氮气冲洗，在确保系统无渗漏后，再充氟加油。先在盐水箱中灌满清水，开泵循环冲洗管路，排出管路中的脏水。在盐水箱内注入约 1/4 的清水，然后开泵循环并逐步加入固体氯化钙。盐水箱内的盐水不能灌得太满，以免高于盐水箱口的冻结管，盐水回流时溢出盐水箱。至盐水浓度达到 1.15 左右时开冷冻机。随着盐水温度降低再加入氯化钙，直至达到设计盐水浓度。融化氯化钙时用筛网除去杂质，严禁将包装袋掉入盐水箱。检查盐水水位报警器，确保其工作正常。测量各冻结器的盐水流量，调节控制阀门，确保各冻结器盐水流量符合设计要求。如发现个别冻结器或冷冻排管盐水流量随时间延长逐渐减小，表明管路有积空气的情况，应及时增设放空气阀。

（2）积极冻结

检查确认电路系统、冷却水循环系统、盐水循环系统运行参数正常后才开冷冻机。冷冻机先空转 1～3h，观察空转正常后再供液制冷。进行试运转，逐步调节能量、压力、温度和电机负荷等各状态参数，使机组在有关设备规程和运行要求的技术参数条件下运行。在试运转正常后进行积极冻结，要根据冷却水温度和盐水温度，调节冷冻机的运行参数，以提高冷冻机的制冷效率。开冻后巡回检查冻结器结霜，如发现结霜不均匀或有融化的情况，采取调节控制阀门和放空气等措施解决冻结器盐水流量不均匀的问题。

积极冻结 7d 后盐水温度降至 -18℃以下，冻结 15d 盐水温度降至 -24℃以下，开挖时盐水温度降到设计最低盐水温度要求。根据测温孔温度和泄压孔压力监测结果，分析冻结壁的形成状况，包括冻结壁的交圈情况、平均温度和扩展厚度等。如泄压孔压力超过地层原始孔隙水压力 0.1～0.2MPa，打开泄压阀进行泄压。根据冻结壁温度监测并结合理论计算，预测冻结壁的发展趋势。如冻结壁发展速度不能满足设计要求，则采取延长积极冻结时间和增加冻结供冷等补救措施。每天检测地层的冻胀变形。每隔 2h 检查记录冻结系统运行参数，并及时进行分析、处理。积极冻结期间如发生停冻情况，按 2 倍的停冻时间延长积极冻结时间。

（3）开挖条件判定

积极冻结 45d 以后达到设计值，盐水温度达到了设计最低盐水温度。根据测温孔测温结果计算冻结壁温度和厚度，确保达到设计值。

（4）维护冻结

从开挖到初期支护完成前，盐水温度要保持在最低值 -28℃以下。在开挖期间非设计允许不得提高盐水温度或减小盐水流量。在二次衬砌结构施工期间可进行维护冻结，但盐水温度不高于 -25℃，单个冻结孔盐水流量不小于 $5m^3/h$。维护冻结过程中，要与积极冻结时一样进行冻结施工监测，确保冻结系统运转正常，及时分析冻结壁的温度变化。

在开挖过程中，每天监测暴露冻结壁的表面温度和位移量，如发现局部冻结壁温度较高、变形较大，可用串接管道泵的方法加大对应位置的冻结孔流量。在开挖过程中，不得损坏地下连续墙冷冻排管及冻结器附近的保温层。当暴露的冻结壁表面温度上升到 0℃时，对其表面进行保温处理，保温材料采用 30mm 厚软质泡沫保温板。施工封堵墙前露出的冻结孔长度应不小于 600mm，并需在冻结孔外套上 $\phi 127\times 6mm$ 的套管后再浇筑混凝土，便于今后拔管。在施工隧道二次衬砌时，隧道端部开挖面内的冻结管可恢复冻结。

（5）停冻、封孔与冻结系统拆除

盾构进入暗挖段之前，停止暗挖段前端面盾构进洞范围内的冻结孔冻结，然后用热水循环解冻 0.5～1h 并拔出冻结管。拔出冻结管后立即用双快水泥充填冻结管空间。拔出盾构隧道断面内的所有冻结管后，盾构进洞。盾构进洞后停止冻结。停止冻结后立即进行冻结孔封堵。先割除孔口管和冻结管，深度要求进入地下连续墙不小于 60mm，然后用压缩空气吹干管内盐水，在冻结管内充填长度不小于 1.5m 的 M10 水泥砂浆或混凝土，进行再封堵。孔口采用双快水泥封堵。在冻结孔位置预埋注浆胶管以便渗水时进行注浆堵漏。在停冻后 7d 内拆除冻结系统。

7）材料与设备

（1）冻结管、测温管、泄压管和供液管规格

冻结管管材为 $\phi 108\times 8mm$ 低碳无缝钢管，单根管材长度 4.0～5.0m，在施工场地允许的情况下以较长为宜。冻结管采用螺纹补焊连接，螺纹公称直径应尽量小。第一节冻结管端部连接 1MPa 单向阀及螺孔，在下管到设计深度后用堵丝封堵螺孔。焊接采用 E43 焊条。深测温孔管材和连接方式同冻结管。浅测温管采用 $\phi 32\times 3$ mm 无缝钢管，直接对焊连接。第一节管头部用 5mm 钢板焊接密封。供液管和冷冻排管采用 1.5″ 焊接钢管，对焊连接。第一节管头部位对称开两个长 100mm、宽 25mm 的回水槽。

（2）钻孔施工设备
①选用 MKD-5 水平孔钻机 2 台用于施工冻结孔，每台电机总功率为 31.5kW。
②选用 KBY-50/70 注浆泵 2 台用于注浆和钻孔时循环洗井液，每台电机功率为 11kW。
③选用开孔钻机 2 台，每台电机功率为 3kW。
④灯光测斜用经纬仪和自制激光定向装置各 1 台。

（3）冻结需冷量计算与冷冻机选型
冻结站实际冻结需冷量计算考虑 30% 的损耗率。计算最大需冷量为 Q =0.108× 3.1416×2146.5×300×1.3=284034kcal/h，制冷设备选用 YSLG16F 型（或制冷量接近的 TBSJ050.1 型和 YSLGF300 型），当盐水温度为 -29℃，冷却水温度 30℃时，每套机组的最大制冷量约为 8.6 万 kcal/h，每套冷冻机组的电机总功率为 152 kW。

（4）盐水泵、清水泵及冷却塔选型
①选用 IS125-100-200 盐水循环泵，每台泵流量 200m^3/h，扬程 50m，电机功率 45kW。
②选用 IS150-125-250 冷却水循环泵，每台泵流量 200m^3/h，扬程 20m，电机功率 18.5kW。
③选用 DBNL3-100 型循环水冷却塔，每台冷却水量 100m^3/h，电机功率 3.0kW。
④设盐水箱 1 个，规格长 × 宽 × 高为 3m×2.5m×1.6m，容积 12m^3。
⑤盐水干管和集配液管均选用 ϕ159×5mm 钢管，集、配液管与羊角连接选用 1.5″高压胶管。
⑥在去、回路盐水管路上安装压力表、温度传感器和控制阀门，盐水箱安装液面指示器。
⑦在配液圈与冻结器之间安装阀门，以便控制冻结器盐水流量。
⑧冻结器连接采用串并联方式，垂直冻结每组串联 2 个冻结孔，水平冻结每组串联 3 个冻结孔，累计长度为 70～80m。
⑨冷却塔补充冷却水用量为 600m^3×1.28%=7.7m^3/h。
⑩选用 N46 冷冻机油，R22 制冷剂。
⑪氯化钙溶液（盐水）相对密度为 1.260～1.265。

三、冻融循环隆起沉降控制技术

1）冻融循环施工引起地层隆起沉降分析

在冻结法地层加固施工过程中，可能引起地层隆起沉降，从而危及附近地下管线和地面建筑安全。引起地层隆起沉降的施工作业主要有以下几个方面。

（1）水平冻结孔施工：钻孔过程中造成水土流失，从而引起地层沉降。钻孔所引起的水土流失是造成地下管线和地面建筑损坏的主要原因之一。

（2）地层冻胀：土层冻胀可引起地下管线变形和地表隆起。但根据工程实践，地层冻胀隆起一般不会很大，不会损坏地下管线。

（3）地层融沉：在冻结壁解冻过程中，会由于冰融化成水时的体积减小，引起较大的地层沉降。地层融沉是造成路面、地下管线和地面建筑损伤的最主要因素。

（4）后期沉降：地层经冻融后土体结构受到破坏，强度衰减，变得容易液化。如果地层的冻胀特性好且融沉注浆质量不佳，在地铁长期的运营过程中，可能引起隧道沉降，从而危及地铁运营安全。

2）冻融循环地层隆起沉降防治施工措施

根据本工程特点，在冻结施工方案制定中主要采取以下地层隆起沉降防治技术措施：

（1）水平冻结孔采用二次开孔工艺开孔，在钻孔过程中严格控制泥浆压力，使泥浆压力略大于静水压力，确保冻结孔施工过程中不发生水土流失，并对地层有一定的挤压作用。

（2）安装好水平冻结管后，冻结管与孔口管之间采取注浆封孔，防止漏水。

（3）一旦在水平冻结孔施工过程发生了水土流失，立即在地层浅部孔进行注浆补偿。注浆量为土体流失量的1～1.2倍。

（4）在地下水位以下与隧道上方冻结壁之间渗透性较好地层打设排水孔，排水孔管口设置闸阀，跟踪冻结地表隆起监测数据，适当地进行排水，控制由于地层冻结引起的底板隆起量。

（5）采取快速施工，减小冻土体积和冻胀量，也有利于降低冻结壁解冻时的融沉。

（6）暗挖隧道结构完成后及时对支护层后进行充填注浆。

（7）在暗挖隧道内进行融沉补偿注浆和后期隧道沉降控制注浆。

（8）根据实测地面建筑沉降情况，必要时在地面进行跟踪注浆。

①注浆方法：振冲注浆。注浆孔$\phi 32$，注浆段高0.33m，采取上行注浆。

②注浆范围：冻结施工影响区。

③注浆深度：为地面以下3m至隧道以上3m。

④注浆孔布置：按孔间距1.0～2.0m布置，根据地层沉降情况采取跳孔注浆。

⑤浆液材料：水泥—水玻璃双液浆。配比为：水泥和水玻璃的溶液体积比为1:1，其中水泥浆水灰比为0.7。水玻璃溶液采用35～40°Bé水玻璃加1～2倍体积的水稀释。水泥采用42.5级普通硅酸盐水泥。浆液凝结时间为45～180s。

⑥注浆量：一般不大于加固体积的15%。每米注浆孔注入浆液为150～200L。

第三节　小　　结

对于通过断层破碎带、流砂层、淤泥层等易坍塌且富水隧道，过去常规的施工方法有大管棚小导管注浆超前支护或地面旋喷注浆加固地层等手段，有时受施工场地、工期、投资等的限制，甚至受其工法的制约，无法确保地层加固效果。而采用水平冻结法施工，制冷系统采用新型氟利昂盐水螺杆冷冻机组，降温速度快，盐水容易控制，自动化程度高，冻结效果非常好。在隧道掘进过程中，达到无漏水效果，很好地改善了洞内施工环境，且施工质量好，速度快，同时经冻结的地层稳定性好，安全性高。

7号线福邻站施工因受总体工期限制，无法采用"冻结加固—冻土掘支—结构构筑"的一次性施工方法。为此，该段隧道先采取冻结加固盾构出洞、后持续冻结加固矿山法扩挖施工的总体施工方案，即：首先在端头井内采用水平冻结法加固地层使盾构安全出洞后，继续全长冻结使扩挖段外围（包括前端）风化岩冻结，形成强度高、封闭性好的冻结壁，然后在冻结壁的保护下进行扩挖段的开挖和结构施工。地表沉降的监测数据表明，用水平冻结法施工所引的地表变化远远小于常规的施工方法。

本项目采用的冻结法施工工法获批中国电力建设集团工法，该方法的成功应用对推动我国水平冻结技术的发展具有极为重要的意义。

参考文献
REFERENCES

[1] 赫磊.地铁车站及周边地上、地下空间城市设计探讨[J].地下空间与工程学报,2006(S1).

[2] 李文翎,阎小培.基于轨道交通网的地下空间开发规划探析——以广州市为例[J].城市规划汇刊,2002(05).

[3] 王亮.深圳华强北地下空间开发与利用构想[J].铁道标准设计,2011(09).

[4] 郝珺.城市轨道交通地下车站与地下空间统一规划模式的探讨[J].城市轨道交通研究,2010(02).

[5] 王有为.城市地下空间开发利用设计施工技术若干问题的讨论[J].建筑科学,2000(03).

[6] 何海健.地铁车站隧道群施工对邻近桥桩影响的数值分析[J].北京交通大学学报,2006(04).

[7] 崔光耀.地铁车站隧道群施工相互影响范围及应用研究[J].工程勘察,2011(11).

[8] 李汶京.地铁车站隧道群邻近桥桩施工关键技术研究[J].铁道标准设计,2009(10).

[9] 陈志良.城市地下铁道连拱隧道群施工技术研究[J].现代隧道技术,2006(03).

[10] 高波.南京地铁二号线上—新区间隧道群洞施工过程分析[J].中国高新技术企业,2009(10).

[11] 张志强.非对称小净距隧道施工力学特性研究及方案优化[J].现代隧道技术,2007(06).

[12] 李永珑.南京地铁小净距隧道施工力学及工序优化研究[J].铁道建筑,2012(01).

[13] 王云龙.超小间距非对称浅埋隧道施工监控量测及分析[J].中国工程科学,2012(11).

[14] 刘艳滨.地铁盾构隧道旁通道冻结法施工技术[J].铁道建筑技术,2004(03).

[15] 李长春,史志明.基于冻结法的地铁区间隧道矿山法暗挖施工[J].煤炭科学技术,2009(12).

[16] 孙成伟,仇培云.广州地铁隧道联络通道冻结法施工技术研究[J].现代隧道技术,2012(03).

[17] 王晖,竺维彬.软土地层地铁盾构隧道联络通道冻结法施工控制技术研究[J].现代隧道技术,2004(03).

[18] 王胜.冻结法在城市地铁矿山法隧道中的应用[J].铁道勘察,2006(06).

[19] 康洪信.复合地层盾构掘进参数选择与过程控制[J].建筑机械化,2010(10).

[20] 马云新.复合地层盾构施工中的压气开仓技术[J].建筑机械化,2010(06).

[21] 钟长平,竺维彬,鞠世健.复合地层盾构掘进的指导原则[J].都市快轨交通,2011(04).

[22] 江招胜,黄威然,竺维彬.复合地层隧道盾构掘进机的改造[J].广东建材,2006(03).

[23] 廖鸿雁.复合地层盾构隧道对硬岩的处理方案[J].现代隧道技术,2012(04).

[24] 何川,苏宗贤,曾东洋.地铁盾构隧道重叠下穿施工对上方已建隧道的影响[J].土木工程学报,2008(03).

[25] 叶雅图,王世君,王琪.小半径上下重叠地铁盾构隧道设计与施工[J].地下空间与工程学报,2008(04).

[26] 赵军，李元海．杭州地铁交叉重叠隧道盾构施工地表沉降三维数值分析 [J]．隧道建设，2010（S1）．

[27] 霍元盛．深圳地铁 2 号线东黄区间盾构隧道重叠段施工技术 [J]．铁道建筑技术，2012（01）．

[28] 孙玉永．近距离下穿既有隧道的盾构施工参数研究 [J]．中国铁道科学，2010（01）．

[29] 陈德智．盾构隧道近距离下穿既有运营隧道的施工技术 [J]．铁道建筑，2011（02）．

[30] 邱品茗．关于盾构始发即近距离下穿既有隧道的施工技术探讨 [J]．四川建筑科学研究，2012（01）．

[31] 代翼飞．盾构隧道近距离下穿既有隧道的数值分析 [J]．土工基础，2012（02）．

[32] 袁金秀，王道远，李栋．北京地铁 6 号线下穿既有 4 号线区间盾构隧道施工技术 [J]．城市轨道交通研究，2012（03）．

[33] 郑向红．盾构隧道下穿既有城市铁路施工技术 [J]．铁道标准设计，2008（12）．

[34] 郑骐．盾构隧道下穿既有桥梁施工技术 [J]．市政技术，2008（04）．

[35] 岳鹏飞，戴泉，何炬．盾构施工下穿建筑桩基的影响研究 [J]．铁道标准设计，2012（03）．

[36] 李茂文，陈寿根，刘建国，等．下穿布吉河盾构施工关键技术研究 [J]．四川建筑，2010（04）．

[37] 张志强，何川．南京地铁区间盾构隧道"下穿"玄武湖公路隧道施工的关键技术研究 [J]．岩土力学，2005（11）．

[38] 温锁林．大断面矩形顶管施工对环境影响研究 [J]．中国市政工程，2011（05）．

[39] 郑剑升．软土地区大截面矩形顶管工法研究 [J]．城市轨道交通研究，2011（11）．

[40] 熊诚．大截面矩形顶管施工在城市地下人行通道中的应用 [J]．建筑施工，2006（10）．

[41] 北京城建勘测设计研究院有限责任公司．GB 50308—2008 城市轨道交通工程测量规范 [S]．北京：中国计划出版社，2008．

[42] 北京城建设计研究总院有限责任公司，中国地铁工程咨询有限责任公司．GB 50157—2013 地铁设计规范 [S]．北京：中国建筑工业出版社，2014．

[43] 总参工程兵科研三所．GB 50108—2008 地下工程防水技术规范 [S]．北京：中国计划出版社，2009．

[44] 北京城建集团有限责任公司．GB 50299—1999 地下铁道工程施工及验收规范 [S]．2003 年版．北京：中国计划出版社，2004．

[45] 住房和城乡建设部科技与产业化发展中心，中铁隧道集团有限公司．GB 50446—2017 盾构法隧道施工及验收规范 [S]．北京：中国建筑工业出版社，2017．

[46] 中冶建筑研究总院有限公司．GB 50205—2001 钢结构工程施工质量验收规范 [S]．北京：中国计划出版社，2002．

[47] 住房和城乡建设部地铁与轻轨研究中心．GB 50490—2009 城市轨道交通技术规范 [S]．北京：中国建筑工业出版社，2009．

大 事 记

CHRONICLE OF EVENTS

1. 2012年5月31日，中国电建集团有限公司中标深圳地铁7号线BT项目。其中，轨道交通部分中标价为168.53亿元，计划工期53个月。2012年6月28日，深圳地铁7号线合同在深圳同日集中正式签约。

2. 2012年8月16日，龙桃区间竖井绿化迁移开始施工，标志着深圳地铁7号线绿化迁移拉开序幕。

3. 2012年10月19日，深圳地铁7号线盾构设备集体签约仪式在深圳举行。此次共签约德国海瑞克盾构机8台，是地铁领域一次性签约量最多、规模最大的采购。

4. 2012年10月23日，深圳地铁7号线正式开工建设，开工典礼在深圳市福田区安托山施工现场举行。

5. 2012年10月24日，深圳地铁7号线BT项目建设动员大会在深圳召开。时任中国电建集团有限公司董事长范集湘主持会议并作重要讲话，7号线建设指挥部领导班子及中层以上领导干部，中国电建股份公司水电一局、水电二局、水电四局、水电七局、水电八局、水电十一局、水电十三局、水电十四局、水电基础局相关人员共计百余人参加会议。

6. 2013年2月27日0：00～8：00，深圳地铁7号线BT项目顺利完成对华强北片区南北方向道路封闭工作，建成永久围挡448.6m和临时围挡796m。

7. 2013年4月28日，深圳市地铁集团有限公司举行深圳地铁"绿色地铁、和谐共建"文明施工管理经验交流暨创建国家AAA级安全文明标准化诚信工地启动仪式。

8. 2013年6月28日，深圳地铁7号线首台大型盾构机"雄风1号"工厂验收及下线仪式在广州市南沙区举行。

9. 2013年9月8日，深云车辆段被评为"泥头车文明施工管理样板创建工点"，受到建设单位的通报嘉奖。

10. 2013年10月28日，在皇岗村站召开了"地下连续墙深厚基岩成槽技术"现场观摩交流会。

11. 2013年11月10日，深圳市轨道交通工程暗挖隧道坍塌应急抢险演练暨中国电建抢险队伍组建启动仪式，在深圳地铁7号线深安竖井施工现场举行。

12. 2013年12月1日，中国电建集团深圳地铁7号线建设指挥部开展了文明施工经验交流会活动。时任深圳市地铁集团有限公司深圳地铁 7 号线建设分公司副经理娄永录、指挥部领导及各部门负责人、各标段项目经理、总工程师及相关部门负责人等百余人参加了此次活动。

13. 2013 年 12 月 6 日，华强北二区耗时 7 个多小时的地下连续墙一槽三笼顺利吊装下槽浇筑完毕，共浇筑混凝土 243m³。

14. 2013 年 12 月 9 日，首台盾构机"雄风 1 号"始发仪式在深云站举行。

15. 2014 年 1 月 16 日，在深圳市地铁集团有限公司对参建单位 2013 年度综合考评中，中国电建集团深圳地铁 7 号线建设指挥部以 91.39 分在三家 BT 项目公司中排名第一，荣获"年度 BT 项目管理优胜单位"称号并颁发奖牌。

16. 2014 年 1 月 30 日，深云车辆段土石方开挖工程全部完成。车辆段场区土石方开挖总量 418 万 m³，被广东省建筑安全协会授予 2013 年"广东省房屋市政工程安全生产文明施工示范工地"称号。

17. 2014 年 3 月 21 日，上沙站和珠光站顺利实现主体结构同日封顶，是深圳地铁 7 号线 28 个车站中率先封顶的两座车站，且均比计划工期提前。

18. 2014 年 4 月 1 日 14:00，"开拓者壹号"盾构机经过 86 个小时的艰苦奋战，如地下蛟龙般在大沙河下方悄然成功穿越。

19. 2014 年 4 月 17 日，黄木岗站主要难点之一的桩基托换 N8 托换梁顶升施工完成，项目施工取得重要突破。

20. 2014 年 5 月 15 日，上沙站—沙尾站盾构区间右线顺利贯通，是深圳市城市轨道交通三期工程 7 号线、9 号线、11 号线中首个实现双线贯通的盾构区间。

21. 2014 年 10 月 17 日，华强北片区最后一幅主体结构地下连续墙顺利浇筑完毕。其中涉及通信管线迁移 16 万束。华强北片区主体结构地下连续墙共 199 幅，墙厚 1m，最大墙深 38.63m，最大入岩深度 25.53m。

22. 2014 年 11 月 18 日，笋洪区间左线盾构安全穿越广深高速铁路笋岗火车站站场。笋洪区间左线盾构下穿笋岗火车站长 165m（110 环），车站位置为进出口站站场的咽喉部分，共有铁路轨道 26 股，道岔群区段电务信号、相关铁路设备众多。本区间段为 7306 标地铁盾构施工的重大风险区域，风险等级为特级。

23. 2014 年 11 月 25 日，深圳地铁 7 号线超万米隧洞群矿山法施工全部贯通，是中国电建集团有限公司在轨道交通工程领域首次承建超万米的矿山法隧道，安全风险大，5 次下穿北环大道、4 次下穿广深高速铁路，创造了一个月 350m 进尺的施工纪录，积累了施工经验，值得推广应用。

24. 2014 年 11 月 30 日，华强南站—华强北站左线区间盾构成功穿越既有运营线路——深圳地铁 1 号线，这也是深圳地铁 7 号线首次成功下穿既有运营线路。同日，历时 781 天，皇岗口岸站主体结构封顶，是国内首次在地下车站采用清水混凝土施工的地铁车站。

25. 2014 年 12 月，深圳地铁 7 号线被中国建筑业协会授予"第四批全国建筑业绿色施工示范工程"荣誉称号。

26. 2015年1月24日，福邻站首次成功运用"冻结法"施工，并取得良好成效。同日，安托山停车场出入线二次衬砌全部完成实现洞通，比原计划提前35天。安托山停车场出入线左线长1934m，右线长1335m，其左线2次下穿北环大道。

27. 2015年3月13日，中国电建集团深圳地铁7号线建设指挥部在深云车辆段举办了站后工程样板工地观摩交流会。

28. 2015年3月24日，印度尼西亚计划发展部副部长戴迪·普利塔那率领由6人组成的考察团到深圳地铁7号线华强北施工片区参观考察。此次参观考察也是印度尼西亚政府释放欢迎中国企业到印度尼西亚参与基建（地铁）建设和投资的一个信号。

29. 2015年4月1日，全线首幅轨排运抵塘朗山地铁隧道，这标志着由中国电建集团有限公司承建的深圳地铁7号线正式进入铺轨阶段。

30. 2015年4月23日，全线首个主体工程——安托山站通过验收，这是深圳地铁7号线第一个获得主体结构验收的站点。

31. 2015年5月23日，石厦站换乘节点工程侧墙顺利浇筑完成，标志石厦站换乘节点所承担的"一级安全风险"已全面解除，作为全线"最难工点"的核心难题——石厦站换乘节点技术难题已被攻克。

32. 2015年6月7日，历时918天，西丽站主体结构全部完成。西丽站是深圳地铁7号线车站中最宽的地铁站，为地铁5号线、7号线、15号线三线的换乘站。

33. 2015年6月8日，历时542天，福邻站主体结构封顶，是深圳市城市轨道交通三期工程中唯一采用冻结法施工的车站。

34. 2015年8月25日下午，时任深圳市地铁集团有限公司董事长林茂德、总经理肖民会同深圳市赛格集团有限公司董事长孙盛典一行视察深圳地铁7号线华强北施工片区。

35. 2015年9月23～24日，第15届国际公共交通联会（简称UITP）亚太年会在深圳召开，中电建南方建设投资有限公司首次亮相UITP亚太年会。本次亚太年会主要围绕区域内的特点和需求，组织会议、培训、调研工作，推动区域公共交通的发展。

36. 2015年9月30日，历经183天，实现短轨合拢。

37. 2015年12月31日，深圳市地铁集团有限公司向中电建南方建设投资有限公司发来贺信，祝贺中国电建集团有限公司承建的深圳地铁7号线工程建设顺利完成节点目标。

38. 2016年1月20日，在深圳市地铁集团有限公司组织的年度综合评比中，中国电建集团深圳地铁7号线建设指挥部以92.24分排名第一，连续三年荣获"年度BT项目管理优胜单位"称号，其中获得两个第一名、一个第二名。

39. 2016年1月22日20：36，八卦岭站400V变电所成功受电，电通节点目标圆满完成。

40. 2016年3月15日，深圳地铁7号线正线轨道工程顺利通过初步验收，标志着全线轨道工程初步验收全部完成。全线引入CPⅢ测量控制系统，同时采用"道岔支承架法"施工工艺。

41. 2016年4月15日，深圳市轨道交通网络运营控制中心（NOCC）工程顺利通过竣工验收。NOCC工程是深圳市城市轨道交通三期工程的重要组成部分，未来将承担深圳市所有地下铁路、地面轨道交通的运营指挥工作，负责各线路的运营控制、自动售检票系统清分、应急指挥等工作，是未来深圳市轨道交通运营的"大脑"中枢。

42. 2016年4月22日9：00～20：08，深圳地铁7号线列车经过11个多小时的往返运行，成功完成"热滑"测试。

43. 2016年6月，深圳地铁7号线BT项目7305标（华强北站、华新站、华强北站—华新站区间），被中国建筑业协会授予"AAA级安全文明标准化工地"荣誉称号。

44. 2016年7月28日，中国电建集团铁路建设有限公司承建的首条完整地铁线路——深圳地铁7号线在红岭北站举行了简朴的"三权"移交仪式，正式将工程调度指挥权、属地管理权和设备使用权移交运营方，这比原计划提前两个月，标志着深圳地铁7号线由建设阶段全面转入运营阶段。

45. 2016年10月28日，深圳地铁7号线在红岭北站举行开通试运营仪式，标志着深圳地铁7号线正式投入试运营。

后　　记
POSTSCRIPT

深圳地铁 7 号线全长 30.2km，是深圳市城市轨道交通三期工程的重大项目之一，线路起于南山区丽水站，终于罗湖区太安站，采用地下敷设方式，是连接深圳特区南半环主要居住区与就业区的局域线，对完善深圳市轨道交通网络具有重要意义。

深圳 7 号线 BT 项目由中国电建集团有限公司投融资、实施施工图设计管理及承担全线施工任务，包括深圳地铁 7 号线工程、深圳市轨道交通网络运营控制中心（NOCC）工程、深圳地铁实训基地工程、与 7 号线同步实施工程，土建工程由中国电建股份公司水电一局、水电二局、水电四局、水电七局、水电八局、水电十一局、水电十三局、水电十四局、水电基础局施工。

深圳地铁 7 号线建设具有结构形式复杂、工法种类多、技术难度大；地质条件复杂；沿线周边、地上地下环境复杂，场地布置困难；交通疏解工作量大，分期次数多，车站倒边施工工序多；沿线房屋密集，多处下穿楼房、河流、铁路、高速公路、地铁隧道等；著名的繁华商业区华强北片区外部控制因素多，文明施工及施工要求高等特点。

因此，为了解决城市复杂环境条件下地铁施工关键技术问题，中国电建集团有限公司开展了"复杂环境及地质条件下地铁修建关键技术研究"工作，从繁华商业区超大规模地下空间工程施工关键技术、复杂地质条件下地铁隧道盾构施工关键技术、复杂环境下地铁隧道矿山法施工技术、复杂环境下地铁车站施工关键技术、地铁工程安全优质快速施工信息化管理系统开发应用、地铁工程节能环保绿色施工技术和其他专项关键技术七个方面开展了详细的研究，共获省部级科学技术奖 20 余项、专利授权 50 余项、省部级工法 40 余项，并荣获"2016—2017 年度国家优质工程奖金质奖"。

该研究成果还在中国电建集团有限公司随后中标的深圳地铁 10 号线、5 号线、4 号线和成都 18 号线、武汉地铁、哈尔滨地铁、福州地铁、洛阳地铁等共计十余条线的地铁施工中进行了成功应用，有效地提高了施工效率，节约了施工成本，取得了良好的经济和社会效益，极大提升了科技创新能力，培养了大批的科研人才和技术骨干，为类似地铁工程的建设提供了技术保障。

本书正是课题"复杂环境及地质条件下地铁修建关键技术研究"成果的总结，依托中国电建集团有限公司承建的深圳地铁 7 号线工程，紧紧围绕复杂环境条件下车站、盾构和矿山法区间隧道施工创新技术的详细研究成果进行的深入提炼。本书在编写工作中得到了深圳地铁7号线各参建方的大力支持，在此向他们的辛勤工作和大力帮助致以深深的谢意。

特别感谢深圳市地铁集团有限公司总工程师陈湘生院士对"复杂环境及地质条件下地铁修建关键技术研究"重大专项研究和本书的编写给予的多次耐心指导和修改，并亲自为本书的出版作序，在此对陈湘生院士的指导表达深深的谢意！

编者

2018年1月8日于深圳